Mensch **und** Politik

Sozialkunde Bayern

Klasse 10

Dr. Florian Hartleb
Christian Raps
Prof. Dr. Gerd Strohmeier

Schroedel

Mensch und Politik
Sozialkunde Bayern
Klasse 10

Dr. Florian Hartleb
Christian Raps
Prof. Dr. Gerd Strohmeier

in Zusammenarbeit
mit der Verlagsredaktion

Das Werk wurde im Wesentlichen für das einstündige Fach Sozialkunde konzipiert.

Druck A^2 / Jahr 2015
Alle Drucke der Serie A sind inhaltlich unverändert.

Redaktion: Dr. Martin Reichinger, Shida Kiani
Herstellung: Sandra Grünberg
Layout: Janssen Kahlert, Hannover
Grafik: Langner & Partner, Hannover
Druck und Bindung: Westermann Druck Zwickau GmbH

ISBN 978-3-507-**11580**-4

INHALTSVERZEICHNIS

[1] Einheiten zur Vertiefung und Erweiterung des Lehrplans

[2] Von den hier angebotenen vier Unterkapiteln ist eines in Übereinkunft mit dem Geschichtslehrer/der Geschichtslehrerin auszuwählen.

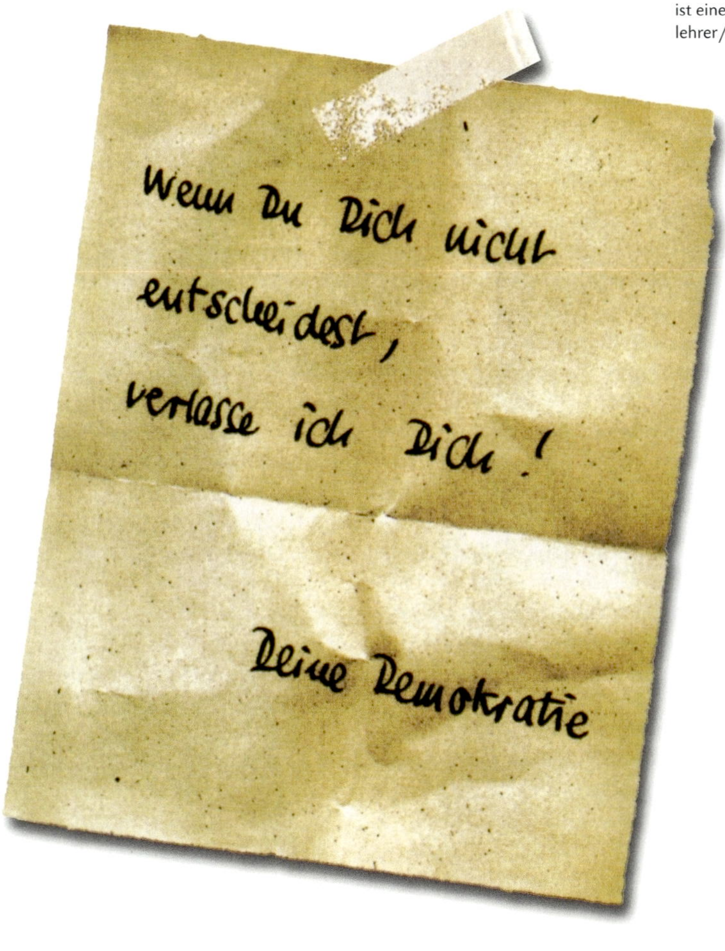

Wahljahr 1994: „Wählen gehen" – eine Aktion der Zeitungen in Deutschland

Vorwort

Das Fach Sozialkunde wird als Leitfach der politischen Bildung am achtjährigen Gymnasium in Bayern erstmals in der 10. Jahrgangsstufe unterrichtet. Die Vorgaben des G8-Lehrplans betreffen Inhalte, Didaktik und Methoden des Sozialkundeunterrichts. Angestrebt werden eine geschichtsbasierte und problemorientierte Vermittlung von Faktenwissen und eine methodengestützte Anleitung zum Verständnis aktueller politischer und gesellschaftlicher Entwicklungen.

Der vorliegende Band ist die Neubearbeitung des Bandes von „Mensch und Politik" aus dem Jahr 2008, mit dem die Autoren auf die neuen Herausforderungen reagierten. Auch diese Ausgabe wurde passgenau zum neuen Lehrplan entwickelt und so angelegt, dass die in der 10. Jahrgangsstufe geforderten Kenntnisse im Fach Sozialkunde erworben werden können. Wissenserwerb und Kompetenzgewinn wecken das Interesse an politischen Strukturen und Prozessen und befähigen zur Bestimmung des eigenen Standpunkts. Das Werk ermöglicht in jedem Fall eine sichere Vorbereitung auf die Oberstufe. Durch neue Materialien und nach Bedarf aktualisierte Autorentexte gestattet es die Neubearbeitung zudem, ein Kernanliegen des sozialkundlichen Unterrichts weiterhin in der gewohnten Qualität umzusetzen: das Interesse und Verständnis für aktuelle Entwicklungen zu fördern.

Die Reihe „Mensch und Politik" ist nach dem Doppelseitenprinzip aufgebaut. Die Doppelseiten bieten unterrichtspraktische Abschnitte. Sie enthalten Autorentexte, Materialien und Aufgaben. Die ausführlichen Autorentexte führen in die Teilthemen ein, vermitteln fundiertes Grundlagenwissen und eröffnen Perspektiven. Die Kernproblematik des Themas wird dabei stets durch textliche wie bildliche Mittel umrissen. Die Autorentexte sind optisch von den Materialien abgesetzt und lassen diesen damit ihr Eigengewicht.

Sorgfältig ausgewählte statistische und visualisierende Materialien bieten Zahlen, Fakten und kontroverse Bewertungen. Sekundärtexte bereiten das Thema auf, regen zur Problematisierung an und unterstützen die Sicherung von Grundlagenkenntnissen vor dem Hintergrund aktueller Nachrichten und Debatten. Die Vielfalt der Materialien – Bilder, Karikaturen, Statistiken, Karten und Texte unterschiedlicher Gattungen – fördert die Lesefähigkeit im Sinne des erweiterten Textbegriffs und soll zur eigenständigen Lektüre des Lehrbuchs motivieren.

Die Aufgaben am Ende eines Themenabschnitts erschließen Autorentext und Materialien und stoßen die Auseinandersetzung mit ihnen an. Hervorgehobene Methodenseiten dienen dem gezielten Methodenlernen, ermutigen zu handlungsorientierten Unterrichtsphasen und führen in die Arbeitstechniken der Oberstufe ein. Thematisch abgestimmte historische Exkurse setzen Akzente zur deutschen Geschichte im 20. Jahrhundert und erleichtern den Brückenschlag zwischen historisch gewachsenen Bedingungen und gegenwärtigen Herausforderungen.

Grundwissen-Tafeln am Ende der Großkapitel dienen der Erkenntnissicherung und Prüfungsvorbereitung. Die Themenauswahl im Schlusskapitel gestattet ein erfolgreiches Arbeiten im Rahmen des im Lehrplan verankerten interdisziplinären Projekts mit dem Fach Geschichte. Punktuelle Querverweise ermöglichen darüber hinaus die Verknüpfung von Inhalten verwandter Themenbereiche. Ein umfassendes Glossar und ein historisches Personenverzeichnis dienen der weiterführenden Information.

Bei Quellentexten aus dem Internet werden stets das Portal und das Zugriffsdatum angegeben – denn der abgedruckte Text existiert in manchen Fällen nicht dauerhaft. Anhand der genannten Homepage kann die Qualität der Quelle eingeschätzt und nach aktuellem Material gesucht werden.

Ein ebenfalls umfassend aktualisierter Lehrerband liefert ergänzende Informationen, Arbeitsblätter und neue Vorlagen für schriftliche Leistungsnachweise (Best.-Nr. 978-3-507-11586-6).

Der besondere Dank des Autorenteams gilt Frau Melani Barlai, Frau Katrin Englbrecht, Herrn Dr. Wilfried Hartleb, Frau OStRin Sigrid Raps, Frau Eva Reichhart, Frau Anita Würflingsdobler und den Verlagsredakteuren, Herrn Dr. Martin Reichinger und Frau Shida Kiani, für ihre freundliche Unterstützung.

Dr. Florian Hartleb, Neuburg am Inn; Christian Raps, Tann; Prof. Dr. Gerd Strohmeier, Simbach am Inn
im Januar 2014

Die Würde des Menschen ist unantastbar.

Art. 1 (1)
Grundgesetz für die Bundesrepublik Deutschland
vom 23. Mai 1949

I. Grundlagen unserer Verfassungsordnung

1. Grundwerte und Grundrechte

„Die Würde des Menschen ist unantastbar. Sie zu achten und zu schützen ist Verpflichtung aller staatlichen Gewalt." *(Art. 1 Abs. 1 GG)*

„Das Deutsche Volk bekennt sich darum zu unverletzlichen und unveräußerlichen Menschenrechten als Grundlage jeder menschlichen Gemeinschaft, des Friedens und der Gerechtigkeit in der Welt." *(Art. 1 Abs. 2 GG)*

Störung der Totenruhe als Verletzung der Menschenwürde

Das Wort „Menschenwürde" war nach dem Zweiten Weltkrieg im Vokabular einer deutschen Verfassung etwas völlig Neues. Und der Begriff ist in unserem Grundgesetz nicht etwa nur erwähnt, sondern er steht ganz am Anfang dieser Verfassung und ist daher in der Werteordnung der Bundesrepublik Deutschland der oberste Wert. „Die Würde des Menschen ist unantastbar", das heißt: Niemand darf sie aufheben, auch der Staat nicht. Wo es menschliches Leben gibt, kommt ihm Menschenwürde zu, die durch nichts beeinträchtigt oder relativiert werden kann: Jeder – vom werdenden Leben über Kinder, Jugendliche und Erwachsene bis zum Verstorbenen – genießt dabei den Schutz des Grundgesetzes. Die Verankerung der Menschenwürde im Grundgesetz kann nach Art. 79 Abs. 3 GG niemals gelöst werden.

Menschenrechte sind universal und individuell, das heißt, sie gelten für alle Menschen in allen Staaten dieser Welt und kommen jedem Einzelnen zugute, unabhängig von seiner Hautfarbe, seinem Geschlecht, seiner Nationalität oder seinem gesellschaftlichen Ansehen. Menschenrechte sind aus dem „Naturrecht" abgeleitete Rechte. Dem Begriff des Naturrechts liegt die Überzeugung zugrunde,

Naturrecht

dass jeder Mensch „von Natur aus" mit unveräußerlichen Rechten ausgestattet ist. Dazu gehören das Recht auf Leben, auf körperliche Unversehrtheit oder das Recht auf persönliche Freiheit. All diese Menschenrechte sind vorstaatlich: Wir verdanken sie nicht dem Staat, der sie allenfalls erklären, nicht jedoch schaffen kann. Menschenrechte sind angeboren!

Die Soldatin Lynndie England demütigt einen irakischen Gefangenen im US-Militärgefängnis Abu Ghraib.

Menschenrechte

Obwohl sich bereits im Zeitalter des Humanismus und insbesondere während der Europäischen Aufklärung viele Gelehrte mit dem Begriff der Menschenrechte

Menschenrechtsverletzungen

auseinandergesetzt haben, zeigt ein Blick in die Geschichte, dass die Achtung der Menschenrechte keineswegs eine Selbstverständlichkeit war. Die Sklaverei in den USA im 18. und 19. Jahrhundert oder die Euthanasie im Dritten Reich (1933–1945) können hier als Beispiele dienen. Zu Menschenrechtsverletzungen kommt es aber auch in der Gegenwart immer wieder, etwa wenn Gefangene gefoltert oder – wie in China – zum Tode verurteilt und hingerichtet werden.

Menschenwürde und „Menschsein"

Auch wenn die meisten Bürger eine Menschenrechtsverletzung an einem konkreten Beispiel sofort erkennen, ist der Begriff „Menschenwürde" inhaltlich schwer zu fassen. „Menschenwürde ist gleichzusetzen mit dem sozialen Wert- und Achtungsanspruch, der dem Menschen wegen seines *Menschseins* zukommt", so das Bundesverfassungsgericht, der „Hüter der Verfassung", in einer Entscheidung. Menschen besitzen Menschenwürde also zu jeder Zeit und an jedem Ort. Im deutschen Grundgesetz ist dieser oberste Wert der Menschenwürde in Grundrechte gefasst worden.

Freiheit und Demokratie

Eng mit der Menschenwürde verflochten ist das Recht auf die „freie Entfaltung der Persönlichkeit" (Art. 2 Abs. 1 GG) sowie auf die „Unverletzlichkeit der Freiheit der Person" (Art. 2 Abs. 2 GG). Freiheit heißt Selbstbestimmung, heißt, aus freien Stücken und ohne Zwang tun oder unterlassen zu können, was man möchte. Freiheit ist die Basis für jede funktionierende Demokratie. Um ihren freiheitlichen Geist hervorzuheben, wurden weitere Freiheitsrechte an den Anfang der Verfassung gestellt. Dazu gehört z. B. das Recht, dass man im Gegensatz zu totalitären oder autoritären Staaten wie der ehemaligen Deutschen Demokratischen Republik (DDR) seine Ausbildungsstätte, seinen Beruf und seinen Arbeitsplatz frei wählen kann (Art. 12 GG).

Menschen- und Bürgerrechte

Der Grundrechtskatalog der deutschen Verfassung unterscheidet zwischen Menschenrechten (erkennbar an den Formulierungen „Jeder hat das Recht …" oder „Alle Menschen …") und Bürgerrechten (erkennbar an der Formulierung „Alle Deutschen …"). Er unterscheidet also zwischen Rechten, die alle Menschen genießen, die sich in Deutschland aufhalten, und Rechten, die deutschen Staatsangehörigen vorbehalten bleiben. So sind z. B. die Gleichheit aller Menschen vor dem Gesetz und die Gleichberechtigung von Mann und Frau (Art. 3 Abs. 1 und 2) Menschenrechte, wohingegen die Versammlungsfreiheit (Art. 8 GG) ein Bürgerrecht ist.

Grundrechte im Spannungsverhältnis

Die Verfassung verpflichtet den Staat dazu, all diese Grundrechte und die menschliche Freiheit zu schützen. Dabei kann es allerdings zu einem Spannungsverhältnis zwischen verschiedenen Grundrechten kommen, das bedeutet, dass Grundrechte beziehungsweise ihr Schutz miteinander „kollidieren" können. So wird z. B. seit den Terroranschlägen vom 11. September 2001 auf das World Trade Center in New York auch hierzulande diskutiert, wie stark der Staat in das Grundrecht auf Freiheit seiner Bürger (Art. 2 Abs. 1 GG) eingreifen darf, um das Grundrecht „auf Leben und körperliche Unversehrtheit" eines jeden (Art. 2 Abs. 2 GG) zu garantieren.

Zeichnung: Gerhard Mester

MATERIAL
1 Verstöße gegen die Menschenwürde?

Fallbeispiel 1: Um den Aufenthaltsort eines entführten Kindes zu erfahren, spritzt die Polizei dem mutmaßlichen Täter eine Wahrheitsdroge.
Fallbeispiel 2: Auf dem Friedhof des Dorfes X dürfen aus Platzmangel keine Erd-, sondern nur noch Feuerbestattungen vorgenommen werden.
Fallbeispiel 3: Im Skilager der 9. Klasse werden die Schüler jeden Tag um 21.00 Uhr ins Bett geschickt.
Fallbeispiel 4: Staatliche Behörden verfügen, dass die siebenköpfige Familie B. in eine Einzimmerwohnung ziehen muss, da der Vater beständig die Annahme von Arbeit verweigert.

Autorentext

MATERIAL
2 Ist Nachsitzen Freiheitsberaubung?

Marco muss nach der Schule sofort nach Haus. Das hat ihm seine Mutter, allein erziehend, berufstätig, zwei Kinder, beim Frühstück dringend eingeschärft: „Ich habe einen Termin, bei dem es um einen wichtigen Auftrag geht. Du musst auf deine kleine Schwester aufpassen, die Babysitterin kann nicht."
Sechste Stunde, Werkraum Kunst. Eine zehnte Klasse. Auf dem Lehrplan steht Modellieren mit Ton. [...] Ein Schüler wirft einen Klumpen Ton durch die Klasse, der Getroffene wirft zurück, in kurzer Zeit ist die Schlammschlacht im Gang. [...] Die Lehrerin, die dem Radau mit verschränkten Armen zugesehen hat, schließt den Werkraum ab, steckt den Schlüssel ein und sagt: „Ihr hattet euer Vergnügen, jetzt kommt die Arbeit. Der Raum wird so nicht verlassen. Erst wenn ihr picobello aufgeräumt habt, schließe ich wieder auf." Marco verweist auf seine Zwangslage, ein anderer Schüler protestiert. [...] Die Lehrerin bleibt unerbittlich – die Klasse muss aufräumen. [...] Marco kommt eine halbe Stunde zu spät nach Hause, seine Mutter ist empört, ihr Auftrag ist weg. Sie verklagt die Lehrerin wegen Freiheitsberaubung.

Quelle: PZ, Nr. 96, Dezember 1998; hrsg. von der Bundeszentrale für politische Bildung, S. 7

MATERIAL
3 Menschen- und Bürgerrechte im Grundgesetz (Auswahl)

Menschenrechte	Bürgerrechte
Artikel 1 Abs. 1: Die Würde des Menschen ist unantastbar. [...]	**Artikel 8 Abs. 1:** Alle Deutschen haben das Recht, sich ohne Anmeldung oder Erlaubnis friedlich und ohne Waffen zu versammeln.
Artikel 2 Abs. 1: Jeder hat das Recht auf die freie Entfaltung seiner Persönlichkeit. [...]	**Artikel 9 Abs. 1:** Alle Deutschen haben das Recht, Vereine und Gesellschaften zu bilden.
Artikel 3 Abs. 1: Alle Menschen sind vor dem Gesetz gleich.	**Artikel 11 Abs. 1:** Alle Deutschen genießen Freizügigkeit im ganzen Bundesgebiet.
Artikel 4 Abs. 1: Die Freiheit des Glaubens, des Gewissens und die Freiheit des religiösen und weltanschaulichen Bekenntnisses sind unverletzlich.	**Artikel 12 Abs. 1:** Alle Deutschen haben das Recht, Beruf, Arbeitsplatz und Ausbildungsstätte frei zu wählen. [...]
Artikel 5 Abs. 1: Jeder hat das Recht, seine Meinung in Wort, Schrift und Bild frei zu äußern und zu verbreiten und sich aus allgemein zugänglichen Quellen ungehindert zu unterrichten. [...]	**Artikel 17:** Jedermann hat das Recht, sich einzeln oder in Gemeinschaft mit anderen schriftlich mit Bitten oder Beschwerden an die zuständigen Stellen und an die Volksvertretung zu wenden. (Petitionsrecht)

Auswahl: Autoren

Querverweis: S. 33, M 1

MATERIAL

Streit um die Beschneidung 4

Am Ende hat sich der Ethikrat zu der Empfehlung durchgerungen, die Zirkumzision [Beschneidung] sollte in Deutschland unter Auflagen erlaubt sein. [...] In dem Streit um die Beschneidung geht es zunächst um die Frage, welches im Grundgesetz garantierte Recht höher wiegt: das Recht des Kindes auf körperliche Unversehrtheit oder das Recht auf religiöse Erziehung. Rechtfertigen das Sorgerecht der Eltern und die Religionsfreiheit einen operativen Eingriff, der medizinisch nicht notwendig ist? Ein Grundrechtskonflikt, in dem auch die Experten zerstritten sind. [...] Der Kirchenrechtsexperte Heinig [...] sagt: „Die Waage kippt in diesem Fall durch die hohe Bedeutung der Religionsfreiheit, die besonderen Schutz genießt." Die Religionsfreiheit in Artikel 4 des Grundgesetzes sowie das Sorgerecht der Eltern in Artikel 6 würden das Recht auf religiöse Erziehung garantieren. Das sei das entscheidende Argument.

Weg zur Beschneidungsfeier

Querverweis: S. 13

Nach der Quelle: Die Zeit Online (www.zeit.de) vom 27. 8. 2012; Zugriff am 5. 2. 2013; Autor: Till Schwarze

MATERIAL

Strenge Auflagen 5

Karlsruhe – Das Bundesverfassungsgericht hat die umstrittene Online-Durchsuchung von Computern unter strengen Auflagen erlaubt. Dem heute [27. 2. 2008; d. Red.] in Karlsruhe veröffentlichten Urteil zufolge dürfen Computer von Verdächtigen mit Spionageprogrammen nur dann ausgeforscht werden, wenn „überragend wichtige Rechtsgüter" wie Menschenleben oder der Bestand des Staates konkret gefährdet sind. Zudem sei eine vorherige richterliche Anordnung grundsätzlich notwendig. [...] Nach der Entscheidung des Bundesverfassungsgerichts rechnet Innenminister Wolfgang Schäuble (CDU) mit einer zügigen Einführung heimlicher Online-Durchsuchungen. Er gehe davon aus, dass nunmehr die beabsichtigte Regelung im Bundeskriminalamtsgesetz „so rasch wie möglich umgesetzt werden kann" [und] dass das Instrument „nur in wenigen, aber sehr gewichtigen Fällen zum Einsatz kommen" werde, sagte Schäuble. [...]

Quelle: Spiegel Online (www.spiegel.de) vom 27. 2. 2008; Zugriff am 5. 2. 2013; Autor: Björn Hengst

1. Erläutern Sie den Begriff der „Menschenwürde" in eigenen Worten.
2. Lesen Sie die beiden ersten Absätze im Text auf Seite 8. Prüfen Sie danach die Fallbeispiele in M 1 und entscheiden Sie, ob und ggf. warum dort ein Verstoß gegen Art. 1 Abs. 1 GG vorliegt. Diskutieren Sie die Fälle anschließend im Klassenverband.
3. Überlegen Sie (eventuell unter Zuhilfenahme des Grundgesetzes), ob in dem M 2 dargestellten Fall Grundrechte verletzt wurden. Bestimmen Sie diese!
4. Verfassen Sie mit Bezug auf M 2 einen Kommentar für Ihre Lokalzeitung (S. 73).
5. Betrachten Sie das Schema in M 3 und suchen Sie nach Begründungen für die jeweilige Zuordnung der einzelnen Rechte zu Menschen- und Bürgerrechten.
6. Stellen Sie die in M 4 genannten Grundrechtsartikel einander gegenüber und prüfen Sie mithilfe des Grundgesetzes, ob bei einer Beschneidung weitere Grundrechte verletzt werden. Diskutieren Sie die Ansicht Heinigs.
7. Lesen Sie Art. 2 Abs. 2 GG. Führen Sie eine Debatte darüber, ob die „strengen Auflagen" des Bundesverfassungsgerichts (M 5) zum Schutz des Grundrechts „auf Leben und körperliche Unversehrtheit" eines jeden nicht zu streng sind. Beachten Sie dazu auch die Karikatur auf Seite 9.

Umgang mit Texten

Politik kommt nicht ohne gesprochene oder geschriebene Texte aus. Viele Sachtexte aber sind auch nach dem ersten Durchlesen noch schwer zu verstehen. Es ist darum sinnvoll, sich einem Text systematisch zu nähern und seine Inhalte zu „erarbeiten". Folgende Schritte können dabei nützlich sein:

1. Schritt: die Frage nach dem „Was" (Gegenstand des Textes)
- Lesen Sie den Text zuerst langsam und gründlich durch und bereiten Sie ihn auf, indem Sie mithilfe eines farbigen Textmarkers unklare Stellen markieren. Bitte kopieren Sie den Text vorher.
- Klären Sie danach (evtl. unter Verwendung eines Lexikons) die gekennzeichneten Problemstellen.
- Verfassen Sie anschließend ein Exzerpt des Textes, bei dem Sie die Hauptaussagen des Autors bzw. der Autorin für jeden Absatz einzeln benennen.

2. Schritt: die Frage nach dem „Wie" (Textsorte und Textaufbau)
- Überlegen Sie zunächst, um welche Art von Text es sich handelt (Bericht, Nachricht, Reportage, Kommentar, Rede, Interview, Gesetzestext etc.). Oft lassen sich bereits anhand der Textart erste Schlüsse zur Intention des Autors bzw. der Autorin ziehen.
- Der Aufbau des Textes ist daraufhin zu analysieren, ob es eine Ausgangsfrage gibt, die dann argumentativ logisch und überzeugend (Behauptung – Begründung – Beweisführung) erörtert wird, oder ob der Text eher darstellt, beschreibt, erklärt oder definiert und sich dabei an einer (unsichtbaren) Gliederung orientiert.

3. Schritt: die Frage nach dem „Womit" (Sprachstil)
- Zuerst sollten Sie den Text daraufhin untersuchen, ob er sich einer Fachsprache bedient (z. B. Fremdwörter oder Fachbegriffe aus der Politik) oder ob er allgemein verständlich geschrieben ist. So können Sie klären, an welche Leserschaft der Text gerichtet ist (z. B. an eine Expertengruppe oder an breiteres Publikum).
- Prüfen Sie danach, ob der Autor/die Autorin auffallende stilistische Mittel verwendet. Auch an politischen Schlüsselbegriffen werden häufig inhaltliche Absichten erkennbar. Achten Sie dabei besonders auf das Mittel der Ironie (meint der Autor/die Autorin wirklich das, was er/sie sagt?).

4. Schritt: die Frage nach dem „Wozu" (Intention des Autors / der Autorin)
- Als Erstes müssen Sie sich hier fragen, welche Intention der Text verfolgt: Will er einfach informieren oder will er den Leser beeinflussen oder von etwas argumentativ überzeugen? Ist Letzteres der Fall, wäre zu fragen, welche konkrete Botschaft der Text vermittelt.
- Die Aussageabsicht eines Autors bzw. einer Autorin erschließt sich häufig über deren politische (oder ideologische) Standpunkte. Oft genügt das verwendete Vokabular (siehe 3. Schritt), die Kenntnis des Organs, in dem er/sie veröffentlicht (z. B. eine Zeitschrift), oder der Organisation, der er/sie angehört (z. B. eine politische Partei), um diesen Standpunkt herauszufinden.
- Eine weitere Möglichkeit, die Intention des Autors bzw. der Autorin zu erschließen, besteht in der Bestimmung der Zielgruppe, an die sich der Text richtet.

1. Untersuchen und vergleichen Sie die beiden Texte auf S. 13 nach der oben vorgestellten Methode zur Texterschließung und präsentieren Sie Ihr Ergebnis in der Klasse.

Text 1: Bundestag billigt Gesetz zur Beschneidung

Der Bundestag hat mit den Stimmen der Koalition und vieler Oppositionsabgeordneter die Beschneidung von Knaben gesetzlich geregelt. Das Gesetz sieht vor, dass die Personensorge der Eltern grundsätzlich auch das Recht umfasst, bei Einhaltung bestimmter Anforderungen in eine nicht medizinisch indizierte Beschneidung ihres nicht einsichts- und urteilsfähigen Sohnes einzuwilligen. Dies soll nur dann nicht gelten, wenn im Einzelfall durch die Beschneidung auch unter Berücksichtigung ihres Zwecks das Kindeswohl gefährdet wird. Überdies dürfen Knaben in den ersten sechs Monaten nach der Geburt auch von Personen beschnitten werden, die von einer Religionsgesellschaft dazu vorgesehen und dafür besonders ausgebildet sind.
Die Entscheidung fiel mit 434 Ja-Stimmen bei 100 Gegenstimmen und 46 Enthaltungen. Änderungsanträge, die darauf zielten, die Frist zur Beschneidung durch Nicht-Ärzte auf das Lebensalter von zwei Monaten oder zwei Wochen zu verkürzen, wurden von den Koalitionsfraktionen nicht unterstützt. Ein Gesetzentwurf der SPD-Abgeordneten Rupprecht und weiterer Oppositionsabgeordneter, die das Mindestalter für Beschneidungen generell auf 14 Jahre heraufsetzen wollten, fand gleichfalls nicht die Zustimmung der Regierungsmehrheit.

Quelle: Frankfurter Allgemeine Zeitung Online, www.faz.net/aktuell/politik/inland/abschliessende-debatte-bundestag-billigt-gesetz-zur-beschneidung-11991251.html vom 12. 12. 2012; Zugriff am 4. 3. 2013

➠ Querverweis: S. 11, M4

Text 2: Religion braucht kein Messer

Der Diskurs wird seltsam leise geführt auf der Seite der Juristen, abwartend wortkarg seitens der Mediziner; wortreich empört und herausgefordert dagegen zeigen sich Muslime und Juden, achselzuckend und schweigend verharrt die Seite des christlichen Publikums; pflichtschuldigst ein schnelles Zurückrudern kündigen verschreckte Politiker aus fast allen Parteien an, irgendwie müsse man da was machen, neu regeln, juristisch anders fassen, das Ganze geschickt deichseln. Damit möglichst alles bleiben kann, wie es war.
Viele suggerieren, die Sicht auf die Dinge sei trüb wie im Dampfbad. Falsch. Die Sache ist politisch-gesellschaftlich so klar wie eine von beiden Seiten frisch geputzte Glasscheibe. Die Kölner Richter haben halt nur an etwas erinnert, was der politischen Korrektheit nicht passt [...]. Das Grund- und Menschenrecht auf körperliche Unversehrtheit, das Grundrecht der individuellen Selbstbestimmung gilt nicht nur ein wenig, manchmal ein bisschen, mitunter gar nicht, und überhaupt am besten im Wesentlichen immer dann, wenn wir es gut finden, wenn es uns passt und es traditionelle Handlungen nicht wirklich stört.
Nein, so schnippisch, so gelegenheitsethisch und dosiert demokratisch, so ausschnitthaft und volatil [flüchtig, schwankend] geht man mit Grundrechten nicht um. Ganz und gar so, wie niemand ein bisschen tot oder ein bisschen schwanger ist, so ist Selbstbestimmung keine Sache von vierzig Prozent, von sechzig oder achtzig Prozent Wirklichkeitsgrad – sondern ausschließlich von hundert Prozent. [...]
Niemand schneidet bitte irgendwann irgendwem irgendetwas ab ohne dessen konkrete persönliche Einwilligung. Jemand, der in symbolischer Überhöhung auf einen Teil seines Körpers verzichten will, wird schon Bescheid sagen. Allerdings dann, wenn er volljährig ist und Herr seines Geistes. Exakt dies entspricht den Menschenrechten unseres Grundgesetzes sowie dem Menschenrechtskatalog der Vereinten Nationen.

Quelle: Kommentar von Paul-Hermann Gruner, in: Cicero Online, www.cicero.de//berliner-republik/religion-braucht-kein-messer/51389/seite/2 vom 30. 7. 2012; Zugriff am 4. 3. 2013

2. Die Prinzipien der freiheitlichen Demokratie

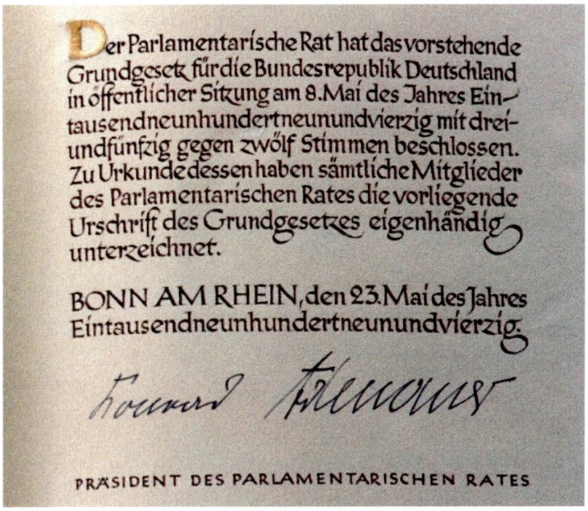
Der Parlamentarische Rat hat das vorstehende Grundgesetz für die Bundesrepublik Deutschland in öffentlicher Sitzung am 8. Mai des Jahres Eintausendneunhundertneunundvierzig mit dreiundfünfzig gegen zwölf Stimmen beschlossen. Zu Urkunde dessen haben sämtliche Mitglieder des Parlamentarischen Rates die vorliegende Urschrift des Grundgesetzes eigenhändig unterzeichnet.

BONN AM RHEIN, den 23. Mai des Jahres Eintausendneunhundertneunundvierzig.

Konrad Adenauer

PRÄSIDENT DES PARLAMENTARISCHEN RATES

Junge Menschen können sich in Deutschland heute kaum mehr vorstellen, wie es ist, unter einer Diktatur zu leben. Sie haben weder die Diktatur der Nationalsozialisten noch die Diktatur in der ehemaligen DDR erlebt. Das politische System der Bundesrepublik Deutschland bildet das Gegenstück zu einer Diktatur und wurde in Abkehr von dem Unrechtsregime der Nationalsozialisten geschaffen. Dabei wurden wesentliche Mängel der Weimarer Republik beseitigt, die zum Scheitern der ersten deutschen Demokratie beigetragen haben. Die Erfahrungen mit der Weimarer Republik und dem Nationalsozialismus haben das Grundgesetz somit maßgeblich beeinflusst.

2.1 Die Verfassungsprinzipien

vier Verfassungsprinzipien

Das politische System der Bundesrepublik Deutschland ist auf die Menschenwürde, die (daraus abgeleiteten) Menschenrechte und vier Verfassungsprinzipien gestützt:

- das Demokratieprinzip
- das Rechtsstaatsprinzip
- das Bundesstaatsprinzip
- das Sozialstaatsprinzip

Art. 20 GG

Die vier genannten Verfassungsprinzipien sind explizit im Grundgesetz verankert. Besondere Bedeutung ist hierbei dem Artikel 20 beizumessen.

Art. 20 GG

(1) Die Bundesrepublik Deutschland ist ein demokratischer und sozialer Bundesstaat.
(2) Alle Staatsgewalt geht vom Volke aus. Sie wird vom Volke in Wahlen und Abstimmungen und durch besondere Organe der Gesetzgebung, der vollziehenden Gewalt und der Rechtsprechung ausgeübt.
(3) Die Gesetzgebung ist an die verfassungsmäßige Ordnung, die vollziehende Gewalt und die Rechtsprechung sind an Gesetz und Recht gebunden.
(4) Gegen jeden, der es unternimmt, diese Ordnung zu beseitigen, haben alle Deutschen das Recht zum Widerstand, wenn andere Abhilfe nicht möglich ist.

Demokratieprinzip

Durch das Demokratieprinzip ist die gesamte Staatsgewalt auf das Volk zurückzuführen. Das bedeutet, dass die Organe der Gesetzgebung (Legislative), der vollziehenden Gewalt (Exekutive) und der Rechtsprechung (Judikative) durch das Volk legitimiert sein müssen. Allerdings ist nur der Bundestag direkt durch das Volk legitimiert. Alle anderen Verfassungsorgane sind indirekt durch das Volk legitimiert. So wählt das Volk den Bundestag und dieser den Bundeskanzler und (zusammen mit dem Bundesrat) die Richter am Bundesverfassungsgericht.

Rechtsstaatsprinzip

Durch das Rechtsstaatsprinzip ist die gesamte Staatsgewalt an das Recht gebunden bzw. diesem unterworfen. Das Rechtsstaatsprinzip bedeutet also Beschränkung der Staatsgewalt durch das Recht bzw. Vorrang des Rechts vor der Politik. Dabei ist zwischen einfachem Recht (Gesetzen) und Verfassungsrecht (Grundgesetz) zu unterscheiden. Das einfache Recht ist an das Verfassungsrecht gebunden. Das bedeutet, dass es eine Rechtshierarchie gibt und der Gesetzgeber an die Verfassung gebunden ist: an die verfahrensrechtlichen Vorschriften und die inhaltlichen Bestimmungen (z. B. die Grundrechte). Die vollziehende Gewalt und die Rechtsprechung sind zudem an die Gesetze gebunden. So darf die vollziehende Gewalt nicht nach freiem Ermessen, sondern nur auf der Grundlage eines Gesetzes in die Freiheit des Einzelnen eingreifen. Man spricht in diesem Zusammenhang von der „Gesetzmäßigkeit der Verwaltung". Auch die Richter müssen sich bei ihrer Rechtsprechung an das geltende Recht (Grundgesetz, Gesetze) halten. Allerdings sind die Richter nur an das Recht und nicht etwa an politische Weisungen gebunden. Man spricht hier von der „Unabhängigkeit der Justiz".

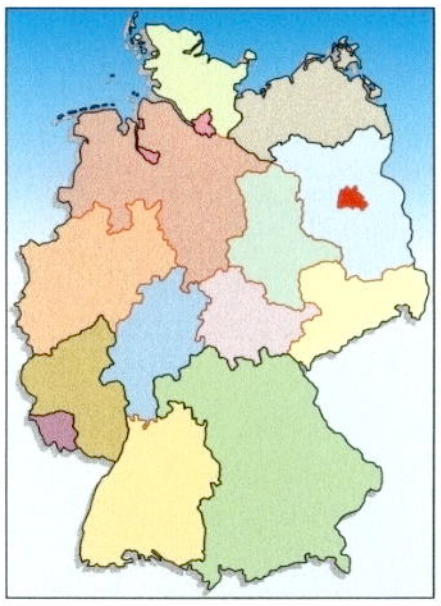

Bundesstaatsprinzip

Durch das Bundesstaatsprinzip ist die Staatsgewalt auf verschiedene Ebenen der Staatlichkeit aufgeteilt: auf die Ebene des Bundes (des Gesamtstaates) und die Ebene der Länder (der Gliedstaaten). Die Länder bilden Staaten mit eigener Hoheitsmacht, d. h. mit eigenem Kompetenzbereich. Diese Hoheitsmacht darf vom Bund nicht angetastet werden. Allerdings sind die Länder keine souveränen Staaten, da sie der Pflicht zur Bundestreue unterliegen und die Länderverfassungen im Einklang mit zentralen Bestimmungen des Grundgesetzes der Bundesrepublik Deutschland stehen müssen.

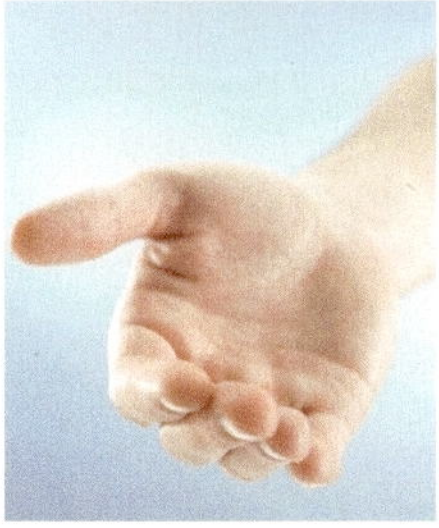

Sozialstaatsprinzip

Durch das Sozialstaatsprinzip ist der Staat zum Schutz und damit zur Unterstützung der sozial bzw. wirtschaftlich Schwachen verpflichtet. Das Sozialstaatsprinzip ist zwar relativ vage im Grundgesetz der Bundesrepublik Deutschland verankert, umfasst nach allgemeiner Auffassung jedoch drei Staatsaufgaben: die soziale Sicherheit (die Sicherung der Existenzgrundlage der Bürgerinnen und Bürger), den sozialen Ausgleich (zwischen sozial starken und sozial schwachen Bürgern) und die soziale Gerechtigkeit.

MATERIAL
1 Das Bundesstaatsprinzip

Die Beschreibung des Bundesstaatsprinzips durch das Bundesverfassungsgericht:

Eine weitere Grundlage der Verfassung ist das bundesstaatliche Prinzip (Art. 20, 28, 30 GG). Die Länder sind als Glieder des Bundes Staaten mit eigener – wenn auch gegenständlich beschränkter – nicht vom Bund abgeleiteter, sondern von ihm anerkannter staatlicher Hoheitsmacht. In ihren Bereich gehört die Gestaltung der verfassungsmäßigen Ordnung im Lande, solange sie sich im Rahmen des Art. 28 Abs. 1 GG hält. Insbesondere ist die Bestimmung der Regeln, nach denen sich die Bildung der Landesverfassungsorgane, ihre Funktionen und ihre Kompetenzen bemessen, ausschließlich Sache des Landes. Dazu gehören auch die Vorschriften darüber, wie oft und bei welchen Gelegenheiten der Bürger von seinem Stimmrecht Gebrauch machen kann und wann und unter welchen Voraussetzungen ein gewählter Landtag sein Ende findet. Solange die Länder bestehen und ihre verfassungsmäßige Ordnung sich im Rahmen des Art. 28 Abs. 1 GG hält, kann der Bund ohne Verletzung des im Grundgesetz garantierten bundesstaatlichen Prinzips in ihre Verfassungsordnung nicht eingreifen.

Quelle: BVerfGE 1, 14 [33 f.] Querverweis: Kapitel III 5.1

MATERIAL
Das Rechtsstaatsprinzip 2

Die Beschreibung des Rechtsstaatsprinzips durch das Bundesverfassungsgericht:

Zu den wesentlichen Elementen des Rechtsstaatsprinzips gehört die Rechtssicherheit [...]. Der Staatsbürger soll die ihm gegenüber möglichen staatlichen Eingriffe voraussehen und sich dementsprechend einrichten können; er muss darauf vertrauen können, dass sein dem geltenden Recht entsprechendes Handeln von der Rechtsordnung mit allen ursprünglich damit verbundenen Rechtsfolgen anerkannt bleibt [...]. Für den Bürger bedeutet Rechtssicherheit in erster Linie Vertrauensschutz.

Quelle: BVerfGE 13, 261 [271] Querverweis: Kapitel III 7

MATERIAL
3 Art. 28 Abs. 1 GG

Die verfassungsmäßige Ordnung in den Ländern muss den Grundsätzen des republikanischen, demokratischen und sozialen Rechtsstaates im Sinne dieses Grundgesetzes entsprechen. In den Ländern, Kreisen und Gemeinden muss das Volk eine Vertretung haben, die aus allgemeinen, unmittelbaren, freien, gleichen und geheimen Wahlen hervorgegangen ist. Bei Wahlen in Kreisen und Gemeinden sind auch Personen, die die Staatsangehörigkeit eines Mitgliedstaates der Europäischen Gemeinschaft besitzen, [...] wahlberechtigt und wählbar. In den Gemeinden kann an die Stelle einer gewählten Körperschaft die Gemeindeversammlung treten.

Querverweis: Kapitel II 1.1

MATERIAL

4 Das Sozialstaatsprinzip

Die Sozialstaatlichkeit ist zwar im Grundgesetz [u. a. in Art. 20 Abs. 1] verankert, ihre konkrete Ausgestaltung aber weitgehend dem Gesetzgeber überlassen. Der Staat muss jedoch allen Bürgern das Existenzminimum sichern [...]. Soziale Gerechtigkeit, die zentrale Zielsetzung des Sozialstaates, lässt sich nicht ein für alle Mal verbindlich definieren. Ihre Ausgestaltung hängt ab von der wirtschaftlichen und sozialen Entwicklung sowie dem gesellschaftlichen Bewusstsein. Das Sozialstaatsprinzip ist somit ein dynamisches Prinzip, das den Gesetzgeber verpflichtet, die sozialen Verhältnisse immer wieder neu zu regeln.

Quelle: Horst Pötzsch: Die Deutsche Demokratie, 5., überarb. u. aktual. Aufl., Bonn 2009, S. 32 f.

MATERIAL

Das Demokratieprinzip 5

Die Beschreibung des Demokratieprinzips durch das Bundesverfassungsgericht:

Zur Demokratie, wie sie das Grundgesetz will, gehört nicht nur, dass eine Volksvertretung vorhanden ist, die die Regierung kontrolliert. Wesentlich ist ihr auch, dass den Wahlberechtigten das Wahlrecht nicht auf einem in der Verfassung nicht vorgesehenen Wege entzogen oder verkürzt wird. Das Wahlrecht wird auch beeinträchtigt, wenn fällige Wahlen hinausgeschoben werden.

Quelle: BVerfGE 1, 14 [33 f.]

Querverweis: Kapitel II 1.1
Querverweis: Kapitel II 1.2

MATERIAL

Karikatur 6

Zeichnung: Gerhard Mester

1. Nennen Sie die Verfassungsprinzipien des Grundgesetzes.
2. Versuchen Sie unter Verwendung von M 1 bis M 5, den Kern der Verfassungsprinzipien mit eigenen Worten wiederzugeben.
3. Bewerten Sie die Bedeutung des Art. 20 GG vor dem Hintergrund der Erfahrungen mit der Weimarer Republik (S. 36/37).
4. Diskutieren Sie ein Verfassungsprinzip Ihrer Wahl an einem konkreten Beispiel für sich als Bürger.
5. Interpretieren Sie die in M 6 abgebildete Karikatur. Diskutieren Sie, inwiefern die Wahlenthaltung der falsche Weg ist, um der Politik einen „Denkzettel" auszustellen.
6. Visualisieren Sie die Verfassungsprinzipien in einem Schaubild.

2.2 Unabänderlicher Verfassungskern

Ermächtigungsgesetz 1933

Darf sich eine Demokratie auf demokratischem Wege selbst abschaffen? Kann man in einer Demokratie beschließen, dass eine Diktatur eingeführt wird? Diese Frage ist keineswegs nur von theoretischer Bedeutung: Mit dem Ermächtigungsgesetz von 1933 konnten die Nationalsozialisten – auf „legalem Wege" – die bestehende demokratische und rechtsstaatliche Ordnung beseitigen. Schließlich war dieses Gesetz mit der in der Weimarer Reichsverfassung festgelegten verfassungsändernden Mehrheit zustande gekommen.

Ermächtigungsgesetz vom 24. März 1933

Art. 1: Reichsgesetze können außer dem in der Reichsverfassung vorgesehenen Verfahren auch durch die Reichsregierung beschlossen werden.
Art. 2: Die von der Reichsregierung beschlossenen Reichsgesetze können auch von der Reichsverfassung abweichen, soweit sie nicht die Einrichtung des Reichstags oder des Reichsrats als solche zum Gegenstand haben.

Weimarer Reichsverfassung

Die Weimarer Reichsverfassung enthielt keine absolut geltenden und unaufgebbaren Prinzipien. Der Gesetzgeber konnte – in dem von der Verfassung vorgeschriebenen Verfahren und mit der von der Verfassung vorgeschriebenen Mehrheit – alles beschließen, was er für richtig hielt. Auch die Verfassung selbst konnte in jedem Bereich durch den Gesetzgeber abgeändert werden. Dafür war zwar nach Artikel 76 der Weimarer Reichsverfassung (WRV) eine qualifizierte Mehrheit im Reichstag erforderlich. Mit dieser Mehrheit konnte jedoch alles eingeführt, verändert oder abgeschafft werden – auch der Rechtsstaat und die Demokratie.

Art. 76 WRV

(1) Die Verfassung kann im Wege der Gesetzgebung geändert werden. Jedoch kommen Beschlüsse des Reichstags auf Abänderung der Verfassung nur zustande, wenn zwei Drittel der gesetzlichen Mitgliederzahl anwesend sind und wenigstens zwei Drittel der Anwesenden zustimmen. Auch Beschlüsse des Reichsrats auf Abänderung der Verfassung bedürfen einer Mehrheit von zwei Dritteln der abgegebenen Stimmen. Soll auf Volksbegehren durch Volksentscheid eine Verfassungsänderung beschlossen werden, so ist die Zustimmung der Mehrheit der Stimmberechtigten erforderlich.
(2) Hat der Reichstag entgegen dem Einspruch des Reichsrats eine Verfassungsänderung beschlossen, so darf der Reichspräsident dieses Gesetz nicht verkünden, wenn der Reichsrat binnen zwei Wochen den Volksentscheid verlangt.

Rechtspositivismus

Die hier zugrunde liegende Rechtsauffassung nennt man Rechtspositivismus. Damit ist im Wesentlichen gemeint, dass es kein höheres Recht geben kann als das vom Gesetzgeber beschlossene Recht. Der Gesetzgeber ist danach mit Ausnahme der vorgeschriebenen Verfahren und Mehrheiten durch nichts gebunden.

Grundgesetz

Parlamentarischer Rat

Um zu verhindern, dass das Grundgesetz derartige „legale Systemwechsel" ermöglichen und wie die WRV zu einem „Selbstmordvertrag" werden könnte, definierte der Parlamentarische Rat, der das Grundgesetz in den Monaten zwischen September 1948 und Mai 1949 ausgearbeitet hat, einen unabänderlichen Verfassungskern. Dabei handelt es sich um Verfassungsbestandteile, die nicht geändert bzw. abgeschafft werden können: nicht von Bundestag und Bundesrat und auch nicht per Volksabstimmung; nicht mit absoluten Mehrheiten, nicht mit qualifizierten Mehrheiten und auch nicht einstimmig. Diese Verfassungsbestimmungen gelten „ewig". Deshalb wird der Grundgesetzartikel, der sie schützt, Artikel 79 Absatz 3 GG, auch „Ewigkeitsklausel" genannt.

„Ewigkeitsklausel"

Art. 79 Abs. 3 GG

Eine Änderung dieses Grundgesetzes, durch welche die Gliederung des Bundes in Länder, die grundsätzliche Mitwirkung der Länder bei der Gesetzgebung oder die in den Artikeln 1 und 20 niedergelegten Grundsätze berührt werden, ist unzulässig.

Zu diesen Grundsätzen zählen:
- die Menschenwürde (und damit auch der Menschenwürdegehalt aller Grundrechte)
- das Demokratieprinzip
- das Rechtsstaatsprinzip
- das Bundesstaatsprinzip
- das Sozialstaatsprinzip

Gliederung in Bund und Länder

Indem bereits Artikel 79 Absatz 3 GG auf die Gliederung des Bundes in Länder und die grundsätzliche Mitwirkung der Länder bei der Gesetzgebung verweist, wird das (in Artikel 20 GG ebenfalls erwähnte) Bundesstaatsprinzip besonders hervorgehoben. Eine wesentliche Bedeutung ist auch dem Demokratie- und dem Rechtsstaatsprinzip beizumessen. Mit dem Demokratie- und Rechtsstaatsprinzip ist die Freiheitliche Demokratische Grundordnung (FDGO) unabänderlich geschützt. Die FDGO zählt also zum unabänderlichen Kern der Verfassung und kann daher – auf legale Weise – nicht abgeschafft werden.

Freiheitliche Demokratische Grundordnung

Demokratieprinzip in WRV und GG

Das Paradoxe an der Ewigkeitsklausel ist, dass sie die Demokratie auf höchst undemokratische Weise schützt. Schließlich wird das demokratische Prinzip, um sich selbst zu schützen, eingeschränkt. Die Weimarer Reichsverfassung verwirklichte das Demokratieprinzip konsequenter als das Grundgesetz: Der Gesetzgeber konnte mit der erforderlichen Mehrheit alles beschließen, was er für richtig hielt – auch die Abschaffung der Demokratie. Das Grundgesetz schränkt das Demokratieprinzip dagegen ein: Der Gesetzgeber kann nicht alles beschließen, was er (vielleicht) für richtig hält. Die Demokratie selbst ist der Hand des Gesetzgebers entzogen. Sie bildet für den Gesetzgeber eine unveränderbare Rahmenbedingung.

MATERIAL

1 Die Freiheitliche Demokratische Grundordnung (FDGO)

Die freiheitliche demokratische Grundordnung ist eine Ordnung, die unter Ausschluss jeglicher Gewalt- und Willkürherrschaft eine rechtsstaatliche Herrschaftsordnung auf der Grundlage der Selbstbestimmung des Volkes nach dem Willen der jeweiligen Mehrheit und der Freiheit und Gleichheit darstellt. Zu den grundlegenden Prinzipien dieser Ordnung sind mindestens zu rechnen:

- Die Achtung vor den im GG konkretisierten Menschenrechten, vor allem vor dem Recht der Persönlichkeit auf Leben und freie Entfaltung,
- die Volkssouveränität,
- die Gewaltenteilung,
- die Verantwortlichkeit der Regierung,
- die Gesetzmäßigkeit der Verwaltung,
- die Unabhängigkeit der Gerichte,
- das Mehrparteienprinzip
- und die Chancengleichheit für alle politischen Parteien mit dem Recht auf verfassungsmäßige Bildung und Ausübung einer Opposition.

Querverweis: Kapitel I 3.2

Quelle: BVerfGE 2, 1 ff.; Def. d. FDGO durch das BVerfG in der Entscheidung zum Verbot der Sozialistischen Reichspartei (SRP), 1952

MATERIAL

2 Das „demokratische Dilemma"

„Wenn wir die unbeschränkte Toleranz sogar auf die Intoleranten ausdehnen, wenn wir nicht bereit sind, eine tolerante Gesellschaftsordnung gegen die Angriffe der Intoleranten zu verteidigen, dann werden die Toleranten vernichtet werden und die Toleranz mit ihnen." Als Karl Raimund Popper 1945 mit diesen eindringlichen Worten vor den Feinden der offenen Gesellschaft warnte, waren Hitler und die Nationalsozialisten gerade erst besiegt worden. Die grundlegende Frage, wie ihre Schreckensherrschaft hätte verhindert werden können und wie eine freiheitliche Ordnung gegen neue totalitäre Gefahren zu schützen sei, bewegt Sozialwissenschaftler wie Verfassungsrechtler seitdem. Einerseits sind die Freiheitsrechte der demokratischen Verfassung ihrer Tradition und ihrem Selbstverständnis nach eine Garantie für die freie soziale und politische Betätigung des Einzelnen und somit die wichtigste Schutzbarriere vor staatlichen Eingriffen, andererseits erlaubt kaum eine moderne Demokratie Agitation und Kampf gegen die eigene Grundordnung. „Die demokratische Verfassung ist kein Selbstmordvertrag, die freiheitliche Demokratie hat streitbaren Charakter und das demokratische System muss diesen Widerspruch aushalten, will es sich nicht selbst aufgeben." (Heinz Laufer 1974)

Quelle: Carmen Everts: Die Konzeption der streitbaren Demokratie, in: Eckhard Jesse/Steffen Kailitz (Hrsg.): Prägekräfte des 20. Jahrhunderts, Demokratie, Extremismus, Totalitarismus, München 1997, S. 59 (mit Beleg der Zitate)

MATERIAL 3

Werterelativistisches Denken – Ursache der Wehrlosigkeit der Weimarer Republik?

Die Demokratie [...] ist diejenige Staatsform, die sich am wenigsten gegen ihre Gegner wehrt. [...] Bleibt sie sich selbst treu, muss sie auch eine auf Vernichtung der Demokratie gerichtete Bewegung dulden, muss sie ihr wie jeder anderen politischen Überzeugung die gleiche Entwicklungsmöglichkeit gewähren. Und so sehen wir das seltsame Schauspiel, dass Demokratie in ihren ureigensten Formen aufgehoben werden soll, dass ein Volk die Forderung erhebt, ihm die Rechte wieder zu nehmen, die es sich selbst gegeben, weil man verstanden hat, dieses Volk glauben zu machen, dass sein größtes Übel sein eigenes Recht sei. Angesichts solcher Situation möchte man an das pessimistische Wort Rousseaus glauben: Eine so vollkommene Staatsformel sei zu gut für die Menschen, nur ein Volk von Göttern könnte sich auf die Dauer demokratisch regieren.
Aber angesichts dieser Situation erhebt sich auch die Frage, ob man es dabei sein Bewenden lassen solle, die Demokratie theoretisch zu verteidigen. Ob die Demokratie sich nicht selbst verteidigen soll, auch gegen das Volk, das sie nicht mehr will, auch gegen eine Majorität, die in nichts anderem einig ist als in dem Willen, die Demokratie zu zerstören. Diese Frage stellen heißt schon, sie zu verneinen. Eine Demokratie, die sich gegen den Willen der Mehrheit zu behaupten, gar mit Gewalt sich zu behaupten versucht, hat aufgehört, Demokratie zu sein. Eine Volksherrschaft kann nicht gegen das Volk bestehen bleiben. Und soll es auch gar nicht versuchen, das heißt, wer für die Demokratie ist, darf sich nicht in den verhängnisvollen Widerspruch verstricken lassen und zur Diktatur greifen, um die Demokratie zu retten. Man muss seiner Fahne treu bleiben, auch wenn das Schiff sinkt; und kann in die Tiefe nur die Hoffnung mitnehmen, dass das Ideal der Freiheit unzerstörbar ist und dass, je tiefer es gesunken, umso leidenschaftlicher wieder aufleben wird.

Quelle: Hans Kelsen: Verteidigung der Demokratie (1932, Blätter der Staatspartei, S. 90–98), nach: Derselbe: Demokratie und Sozialismus. Ausgewählte Aufsätze, Wien 1967, S. 68

1. Fassen Sie mithilfe von M 1 die wesentlichen Elemente der FDGO zusammen.
2. Stellen Sie Art. 76 WRV und Art. 79 Abs. 3 GG gegenüber. Welche Gründe hatte der Parlamentarische Rat, Art. 79 Abs. 3 GG in das Grundgesetz aufzunehmen?
3. Stellen Sie die unterschiedlichen Positionen zum unveränderlichen Verfassungskern und der Einschränkung des Demokratieprinzips einander gegenüber (M 2, M 3). Bewerten Sie diese vor dem Hintergrund der Erfahrungen mit der Weimarer Republik (S. 36/37).
4. Interpretieren Sie die oben abgebildete Karikatur.
5. Warum ist in M 2 die Rede von einem „demokratischen Dilemma"? Welche Konsequenzen hat dies für die Demokratie in der Bundesrepublik Deutschland?

Realsozialistische Herrschaft in der DDR als Antithese zur freiheitlichen Demokratie

Maß und Ziel allen politischen und gesellschaftlichen Handelns war im System der DDR die Ideologie. Durch sie sollte jeder Bürger des Staates das sozialistische Bewusstsein verinnerlichen. Darüber hinaus diente die Ideologie zur Rechtfertigung der Herrschaft. Sie trat mit dem Anspruch auf, unfehlbar zu sein, und war das Machtinstrument der Diktatur. Laut Artikel 1 der Verfassung war die DDR „die politische Organisation der Werktätigen in Stadt und Land, die gemeinsam unter Führung der Arbeiterklasse und ihrer marxistisch-leninistischen Partei den Sozialismus verwirklichen." Die Sozialistische Einheitspartei Deutschlands (SED) war damit Führungsmacht in Staat und Gesellschaft.

Die Rechtsordnung, die das SED-Regime den Menschen aufzwang, folgte dem Vorbild der Sowjetunion (UdSSR) und unterschied sich von der freiheitlich-demokratischen Rechtsordnung der Bundesrepublik fundamental. Von Beginn an ließen die Machthaber keinen Zweifel daran aufkommen, dass die „sozialistische" Rechtspflege etwas grundlegend anderes sein müsse als die „bürgerliche". Nach Lenin galt es als Pflicht der „proletarischen Revolution", ein sozialistisches Gericht einzuführen und die traditionellen bürgerlichen Gerichtsinstitutionen zu ersetzen.

Die Grundrechte waren ideologisch aufgeladen und bewerteten die Gesellschaft höher als das Individuum. Es galt, den Einzelnen für die Aufgaben der SED zu gewinnen. Freiheitsrechte wie Meinungsäußerung, Pressefreiheit, Versammlungs- oder Vereinigungsfreiheit standen zwar auf dem Papier, konnten aber jederzeit per Gesetz eingeschränkt werden. Angebliche Interessen der Gesellschaft wie Vorschriften des Straf- und Polizeirechts genossen stattdessen Vorrang.

Nach der Gründung der DDR auf dem Gebiet der sowjetischen Besatzungszone am 7. Oktober 1949 richtete der Artikel 6 der Verfassung eine Strafdrohung für alle Handlungen gegen die SED ein. Kritische Äußerungen gegen das System, Fluchthilfe oder Spionage standen unter strenger Strafe. Das „Gesetz zum Schutze des Volkseigentums" von 1952 machte jeden Widerstand gegen die radikale Verstaatlichung von Industrie und Handel und gegen die Kollektivierung der Landwirtschaft zur Straftat. Für die Verfolgung politisch Andersdenkender wurde eine politische Geheimpolizei geschaffen. In den Amtsstuben des eigens gegründeten Ministeriums für Staatssicherheit (MfS; umgangssprachlich „Stasi") wurden ohne rechtliche Genehmigung Briefe geöffnet und Telefonate abgehört. Die Staatssicherheit war also ein Instrument der SED-Bürokratie zur Aufrechterhaltung ihrer eigenen Macht.

17. Juni 1953: Wie hier in Ostberlin fuhren auch in zahlreichen anderen Städten der DDR Sowjetpanzer gegen demonstrierende Arbeiter auf.

Im Juni 1953 – rund drei Monate nach dem Tod des sowjetischen Diktators Josef Stalin – kam es in der DDR zu einem Volksaufstand, der zunächst gegen die drastische Erhöhung der Arbeitszeiten in der Industrie gerichtet war, dem aber rasch der Ruf nach freien Wahlen und politischer Veränderung folgte. Der Aufstand, an dem sich über 300 000 Arbeiter beteiligten, wurde am 17. Juni von sowjetischen Besatzungstruppen gewaltsam niedergeschlagen. Viele Flüchtlinge von Ost nach West machten dem Regime das Leben schwer, und so wurde am 13. August 1961 mit dem Bau der Berliner Mauer begonnen, dem Symbol des „Kalten Krieges". Die Grenzen waren nun geschlossen. Die unrechtmäßige Überwindung des „Eisernen Vorhangs", der mitten durch Deutschland verlief, konnte nur unter Lebensgefahr riskiert werden. Insgesamt kamen über eintausend Menschen bei dem Versuch ums Leben, die DDR „illegal" für immer zu verlassen.

Der junge Grenzpolizist Conrad Schumann überspringt am 15. August 1961 die Grenzsperranlagen.

In den 1980er-Jahren beschleunigte eine weltweite Wirtschaftskrise den Niedergang der DDR. 1983 konnte ihre Kreditwürdigkeit nur durch einen Milliardenkredit der Bundesrepublik gesichert werden. Im Gegenzug versprach die DDR, über tausend DDR-Bürger aus der Haft zu entlassen, die Anzahl der Minen und Selbstschussanlagen an der Grenze zu verringern und umfangreiche Erleichterungen im Reiseverkehr zu gestatten. Die oppositionellen Gruppen in der DDR gewannen in dieser Zeit immer mehr Einfluss. Zwar wurde der Reformkurs, den Präsident Michail Gorbatschow in der Sowjetunion eingeschlagen hatte, von der Staatsführung der DDR unter Erich Honecker strikt abgelehnt. In der Bevölkerung jedoch ließ er die Hoffnung auf Liberalisierung wachsen. In kirchlichen Kreisen bildete sich eine Friedensbewegung aus Umweltschützern und kritischen Bürgern, doch noch fehlte ein konkreter Anlass, um den zivilen Ungehorsam in eine Revolution zu verwandeln. Die Krise verschärfte sich weiter, als die SED am 7. Mai 1989 die Kommunalwahl fälschen ließ und die „Einheitsliste" trotz massiver Unzufriedenheit im Volk ein Wahlergebnis von 98,77 Prozent erzielte. Im Sommer des Jahres nutzten daraufhin Zehntausende DDR-Bürger die Urlaubszeit und flüchteten in die westdeutschen Botschaften in Prag, Budapest und Warschau, um dort ihre Ausreise in den Westen zu beantragen. Nachdem Ungarn im September 1989 seine Grenzen geöffnet und es damit den Fluchtwilligen ermöglicht hatte, über Österreich auszureisen, verließen immer mehr Menschen die DDR.

Montagsdemonstration in Leipzig, September 1989

Unter dem Eindruck der Massenflucht entsprach die Regierung unter Egon Krenz schließlich am 9. November 1989 der u. a. in den Montagsdemonstrationen geforderten Reisefreiheit und gestattete ihren Bürgern die Ausreise. Das Ende der Diktatur war damit nur noch eine Frage der Zeit, denn die Bevölkerung der DDR wünschte keine Reform des Sozialismus, sondern verlangte die sofortige Wiedervereinigung.

1. Arbeiten Sie heraus, warum die DDR Kennzeichen einer Diktatur aufwies.
2. Beschreiben Sie, wie es zum Ende der DDR und zur deutschen Einheit kam.
3. Entwerfen Sie ein Szenario, was hätte geschehen können, wenn die DDR ihre Grenzen im November 1989 weiterhin geschlossen gehalten hätte (S. 72).

Karikaturen analysieren und interpretieren

Eine Karikatur bringt gesellschaftliche oder politische Kritik überspitzt auf den Punkt. Karikaturistinnen und Karikaturisten reduzieren dazu Personen und Sachverhalte auf wenige Merkmale. Sie heben diese durch Übertreibung hervor und bringen den Betrachter damit oft zum Schmunzeln.

Gleichzeitig informieren sie und regen zum Nachdenken an. Um den Bedeutungsgehalt von Übertreibung und Ironie erkennen zu können, muss man allerdings die dargestellten Personen oder den Hintergrund der karikierten Situation einordnen können.

Mit folgenden Arbeitsschritten lässt sich eine Karikatur „zum Sprechen" bringen:

1. Beschreibung
Beschreiben Sie die Zeichnung in all ihren Einzelheiten und Besonderheiten. Was ist zu sehen? Dazu gehört neben der Wahrnehmung von Personen, Gegenständen, Ereignissen, Beschriftungen oder Farben auch das Erfassen von Beziehungen und/oder inneren Widersprüchen. Halten Sie Ihre Assoziationen fest. Beachten Sie auch die eingesetzten Stilmittel (z. B. Personifizierung, Typisierung, Verhältnis von Wort und Bild).

2. Deutung
Was sagt der Karikaturist mit seiner Zeichnung konkret aus? Hier geht es um die Entschlüsselung der zuvor beschriebenen Details. Dabei ist die Deutung häufig nur mithilfe von Sachinformationen möglich. Solche Informationen lassen sich aus dem politischen und/oder gesellschaftlichen Zusammenhang (Kontext) entnehmen, in dem eine Karikatur steht, also z. B. aus den umgebenden Zeitungsartikeln oder sonstigen Texten. Erfragen Sie gegebenenfalls für das Verständnis der Karikatur notwendiges Vorwissen. Formulieren Sie anschließend deutlich die zentrale Aussage der Karikatur.

3. Kritik
Überlegen Sie, ob die Karikatur trotz aller Übertreibungen einen wahren Kern hat! Beachten Sie dabei, ob der Karikaturist eher beschreibt, kommentiert, analysiert oder gar agitiert. Geht er also von einem zutreffenden Sachverhalt aus? Oder überspitzt der Karikaturist seine Aussage so sehr, dass sie die Wirklichkeit verfehlt? Inwieweit ist die in der Karikatur vertretene Position also berechtigt?

4. Wirkung
Geben Sie begründet den Eindruck wieder, den die Karikatur auf Sie macht. Bedenken Sie dabei auch die Wirkung, die die Zeichnung möglicherweise auf andere Personen (mit anderen Einstellungen und Meinungen) hat.

1. Interpretieren Sie die drei Karikaturen zum Thema „DDR" auf S. 25.

Die Karikatur rechts zeigt Staats- und Parteichef Walter Ulbricht als Dackel, der im Jahr 1954 durch die Sowjetunion die Souveränitätserklärung vorgelesen bekommt.

Am 20. September 1955 bestätigt die UdSSR die volle Souveränität der DDR.

„Dokument sagt: Du sein jetzt großer Bernhardiner!"
(Federzeichnung von Klaus Pielert, 1954)

„Aufnahmegesuch in die UNO zur Wahrung der Menschenrechte"
(Federzeichnung von Wolfgang Hicks, 1973)

oben: Während der Staatsratsvorsitzende Walter Ulbricht die Aufnahme der DDR in die UNO beantragt, zeichnet er einen Soldaten aus, der dem Schießbefehl an der innerdeutschen Grenze Folge geleistet hat.

Die DDR und die Bundesrepublik Deutschland werden am 18. September 1973 Mitglieder der UNO.

„Reform"
(Federzeichnung von Borislav Sajtinac, 1989)

Das Streben nach höherem Lebensstandard verdrängt die sozialistische Ideologie.

Am 9. November 1989 fällt die Berliner Mauer.

3. Herausforderungen für die Demokratie

3.1 Gefahrenherd Extremismus

Terroranschlag auf das World Trade Center in New York am 11. September 2001

Extremismus und Mitte

„Extrem" und „Extremismus" bezeichnen ein Äußerstes. Über das Extreme hinaus gibt es nichts mehr. Extreme sind nicht steigerbar, verkörpern etwas Unüberschreitbares. Die Aussage „A ist extremer als B" ergibt daher keinen Sinn. Als Gegensatz zum Extremismus kann die Mitte gelten. Sie verkörpert das Prinzip der Mäßigung. Das Bild von der Mitte und den Extremen geht begriffsgeschichtlich weit zurück, bis zu der Mesotes-Lehre von Aristoteles (384–322 v. Chr.). Der griechische Philosoph bestimmte in seiner „Lehre von der Mitte" die Tugend als Mittleres zwischen einem Zuviel und einem Zuwenig.

Ziele und Formen von Extremismus

Als Extremisten gelten Anhänger ganz unterschiedlicher politischer Bestrebungen: Anarchisten, Kommunisten, Rassisten, Neonationalsozialisten oder islamistische Fundamentalisten. Ihre Bestrebungen richten sich gegen den demokratischen Verfassungsstaat, den sie für einen autoritären Staat oder eine staatenlose Gesellschaft überwinden wollen. Der Verfassungsstaat sichert den Pluralismus und damit die Akzeptanz verschiedener Interessen. Er bürgt für die Orientierung am Gemeinwohl anstelle einer Orientierung an absoluten Gruppeninteressen. Die Formen des Extremismus lassen sich in die drei Kategorien „rechts", „links" und „religiös" unterteilen.

Welt- und Menschenbild von Extremisten

Extremisten behaupten, ein „höheres Wissen" zu besitzen, um die Welt in ihrem Sinne erklären zu können. Nur eine bestimmte Elite oder eine Führungsfigur besitzt ihnen zufolge das richtige Instrument zur Weltorientierung. Aus diesem Grund streben sie eine „totale" Steuerung der Gesellschaft an. Der Einzelne wird nicht als eigenständig angesehen, sondern muss sich einem Kollektiv, einer Gemeinschaft unterordnen. Extremisten kämpfen für die politische Einheit von Regierenden und Regierten. Davon abweichende Auffassungen oder unterschiedliche Interessen stellen nach ihrer Logik eine Gefahr dar und werden verfolgt. Mit Verschwörungstheorien und „Schwarz-Weiß-Denken" schaffen sich Extremisten dabei Feindbilder und rücken sich selbst in ein besseres Licht.

Rechtsextremismus

Der Rechtsextremismus verneint die Idee, dass alle Menschen gleich seien. Nation oder Rasse gelten als biologisch bestimmt. Zugehörige einer anderen Nation oder Rasse gelten als minderwertig, Grund- oder Menschenrechte werden ihnen abgesprochen. Die Bezeichnung des Faschismus bezieht sich vor allem auf das Regime Benito Mussolinis (1883–1945) in Italien. Wer von einem „deutschen Faschismus" spricht, könnte den Nationalsozialismus verharmlosen, da die Unterschiede verwischen. Der Nationalsozialismus unter Adolf Hitler (1889–1945) ging von einem ständigen Kampf der Rassen und Völker aus. Ziel dieser Ideologie war es, „ethnische Reinheit" herzustellen und eine totalitäre Herrschaft zu begründen. Mussolinis Faschismus hingegen orientierte sich am Imperialismus des antiken Roms. In Mussolinis autoritärem Staat mussten sich die Faschisten die Macht mit Monarchie und Militär teilen. Hitlers Macht aber war absolut. Heute behält der Rechtsextremismus den Grundsatz der nationalen Abschottung bei und lehnt die Zusammenarbeit von Nationen ab. Allen Rechtsextremisten gemein ist die Ideologie der Fremdenfeindlichkeit. Sie glauben, den „wahren Volkswillen" zu vertreten. In ihrem Geschichtsbild verharmlosen sie den Nationalsozialismus bis hin zur Leugnung des Völkermords an den europäischen Juden im Dritten Reich.

Linksextremismus

Der Linksextremismus gibt vor, über absolute Gewissheiten zu verfügen. Er akzeptiert zwar den Grundsatz der Gleichheit aller Menschen, will den Einzelnen aber aus gesellschaftlichen, wirtschaftlichen und politischen Fesseln lösen. Die bestehende Staats- und Gesellschaftsordnung gilt als „kapitalistisch", „imperialistisch" oder „faschistisch". Insbesondere die kapitalistische Klassengesellschaft wird abgelehnt. Karl Marx (1818–1883) und Friedrich Engels (1820–1885) hatten Mitte des 19. Jahrhunderts eine Gesellschafts-, Wirtschafts- und Staatstheorie entwickelt, nach der der Kapitalismus wegen seiner Ungerechtigkeit bei der Verteilung wirtschaftlicher Güter zwangsläufig durch eine „Diktatur des Proletariats" bzw. eine klassenlose Gesellschaft abgelöst würde. Die Vorstellung von der Umschichtung des Eigentums von den reichen „Kapitalisten" zu den armen „Proletariern" spielt im Linksextremismus auch heute noch eine große Rolle. Eine andere Form des Linksextremismus ist der Anarchismus. In einer anarchischen Gesellschaft gibt es weder Hierarchie noch Herrschaft. Zwar ist der Anarchismus in den heutigen Demokratien kaum mehr verbreitet, er taucht aber immer noch bei gesellschaftlichen Randgruppen auf. Er verachtet das bürgerliche „Establishment", wendet sich vom Staat ab und betont die Selbstentfaltung des Einzelnen. Seine Feindbilder sind die bestehenden Gesetze, Normen und Ordnungen.

religiöser Fundamentalismus

Mit Fundamentalismus werden ganz unterschiedliche, meist religiös motivierte Ideologien und Strömungen bezeichnet. Der Fundamentalismus gibt den Pluralismusgedanken auf und stellt eine Glaubensgemeinschaft in den Mittelpunkt, die den Anspruch erhebt, das absolut Richtige zu denken und zu tun. Seit der Revolution im Iran 1979 unter der geistigen Führung des Ayatollah Khomeini (1902–1989) findet vor allem der islamistische Fundamentalismus mit seiner stark antiwestlichen Einstellung Aufmerksamkeit. Der islamistische Fundamentalismus strebt eine Theokratie an, d. h. eine Diktatur, in der die Machthaber ihre Herrschaft und alle Gesetze ausschließlich religiös begründen. Andersgläubige müssen mit Unterdrückung und Verfolgung rechnen. Solche Bedrohungen gehen aber nicht nur von staatlicher Seite aus. Die Selbstmordattentate fanatischer Islamisten am 11. September 2001 haben gezeigt, dass fundamentalistische Einzelpersonen weiterhin eine Gefahr sind. Generell geht heute eine große sicherheitspolitische Bedrohung von fundamentalistischen Terroristen aus, wie u. a. auch die Anschläge in Madrid (2004), London (2005) oder Midi-Pyrénées (2012) demonstrieren.

MATERIAL

1 Neonazistische Szene und „Autonome Nationalisten"

Die Grundlage und feste Bezugsgröße des neonazistischen Spektrums ist der historische Nationalsozialismus mit den prägenden Ideologieelementen des Rassismus, Antisemitismus, Nationalismus und Antipluralismus. Neonazis streben einen ethnisch homogenen, diktatorischen Staat an. […] Der demokratische Rechtsstaat in seiner Gesamtheit wird als „Besatzerregime" abgelehnt. Trotz gemeinsamer ideologischer Grundelemente ist die neonazistische Szene nicht homogen, die Ideologieelemente innerhalb der Personenzusammenschlüsse sind unterschiedlich ausgeprägt. Insbesondere bei jüngeren Neonazis prägen antiamerikanische, antikapitalistische und antiimperialistische Einstellungen das jeweilige Weltbild.

Das Spektrum reicht von Gruppen mit einem subkulturellen Einschlag über eine zunehmende Zahl von Gruppierungen, die für ideologische Varianten des Nationalsozialismus und die Übernahme neuer Verhaltensweisen aufgeschlossen sind, bis hin zu Aktivisten und Gruppen, die weiterhin eine Wiederherstellung des historischen Nationalsozialismus anstreben. […]

Das neonazistische Personenpotenzial ist 2011 erneut angestiegen. Insgesamt gehören nunmehr rund 6000 Personen (2010: 5600) der Szene an. Gerade die erhöhte Aktionsorientiertheit der neonazistischen Szene wirkt insbesondere auf junge Szeneangehörige anziehend. Auch erlebnisorientierte Rechtsextremisten, die zuvor überwiegend über die subkulturelle Szene, insbesondere die Musik, Zugang zur rechtsextremistischen Szene gefunden haben, werden nunmehr von aktionsorientierten, informellen neonazistischen Gruppierungen angesprochen.

Sowohl bei den Führungsaktivisten als auch den Anhängern neonazistischer Gruppierungen handelt es sich überwiegend um männliche Jugendliche und Erwachsene. Frauen spielen – wahrscheinlich auch aufgrund des vom Nationalsozialismus geprägten reaktionären Frauenbildes – eine untergeordnete Rolle. Nur rund vier Prozent der Führungsaktivisten sind weiblich. […]

Der Trend zu einem Abbau der Strukturen in der neonazistischen Szene setzt sich weiter fort. Es existieren überwiegend regionale Gruppierungen, von denen mehr als die Hälfte äußerst strukturarme Zusammenschlüsse sind. Auf Organisationsstrukturen wird verzichtet, um Vereinsverbote zu erschweren und um möglichst wenige Ansatzpunkte für strafrechtliche Ermittlungsverfahren gegen Mitglieder der Gruppierungen zu bieten. Zudem erfordern die geringe Größe der Gruppen, die räumliche Nähe und der persönliche Kontakt der Aktivisten nur einen gering ausgeprägten Organisationsgrad. […]

Die „Autonomen Nationalisten" nahmen auch im Jahr 2011 eine herausragende Stellung innerhalb der neonazistischen Szene ein. Die Bedeutung der Strömung für das neonazistische Spektrum basiert auf der von ihr ausgehenden Innovation. Derzeit werden etwa 15% des neonazistischen Personenpotenzials – 2010 waren es noch etwa 20% – aufgrund des Schwerpunkts ihrer Aktivitäten den „Autonomen Nationalisten" zugerechnet. Allerdings verschwimmen die Grenzen zwischen „Autonomen Nationalisten" und der übrigen neonazistischen Szene zunehmend: Beide Spektren propagieren mittlerweile antikapitalistische, globalisierungsfeindliche und rassistische Ideologieelemente auf eine nahezu gleiche Art und Weise. Durch die Übernahme von Aktionsformen ist eine klare Differenzierung nur noch schwer möglich.

„Nationalismus statt Globalisierung" – 1.-Mai-Demonstration „Autonomer Nationalisten"

Quelle: Bundesministerium des Innern (Hrsg.): Verfassungsschutzbericht 2011, S. 68–71, abrufbar auf den Internetseiten des Bundesministeriums des Innern (www.bmi.bund.de) oder des Verfassungsschutzes (www.verfassungsschutz.de); Zugriff am 10.2.2013

MATERIAL

Linksextremismus und autonome Gewalt 2

Das Aktionsfeld „Antifaschismus" hat für Linksextremisten, so auch für gewaltbereite Autonome, seit jeher einen hohen Stellenwert. Entsprechende Aktivitäten richten sich nur vordergründig auf die Bekämpfung rechtsextremistischer Bestrebungen. Ziel ist vielmehr die Überwindung der freiheitlichen demokratischen Grundordnung, um die dem „kapitalistischen System" angeblich zugrunde liegenden Wurzeln des „Faschismus" zu beseitigen. Direkte Angriffe gegen tatsächliche oder vermeintliche Rechtsextremisten sowie Anschläge gegen rechtsextremistische Strukturen werden befürwortet und gelten als vermittelbar. [...]

Die Partei „DIE LINKE." bietet nach wie vor ein ambivalentes Erscheinungsbild: Sie setzt einerseits darauf, in der Öffentlichkeit als reformorientierte, neue linke Kraft wahrgenommen zu werden, andererseits liegen zahlreiche Anhaltspunkte für linksextremistische Bestrebungen in der Partei vor, insbesondere die umfassende Akzeptanz von offen extremistischen Zusammenschlüssen in ihren Reihen. [...]

Den weitaus größten Teil der rund 7 100 gewaltbereiten Linksextremisten bilden die Autonomen; dieses Spektrum umfasste Ende 2011 bundesweit 6 400 Personen (2010: 6 200).

Seit Jahren ist ein anhaltend hohes Aggressions- und Konfrontationsniveau in der gewaltbereiten linksextremistischen Szene festzustellen.

Eine typische Form autonomer Gewalt, für einige sogar der wichtigste Ausdruck „militanter Politik", ist die sogenannte Massenmilitanz, d. h. Straßenkrawalle, die sich situativ im Rahmen von Demonstrationen bzw. in deren Anschluss entwickeln können. Gewalt soll als „normales" Mittel in der politischen Auseinandersetzung erscheinen; ein gewalttätiger Verlauf – so die Botschaft – ist bei jeder Demonstration einzukalkulieren und wird billigend in Kauf genommen. Entsprechend bilden sich bei Demonstrationen mitunter „Schwarze Blöcke", zu denen sich vermummte Aktivisten in einheitlicher „Kampfausrüstung" zusammenschließen.

Die Demonstrationen zum „Revolutionären 1. Mai" wurden oftmals von gewalttätigen Ausschreitungen begleitet. [...] Für die absehbare Zukunft ist von einem weiterhin hohen Gewaltpotenzial mit zunehmendem Aggressionsverhalten der autonomen linksextremistischen Szene auszugehen. In quantitativer Hinsicht dürfte sich die Zunahme des gewaltbereiten linksextremistischen Personenpotenzials weiter fortsetzen. In qualitativer Hinsicht ist ein deutlich gewachsenes Gewaltpotenzial der Akteure festzustellen, wobei Körperverletzungen bewusst in Kauf genommen werden. Die Angriffe richten sich vor allem gegen Polizisten und gegen tatsächliche oder vermeintliche Rechtsextremisten.

Quelle: Bundesministerium des Innern (Hrsg.): Verfassungsschutzbericht 2011, S. 141–158, abrufbar auf den Internetseiten des Bundesministeriums des Innern (www.bmi.bund.de) oder des Verfassungsschutzes (www.verfassungsschutz.de); Zugriff am 10. 2. 2013

1. Erläutern Sie, warum Extremismus häufig ein Gruppenphänomen ist (M 1 und M 2).
2. Arbeiten Sie aus M 1, M 2 und dem Text der Seiten 26 und 27 heraus, welche Gemeinsamkeiten und Unterschiede es zwischen „Autonomen Nationalisten" und linken Autonomen im Besonderen und zwischen Rechts- und Linksextremismus im Allgemeinen gibt.
3. Recherchieren Sie in Zeitungen und Zeitschriften, wo in Deutschland und wo in Europa Brennpunkte extremistischer Gruppierungen liegen.
4. Informieren Sie sich mithilfe von Verfassungsschutzberichten (z. B. auf der Internetseite des Verfassungsschutzes) über rechts- und linksextremistische Straftaten in Deutschland.
5. Verfassen Sie einen Artikel für Ihre Lokalzeitung, in dem Sie Stellung gegen extreme Gruppen in Ihrer Gemeinde/Ihrem Landkreis beziehen.

MATERIAL

3 Islamistischer Terrorismus auf dem Prüfstand

In Deutschland leben rund vier Millionen Muslime. Bis zum 11. September 2001 blieb das Zusammenleben zwischen Muslimen und der Mehrheitsgesellschaft weitgehend lautlos und von einem (eher desinteressierten) Nebeneinander gekennzeichnet. Mit den spektakulären Anschlägen, die El Kaida an diesem Tag in den USA verübte, verwandelte sich das Desinteresse in ein spürbares Misstrauen. Sie sehen sich seither einem Generalverdacht ausgesetzt. [...] Nicht einmal die Masse der vom Verfassungsschutzbericht des Bundes mit 31 000 angegebenen Islamisten stellt eine Bedrohung für Leib und Leben der Bürger dar. Obwohl sie aus ihrer Religion politische Forderungen ableiten, die mit der freiheitlichen demokratischen Grundordnung unvereinbar sind (Errichtung von sog. „Gottesstaaten" und Einführung des religiösen Rechtssystems der „Scharia"), wollen sie ihre Ziele mit friedlichen Mitteln – auf dem Wege der politischen Systemveränderung – erreichen. [...]

Massive aktuelle Gefahren für die innere Sicherheit gehen dagegen von der gewaltbereiten Variante des Islamismus, dem Dschihadismus, aus: Eine kleine, radikale Minderheit innerhalb der Islamisten, die in Deutschland wenige Hundert Personen umfasst, ist davon überzeugt, ihre Ziele nur mit Gewalt erreichen zu können. [...]

Diese Minderheit gewaltorientierter Islamisten ist unser Problem [...]. Seit dem weitgehenden Verlust der Operationsfähigkeit versuchen Kern-El-Kaida, ihre „Filialen und sonstige mit ihr verbündete Terrororganisationen erfolgreich mit Botschaften, die zumeist im Internet verbreitet werden, auf potenzielle „Glaubenskämpfer" im Westen einzuwirken. [...] Eine Ausbildung in einem Lager von El Kaida ist nicht mehr nötig: Die Anleitungen für militantes Handeln liefert das Internet denen, die sich nicht in die Kampfgebiete begeben wollen oder können, gleich hinzu. Damit geht die Hauptgefahr für die westlichen Staaten einschließlich Deutschland nunmehr von Mitgliedern kleiner Terrorzellen oder Einzeltäter aus, die hier geboren oder aufgewachsen sind. Diese Personen werden von den Ideen El Kaidas und anderer Terrorgruppen, die sich mit El Kaida verbunden fühlen, beeinflusst und radikalisiert. [...]

Anschläge von Personen oder Gruppen, die unter dem Einfluss der Ideologie El Kaidas stehen, sind deshalb in Deutschland wahrscheinlich. Die Frage lautet nicht mehr, ob es auch in Deutschland zu einem solchen Anschlag kommen kann, sondern wann. Die Täter werden Deutschland als Teil „des Westens" und als „Feind der islamischen Welt" ansehen.

Terror-Video „Der Ruf zur Wahrheit", in dem der Terrorist „Ajjub" mit Anschlägen in Deutschland droht (2009)

Quelle: Helmut Albert: Islamistischer Terrorismus auf dem Prüfstand – Wie gefährdet sind wir in Deutschland wirklich?, in: Eckhard Jesse/Gerhard Hirscher (Hrsg.): Extremismus in Deutschland, Baden-Baden 2013, S. 275–283, hier S. 275–280

1. Erläutern Sie anhand von M 3 Formen und Bedrohungspotenzial des Islamismus.
2. Recherchieren Sie im Internet zu islamistischen Anschlagsversuchen in Deutschland seit dem 11. September 2001. Halten Sie Ihre Ergebnisse in einer Tabelle fest.
3. Beurteilen Sie die Einschätzung des Autors von M 3, dass islamistisch motivierte Anschläge in Deutschland wahrscheinlich sind.

3.2 Die Wehrhaftigkeit des Grundgesetzes

Lehren aus der Weimarer Republik

Die Konzeption der streitbaren Demokratie entstand als politische Lehre aus der deutschen Geschichte. Die Weimarer Republik war gegenüber ihren Feinden nur sehr eingeschränkt wehrhaft und eröffnete die Möglichkeit zu ihrer „legalen" Zerstörung durch die Nationalsozialisten. Dazu trat noch ein mangelndes demokratisches Bewusstsein der Bevölkerung. Entsprechend verfolgte auch die NSDAP die Strategie, die Verfassung legal unter Umgehung des direkten Gesetzesbruchs aus den Angeln zu heben. Der fehlende Demokratieschutz rächte sich daher bitter.

Wertgebundenheit, Abwehrbereitschaft, Demokratieschutz

Das Grundgesetz ist antitotalitär, das heißt weder einseitig antifaschistisch noch antikommunistisch. Daraus ergeben sich drei zentrale Wesensmerkmale: Wertgebundenheit, Abwehrbereitschaft und Vorverlagerung des Demokratieschutzes. Der demokratische Verfassungsstaat bekennt sich zu festen Werten und distanziert sich von der Wertneutralität der Weimarer Verfassung. Abwehrbereitschaft meint, dass sich der Verfassungsstaat gegen extremistische Positionen verteidigen will. Mit der Vorverlagerung des Demokratieschutzes verteidigt sich der Staat gegenüber Extremisten bereits im Vorfeld, nicht erst bei direkten Angriffen.

Art. 21 Abs. 2 GG

Der verfassungsrechtliche Demokratieschutz sieht nach Art. 21 Abs. 2 GG die Möglichkeit von Parteienverboten vor. Nach Art. 9 Abs. 2 GG können Vereine verboten werden. Ein Demokratieschutz hat auch administrativen Charakter. Eigens dafür eingerichtete Verfassungsschutzbehörden in Bund und Ländern nehmen die Aufgabe wahr, den Bestand der freiheitlichen Demokratie zu sichern. Dazu erstellen sie jährlich einen Verfassungsschutzbericht, den alle Bürgerinnen und Bürger einsehen können. Man kann diese Maßnahme als Frühwarnsystem begreifen, da vorbeugende Absichten im Vordergrund stehen. Streitbar ist beispielsweise der zivile Ungehorsam von demokratischen Protestbewegungen. Der Demokratieschutz sieht aber ausdrücklich auch strafrechtliche Maßnahmen vor. Der Tatbestand der Volksverhetzung etwa richtet sich insbesondere gegen Rechtsextremisten, die den Holocaust verharmlosen oder gar leugnen. Unter Strafe steht ebenso das Verbreiten von Propagandamitteln oder Kennzeichen verfassungswidriger Organisationen. Der Rechtsstaat muss einerseits die „Wölfe im Schafspelz" erkennen, andererseits nicht jede Äußerung für bare Münze nehmen.

Verfassungsschutz

strafrechtliche Maßnahmen des Rechtsstaats

„wehrhafte" Demokratie und Toleranz

Die wehrhafte Demokratie steht vor einem großen Problem. Zu wenig Schutz kann die Demokratie ebenso gefährden wie zu viel Schutz. Ein wichtiges demokratisches Grundprinzip heißt Toleranz, das nicht gefährdet werden darf. Dieser Wert ermöglicht einen gewaltfreien Interessenausgleich zwischen unterschiedlichen gesellschaftlichen Gruppen. Nur wenn die Toleranz offen missbraucht wird, darf und soll der Staat einschreiten.

Staat und Gesellschaft sind gefordert

Nicht nur der Staat, sondern auch die Gesellschaft ist daher gefordert. Die Auseinandersetzung mit dem Extremismus spielt sich in erster Linie mit sachlichen Argumenten, weniger mit Verboten ab. Ungerechtfertigte oder unsachliche Vorwürfe helfen der wehrhaften Demokratie nicht weiter, sondern verfehlen ihren Zweck. Die wehrhafte Demokratie darf nur letztes Mittel im Umgang mit Verfassungsfeinden sein. Die freie Gesellschaft muss den Wettbewerb der Ideen zulassen.

Parteiverbot und Grundgesetz Nach Art. 21 GG entscheidet das Bundesverfassungsgericht (BVerfG) auf Antrag über das Verbot einer Partei. Die Hürde für ein solches Verbot ist hoch: Nach Auffassung des BVerfG ist eine Partei nicht schon dann verfassungswidrig, wenn sie die freiheitliche demokratische Grundordnung nicht anerkennt (Art. 21 Abs. 2 GG). Hinzukommen muss eine „aktive kämpferische, aggressive Haltung gegenüber der bestehenden Ordnung" .

Verbot der SRP! Die 1949 gegründete rechtsextremistische Sozialistische Reichspartei (SRP) stand in Wesensverwandtschaft zur NSDAP und wurde 1952 vom BVerfG verboten.

Verbot der KPD! Zum zweiten – und bislang letzten – Parteiverbot in der deutschen Nachkriegsgeschichte kam es 1956, als das BVerfG die linksextremistische Kommunistische Partei Deutschlands (KPD) verbot.

Verbot der NPD? Zur dominierenden Größe speziell im rechtsextremen Spektrum ist in den letzten Jahren die 1964 gegründete Nationaldemokratische Partei Deutschlands (NPD) geworden. Angesichts ihrer unverhohlenen Verfassungsfeindlichkeit ist ein Parteiverbot immer wieder im Gespräch. Allerdings sind die Hürden dafür sehr hoch, nachdem ein im Jahr 2001 eingeleitetes Verbotsverfahren nicht aus Mangel an Beweisen, sondern aus formalen Gründen gescheitert war. Das BVerfG stellte am 18. März 2003 das Verfahren wegen des Einsatzes von V-Leuten in der Führung der Partei ein. Zwei Jahre nach Entdeckung der rechtsextremen Terrorzelle Nationalsozialistischer Untergrund (NSU) im November 2011 wird ein erneuter Verbotsantrag gegen die NPD jedoch wieder angestrengt. Der NSU hatte in dreizehn Jahren mutmaßlich zehn Menschen ermordet, wurde bei den Ermittlungen jedoch lange Zeit nicht mit den Morden in Verbindung gebracht. Die Pannen der Sicherheitsbehörden in diesem Zusammenhang machen deutlich, dass das Funktionieren der wehrhaften Demokratie einer ständigen Prüfung bedarf.

Zeichnung: Burkhard Mohr

1. Interpretieren Sie die Karikatur auf S. 32 im Hinblick auf das darin vermittelte Bild der wehrhaften Demokratie. Nehmen Sie anschließend Stellung zu der Position des Zeichners.
2. Vergleichen Sie den in M 1 dargestellten Schutz des Grundgesetzes mit den Möglichkeiten, die die Weimarer Reichsverfassung dahingehend bot. Beachten Sie dabei den Historischen Exkurs (S. 36/37).
3. Entwerfen Sie mithilfe des Einführungstextes (S. 31/32), des Materials 1 (S. 33) sowie des Historischen Exkurses (S. 36/37) eine Rede, die die Wehrhaftigkeit des Grundgesetzes verteidigt oder problematisiert.

MATERIAL

Wehrhaftes Grundgesetz (Auswahl) 1

Artikel 9 Abs. 2 GG: „Vereinigungen, deren Zwecke oder deren Tätigkeiten den Strafgesetzen zuwiderlaufen oder die sich gegen die verfassungsmäßige Ordnung oder gegen den Gedanken der Volkssouveränität richten, sind verboten."

Artikel 18 GG: „Wer die Freiheit der Meinungsäußerung, insbesondere die Pressefreiheit (Artikel 5 Abs. 1), die Lehrfreiheit (Artikel 5 Abs. 3), die Versammlungsfreiheit (Artikel 8), die Vereinigungsfreiheit (Artikel 9), das Brief-, Post- und Fernmeldegeheimnis (Artikel 10), das Eigentum (Artikel 14) oder das Asylrecht (Artikel 16a) zum Kampfe gegen die freiheitliche demokratische Grundordnung missbraucht, verwirkt diese Grundrechte. Die Verwirkung und ihr Ausmaß werden durch das Bundesverfassungsgericht ausgesprochen."

Artikel 20 Abs. 4 GG: „Gegen jeden, der es unternimmt, diese Ordnung zu beseitigen, haben alle Deutschen das Recht zum Widerstand, wenn Abhilfe nicht möglich ist."

Artikel 21 Abs. 2 GG: „Parteien, die nach ihren Zielen oder nach dem Verhalten ihrer Anhänger darauf ausgehen, die freiheitliche demokratische Grundordnung zu beeinträchtigen oder zu beseitigen oder den Bestand der Bundesrepublik Deutschland zu gefährden, sind verfassungswidrig. Über die Frage der Verfassungswidrigkeit entscheidet das Bundesverfassungsgericht."

Auswahl: Autoren

Querverweis: S. 10, M 3

MATERIAL

Morden im toten Winkel 2

Die Erkenntnis traf Öffentlichkeit und Staat wie ein Schock: Im November 2011 wurde bekannt, dass eine kleine Zelle von drei Neonazis dreizehn Jahre im Untergrund agiert und in dieser Zeit mindestens zehn Menschen ermordet hatte. Den Sicherheitsbehörden waren Existenz und Taten der Gruppe, die sich „Nationalsozialistischer Untergrund" (NSU) nannte, verborgen geblieben. In den einschlägigen Berichten und Stellungnahmen hatte es bislang immer geheißen, in der Bundesrepublik Deutschland bestünden keine rechtsterroristischen Strukturen. Nachdem die NSU-Serienmorde diese Einschätzung widerlegt hatte, kam in der öffentlichen Diskussion von verschiedenen Seiten ein altbekannter Vorwurf auf: „Der Staat ist auf dem rechten Auge blind!"

In der Tat hatten die Sicherheitsbehörden die Ermordung von neun Menschen mit Migrationshintergrund auf kriminelle und nicht auf rechtsextremistische Motive zurückgeführt. Doch wie angemessen ist die Aussage in einem allgemeinen Sinn und bezogen auf die NSU-Morde? [...]

Letztendlich meint „auf dem rechten Auge blind", dass der Staat die Entwicklungen im Rechtsextremismus überhaupt nicht zur Kenntnis nimmt oder nicht nehmen will. Doch allein ein Blick in die jährlich erscheinenden Verfassungsschutzberichte steht für das erklärte Gegenteil. Man findet dort Darstellungen und Einschätzungen, welche die jeweils aktuelle Entwicklung in den unterschiedlichsten Bereichen dieses politischen Lagers behandeln. So veranschaulichen etwa die präsentierten Daten ein seit Jahren kontinuierliches Anwachsen der Neonaziszene. [...]

Spricht aber nicht gerade die Existenz einer Neonazizelle, die über ein Jahrzehnt lang ohne Kenntnisse der Sicherheitsbehörden aus dem Untergrund heraus morden konnte, für die Auffassung von der „Blindheit" des Staates? Diese Einschätzung ignoriert die Besonderheit und Singularität des NSU. [...]

Zeichnung: Klaus Stuttmann

Die kontinuierlich geplante und gezielte Ermordung von Menschen aus einer Situation von Angesicht zu Angesicht über einen Zeitraum von sieben Jahren gab es zuvor ebenso wenig wie ein öffentliches Schweigen, auch angesichts einer falschen Zuordnung der Taten durch die Polizeibehörden als kriminell motiviert. [...] Im US-amerikanischen Rechtsextremismus entstand bereits in den 1990er-Jahren das Modell des „Leaderless Resistance", des „führerlosen Widerstandes", was ebenfalls vom Agieren kleiner Gruppen ohne Anleitung durch eine Führerfigur oder Kommandostruktur ausging. Die Kenntnis dieser Entwicklungen ermöglicht in der analytisch-vergleichenden Betrachtung die Herausarbeitung eines Analyserasters, das die Entstehung neuer Gefahren eben auch im deutschen Rechtsextremismus im Sinne eines „Frühwarnsystems" erkennbar macht. Im Fehlen einer solchen Perspektive und Struktur dürften eher die Fehler der Sicherheitsbehörden zu sehen sein.

Quelle: Armin Pfahl-Traughber: Morden im toten Winkel. Rechter Terror, in: Das Parlament vom 16.7.2012

➡ Querverweis: S. 101, M 2

MATERIAL

3 Streit um das NPD-Verbot

Es sprechen gute Gründe für ein Verbot der rechtsextremistischen NPD, ebenso viele dagegen. [...] Ein Scheitern [eines Verbotsverfahrens] würde schwerwiegende Konsequenzen nach sich ziehen. Die NPD bekäme einen „TÜV"-Stempel von den obersten deutschen Verfassungshütern [dem Bundesverfassungsgericht]. Die Arbeit der zahlreichen zivilgesellschaftlichen Initiativen würde in einer Art verkommen, die bei vielen engagierten Demokratinnen und Demokraten Verdruss hervorrufen würde. Schon heute ist der Einsatz für eine vielfältige, bunte Demokratie in denjenigen Gebieten, in denen die NPD zum Alltag gehört, eine Sisyphusarbeit. Eine gleichsam staatliche Legalisierung der menschenfeindlichen NPD-Ideologie würde diese Akteure in die Ecke drängen, ein argumentatives Entrinnen gäbe es kaum. Zu befürchten ist weiterhin, dass einige bislang nur sympathisierende Unterstützer den Schritt zum Vollmitglied wagen. Die Basis der NPD sollte dies kaum verbreitern, denn selbst ein „Persilschein" des Bundesverfassungsgerichts entließe die NPD bundesweit nicht aus der selbst gewählten subkulturellen Isolation. Wahlerfolge wären keine zwangsläufige Folge eines gescheiterten Verfahrens, denn die NPD bietet nur einfache Antworten auf die komplizierten Fragen unserer Zeit. [...] Beweise dafür, dass ein Verbot der NPD das vordringlichste Problem unserer Gesellschaft, nämlich die fremdenfeindliche Gewalt, lösen würde, gibt es keine. Außerdem bleibt ungeklärt, ob das militante rechtsextremistische Milieu tatsächlich geschwächt würde. Die entsprechende Geisteshaltung verschwände auch nicht so einfach. Ein Verbot bekämpft also nur die Symptome, nicht die Krankheit selbst.

Quelle: Marc Brandstetter: Der Streit um das NPD-Verbot – Gute Argumente für Verbotsbefürworter und Verbotsgegner, in: Eckhard Jesse/Gerhard Hirscher (Hrsg.): Extremismus in Deutschland, Baden-Baden 2013, S. 97–112, hier S. 111 f.

1. Ermitteln Sie aus M 2, aus welchen Gründen der Verfassungsschutz im Fall des NSU versagte, und erwägen Sie Strategien, dieser Form des Terrorismus zu begegnen.
2. Überprüfen Sie die Aussage der Karikatur auf S. 33 mithilfe des Textes M 2.
3. Erarbeiten Sie aus M 3 die Gründe, die gegen ein Verbot der NPD sprechen, und erwägen Sie Gegengründe.
4. Ermitteln Sie aus M 4 die Gründe für das Verbot der salafistischen Vereine und überprüfen Sie mithilfe von M 1, ob das Verbot laut Grundgesetz zu rechtfertigen ist.
5. Arbeiten Sie aus dem Text M 5 die generelle Gefahr bei Verboten verfassungsfeindlicher Parteien oder Organisationen heraus.
6. Diskutieren Sie ausgehend von M 5 das Spannungsverhältnis zwischen wehrhafter Demokratie und Toleranzgebot in einem freiheitlich-demokratischen Rechtsstaat.

MATERIAL
Salafistenverein verboten – bundesweite Razzien 4

Mit einem Vereinsverbot und einer bundesweiten Razzia sind die Behörden von Bund und Ländern gegen die Salafisten-Szene vorgegangen. Polizisten überprüften Wohnungen und Vereinsheime in sieben Bundesländern.

[...] Parallel dazu ließ Bundesinnenminister Hans-Peter Friedrich das Netzwerk „Millatu Ibrahim" aus Solingen verbieten. Weitere Verbote würden überprüft, sagte Friedrich. [...] Friedrich zog eine positive Bilanz der Razzien. Die Maßnahmen seien „außerordentlich erfolgreich" verlaufen, sagte er. Festnahmen habe es aktuell nicht gegeben. Durchsucht wurden nach neuesten Angaben rund 80 Objekte. Es sei umfangreiches Material sichergestellt worden, sagte Friedrich. Er nannte Videoanlagen, Laptops und Handys, die nun ausgewertet würden.

Salafisten attackieren die Polizei

Der Innenminister hatte die Überprüfungen und möglichen Vereinsverbote vor rund einem Monat angekündigt. Dies sei ein „klares Signal, dass dieser Staat ein freiheitlicher Staat sei, der aber auch wehrhaft sein muss gegen Feinde der freiheitlichen Ordnung, sagte Friedrich. „Millatu Ibrahim" richte sich gegen den Gedanken der verfassungsrechtlichen Ordnung und der Völkerverständigung. [...] Radikale Salafisten stehen im Verdacht, mit ihrer Propaganda gewaltbereite Islamisten anzustacheln oder selbst Verbindungen zu Terrornetzwerken zu pflegen. In Deutschland gilt der Salafismus als die am schnellsten wachsende und wegen ihrer Radikalität besonders gefährliche Strömung des Islamismus. Die Anhänger streben nach Erkenntnissen der Sicherheitsbehörden einen islamischen Gottesstaat an, der mit der westlichen Demokratie unvereinbar ist. Sicherheitsbehörden schätzen die Zahl der Anhänger auf etwa 4000.

Nach Angaben der Sicherheitsbehörden gibt es in Deutschland derzeit rund 130 sogenannte Gefährder, denen islamistische Anschläge zugetraut werden. Darunter seien 24 Salafisten.

Quelle: www.tagesschau.de/inland/salafisten148.html vom 14.6.2012; Zugriff am 4.3.2013

Querverweis: S. 30, M 3

MATERIAL
Deutsche folgen Ruf eines Predigers 5

Mehrere radikale Islamisten aus Deutschland setzten sich jüngst nach Ägypten ab. [...] Der Verfassungsschutz ist nun besorgt, dass im ägyptischen Exil aus dem „Millatu-Ibrahim"-Netzwerk eine deutsche Salafisten-Kolonie entstehen könnte. Während die radikalen Islamisten sich in Deutschland verhältnismäßig einfach observieren lassen, sei die Situation im Ausland weitaus unübersichtlicher. Es bestehe die Gefahr, dass Ägypten nur als Durchreiseland dient und sich Islamisten von dort aus in Terrorlager begeben oder an Kampfhandlungen in Konfliktgebieten teilnehmen, sagt ein Verfassungsschützer. Auch eine spätere Rückkehr nach Deutschland wird befürchtet. Aus Sicherheitskreisen heißt es, die Auswanderung von Salafisten aus Deutschland nach Ägypten sei durch den jüngst erhöhten Druck des Staates auf die islamistische Szene zu erklären. Zusätzlich seien die politischen Verhältnisse in Ägypten, insbesondere das Erstarken salafistischer Parteien und Gruppen, attraktiv für radikale Muslime.

Quelle: Focus Online, www.focus.de/politik/deutschland/deutsche-folgen-ruf-eines-predigers-mehr-als-ein-dutzend-salafisten-fluechten-nach-aegypten_aid_797904.html vom 10.8.2012; Zugriff am 4.3.2013

Die Wehrlosigkeit der Weimarer Republik

„Sie tragen die Buchstaben der Firma – aber wer trägt den Geist?"; Karikatur von Thomas Theodor Heine, 1927

Keine Bildquelle aus der Zeit der Weimarer Republik illustriert das Verhalten ihrer Parteien besser: Gegen Ende der Republik gab es kaum mehr eine Partei, die den demokratischen Geist von Weimar noch verinnerlicht hatte. Im Gegenteil – die verfassungsfeindlichen Parteien wurden nach dem Tod Gustav Stresemanns und dem Beginn der Weltwirtschaftskrise 1929 immer stärker. Auch die Parteien, die der Demokratie verhaftet schienen, resignierten immer häufiger und überließen das Feld den Zerstörern der Verfassung. Die Problematik der Weimarer Parteienlandschaft lag in der Verfassung des Deutschen Kaiserreiches begründet. Die Abhängigkeit des Reichskanzlers vom Kaiser und nicht vom Parlament ließ es überflüssig erscheinen, Kompromisse auszuhandeln und dauerhafte Koalitionen einzugehen. Als der neue demokratische deutsche Staat 1919 gegründet wurde, war er somit von Parteien getragen, die die Spielregeln der Demokratie nie erlernt hatten bzw. erst erlernen mussten.

Zusätzlich erschwert wurde die Kompromissfindung – und damit die Grundvoraussetzung für die Bildung von Koalitionen – durch die Tatsache, dass in den Jahren von 1918 bis 1933 sehr viele sogenannte „Weltanschauungsparteien" existierten. Dies waren Parteien, die sich an eine bestimmte Klientel gebunden fühlten und denen es aufgrund ihrer Ideologie oder eben Weltanschauung sehr schwerfiel, von eigenen politischen Überzeugungen abzuweichen. So waren 1930 im Angesicht der Bedrohung der Republik durch ihre erklärten Feinde – Nationalsozialisten und Kommunisten – die von der Demokratie überzeugten Parteien, die Sozialdemokratische Partei Deutschlands (SPD) und die Deutsche Volkspartei (DVP), nicht in der Lage, sich im Streit um eine nur geringfügige Beitragserhöhung in der Arbeitslosenversicherung zu einigen.

Wahlplakat der KPD, Leipzig, 1932

Die Folgen der wirtschaftlichen Talfahrt und der Unmut über die hohen Reparationszahlungen aus dem Ersten Weltkrieg trieben immer mehr Anhänger in die Arme der Nationalsozialistischen Deutschen Arbeiterpartei (NSDAP) und der Kommunistischen Partei Deutschlands (KPD). Beide Parteien ließen keinen Zweifel daran, die Republik zerstören zu wollen. So erklärte Adolf Hitler in einer Wahlkampfrede zur Reichstagswahl 1932: „Ich habe mir ein Ziel gesetzt [...] und das ist, die dreißig Parteien aus Deutschland hinauszufegen!" Angesichts solch offener Drohungen muss die Frage gestellt werden, ob es keine Möglichkeit für den Staat gab, sich der Gefahr der politischen Angriffe von rechts und links zu erwehren. Nach den ersten Angriffen der Links- und Rechtsextremisten in den frühen Jahren der Weimarer Republik, etwa durch den Kapp-Putsch 1920, beschloss der Reichstag 1922 ein Gesetz zum Schutz der „verfassungsmäßigen republikanischen Staatsform". Mit diesem Republikschutzgesetz konnten verschärfte Strafen und auch Parteienverbote ausgesprochen werden, so geschehen gegen die NSDAP nach dem Hitler-Putsch 1923. Da dieses Gesetz verfassungsändernden Charakter hatte, war zu seiner Verabschiedung im Reichstag eine Zweidrittelmehrheit erforderlich. Als das Gesetz 1929 verlängert werden sollte, scheiterte das Vorhaben an einer gemeinsamen Front verfassungsfeindlicher Parteien. Hier zeigt sich die Schwäche der Weimarer Verfassung im Vergleich zum Grundgesetz: Sie besaß keinen im Verfassungstext verankerten und unabänderlichen Schutz der demokratischen Staatsform. Änderten sich die Mehrheiten im Reichstag, konnte auch der Republikschutz aufgehoben werden.

Nach der gescheiterten Gesetzesverlängerung kam es unter den Anhängern verschiedener Parteien zu einem drastischen Anstieg von Gewalttaten. Im Reichstag konnte keine Einigung mehr über eine wirksame Gegenwehr erzielt werden, und so lag der Schutz der Demokratie fortan in den Händen des greisen Reichspräsidenten, Paul von Hindenburg (1847–1934), der nach Artikel 48 der Weimarer Reichsverfassung (WRV) im März 1930 ein neues, aber kaum ausreichendes zweites Republikschutzgesetz in Kraft setzte. Da sich dieses Gesetz als sehr schwerfällig erwies, blieb dem Reichskanzler, dem Zentrumspolitiker Heinrich Brüning (1885–1970), keine andere Möglichkeit, als mit Notverordnungen des Reichspräsidenten den Schutz der Republik zu garantieren. Dabei nahm er die Verletzung von Grundrechten in Kauf. Trotz dieser Maßnahmen aber stieg die Gewalt auf der Straße weiter an. Verantwortlich dafür waren in erster Linie die paramilitärischen Organisationen von NSDAP und KPD.

„Nach den Erfahrungen der letzten Wochen ist verfügt worden, dass jeder Demonstrationszug einen eigenen Leichenwagen mitzuführen hat."
Karikatur von Erich Schilling, 1931

Als Hindenburg angesichts der Gewaltwelle im April 1932 dem von Reichskanzler Brüning ausgesprochenen Verbot der Sturm-Abteilung (SA) zustimmte, akzeptierte Hitler dies zunächst. Letztlich aber gelang es Hitler, die Demokratie mit ihren eigenen Mitteln zu schlagen, denn nach der Reichstagswahl vom 31. Juli 1932 gelangte mit Franz von Papen (1879–1969) ein konservativer Zentrumspolitiker in das Amt des Reichskanzlers, der das SA-Verbot schon kurz darauf wieder aufhob. Hitler ebnete sich mithilfe der Schlägertruppe nun weiter den Weg zur Macht. Und da die Staatsform der „Demokratie" von der Weimarer Reichsverfassung nicht geschützt wurde, war Hitler schließlich imstande, nach seiner Machtergreifung am 30. Januar 1933 mit dem Ermächtigungsgesetz vom 24. März alle demokratischen Attribute der Weimarer Republik auszuhebeln, ohne jemals ihre Verfassung selbst außer Kraft setzen zu müssen.

1. Erörtern Sie, warum, ab wann und wie die Weimarer Republik durch Antidemokraten bedroht und schließlich zu Fall gebracht wurde.
2. Entwickeln Sie ein Szenario, bei dem Hitler auf eine „wehrhafte", dem Grundgesetz adäquate Verfassung gestoßen wäre (S. 72).

Wertordnung des Grundgesetzes: Darunter versteht man die normative Grundlage des Grundgesetzes, also die wesentlichen staatlichen Werteentscheidungen, die in den Grundrechten in den *Artikeln 1 bis 19* sowie in *Artikel 20* festgelegt sind. Das Grundgesetz steht im Rang über allen anderen deutschen Rechtsnormen.

Grundrechte: Die in den Grundrechtsartikeln des Grundgesetzes (Art. 1 bis 19 GG) fixierten Grundrechte heben insbesondere auf Menschenwürde, Freiheit, Gleichheit und Rechtssicherheit ab. Nicht ausdrücklich aufgenommen in den Kanon der Grundrechte wurden Solidarität, Arbeit und Frieden. Der Grundrechtsbegriff beinhaltet fünf Elemente:

- Die Grundrechte sind Teil der *Rechtsordnung*, d. h., sie „binden die Gesetzgebung, vollziehende Gewalt und Rechtsprechung" (Art. 1 Abs. 3 GG).
- Die Grundrechte sind *persönliche Ansprüche*, d. h., jeder, der glaubt, in einem oder mehreren seiner Grundrechte verletzt worden zu sein, hat das Recht, das Bundesverfassungsgericht anzurufen. Man kann also die Beachtung seiner Grundrechte mit gerichtlicher Hilfe erzwingen.
- Die Grundrechte verpflichten die *Staatsgewalt* und heißen darum auch „öffentliche" Rechte.
- Die Grundrechte sind *Bestandteil der Verfassung*, d. h., Grundrechte sind ausschließlich solche Rechte, die durch die Verfassung garantiert sind.
- Der Grundrechtskatalog unterscheidet zwischen *Menschenrechten*, die für alle Menschen gelten, und *Bürgerrechten*, die deutschen Staatsangehörigen vorbehalten bleiben.

Menschenwürde als zentrales Prinzip des Grundgesetzes (Artikel 1 GG): Die zentrale Stellung des Grundrechts der Menschenwürde wird ersichtlich durch die Platzierung am Anfang der Verfassung (Art. 1 Abs. 1). In der Wertordnung des Grundgesetzes ist die Menschenwürde der oberste Wert. Ihre Wahrung ist daher der Zweck aller im Grundgesetz folgenden Grundrechte, die ihren greifbaren Sinn erst in ihrer Bezogenheit auf die unantastbare, einzigartige Würde des Menschen erhalten. Eine Änderung des Art. 1 GG ist nach Art. 79 Abs. 3 GG unzulässig.

Artikel 20 GG: In diesem Artikel sind die vier Verfassungsprinzipien – Demokratie-, Rechtsstaats-, Bundesstaats- und Sozialstaatsprinzip – verankert. Eine Änderung dieser Grundsätze ist nach Art. 79 Abs. 3 GG unzulässig.

Artikel 79 Absatz 3 GG: Dieser Artikel schützt das Grundgesetz vor der Veränderung oder Außerkraftsetzung der Artikel 1 und 20 GG. Man bezeichnet ihn daher auch als *„Ewigkeitsklausel"*. Die Prinzipien der Art. 1 und 20 sowie des Art. 79 Abs. 3 GG sind der unabänderliche Verfassungskern.

Rechtsstaat: In einem Rechtsstaat wird die Staatsgewalt durch das kodifizierte Recht beschränkt. Jeder – auch der Staat – ist an geltendes Recht gebunden. Es herrscht Rechtssicherheit.

Demokratie: Die gesamte Staatsgewalt ist auf das Volk als dem eigentlichen Souverän eines demokratischen Staates zurückzuführen. Alle Gewalten sind direkt oder indirekt durch das Volk legitimiert.

Bundesstaat: In einem Bundesstaat wird die Staatsgewalt auf zwei Ebenen aufgeteilt – auf die des Bundes und auf die der Länder. Die Länder bilden zwar Staaten mit eigener Hoheitsmacht, sind aber nicht souverän, sondern unterliegen der Pflicht zur Bundestreue.

II. Mitwirkungsmöglichkeiten in der demokratischen Gesellschaft

1. Alle Staatsgewalt geht vom Volke aus

„Demokratie ist die Regierung des Volkes durch das Volk für das Volk."

Abraham Lincoln (1809–1865 ermordet),
16. Präsident der Vereinigten Staaten von Amerika

Demokratie bedeutet übersetzt Volksherrschaft (griechisch: demos = das Volk; kratein = herrschen). Im Gegensatz zu Diktaturen wird die Staatsgewalt nicht von einer Minderheit, sondern grundsätzlich durch das gesamte Volk ausgeübt. Dazu gibt es unterschiedliche Wege: eine direkte Demokratie und eine repräsentative Demokratie.

In einer direkten Demokratie, einer sogenannten Versammlungsdemokratie, trifft sich das Volk auf dem Marktplatz, um über die Fragen des Gemeinwesens zu diskutieren und zu entscheiden. Folglich wird die Staatsgewalt unmittelbar durch das Volk ausgeübt. Diese Form der Demokratie lässt sich – allerdings nur mit Einschränkungen – in den antiken griechischen Stadtstaaten finden.

Die Demokratie im antiken Athen war das erste Gemeinwesen, in dem die Bürgerschaft politische Entscheidungen fällte. Ab 508 v. Chr. führten die Athener die direkte Volksherrschaft ein, nachdem die Herrschaft des Adels in eine Krise geraten war. Die freien Bürger des Stadtstaates (Polis) versammelten sich regelmäßig auf dem Marktplatz (Agora) und beschlossen per Abstimmung Gesetze, wählten Amtsträger und setzten Richter ein.

In modernen Staaten ist eine direkte Demokratie schwer möglich. Die Größe moderner Flächenstaaten und die Komplexität politischer Sach fragen verhindern, dass das Volk selbst über (alle) Fragen des Gemeinwesens diskutiert und entscheidet. Folglich bedürfen moderne Flächenstaaten einer repräsentativen Demokratie, in der vom Volk gewählte Vertreter die Staatsgewalt ausüben.

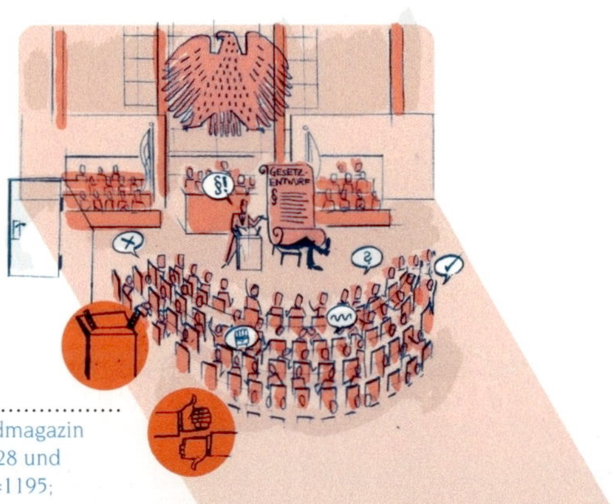

Der wichtigste Raum unserer Demokratie ist der Plenarsaal. Hier werden alle Gesetze diskutiert und beschlossen, hier debattieren die Abgeordneten und wählen den Bundeskanzler. Ob wir mit 18 oder 16 Jahren einen Führerschein machen können, ob wir mehr oder weniger Steuern zahlen oder ob Bundeswehrsoldaten ins Ausland entsendet werden – all dies wird hier entschieden.

Abbildungen und Bildtexte nach den Quellen: Glasklar. Das Jugendmagazin des Deutschen Bundestags, Deutscher Bundestag, Berlin 2007, S. 28 und http://webarchiv.bundestag.de/cgi/show.php?fileToLoad=2418&id=1195; Zugriff am 5. 3. 2013

1.1 Kennzeichen demokratischer Wahlen

undemokratische und demokratische Wahlen

Auch in der ehemaligen DDR wurden Wahlen abgehalten. Bei diesen Wahlen war die Auswahlmöglichkeit und die Wahlfreiheit der Wähler jedoch stark eingeschränkt und ein politischer Machtwechsel durch Wahlen ausgeschlossen. Es handelte sich bei den Wahlen in der DDR um undemokratische Wahlen. Wahlen in der Bundesrepublik Deutschland lassen sich hingegen als demokratische Wahlen bezeichnen: Sie schränken weder die Auswahlmöglichkeit noch die Wahlfreiheit der Wähler ein und ermöglichen einen politischen Machtwechsel. Letzteres zeigte sich besonders deutlich bei der Bundestagswahl 1998, die zu einem vollständigen Regierungswechsel führte. So wurde die bis dahin amtierende CDU/CSU-FDP-Regierung mit Bundeskanzler Helmut Kohl von einer SPD-Bündnis90/Die Grünen-Regierung mit Bundeskanzler Gerhard Schröder abgelöst.

Wahlrechtsgrundsätze

Damit eine Wahl als demokratisch bezeichnet werden kann, müssen zentrale Wahlrechtsgrundsätze erfüllt sein. Diese sind in Artikel 38 GG festgehalten:

Art. 38 GG
(1) Die Abgeordneten des Deutschen Bundestages werden in allgemeiner, unmittelbarer, freier, gleicher und geheimer Wahl gewählt. Sie sind Vertreter des ganzen Volkes, an Aufträge und Weisungen nicht gebunden und nur ihrem Gewissen unterworfen.
(2) Wahlberechtigt ist, wer das achtzehnte Lebensjahr vollendet hat; wählbar ist, wer das Alter erreicht hat, mit dem die Volljährigkeit eintritt.

Die Wahlen zum Deutschen Bundestag sind also …

- **allgemein** – Das bedeutet, dass alle Bürger wahlberechtigt sind, die die allgemeinen Voraussetzungen zur Wahl, zum Beispiel das erforderliche Wahlalter, erfüllen. Es darf also niemand wegen seines Geschlechts oder seiner Hautfarbe von der Wahl ausgeschlossen werden. *allgemeine Wahl*
- **unmittelbar** – Das bedeutet, dass die Wahl direkt und somit ohne Zwischeninstanzen erfolgt. Es dürfen also keine Wahlmänner gewählt werden, die dann das Parlament wählen. *unmittelbare Wahl*
- **frei** – Das bedeutet, dass die Wahl ohne (staatlichen) Zwang oder Druck zu erfolgen hat. Es darf also niemand zu einer Wahl gezwungen bzw. wegen seiner Wahl benachteiligt oder gar bestraft werden. *freie Wahl*
- **gleich** – Das bedeutet, dass alle Wahlberechtigten die gleiche Anzahl von Stimmen haben und diese Stimmen den gleichen Zählwert haben. Es darf also keine Stimme stärker gewichtet werden. *gleiche Wahl*
- **geheim** – Das bedeutet, dass niemand erfährt, wie sich ein Wähler entschieden hat. Es darf also nicht nachvollziehbar sein, welche Partei oder welchen Kandidaten ein Wähler gewählt hat. *geheime Wahl*

1. Nennen und erläutern Sie die in Art. 38 GG niedergelegten Wahlrechtsgrundsätze.

MATERIAL

1 Zum Demokratiebegriff

Demokratie ist nicht einfach zu definieren: Von der Antike bis zur Gegenwart unterliegt sie Deutungskontroversen. Die weltweit derzeit 120 Staaten, die sich als Demokratie bezeichnen, weisen in ihrer politischen Ordnung beträchtliche Unterschiede auf.

„Die Verfassung, die wir haben, [...] heißt Demokratie, weil der Staat nicht auf wenige Bürger, sondern auf die Mehrheit ausgerichtet ist." So definierte der griechische Staatsmann Perikles (circa 500–429 v. Chr.) die Demokratie im Athen seiner Zeit. Diese Bestimmung von Demokratie als einer Mehrheitsherrschaft scheint so klar und eindeutig zu sein, dass sie der Europäische Verfassungskonvent zu Beginn des 21. Jahrhunderts seinem Entwurf einer Europäischen Verfassung als Motto voranstellte.

Aber der Eindruck der Eindeutigkeit täuscht. Dass Demokratie eine Verfassungsform ist, in der es auf die Mehrheit ankommt, mag noch relativ unumstritten sein. Aber schon die Frage, wie diese Mehrheit die Herrschaft ausüben soll, führt zu sehr unterschiedlichen Auffassungen und Formen der Demokratie. Soll die Mehrheit ihre Herrschaft direkt, durch Versammlungen und Abstimmungen, oder indirekt, durch Bestellung von Vertretern, ausüben? Auch der Rückgriff auf den griechischen Wortursprung, nach dem demos „Volk" und kratein „herrschen" bedeutet, bringt keine Klarheit. Denn er sagt weder, ob die Herrschaft des Volkes unmittelbar oder mittelbar ausgeübt werden soll, noch, ob die Herrschaft des ganzen Volkes gemeint ist, wie es der Begriff nahelegt, oder die Herrschaft der vielen, also einer qualifizierten Mehrheit, reicht – ganz abgesehen von der Frage, was mit der Minderheit geschieht.

Quelle: Hans Vorländer: Demokratie, in: Informationen zur politischen Bildung, Heft 284, 2004, S. 4

MATERIAL

2 Interpretationen des Demokratiebegriffs

Marxismus: Nach marxistisch-leninistischer Auffassung hat die Demokratie ebenso wie der Staat als Element des Überbaus Klassencharakter und ist vor diesem Hintergrund zu beurteilen. Während die Demokratie in den kapitalistischen Staaten einer Minderheit, nämlich der Ausbeuterklasse, dient, ist sie im Sozialismus Demokratie für die Mehrheit, nämlich für die werktätigen Massen des Volkes. [...] Daher bedeutet die Errichtung der Diktatur des Proletariats zugleich die Einführung der bis dahin umfassendsten Demokratie, der sozialistischen Demokratie. Demokratie und Diktatur schließen sich also nicht aus, da beide Begriffe Klassencharakter haben, d. h., mit dem Begriffspaar Mehrheit und Minderheit verknüpft sind. Es ist daher stets zu fragen: Diktatur gegen wen und Demokratie für wen? Die sozialistische Demokratie ist also für die Masse des Volkes Demokratie, gegen die Bourgeoisie jedoch Diktatur. Träger der Macht ist nicht das Volk in seiner Gesamtheit, sondern das werktätige Volk.

Nationalsozialismus: Hitler definierte seine Herrschaft als „germanische Demokratie", in der das Volk – genauer gesagt, der als der eigenen „Rasse" zugehörig anerkannte Teil davon – einen „Führer" auf Lebenszeit wählt bzw. diesen per Akklamation dazu bestimmt. Nach der Wahl des Führers werden alle weiteren demokratischen Akte überflüssig und lediglich durch Beratung ersetzt.

Bundesrepublik Deutschland: Zur freiheitlich-demokratischen Grundordnung gehört [...] die Würde des einzelnen Menschen [Art. 1 GG]. In der deutschen Demokratie herrschen Freiheit und Gleichheit vor dem Gesetz. Eine Diktatur ist ausgeschlossen. In regelmäßigen allgemeinen Wahlen bestimmt das Volk selbst, wer es regieren soll. Dabei hat es die Auswahl zwischen konkurrierenden Parteien. Wer die Mehrheit der Wählerstimmen erhält, regiert anschließend – aber immer nur für einen bestimmten Zeitraum. Denn Demokratie ist nur Herrschaft auf Zeit. Eine Partei, die einmal am Ruder ist, muss auch wieder abgewählt werden können.

Quellen: Matthias Triebel: Die sozialistischen Volksdemokratien, Erlangen 1996 (Marxismus); Autorentext (Nationalsozialismus); www.bpb.de/nachschlagen/lexika/pocket-politik/16414/freiheitliche-demokratische-grundordnung; Zugriff am 4. 3. 2013 (Bundesrepublik Deutschland)

MATERIAL

3 Bedeutung der Wahlen im Sozialismus

Wahlen in den sozialistischen Staaten haben nicht den Zweck, das System oder die Herrschaft der Arbeiterklasse unter Führung ihrer marxistisch-leninistischen Partei zu legitimieren. Deren Legitimation ergab sich ja aus ihrer objektiv begründeten historischen Mission. Wahlen können auch keinen Einfluss auf die Staats- und Gesellschaftsordnung nehmen, da sie Instrumente einer Ordnung sind, in der die Machtfrage [...] bereits geklärt ist. Durch die Herrschaft der Arbeiterklasse wird aber auch der Volkswille repräsentiert. Sozialistische Demokratie bemisst sich nicht nach dem Procedere, sondern nach dem für die objektiven Interessen nützlichen Ergebnis. Fehlende Zustimmung kann daher nicht zu einem Legitimations- oder Machtverlust für die Führung führen. Der darin zum Ausdruck kommende mangelnde gesellschaftliche Konsens erfordert vielmehr eine verstärkte ideologische Überzeugungsarbeit durch die Führung.

Quelle: Matthias Triebel: Die sozialistischen Volksdemokratien, Erlangen 1996

➠ Querverweis: S. 22/23

MATERIAL

4 Bedeutung der Wahlen in der Demokratie

Wahlen bilden die Grundlage des liberalen Demokratieverständnisses, demzufolge die politische Führung eines Landes periodisch aus allgemeinen Wahlen hervorzugehen hat. Dieses Verständnis lebt von dem engen definitorischen Zusammenhang von Demokratie und Wahlen: ohne die periodische Aus- bzw. Abwahl des Regierungspersonals, ohne den offenen Wettbewerb politischer Parteien um die politische Macht, keine Demokratie. Die in Wahlen sich vollziehende politische Partizipation der Bürger ist demnach essenziell für die westlichen Demokratien.

Quelle: Uwe Andersen/Wichard Woyke (Hrsg.): Handwörterbuch des politischen Systems der Bundesrepublik Deutschland, 5., überarb. u. aktual. Aufl., Opladen 2003, S. 680

MATERIAL

5 Stimmzettel für die Wahlen zum DDR-Volkskongress am 15./16. Mai 1949

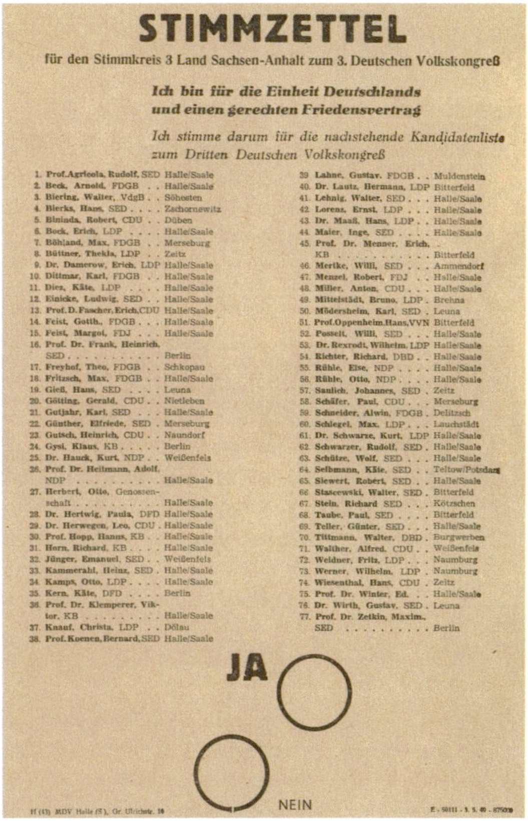

STIMMZETTEL

für den Stimmkreis 3 Land Sachsen-Anhalt zum 3. Deutschen Volkskongreß

Ich bin für die Einheit Deutschlands und einen gerechten Friedensvertrag

Ich stimme darum für die nachstehende Kandidatenliste zum Dritten Deutschen Volkskongreß

1. Prof. Agricola, Rudolf, SED . . Halle/Saale
2. Beck, Arnold, FDGB . . Halle/Saale
3. Biering, Walter, VdgB . . Söhesten
4. Bierks, Hans, SED . . . . Zschornewitz
5. Bininda, Robert, CDU . . Düben
6. Bock, Erich, LDP . . . . Halle/Saale
7. Böhland, Max, FDGB . . Merseburg
8. Büttner, Thekla, LDP . . Zeitz
9. Dr. Damerow, Erich, LDP Halle/Saale
10. Dittmar, Karl, FDGB . . Halle/Saale
11. Diez, Käte, LDP . . . . Halle/Saale
12. Einicke, Ludwig, SED . . Halle/Saale
13. Prof. D. Fascher, Erich, CDU Halle/Saale
14. Feist, Gotth., FDGB . . . Halle/Saale
15. Feist, Margot, FDJ . . . Halle/Saale
16. Prof. Dr. Frank, Heinrich, SED . . . . Berlin
17. Freyhof, Theo, FDGB . . Schkopau
18. Fritzsch, Max, FDGB . . Halle/Saale
19. Gieß, Hans, SED . . . . Leuna
20. Götting, Gerald, CDU . . Nietleben
21. Gutjahr, Karl, SED . . . Halle/Saale
22. Günther, Elfriede, SED . Merseburg
23. Gutsch, Heinrich, CDU . . Naundorf
24. Gysi, Klaus, KB . . . . . Berlin
25. Dr. Hauck, Kurt, NDP . . Weißenfels
26. Prof. Dr. Heilmann, Adolf, NDP . . . . Halle/Saale
27. Herbert, Otto, Genossenschaft . . . . Halle/Saale
28. Dr. Hertwig, Paula, DFD Halle/Saale
29. Dr. Herwegen, Leo, CDU . Halle/Saale
30. Prof. Hopp, Hanns, KB . . Halle/Saale
31. Horn, Richard, KB . . . . Halle/Saale
32. Jünger, Emanuel, SED . . Weißenfels
33. Kammerahl, Heinz, SED . Halle/Saale
34. Kamps, Otto, LDP . . . . Halle/Saale
35. Kern, Käte, DFD . . . . Berlin
36. Prof. Dr. Klemperer, Viktor, KB . . . . Halle/Saale
37. Knauf, Christa, LDP . . Dölau
38. Prof. Koenen, Bernard, SED Halle/Saale
39. Lahne, Gustav, FDGB . . Muldenstein
40. Dr. Lautz, Hermann, LDP Bitterfeld
41. Lehnig, Walter, SED . . . Halle/Saale
42. Lorenz, Ernst, LDP . . . Halle/Saale
43. Dr. Maaß, Hans, LDP . . Halle/Saale
44. Maier, Inge, SED . . . . Halle/Saale
45. Prof. Dr. Menner, Erich, KB . . . . Bitterfeld
46. Mertke, Willi, SED . . . Ammendorf
47. Menzel, Robert, FDJ . . Halle/Saale
48. Miller, Anton, CDU . . . Halle/Saale
49. Mittelstädt, Bruno, LDP . Brehna
50. Mödersheim, Karl, SED . Leuna
51. Prof. Oppenheim, Hans, VVN Bitterfeld
52. Posselt, Willi, SED . . . Halle/Saale
53. Dr. Rexrodt, Wilhelm, LDP Halle/Saale
54. Richter, Richard, DBD . . Halle/Saale
55. Rühle, Else, NDP . . . . Halle/Saale
56. Rühle, Otto, NDP . . . . Halle/Saale
57. Saalich, Johannes, SED . Zeitz
58. Schäfer, Paul, CDU . . . Merseburg
59. Schneider, Alwin, FDGB . Delitzsch
60. Schlegel, Max, LDP . . . Lauchstädt
61. Dr. Schwarze, Kurt, LDP Halle/Saale
62. Schwarzer, Rudolf, SED . Halle/Saale
63. Schütze, Wolf, SED . . . Halle/Saale
64. Selbmann, Käte, SED . . Teltow/Potsdam
65. Siewert, Robert, SED . . Halle/Saale
66. Staszewski, Walter, SED . Bitterfeld
67. Stein, Richard SED . . . Kötzschen
68. Taube, Paul, SED . . . . Bitterfeld
69. Teller, Günter, SED . . . Halle/Saale
70. Tittmann, Walter, DBD . Burgwerben
71. Walther, Alfred, CDU . . Weißenfels
72. Weidner, Fritz, LDP . . . Naumburg
73. Werner, Wilhelm, LDP . Naumburg
74. Wiesenthal, Hans, CDU . Zeitz
75. Prof. Dr. Winter, Ed. . . Halle/Saale
76. Dr. Wirth, Gustav, SED . Leuna
77. Prof. Dr. Zetkin, Maxim., SED . . . . Berlin

JA

NEIN

1. Erarbeiten Sie aus M 1 die Schwierigkeiten, den Begriff Demokratie verbindlich zu definieren, und erörtern Sie im Klassenverband Kennzeichen, die für Sie zu dieser politischen Form gehören.
2. Stellen Sie die Demokratiedefinitionen in M 2 gegenüber, ermitteln Sie zentrale Unterschiede und vergleichen Sie Ihr Ergebnis mit den von Ihnen in Aufgabe 1 erörterten Kennzeichen.
3. Vergleichen Sie die Bedeutung der Wahlen im Sozialismus und in der Demokratie (M 3, M 4).
4. Analysieren Sie den Stimmzettel M 5 und überprüfen Sie ihn auf die Gültigkeit der auf S. 41 festgelegten Wahlrechtsgrundsätze.
5. Diskutieren Sie auf Basis von M 2, M 3 und M 5, ob es sich bei der DDR um einen demokratischen Staat gehandelt hat.

1.2 Grundtypen von Wahlsystemen

Typen von Wahlsystemen

Wahlsysteme beeinflussen die Wähler, das Wahlverhalten, den Wahlkampf und somit die gesamte Wahl. Sie können eine Wahl allerdings nicht nur beeinflussen, sondern sogar entscheiden. Deshalb ist es wichtig, sich mit den unterschiedlichen Typen von Wahlsystemen und deren Wirkungen auseinanderzusetzen. Die meisten Wahlsysteme können einem Grundtypus zugeordnet werden: der Mehrheitswahl oder der Verhältniswahl.

Mehrheitswahlsystem

relative Mehrheitswahl in Einerwahlkreisen

Mehrheitswahlsysteme sollen zu einer klaren Mehrheitsbildung im Parlament und in der Folge zu einer Einparteienregierung führen. Sie haben das Ziel, einer Partei (möglichst dem Wahlsieger) eine absolute Parlamentsmehrheit zu sichern, auch wenn diese keine absolute Mehrheit der Wählerstimmen erzielt hat. Die klassische Form des Mehrheitswahlsystems ist die relative Mehrheitswahl in Einerwahlkreisen. Sie findet in Großbritannien Anwendung. Dort ist das gesamte Wahlgebiet in so viele Wahlkreise eingeteilt, wie es Mandate im Parlament gibt. Gewählt ist der Kandidat, der eine (einfache) Mehrheit der Stimmen erhält.

Im Wahlkreis XY stehen drei Kandidaten A, B und C zur Wahl. Die Wählerstimmen verteilen sich folgendermaßen auf die Kandidaten: **A: 33 % B: 34 % C: 33 %.** Damit ist Kandidat B gewählt. Die Stimmen der Kandidaten A und C (66 % der Wählerstimmen) finden keine Berücksichtigung.

Bsp.: Großbritannien

Da sich in den Einerwahlkreisen häufig nur die Kandidaten der großen Parteien durchsetzen können und die Wählerstimmen der unterlegenen Kandidaten nicht berücksichtigt werden, erhält i. d. R. eine der beiden großen Parteien eine absolute Mehrheit im Parlament. Bei den britischen Parlamentswahlen 2010 ist dies allerdings keiner Partei gelungen. Schließlich erreichte die stärkste Partei nur 47 % der Mandate.

Verhältniswahlsystem

reine Verhältniswahl

Bsp.: Weimarer Republik

Verhältniswahlsysteme sollen zu einer gerechten Repräsentation der Parteien im Parlament führen. Sie haben das Ziel, die Wählerstimmen der Parteien möglichst exakt (proportional) in Parlamentsmandate der Parteien zu übersetzen. Eine Partei, die 20 Prozent der Wählerstimmen erhalten hat, soll etwa auch 20 Prozent der Parlamentsmandate erhalten. Die klassische Form des Verhältniswahlsystems ist die reine Verhältniswahl. Sie ist heute kaum mehr vorzufinden und wurde u. a. in der Weimarer Republik praktiziert. Dort wurden alle Parlamentsmandate über Parteilisten vergeben. Dabei wurde ein Verfahren angewandt, das die Wählerstimmen der Parteien möglichst exakt in die Parlamentsmandate der Parteien umwandelte. So erhielt z. B. die SPD bei den Reichstagswahlen 1919 37,9 % der Wählerstimmen und dafür 38,7 % der Parlamentsmandate – damit aber keine Mehrheit, um (allein) die Regierung zu stellen.

Ergebnis: Zielkonflikt

Der Vergleich der Wirkung der relativen Mehrheitswahl in Einerwahlkreisen in Großbritannien und der reinen Verhältniswahl in der Weimarer Republik zeigt, dass die beiden Wahlsystemtypen höchst unterschiedliche Ziele verfolgen – und dass das eine Ziel nur zulasten des anderen Ziels zu erreichen ist. Es besteht folglich ein Zielkonflikt zwischen dem Ziel der Verhältniswahl und dem Ziel der Mehrheitswahl.

MATERIAL 1

Das Ziel der Mehrheitswahl

Das primäre Ziel der Mehrheitswahl lässt sich darin sehen, eine möglichst stabile und handlungsfähige Regierung zu erzeugen. Eine größtmögliche Stabilität bzw. Handlungsfähigkeit der Regierung entsteht in repräsentativen Demokratien (mit parlamentarischen Regierungssystemen) grundsätzlich durch die Bildung einer Einparteienregierung (die sich auf eine absolute Parlamentsmehrheit stützt). Deshalb sollen Mehrheitswahlsysteme absolute Parlamentsmehrheiten erzeugen – „und zwar gerade dann, wenn keine [absolute] Wählermehrheit vorhanden ist".

Querverweis: S. 50/51

MATERIAL 2

Das Ziel der Verhältniswahl

Das primäre Ziel der Verhältniswahl lässt sich darin sehen, eine möglichst gerechte Repräsentation der Parteien im Parlament zu erzeugen. Eine größtmögliche Repräsentationsgerechtigkeit entsteht [...], wenn alle Parteien so viele Parlamentsmandate bekommen, wie sie Wählerstimmen gewonnen haben. Deshalb sollen Verhältniswahlsysteme „im Parlament eine möglichst getreue Abbildung der Verteilung der Parteipräferenzen in der Gesamtbevölkerung [...] erzeugen". Doch auch Verhältniswahlsysteme erzeugen Verzerrungen zwischen Wählerstimmen und Parlamentsmandaten der Parteien – z. B. durch eine Sperrklausel, die zu kleine Parteien von der Vertretung im Parlament ausschließt.

Nach der Quelle: Gerd Strohmeier: Ein Plädoyer für die „gemäßigte Mehrheitswahl": optimale Lösung für Deutschland, Vorbild für Österreich und andere Demokratien, in: Zeitschrift für Parlamentsfragen, 38. Jg., Heft 3/2007, S. 580 (M 1); S. 583 (M 2)

MATERIAL 3

Mehrheitswahl versus Verhältniswahl – zwei Grundtypen von Wahlsystemen

	Mehrheitswahl **a) relativ** **b) absolut (Stichwahl)**	**Verhältniswahl**
Prinzip der Mandatszuteilung	„dem Sieger alles"	Verhältnis der Stimmenanteile
Ziel	Mehrheitsbildung einer Partei	gerechte Vertretung
Vorteile	• entscheidungsfähiges Parlament • stabile Regierung • Trend zum 2-Parteien-System • eher Persönlichkeitswahl	• keine „Papierkorbstimmen" (Ausnahme: Sperrklauseln) • das Parlament als Spiegel des Wählerwillens
Nachteile	• viele „Papierkorbstimmen" • Missverhältnis zwischen Stimmen und Mandaten • Benachteiligung kleiner Parteien • Wahlkreisgeometrie [großer Einfluss des Zuschnitts der Wahlkreise]	• Absicherung benötigter Kandidaten • unpersönliche Listenwahl • Trend zum Vielparteiensystem • instabilere Koalitionsregierungen

Quelle: www.bundestagswahl-bw.de/wahlsystem1.html; Zugriff am 4.3.2013

MATERIAL
4 Wirkung der Mehrheitswahl

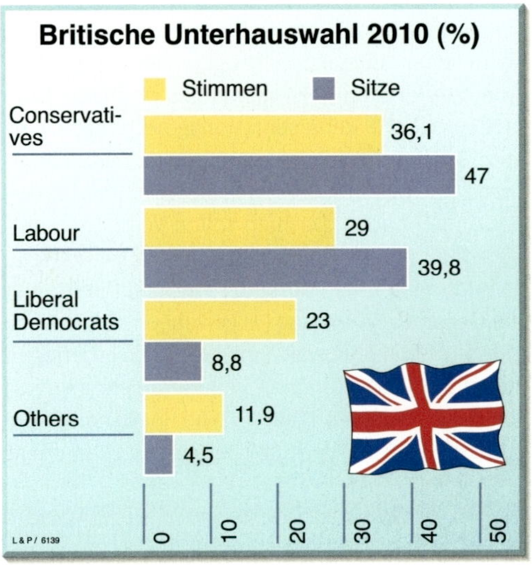

MATERIAL
5 Wirkung der Verhältniswahl

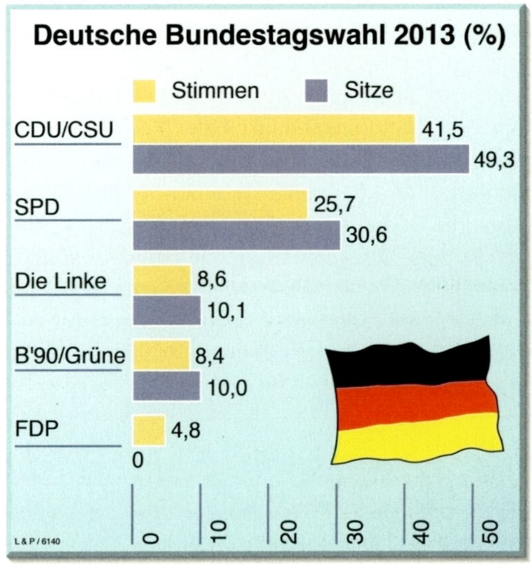

MATERIAL
6 Die reine Verhältniswahl in der Weimarer Republik

Der Typ „reine Verhältniswahl" entsprach den Vorstellungen von proportionaler Repräsentation, die sich innerhalb der Verhältniswahlbewegung in den Jahrzehnten um die Jahrhundertwende entwickelt hatten. Der reine Proporz galt als das anzustrebende Ideal. In einigen Ländern wurde schrittweise das Verhältnis von Stimmen und Mandaten proportional(er) gestaltet, in anderen Ländern wurde mit einem großen Wurf das Wahlsystem nach den neuen Leitvorstellungen geformt. Zu diesen Ländern zählte Deutschland 1918. [...]

Kennzeichnend für die [in der Weimarer Republik praktizierte] automatische Methode [der reinen Verhältniswahl] ist, dass einer Partei bei Erreichen einer bestimmten Stimmenzahl ein Mandat zuerkannt wird. In Weimar erhielt jede Partei für 60 000 Stimmen ein Mandat. Reststimmen in den 35 Wahlkreisen wurden im Wahlkreisverband (2–3 Wahlkreise) aufgefangen und auf volle 60 000 Stimmen erneut ein Mandat vergeben. Im dritten Zuteilungsverfahren wurden auf Reichsebene noch einmal die Reststimmen aus den Wahlkreisverbänden addiert. An der Mandatsverteilung wurden hier allerdings nur die zentralen Reichswahlvorschläge der Parteien beteiligt, die bereits im ersten oder zweiten Zuteilungsverfahren ein Mandat erzielt hatten. Wiederum entfiel auf 60 000 Stimmen sowie auf einen Rest von mehr als 30 000 Stimmen ein Mandat. Die Anzahl der Parlamentsmitglieder variierte entsprechend den Schwankungen bei der Wahlberechtigung und Wahlbeteiligung zwischen 459 (1920) und 647 (1933).

➡ Querverweis: S. 36/37

Quelle: Dieter Nohlen: Wahlrecht und Parteiensystem, zur Theorie der Wahlsysteme, Opladen 2007, S. 322 f.

1. Vergleichen Sie die Ziele bzw. Wirkungen der Mehrheitswahl und der Verhältniswahl (M 1, M 2 und M 3). Gehen Sie in Ihren Ausführungen speziell auf die in M 4 und M 5 abgebildeten Wahlergebnisse 2010 in Großbritannien und 2013 in Deutschland ein.

1.3 Grundzüge des Wahlsystems zum Deutschen Bundestag

„Alle Staatsgewalt geht vom Volke aus. Sie wird vom Volke in Wahlen und Abstimmungen und durch besondere Organe der Gesetzgebung, der vollziehenden Gewalt und der Rechtsprechung ausgeübt."

(Art. 20 Abs. 2 GG)

personalisierte Verhältniswahl

Das Wahlsystem zum Deutschen Bundestag wird häufig als „personalisiertes Verhältniswahlrecht" bezeichnet. Es ist grundsätzlich als Verhältniswahlsystem einzuordnen. Allerdings wird die Hälfte der Abgeordneten in Einerwahlkreisen ermittelt, und es dürfen nur die Parteien in den Bundestag einziehen, die bundesweit mindestens 5 % der Wählerstimmen (oder drei Direktmandate) gewonnen haben.

5-%-Hürde

Die sogenannte 5-%-Hürde schränkt das Prinzip der Verhältniswahl ein, begünstigt jedoch – im Gegensatz zur reinen Verhältniswahl – die Konzentration der Parteien im Parlament und damit die Bildung einer funktionsfähigen Regierung.

Einerwahlkreise und Landeslisten

Bei Bundestagswahlen wird eine Hälfte der Mandate (299) in Einerwahlkreisen und die andere Hälfte der Mandate (299) über Landeslisten der Parteien vergeben. Folglich haben die Wähler zwei Stimmen, die sie auch aufspalten („splitten") können: eine Erststimme und eine Zweitstimme.

Erststimme

Mit der Erststimme wählen die Wähler einen Wahlkreisabgeordneten – prinzipiell so wie bei der Mehrheitswahl in Großbritannien: Gewählt wird in einem Einerwahlkreis; gewählt ist, wer die (einfache) Mehrheit der Wählerstimmen erhält.

Zweitstimme

Mit der Zweitstimme wählen die Wähler die Landesliste einer Partei – prinzipiell so wie bei der Verhältniswahl in der Weimarer Republik.

Umrechnung von Stimmen in Mandate

Die bundesweiten Stimmenanteile der Parteien werden anschließend in Parlamentsmandate der Parteien umgerechnet – allerdings nur bei den Parteien, die auf Bundesebene die 5-%-Hürde übersprungen oder drei Direktmandate errungen haben! Dabei entscheidet nicht die Erst-, sondern die Zweitstimme über die Stärke der Partei im Bundestag. Die Umrechnung von Zweitstimmen in Parlamentsmandate erfolgt bei den Bundestagswahlen nach dem Sainte-Laguë/Schepers-Verfahren.

Überhangmandate

Ausgleichsmandate

Hat eine Partei in einem Land mehr Direktmandate errungen, als ihr gemäß dem Anteil an Zweitstimmen zusteht, erhielt sie diese Mandate bis zur Bundestagswahl 2013 als „Überhangmandate". Seit der Bundestagswahl 2013 wird der Deutsche Bundestag so lange vergrößert, bis es keine Überhangmandate mehr gibt. Die Überhangmandate werden also durch Ausgleichsmandate vollständig ausgeglichen.

1. Wodurch unterscheidet sich die personalisierte Verhältniswahl in der Bundesrepublik Deutschland von der Verhältniswahl in der Weimarer Republik? Arbeiten Sie unter Verwendung von M 6 die wesentlichen Unterschiede heraus.

MATERIAL

1 Das deutsche Wahlsystem – ein Mischwahlsystem?

Die spezifische Konstruktion des personalisierten Verhältniswahlrechts in Deutschland verleitet gerne zu der Fehlinterpretation, es handle sich dabei um ein Mischsystem. Dies ist „allenfalls die halbe Wahrheit" (Eberhard Schütt-Wetschky, deutscher Politikwissenschaftler). Das personalisierte Verhältniswahlrecht ist höchstens hinsichtlich der Entscheidungsregel bzw. Wahltechnik eine Mischung aus einem Verhältnis- und Mehrheitswahlsystem. Hinsichtlich der Sitzverteilung bzw. dem Repräsentationsziel ist es eindeutig ein Verhältniswahlsystem. Schließlich richten sich die Parlamentssitze einer Partei [...] ausschließlich nach dem bundesweiten proportionalen Stimmenanteil bzw. den Listen- oder Zweitstimmen dieser Partei. Infolgedessen entscheidet die Zweit- bzw. die Listenstimme über die Sitze einer Partei und die Erststimme nur über die Parteimitglieder, die diese Sitze erhalten: „Für die Mandatsverteilung im Bundestag kommt es im Wesentlichen allein auf die Zweitstimme an. Die Erststimme [...] hat lediglich Einfluss darauf, ob von einer Partei mehr oder weniger Abgeordnete aus den lokalen Wahlkreisen und entsprechend weniger oder mehr von den Landeslisten in den Bundestag einziehen" (E. Schütt-Wetschky).

Quelle: Gerd Strohmeier: Vetospieler – Garanten des Gemeinwohls und Ursachen des Reformstaus, Baden-Baden 2005, S. 78

MATERIAL

2 Die Verrechnung von Wählerstimmen in Parlamentsmandate nach Sainte-Laguë/Schepers

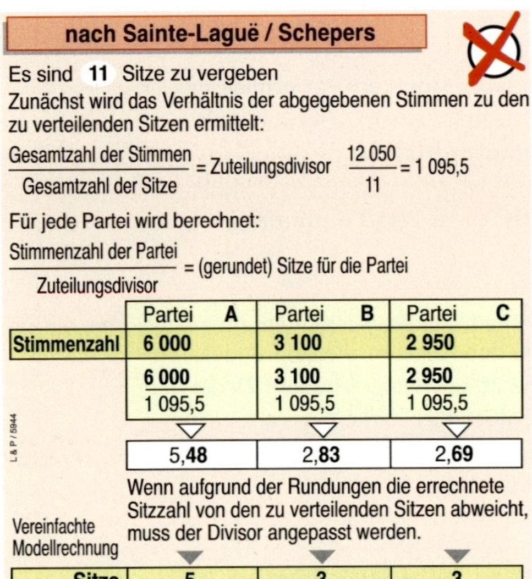

	Partei A	Partei B	Partei C
Stimmenzahl	6 000	3 100	2 950
	6 000 / 1 095,5	3 100 / 1 095,5	2 950 / 1 095,5
	5,48	2,83	2,69
Sitze	5	3	3

Seit der Bundestagswahl 2009 wird die Verteilung der Bundestagsmandate auf die Parteien nach dem Sainte-Laguë/Schepers-Verfahren ermittelt. Das Sainte-Laguë/Schepers-Verfahren ist ein Divisorverfahren, bei dem zunächst die Gesamtzahl der Stimmen durch die Gesamtzahl der Sitze geteilt wird. Das Ergebnis ist der Zuteilungsdivisor. Anschließend werden die Stimmen der Parteien nacheinander durch diesen Zuteilungsdivisor geteilt. Die jeweiligen Ergebnisse werden nach den üblichen Rundungsregeln auf- bzw. abgerundet. Dadurch ergeben sich die Sitze, die den einzelnen Parteien zustehen. Dabei kann der Fall auftreten, dass zu viele oder zu wenige Mandate vergeben werden. In diesem Fall muss der Zuteilungsdivisor angepasst werden.

Autorentext

1. Das personalisierte Verhältniswahlrecht ist ein „Mischsystem" aus Mehrheits- und Verhältniswahl. Setzen Sie sich anhand von M 1 kritisch mit dieser These auseinander.
2. Erläutern Sie das Verfahren zur Verrechnung von Wählerstimmen in Parlamentsmandate nach Sainte-Laguë/Schepers in eigenen Worten (M 2).
3. Erklären Sie, wie das Wahlsystem der Bundesrepublik funktioniert (M 3).

MATERIAL

So wird in Deutschland gewählt 3

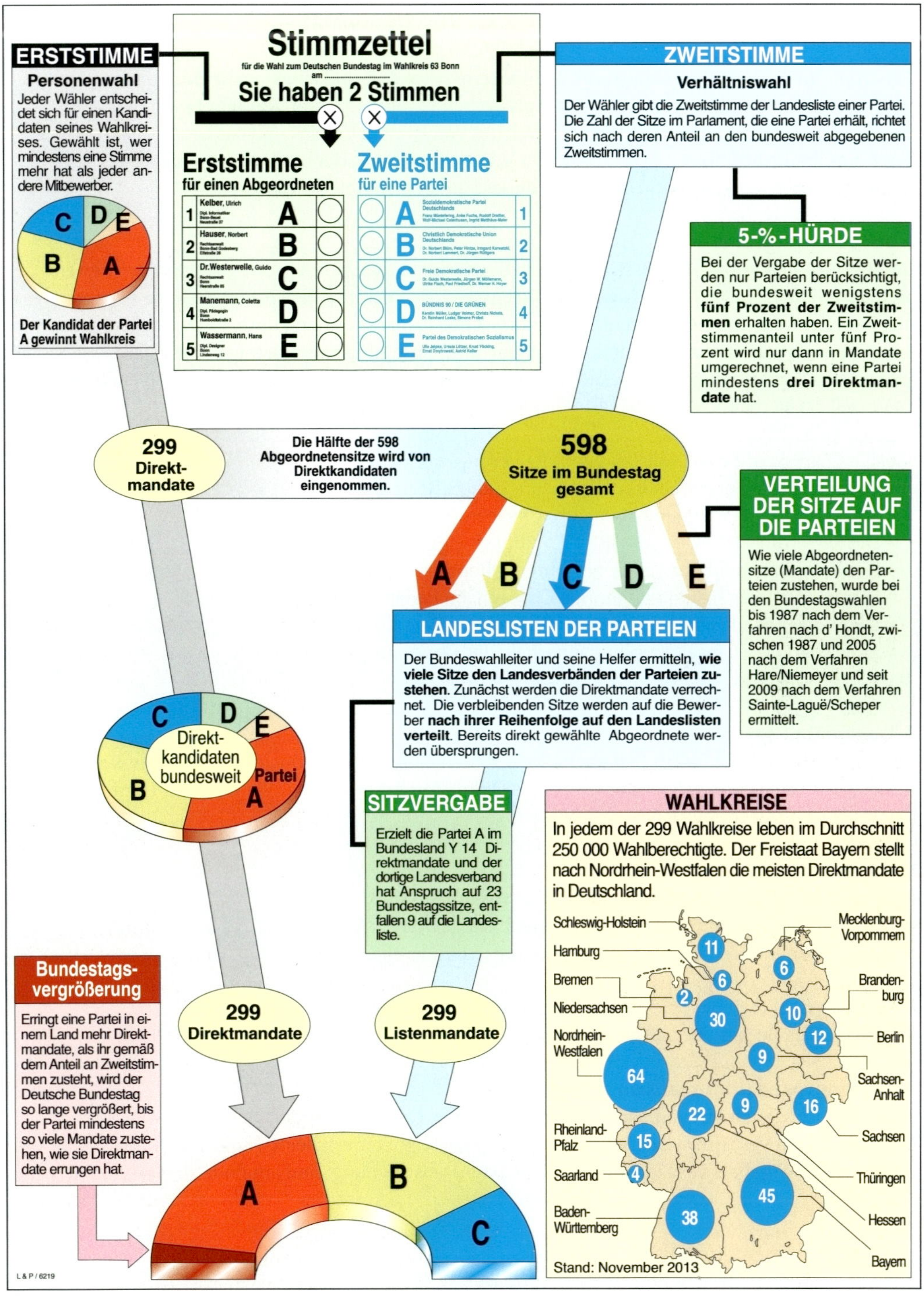

Pro- und Kontra-Diskussion: Mehrheits- oder Verhältniswahl?

Der Streit um das beste (oder bessere) Wahlsystem ist sehr alt und längst nicht entschieden. Dies liegt daran, dass sowohl die Verhältniswahl als auch die Mehrheitswahl Vor- und Nachteile haben, die nur schwer entkräftet werden können. Welches Wahlsystem für ein Land das beste ist, kann nur durch eine breite und intensive Diskussion der Vor- und Nachteile der beiden Wahlsysteme vor dem Hintergrund der speziellen Begebenheiten dieses Landes ermittelt werden.

1. Vorbereitungsphase

Für eine Pro- und Kontra-Diskussion teilt sich die Klasse in zwei gleich große Gruppen, am besten nach dem Zufallsprinzip. Danach wird festgelegt, welche Position die einzelne Gruppe vertreten soll: Pro oder Kontra. Die Argumente, die jede Gruppe in ihrer Meinung unterstützen sollen, müssen vorbereitet, Sachinformationen gesammelt und ein Einführungsvortrag für die Diskussion („Statement") zusammengestellt werden. Nachfolgend finden Sie einige Aussagen, die entweder als Vorteil der Verhältniswahl oder als Vorteil der Mehrheitswahl gelten.

- Die Chance auf einen (vollständigen) Regierungswechsel ist groß.
- Es kann eine äußerst stabile und handlungsfähige Regierung gebildet werden.
- Kleine bzw. neue Parteien haben gute Chancen, im Parlament vertreten zu sein.
- Die Regierungspolitik ist gemäßigt. Es gibt keine großen Umschwünge.
- Das Wahlsystem führt zu einer gerechteren Repräsentation der Parteien im Parlament.
- Extreme Parteien haben nur geringe Chancen, im Parlament vertreten zu sein.
- Die Wähler haben einen direkten Einfluss auf die Regierungsbildung.
- Es existiert eine Gewaltenteilung innerhalb der Regierung.

2. Durchführungsphase

Dann kann das Streitgespräch beginnen. Dazu sollten einige Diskussionsregeln beachtet werden. Anfangs wird die Lehrerin oder der Lehrer die Diskussion leiten. Diese Rolle kann auch eine Schülerin oder ein Schüler übernehmen.

3. Auswertungsphase

Die Auswertung findet unter folgenden Gesichtspunkten statt:

- Sind bestimmte Argumente besonders geschickt gewesen? Welche waren es und warum?
- Haben Rednerinnen oder Redner den Beitrag der anderen Gruppe aufgegriffen? Waren sie schlagfertig?
- Sind alle sachlich geblieben? Wo waren sie es nicht? Was war unsachlich?
- Welche Gruppe war überzeugender? Suchen Sie dafür Gründe.

4. Eingangs- und Schlussabstimmung

Vor und nach der Diskussion kann in der Klasse eine Abstimmung darüber stattfinden, ob für Deutschland die Verhältnis- oder die Mehrheitswahl geeigneter erscheint. Mögliche Unterschiede zwischen dem Ergebnis der Eingangs- und der Schlussabstimmung sind am Ende zu diskutieren.

1. Lesen Sie die beiden Texte auf S. 51 sorgfältig durch und führen Sie anschließend eine Pro- und Kontra-Diskussion nach dem oben beschriebenen Schema.

Text 1: Ein Plädoyer für die Mehrheitswahl

Die langwierige und anstrengende Suche nach häufig nur „halbherzig" gestalteten Kompromissen gerade in Zeiten einer Großen Koalition macht eine grundlegende Wahlrechtsreform in Deutschland unerlässlich. Die Mehrheitswahl würde die Bildung von Koalitionen überflüssig machen und damit den unklaren, oft undefinierbaren politischen Linien der Bundesregierungen ein Ende setzen. Die Regierung würde stabiler, denn mit der Mehrheitswahl steigt die Chance auf einen vollständigen Regierungswechsel immens. Die Parteien könnten ihr Wahlprogramm umsetzen, ohne dass es durch einen Koalitionspartner „verwässert" würde. Passé wären die Ausreden einzelner Politiker, ein politisches Ziel aus Rücksicht auf den Koalitionspartner „leider" nicht angehen zu können. Das Land wird also leichter regierbar – und besser reformierbar –, da die Regierung nun ein von der Mehrheit der Bürger tatsächlich gewolltes (Reform-)Programm 1:1 umsetzen kann. Auch wäre die Bedrohung durch extreme Parteien gleich welcher Couleur gebannt. Extreme Parteien nämlich könnten sich nun nicht mehr auf haltlose Forderungen und populistische Parolen stützen, sondern müssten in jedem einzelnen Wahlkreis mithilfe von charismatischen Kandidaten unter Beweis stellen, ob und in welcher Qualität sie sich artikulieren, engagieren und durchsetzen können. Beim Mehrheitswahlsystem interessieren nicht nur die „großen" bundespolitischen Fragen, sondern auch der politische Wille eines jeden um die Wiederwahl bemühten Delegierten, sich im Parlament für seinen eigenen Wahlkreis und die dort lebende Bevölkerung einzusetzen. Grund dafür: Im Gegensatz zur Verhältniswahl gibt es keine Absicherung über einen Listenplatz!

Autorentext

Text 2: Ein Plädoyer für die Verhältniswahl

Im Prinzip geht es doch darum, ob man die gerechteste Repräsentation oder die effektivste Regierung will. Wichtiger erscheint zweifelsohne Ersteres: die gerechte Repräsentation. Darunter ist zu verstehen, dass Parteien in etwa den Anteil an Parlamentsmandaten erhalten, den sie als Stimmenanteil gewonnen haben. Außerdem sollten kleine Parteien im Parlament repräsentiert sein und neue Parteien eine echte Chance haben, sich zu etablieren. Ob eine effektive Regierung von der Bevölkerung wirklich gewollt wird, ist fraglich . Wohl kaum, sagen viele Parteienforscher und bestätigen, dass die Bundesbürger mittels „Splitting" ihrer Erst- und Zweitstimme Koalitionen zwischen den Parteien ganz bewusst herbeiführen, um eine übermäßige Machtkonzentration zu verhindern und eine „moderate" Regierungspolitik quasi zu erzwingen. Was würde sich in der Bundesrepublik durch die Abschaffung des Verhältniswahlsystems zugunsten eines Mehrheitswahlsystems konkret ändern? Es würde häufiger zu großen politischen Umschwüngen kommen, da für einen (vollständigen) Regierungswechsel dann bereits kleine Veränderungen der öffentlichen Meinung ausreichen. Es wären sicher weniger Kompromisse nötig – vor allem Minderheiten in der Gesellschaft fänden so aber weniger Gehör. Jedenfalls würden die Chancen der kleineren Parteien auf eine gerechte Repräsentation in der bundespolitischen Landschaft sinken. Doch nicht nur der Bundestag, auch die Landes- und Kommunalparlamente würden von den Volksparteien CDU / CSU und SPD dominiert, womit hierzulande die Entwicklung eines Zweiparteiensystems gefördert würde. In einem solchen „Kartell der etablierten Parteien" wäre es zunehmend schwieriger, gesellschaftliche Wandlungen und neue politische Strömungen zu berücksichtigen. Wie soll sich das politische System aber dann an die Bedürfnisse der Gesellschaft anpassen? Sieht so Demokratie aus? Gerade in der Zusammensetzung der Parlamente spiegelt sich doch die Bandbreite der Meinungen des Volkes wider!

Autorentext

2. Politische Parteien als Akteure in Staat und Gesellschaft

2.1 Das Parteienspektrum in der Bundesrepublik

„Kein politischer Gedanke kann ohne Organisation den Sieg erringen."

Friedrich Naumann (1860–1919)

Entstehung des Parteienspektrums nach 1945

Nach der „Stunde Null", dem Ende der Einparteiendiktatur Adolf Hitlers am 8. Mai 1945, musste sich das 1933 abgeschaffte Parteiensystem erst einmal neu formieren. Es konnte dabei auf gewisse Muster der in der Weimarer Republik vorhandenen Parteien zurückgreifen. In den Westzonen gründete sich im Mai 1946 als Erstes die an dortige Traditionen anknüpfende SPD (Sozialdemokratische Partei Deutschlands) neu. Die FDP (Freie Demokratische Partei) folgte im Dezember 1948. Nachzügler war die CDU (Christlich Demokratische Union), die erst im Herbst 1950 zur Bundespartei wurde. Als Geschöpf des historisch gewachsenen Sonderbewusstseins entstand im Freistaat Bayern bereits 1946 die CSU (Christlich-Soziale Union). Sie war bestrebt, verschiedene Strömungen – insbesondere bayerisch-patriotische, liberale, konservative und soziale Richtungen – der Weimarer Zeit zu integrieren.

Das Parteiensystem konsolidierte sich in den 1950er-Jahren, auch durch institutionelle Verfahren. Eine Fünfprozenthürde, deren Berechtigung das Bundesverfassungsgericht mit dem „Gespenst" oder „Trauma von Weimar" begründete, sollte eine überschaubare Zahl an Parlamentsparteien gewährleisten. Schnell bildete sich im Bund ein Dreiparteiensystem heraus – mit klaren Übersichtlichkeiten. Die Union wurde Regierungspartei unter Bundeskanzler Konrad Adenauer (1949–1963), konnte ihr Konzept der sozialen Marktwirtschaft mit dem wirtschaftlichen Aufschwung der Bundesrepublik verknüpfen und damit die sozialdemokratische Konkurrenz in Schach halten. Nach den verlorenen Bundestagswahlen von 1953 und 1957 orientierte sich die SPD neu und folgte den Grundprinzipien Adenauer'scher Politik – Westintegration der Republik und soziale Marktwirtschaft. Später öffnete sie sich für den Mittelstand im Bereich der Wirtschaft und die neuen sozialen Bewegungen im Zuge der 68er-Revolution. Die FDP konnte sich eine eigene Nische sichern. Sie fungiert bis heute als Vertreterin der reinen Marktwirtschaftslehre in Abgrenzung zur sozialen Marktwirtschaft und steht für die Trennung zwischen Staat und Kirche.

Der Erfolgsgeschichte der Volksparteien CDU, CSU und SPD schienen in den 1960er- und 1970er-Jahren keine Grenzen gesetzt, wie an ihrem gemeinsamen Stimmenanteil bis hin über 90 Prozent ablesbar war. Volksparteien haben an Wählern und Mitgliedern ein breites Spektrum und verfolgen eine möglichst umfassende Programmatik. Eine besondere Rolle im bundesdeutschen Parteiensystem nimmt die CSU in ihrer Doppelfunktion als bayerische Landespartei und bundesweit agierende Partei ein. Die seit 1949 bestehende Fraktionsgemeinschaft mit der CDU im Deutschen Bundestag sowie zahlreiche Regierungsbeteiligungen ermöglichen ihr, sich als „Interessenvertreterin Bayerns" zu profilieren. Dabei hat sie es zwischen 1990 und 2003 als einzige Partei in Deutschland auf Länderebene vermocht, alle Landtagswahlen mit absoluter Mehrheit zu gewinnen.

Das Programm der CSU verbindet Tradition und Modernisierung; die Partei steht sowohl für regionale Verbundenheit als auch für ökonomischen Fortschritt.

Eine Zäsur im Parteienspektrum ergab sich durch das Aufkommen der Grünen, die schon im zweiten Anlauf, 1983, als ursprüngliche „Anti-Parteien-Partei" in den Bundestag einzogen. Damit bildete sich ein Vierparteiensystem heraus. Ihre stärkste Unterstützung haben die Grünen in den 1980er-Jahren gerade unter jüngeren und gebildeten Wählern, in Universitätsstädten und in großstädtischen Milieus erfahren. Werte wie Emanzipation, Umwelt und Frieden fanden nachhaltig Eingang in die deutsche Politik – und auch in die anderen Parteien. Zunächst koalitionsunfähig, vollzog sich innerhalb der Grünen ein Wandel. Die SPD, die nach einer Erweiterung ihrer Koalitionsoptionen trachtete und sich aus der Abhängigkeit vom „Mehrheitsbeschaffer" FDP befreien wollte, änderte ihre Strategie und öffnete sich für die Grünen, die sich 1993 mit der ostdeutschen Bürgerrechtsgruppierung „Bündnis 90" zusammengeschlossen hatten. Zu einer rot-grünen Koalition auf Bundesebene kam es von 1998 bis 2005.

Nach der Wiedervereinigung konnte sich allen Unkenrufen zum Trotz die Nachfolgepartei der SED, die PDS (Partei des demokratischen Sozialismus), erhalten und durch die Stärke in Ostdeutschland zu einer bundesweiten Größe heranwachsen. Obwohl sie extremistische Strömungen innerhalb der Partei duldet, erwies sich die PDS als wandlungsfähiger, als viele gedacht hatten. Sie wurde in den ostdeutschen Ländern bis hin zur Regierungsbeteiligung zu einer erfolgreichen, fest etablierten Kraft. Sie verschaffte sich das Image einer in sozialen Belangen besonders engagierten Partei. Durch das Bündnis mit der 2005 neu gegründeten Kleinpartei WASG (Wahlalternative Arbeit und Soziale Gerechtigkeit), einer gewerkschaftlichen Linksabspaltung von der SPD, konnten die Postkommunisten auch in westdeutschen Ländern deutlich an Boden gewinnen. Im Juni 2007 haben sich PDS und WASG zur Partei „Die Linke" zusammengeschlossen.

CDU und SPD, die zwei großen Volksparteien, haben seit der Wiedervereinigung an Integrationskraft eingebüßt. Nach der Bundestagswahl 2005 und auch 2013 kam es daher zur Bildung einer Großen Koalition aus CDU/CSU und SPD, weil keine der großen Parteien mit einem kleineren Partner zusammen über eine ausreichende Mehrheit verfügte. Zudem steigt die Zahl der Wechselwähler. Immer wieder gelingt es daher auch neuen Parteien, vor allem auf Landesebene, Wahlerfolge zu erzielen. Zuletzt galt das für die Piratenpartei, die in einige Landesparlamente einziehen konnte. Die Partei steht für völlige Transparenz via Internet und für einen neuen Stil in der Politik, der die klassischen Formen ablehnt. Auch dadurch zeigt sich, dass die Bedeutung von (sozialen) Medien für die Parteien weiter zunimmt, besonders in Wahlkämpfen, aber auch im innerparteilichen Leben.

Zeichnung: Klaus Stuttmann

MATERIAL
1 Ergebnis der Bundestagswahl 2013

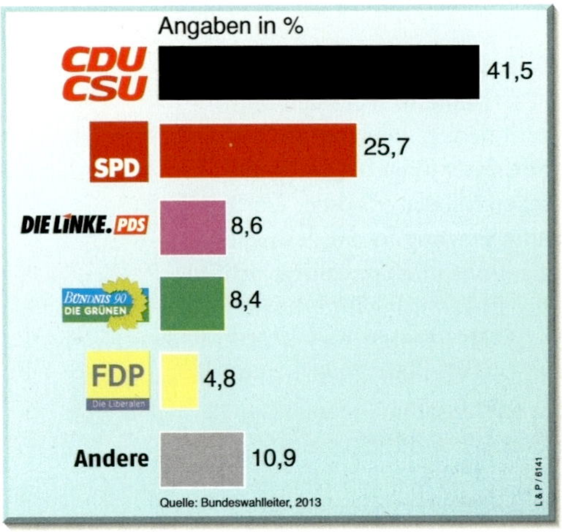

MATERIAL
Karikatur 2

Zeichnung: Andreas Rulle

MATERIAL
3 Programmatische Positionen bei der Bundestagswahl 2013

	Selbstverständnis	*Politische Ordnung*
CDU/CSU	„Christliche Werte"; „soziale Marktwirtschaft – Grundlage unseres Erfolgs"	„Familien besser unterstützen"; „solide Finanzen"; „Europas starke Stellung in der Welt sichern"; „Chancen der Digitalisierung nutzen"; „umfassende Demografiestrategie"; „Bildung und Fortschritt als Grundlage"
SPD	„wirtschaftlich stark, sozial gerecht und ökologisch verantwortlich"	„mehr Zusammenhalt in unserer Gesellschaft"; „Chancengleichheit und Aufstieg durch Bildung"; „gemeinsame Wirtschaftsregierung" in der EU; „mehr Offenheit und Transparenz bei politischen Entscheidungen"
Bündnis 90/ Die Grünen	„teilhaben, einmischen, Zukunft schaffen"	„Wirtschaftsweise auf Grundlage erneuerbarer Energien und ohne Zerstörung natürlicher Lebensgrundlagen; „solidarische Gesellschaft"; „europäisches Deutschland"; starke Inklusion
FDP	„Eigenverantwortung vor Staatsgläubigkeit"	„mehr Selbstständigkeit in Deutschland"; „starke soziale Marktwirtschaft"; „freie, aber nicht ungeordnete Finanzmärkte"
Die Linke	„Für einen demokratischen Sozialismus"	„Neustart der Europäischen Union: demokratisch, sozial, ökologisch, friedlich"; „Demokratie für alle, die hier leben"; „für ein offenes und freies Internet"

Eigene Zusammenstellung der Autoren nach den Wahlprogrammen

Querverweis: S. 62/63

1. Interpretieren Sie das Ergebnis der Bundestagswahl 2013 (M 1) anhand der Karikatur (M 2). Warum war sie eine besondere Wahl (S. 53)?
2. Welche programmatischen Leitlinien kennzeichnen die aktuell im Bundestag vertretenen Parteien (M 3)? Achten Sie dabei auf Gemeinsamkeiten und Unterschiede.
3. Interpretieren Sie die Karikatur auf S. 53. Überprüfen Sie deren Aussage anhand der Positionen in M 3 und dem Stand ihrer politischen Umsetzung.

MATERIAL

Parteienwandel 4

Die Kritik an den Parteien ist allgegenwärtig und kann – nicht nur in Deutschland – auf eine lange Tradition zurückblicken. [...] Sosehr der Parteienwettbewerb als Erscheinungsform der parlamentarisch verfassten Demokratie im Allgemeinen akzeptiert ist, so gering bleibt das Ansehen der Parteien selbst. Umfragen zufolge erhalten Parteien unter den demokratischen Institutionen regelmäßig die schlechtesten Bewertungen. [...] Wenn die Parteien in der Demokratie das Bindeglied zwischen Volk und Staat bilden, müssen sie diese Verbindung organisatorisch herstellen und verstetigen. [...]
Als „lernende Organisationen" stehen die neuen und alten Parteien mithin vor unterschiedlichen Herausforderungen. [...] Sie müssen ihre Organisationen an die veränderten Bedingungen des Wählerwettbewerbs anpassen. Das stellt vor allem für die großen Parteien eine immense Herausforderung dar, die ihre Mehrheitsfähigkeit nur dann aufrechterhalten oder zurückgewinnen können, wenn es ihnen gelingt, verschiedene Bevölkerungsteile zu einer möglichst umfassenden Wählerkoalition zusammenzuschmieden. [...]
Ob die Parteien an beiden Fronten Terrain zurückgewinnen können, hängt maßgeblich von ihrer eigenen Reformfähigkeit ab. [...] Drei Anknüpfungspunkte einer Reformstrategie lassen sich benennen:

- **Bessere gesellschaftliche Vernetzung durch Öffnung für Nichtmitglieder**: Um die Beteiligungspotenziale der politisch interessierten Bürger zu heben, müssen die Parteien ihre Organisationsstrukturen flexibilisieren. Notwendig sind Partizipationsangebote von unterschiedlicher Intensität und Dauer jenseits der formalen Mitgliedschaft, die die Schwelle für eine Mitarbeit herabsetzen. Die Öffnung der Organisation trüge der verbreiteten Neigung zum projektbezogenen Engagement Rechnung, das gerade viele junge Menschen vom Parteieintritt abhält. [...] Erleichtert wird die Vernetzung durch das Internet, das eine schnelle und umfassende interaktive Kommunikation ermöglicht. [...];
- **Innerparteiliche Demokratisierung durch Urwahlen und Mitgliederentscheide**: Eine Antwort [...] könnte darin liegen, dass man die Beteiligungsrechte der Basis insgesamt ausweitet. Das heißt: Urwahlen und Mitgliederentscheide sollten nicht nur sporadisch und nach Gutdünken der Parteiführungen eingesetzt werden, sondern feste Regeln sein. Dabei könnte man innerhalb der Organisationen Abstufungen vornehmen. Bestimmte Entscheidungen wären ausschließlich den Mitgliedern vorbehalten, während andere – nach dem Vorbild der US-amerikanischen Vorwahlen – auch Nichtmitgliedern oder Unterstützern offenstünden. [...]
- **Ergänzung der Wettbewerbsdemokratie durch Volksabstimmungen**: [...] Wenn Wahlen in den parlamentarischen Parteiendemokratien an legitimierender Kraft einbüßen, dann erscheint die Einführung von zusätzlichen Formen der Abstimmungsdemokratie folgerichtig. Die Bürger hätten dann die Chance, über bestimmte Sachfragen außerhalb der Wahlauseinandersetzung direkt zu entscheiden.

[...] Weil sie den Zorn ihrer Wähler fürchten, machen sie [die Parteien] sich vor der oftmals maßlosen Kritik, die ihnen vonseiten der Medien entgegenschlägt, kleiner als nötig. Gleichzeitig igeln sie sich in den Strukturen der eigenen Organisation und des zwischenparteilichen Wettbewerbs ein, statt diese für zusätzliche Beteiligungsformen zu öffnen. Dabei sind die Integrationsleistungen der Parteien als Willensbildungsorgane, ihre Fähigkeit, die Interessen verschiedener gesellschaftlicher Gruppen abzugleichen und programmatisch zusammenzubinden, heute mehr denn je gefordert.

Quelle: Frank Decker: Parteien und Parteiensysteme in Deutschland, Stuttgart 2011, S. 84–134

➠ Querverweis: S. 17, M6

1. Arbeiten Sie aus dem Text M 4 Gründe für die Krise der (Volks-)Parteien mit eigenen Worten heraus.
2. Erläutern Sie die in M 4 vorgestellten Reformvorschläge und beurteilen Sie im Anschluss, wie sinnvoll und praktisch umsetzbar diese sind.

Analyse von Wahlplakaten

Wahlplakate sind für Parteien im Wahlkampf unverzichtbar. Auch wenn moderne Wahlkämpfe so genannte Medienwahlkämpfe sind und als solche hauptsächlich im Fernsehen ausgetragen werden, sind Wahlplakate immer noch ein wesentlicher Bestandteil von Wahlkampagnen. Sie sorgen für die ständige Präsenz der Parteien, ihrer Kandidaten und ihrer Themen in der Öffentlichkeit. Aus diesem Grunde ist es wichtig, mehr über Wahlplakate herauszufinden, und sinnvoll, diese vergleichend zu analysieren. Die vergleichende Analyse von Wahlplakaten kann auf zwei Arten erfolgen:

- als **Querschnittanalyse**
- als **Längsschnittanalyse**

Bei einer Querschnittanalyse werden Wahlplakate aus einem Wahlkampf(jahr) miteinander verglichen (z. B. die Wahlplakate aus dem Bundestagswahlkampf 1998). Dabei lassen sich Unterschiede zwischen Wahlplakaten der verschiedenen Parteien herausfinden. Bei einer Längsschnittanalyse werden die Wahlplakate aus mehreren Wahlkämpfen miteinander verglichen (z. B. die Wahlplakate aus den Bundestagswahlkämpfen von 1949 bis 2013). Dabei lassen sich langfristige (parteiübergreifende) Veränderungen von Wahlplakaten herausfinden. Um Wahlplakate vergleichend zu analysieren, gehen Sie folgendermaßen vor:

- Ermitteln Sie bei einer bestimmten Bundestagswahl die wesentlichen Unterschiede zwischen den abgebildeten Wahlplakaten der Parteien (Querschnittanalyse).
- Ermitteln Sie die wesentlichen (parteiübergreifenden) Veränderungen bei der Gestaltung von Wahlplakaten seit Bestehen der Bundesrepublik Deutschland (Längsschnittanalyse).

Bei der vergleichenden Analyse von Wahlplakaten sind folgende Fragen sinnvoll:

Plakatbild:

- Wie ist das Plakat aufgeteilt?
- Was wird auf dem Plakat dargestellt (Politiker etc.)?
- Wie wird es dargestellt (Fotografie, Zeichnung etc.)?
- Welche Farben werden benutzt?
- Wie wirkt das Plakatbild auf Sie?

Plakattext:

- Wie umfangreich ist der Plakattext?
- Wie aussagekräftig ist der Plakattext?
- Wird ein konkretes Thema angesprochen?
- Werden bestimmte Ziele oder Werte in den Vordergrund gestellt?
- Richtet sich das Plakat an eine konkrete Zielgruppe?

(Tipp: Weitere Wahlplakate finden Sie auf der Internetseite der Bundeszentrale für politische Bildung.)

Bundestagswahl 1949 (SPD)

Bundestagswahl 1957 (CDU)

Bundestagswahl 1976 (CDU)

Bundestagswahl 1969 (SPD)

Bundestagswahl 1980 (Die Grünen)

Bundestagswahl 1994 (PDS)

Bundestagswahl 1980 (CSU)

Bundestagswahl 2013 (SPD)

Bundestagswahl 2013 (CSU)

Bundestagswahl 2013 (CDU)

B'Wahl 2013 (Die Linke.)

Bundestagswahl 2013 (FDP)

B'Wahl 2013 (B'90/Die Grünen)

2.2 Kennzeichen und Aufgaben von Parteien

Zeichnung: Gerhard Mester

gesetzliche Verankerung von Parteien

Parteien übernehmen eine Mittlerrolle zwischen Bevölkerung und Regierung. Mit Parteiprogrammen bringen sie als „Sprachrohr des Volkes" die Interessen der Bevölkerung in den politischen Prozess ein. Mit fertigen Programmen können sie an der Willensbildung des „Volkes" entscheidend mitwirken. Die Bundesrepublik Deutschland gehört zu den wenigen Staaten, in denen diese Mitwirkung in der Verfassung (Artikel 21 Abs. 1 GG) und in einem Parteiengesetz geregelt ist. Die gesellschaftliche Wirklichkeit zeichnet sich gerade durch die Vielfalt konkurrierender Interessen aus. Den Parteien kommt die Aufgabe zu, hier einen Ausgleich zu schaffen. Großparteien formulieren Positionen auf verschiedenen Politikfeldern wie der Wirtschafts-, Kommunal- oder Europapolitik. Indem sie ihre Ziele umsetzen, gestalten die Parteien Politik in Parlament und Regierung.

Personalrekrutierung und Besetzung öffentlicher Ämter

Wer sich politisch betätigt, kommt an den politischen Parteien nicht vorbei. Indem sie befähigte Bürger zur Übernahme öffentlicher Verantwortung heranbilden und Kandidaten für die Besetzung von politischen Ämtern aufstellen, üben Parteien eine Personalrekrutierungsfunktion aus. Etablierte Parteien dringen in viele Lebensbereiche vor, in öffentlich-rechtliche Rundfunkanstalten (ohne dort in den Aufsichtsgremien über Mehrheiten zu verfügen), Kommunen oder Verwaltungen. Parteien an der Regierung sollen den Staat politisch leiten. Parteien, die sich in der Opposition befinden, kritisieren die Regierung und zeigen konkrete Alternativen auf. Ihr Ziel ist meist, selbst bei der nächsten Wahl die Regierung zu übernehmen.

Volksparteien

In Parteien finden sich unterschiedliche Bevölkerungs- und Berufsgruppen wieder. Schüler und Studenten können sich ebenso wie Rentner in eigene Parteiunterorganisationen einbringen, ebenso beispielsweise Landwirte, Unternehmer oder Lehrkräfte. Dafür kennt die Bundesrepublik den Typ der „Volkspartei", den CDU, CSU und SPD verkörpern. Entgegen mancher Auffassung ist die Bundesrepublik aber kein „Parteienstaat". Auch Interessengruppen, Medien oder prominente Inhaber politischer Ämter beeinflussen die Meinungsbildung der Bürger.

Kleinparteien als Ausdruck des Pluralismus

Im „Schatten der Macht" agieren hingegen sogenannte Kleinparteien. Nicht nur die im Bundestag vertretenen Parteien sind Ausdruck des Pluralismus. Ungefähr 800 Parteineugründungen hat es bislang in der Bundesrepublik gegeben. An jeder größeren Wahl in der Bundesrepublik steht damit neben den allseits bekannten eine Vielzahl von Kleinparteien auf dem Zettel. Von der regelmäßigen Beteiligung an Wahlen hängt die rechtliche Anerkennung als Partei ab. Die Gründung politischer Parteien ist frei; der Bürger kann sich in einer Partei frei betätigen. Allerdings kann in einer Demokratie niemand gezwungen werden, einer Partei beizutreten. Kleinparteien beschränken sich häufig auf ein Thema und bündeln damit ein in der Gesellschaft vorhandenes Droh- oder Protestpotenzial. Häufig vertreten sie bestimmte Bevölkerungsgruppen oder Regionen.

Parteienfinanzierung

In den Genuss staatlicher Grundfinanzierung kommen Parteien, wenn sie bei der letzten Bundestags- oder Europawahl mindestens 0,5 Prozent oder bei einer der jeweils letzten Landtagswahlen 1,0 Prozent der Stimmen erhalten haben. Die Parteienfinanzierung soll die Staatsunabhängigkeit der Parteien, ihre Funktionsfähigkeit und Chancengleichheit sichern.

Grundsatz der Transparenz

Sie selbst müssen den Grundsatz der Transparenz einhalten und ihre Einnahmen offenlegen. Die gesetzlichen Regelungen zur Parteienfinanzierung sollen die Abhängigkeit der Parteien von Großspendern in Grenzen halten, ohne auf der anderen Seite in eine finanzielle Abhängigkeit vom jeweiligen Wohlwollen der Regierung zu geraten. In der Geschichte der Bundesrepublik entzündete sich oft Streit am Spendeverhalten. Insgesamt gibt es eine Trennung von Partei- und Staatsfinanzen.

innerparteiliche Demokratie

Großparteien sind nach den Grundsätzen der innerparteilichen Demokratie dezentral organisiert. Ungeachtet aller gesetzlichen Vorkehrungen sind die Möglichkeiten des einfachen Mitglieds aber beschränkt. Nicht alle Parteimitglieder bringen sich aktiv in das Geschehen ein („Karteileichen") und beteiligen sich gleichermaßen an Sach- und Personalentscheidungen; zudem erfordert eine Parteiendemokratie Führung und schnelles Handeln. Immer wieder kommt es zu Diskussionen, ob mehr Mitgliederentscheide Parteiführung und Basis enger zusammenbringen.

Parteien agieren auf Bundes-, Landes- und Kommunalebene als selbstständige Einheiten, die miteinander allerdings in enger Verbindung stehen. Die etablierte Partei ist ein festgefügter Apparat, wobei zwischen Landes- und Bundesparteien eine Art Arbeitsteilung herrscht. Bundesparteien müssen den Ausgleich schaffen, während Landesparteien identitätsstiftende Elemente aufweisen und Interessen von der Basis besser artikulieren und bündeln können. Gerade die Persönlichkeit von Ministerpräsidenten – als Parteiakteure und/oder „Landesväter" – kann für das Land und seine Stellung im Bund prägend sein.

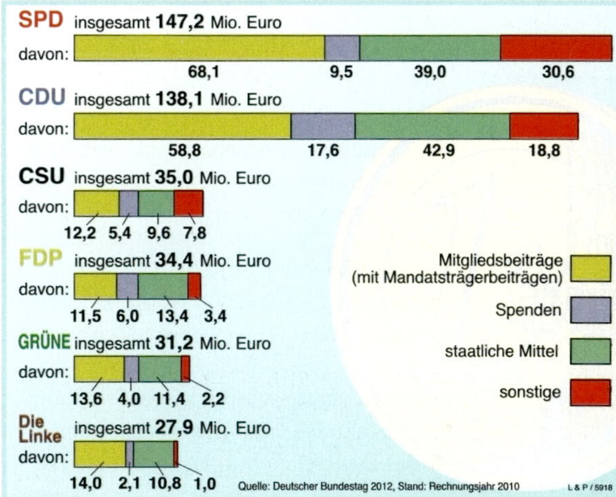

Gesamteinnahmen der Bundestagsparteien (in Mio. Euro)

MATERIAL

1 Funktionen von Parteien

- **Personalrekrutierung:** Parteien wählen Personen aus und präsentieren sie bei Wahlen zur Besetzung öffentlicher Ämter;
- **Interessenartikulation:** Parteien formulieren öffentliche Erwartungen und Forderungen gesellschaftlicher Gruppen und Kräfte an das politische System;
- **Programmfunktion:** Parteien integrieren unterschiedliche Interessen in eine Gesamtvorstellung von Politik, ein politisches Programm, für das sie um Zustimmung und Mehrheit werben;
- **Partizipationsfunktion:** Parteien stellen eine Verbindung her zwischen Bürgern und politischem System; sie ermöglichen politische Beteiligung von Einzelnen und Gruppen mit Aussicht auf Erfolg;
- **Legitimationsfunktion:** Indem Parteien die Verbindung herstellen zwischen Bürgern, gesellschaftlichen Gruppen und dem politischen System, tragen sie zur Verankerung der politischen Ordnung im Bewusstsein der Bürger bei den gesellschaftlichen Kräften bei;

Quelle: Bernhard Sutor: Politik. Ein Studienbuch zur politischen Bildung, Paderborn 1994, S. 146

MATERIAL

2 Rechtsbestimmungen über Parteien – Grundgesetz und Parteiengesetz

Grundgesetz, Art. 21 (1) Die Parteien wirken bei der politischen Willensbildung des Volkes mit. Ihre Gründung ist frei. Ihre innere Ordnung muss demokratischen Grundsätzen entsprechen. Sie müssen über die Herkunft und Verwendung ihrer Mittel sowie über ihr Vermögen öffentlich Rechenschaft geben.

Parteiengesetz, § 1 Verfassungsrechtliche Stellung und Aufgaben der Parteien

(1) Die Parteien sind ein verfassungsrechtlich notwendiger Bestandteil der freiheitlichen demokratischen Grundordnung. Sie erfüllen mit ihrer freien, dauernden Mitwirkung an der politischen Willensbildung des Volkes eine ihnen nach dem Grundgesetz obliegende und von ihm verbürgte öffentliche Aufgabe.

(2) Die Parteien wirken an der Bildung des politischen Willens des Volkes auf allen Gebieten des öffentlichen Lebens mit, indem sie insbesondere auf die Gestaltung der öffentlichen Meinung Einfluss nehmen, die politische Bildung anregen und vertiefen, die aktive Teilnahme der Bürger am politischen Leben fördern, zur Übernahme öffentlicher Verantwortung befähigte Bürger heranbilden, sich durch Aufstellung von Bewerbern an den Wahlen in Bund, Ländern und Gemeinden beteiligen, auf die politische Entwicklung in Parlament und Regierung Einfluss nehmen, die von ihnen erarbeiteten politischen Ziele in den Prozess der staatlichen Willensbildung einführen und für eine ständige lebendige Verbindung zwischen dem Volk und den Staatsorganen sorgen.

1. Interpretieren Sie die Zeichnung auf S. 58 und problematisieren Sie den Anstieg der Nichtwähler in Deutschland.
2. Erläutern Sie die wesentlichen Funktionen von Parteien (M 1).
3. Ordnen Sie die gesetzlich geregelten Aufgaben der Parteien nach ihrer Wichtigkeit (M 2). Begründen Sie Ihre Auffassung.
4. Erklären Sie das System der Parteienfinanzierung in Deutschland (Text und Grafik S. 59). Suchen Sie im Internet nach Reformmöglichkeiten, z. B. auf der Internetseite des Deutschen Bundestages.
5. Beschreiben Sie die innerparteiliche Organisation (M 3) in eigenen Worten. Wie könnten Theorie und Praxis auseinanderfallen? Diskutieren Sie die Karikatur M 4.

MATERIAL
3 Innerparteiliche Demokratie

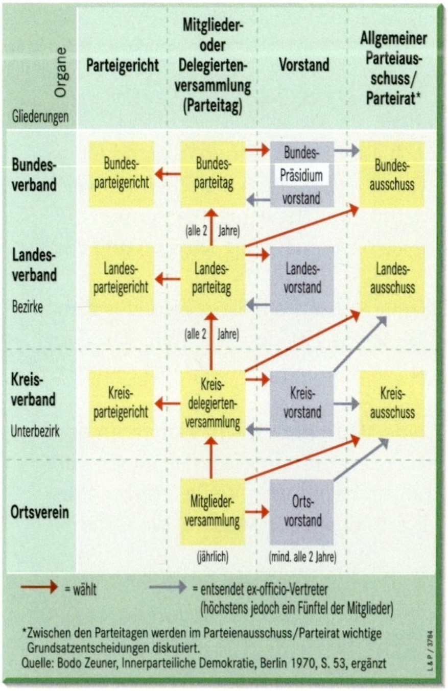

MATERIAL
Karikatur 4

Zeichnung: Freimut Wössner

Parteien – eine Erkundung vor Ort

Erkunden Sie die aktuellen parteipolitischen Aktivitäten in Ihrer Gemeinde. Entwickeln Sie Fragebögen für Interviews mit Vorstandsmitgliedern des Ortsverbandes, Ratsmitgliedern und „einfachen" Mitgliedern. Recherchieren Sie dann in einem arbeitsteiligen Verfahren (bei mindestens zwei Parteien) z. B. zu folgenden Fragestellungen und Aufgaben:

- Wie ist die Partei vor Ort organisiert (Jugend-, andere Vorfeldorganisationen der Partei)?
- Wie organisiert die Partei ihre Arbeit? (Besuchen Sie z. B. eine Parteiveranstaltung, sammeln Sie aktuelle Pressemeldungen und beachten Sie die Präsentation der Ortspartei im Internet.)
- Wie wird die Parteiarbeit finanziert (Höhe der Mitgliederbeiträge, Spenden)?
- Wie hoch ist die Zahl der Mitglieder, wie ist die Berufs- und Altersstruktur, der Frauenanteil der Partei? Liegen dazu Vergleichszahlen – z. B. aus dem letzten Jahrzehnt – vor?
- Wie ist es mit dem Engagement von Frauen und Jugendlichen in der Partei vor Ort bestellt?
- Entspricht der Frauenanteil der Zielsetzung der Parteisatzung?
- Welche Motivation bewegt die Parteimitglieder zu ihrem Engagement?
- Inwiefern unterscheiden sich die programmatischen Aussagen der Partei zu einem aktuellen Politikfeld in Ihrer Gemeinde von den Vorstellungen der anderen Parteien?
- Welche Institutionen in der Gemeinde werden mit Personen aus den Parteien besetzt?

Überlegen Sie, wie Sie Ihre Ergebnisse zusammenfassen und auf Schautafeln oder in einer kleinen „Parteienzeitung" präsentieren können. Sie sollten die vollständigen Rechercheunterlagen auch in einem Projektordner, auf einem USB-Stick oder einer CD-ROM sammeln, um für nachfolgende Lerngruppen eine Grundlage für weitere Untersuchungen zu schaffen.

METHODEN · METHODEN · METHODEN · METHODEN ·

Interaktives Wahltool

Wenn man sich als Bürger, vor allem als Erstwähler, nicht im Klaren darüber ist, welcher Partei man seine Stimme geben soll, so hat man verschiedene Möglichkeiten:

- Sie richten sich nach dem Profil der Spitzenpolitiker und nach ihrer persönlichen Ausstrahlung. Sie geben also Ihre Stimme demjenigen, der Ihnen sympathisch ist und dem Sie scheinbar vertrauen können. Der Nachteil dieser Option liegt klar auf der Hand: Die wenigsten kennen die Politiker wirklich persönlich. Sie müssen also dem Eindruck vertrauen, den die Medien und die PR-Berater eines Politikers erzeugen.
- Sie richten sich nach den Aussagen von Politikern einer Partei. Dazu sollten Sie regelmäßig Zeitungen lesen oder sich im Fernsehen informieren. Diese Methode hat den Nachteil, dass Sie erstens nur Äußerungen zu aktuellen Themen erfahren und zweitens sich Politiker nicht immer an das halten, was sie sagen.
- Sie beurteilen die bisherige Arbeit der Partei, die Sie für eine Wahl in Betracht ziehen, in der Regierung oder Opposition. Hier liegen die Schwierigkeiten oft darin, dass manchmal nur schwer herauszufinden ist, wessen wirkliches Verdienst nun eine politische Tat war: Vielleicht war eine bestimmte politische Entscheidung von außen erzwungen, z. B. durch die Medien, die Öffentlichkeit oder durch Lobbyisten.
- Sie informieren sich über die Ziele einer Partei, indem Sie deren Partei- und/oder Wahlprogramm anfordern und aufmerksam lesen. Jeder Bürger kann sich diese kostenlos vom Bundeswahlleiter zusenden lassen. Dies ist eine zuverlässige Methode, die richtige „Wahl" zu treffen, auch wenn nicht immer alle Ziele eines solchen Programms verwirklicht werden können, insbesondere beim Eingehen von Koalitionen.

Seit Einführung des Internets ist nun eine weitere Möglichkeit hinzugekommen, die die Nachteile der letztgenannten Alternative vermeidet: das sogenannte interaktive Wahltool, der Wahl-O-Mat, der von der Bundeszentrale für politische Bildung, kurz bpb, ins Netz gestellt wird.

Autorentext

Was ist der Wahl-O-Mat?

Der Wahl-O-Mat ist ein (inzwischen auch mobil auf Handys, Smartphones und Tablets nutzbarer) Computertest, mit dem auf der Basis der Wahlprogramme der im Deutschen Bundestag vertretenen politischen Parteien politische Prioritäten ermittelt werden können.
Der Wahl-O-Mat umfasst 38 Thesen, die über mindestens sechs zentrale Wahlthemen verteilt sind. Durch die Angabe, ob man einer bestimmten These zustimmt („Stimme zu") oder nicht („Stimme nicht zu"), oder ob man dieser Aussage „Neutral" gegenüber steht oder gar „Weiß nicht" dazu hat, gelangt man zu der Partei, die der eigenen Priorität am nächsten kommt.
Die Teilnehmenden können einer oder mehreren Thesen eine zusätzliche Gewichtung zuerkennen. Am Ende kann das eigene „Wahlverhalten" mit den Positionen der politischen Parteien unmittelbar verglichen werden.

Kriterien für den Wahl-O-Mat

Im Prinzip können alle politischen Parteien teilnehmen, die in einem Parlament vertreten sind, bzw. die Parteien, die eine hohe Chance auf Einzug in das zu wählende Parlament besitzen. Die teilnehmenden Parteien müssen über vollständige Wahlprogramme verfügen und stellen diese der bpb rechtzeitig zur Verfügung. Zu einem jeweils festgesetzten Zeitpunkt autorisieren die Parteien ihre Standpunkte für den Wahl-O-Mat, das definitive Wahlprogramm muss der Redaktion vorliegen.

Die Thesen müssen hinreichend Gewähr für eine Unterscheidbarkeit der Parteien bieten. Die den Thesen zugrunde liegenden Themenfelder sollten möglichst Tagesaktualität überdauernde Bedeutung haben (Bedeutung zumindest für eine Wahlperiode).

Wahl-O-Mat im Internet

Alle Wahl-O-Mat-Versionen sind auf der Internetseite der bpb unter der Rubrik Politik zu finden.

Wie wird ein Wahl-O-Mat erstellt?

Die Thesen des Wahl-O-Mat werden von einer Redaktionsgruppe von 10 bis 20 Jugendlichen (zwischen etwa 16 und 25 Jahren) in gemeinsamen Workshops mit wissenschaftlicher Begleitung erstellt. Für das Erstellen des Wahl-O-Mat werden die Wahlprogramme der politischen Parteien verwendet. Aus den Programmen wird eine Liste sogenannter „diskriminierender" (d. h. unterscheidbarer) Aussagen zusammengestellt, also Thesen, bei denen sich die Positionen der Parteien unterscheiden. Schließlich entsteht eine Liste von bis zu 80 Ausgangsthesen, die den Parteien mit der Bitte vorgelegt wird, diese auf der Grundlage ihrer Wahlprogramme zu autorisieren. Nach der Autorisierung wird eine definitive Liste von derzeit 38 Thesen in das Wahl-O-Mat-Programm eingegeben. Nach der Fertigstellung wird der Wahl-O-Mat im Rahmen einer Pressekonferenz, bei der Politikerinnen und Politiker öffentlich einen Durchlauf starten, online geschaltet.

Was kann der Wahl-O-Mat und was nicht?

Der Wahl-O-Mat ist ein Instrument, mit dem in erster Linie Jungwählerinnen und Jungwähler motiviert werden sollen, zur Wahl zu gehen. Der Wahl-O-Mat zielt nicht darauf, Inhalte oder Informationen zu vermitteln. Er gibt lediglich den Impuls, dies zu tun. Der Wahl-O-Mat erhebt nicht Anspruch auf Vollständigkeit in der Behandlung von Parteiprogrammen. Der Wahl-O-Mat gibt keine Wahlhilfe. Sein Ergebnis zeigt lediglich in aufsteigender Reihenfolge den mathematischen Abstand der eigenen Positionen zu denen der Parteien auf. Die Partei mit den meisten Übereinstimmungen wird als Erste genannt.

Zusammengestellt aus der Quelle: www.bpb.de/methodik/XQJYR3,0,WahlOMat_.html; Zugriff am 14. 2. 2013

Querverweis: S. 54, M 3

METHODEN · METHODEN · METHODEN · METHODEN · METHODEN · METHODEN ·

1. Überlegen Sie, welcher Partei Sie Ihre Stimme geben würden, und testen Sie dann im Klassenverband oder allein zu Hause den Wahl-O-Mat.
2. Vergleichen Sie Ihre Ergebnisse. Suchen Sie nach einer Begründung für Abweichungen.

3. Verbände und Interessengruppen

3.1 Organisierte Interessen

Eine Auswahl wichtiger Verbände und Vereinigungen

Interessenvielfalt

Interessen drücken Ziele aus, die der Mensch verfolgt. Verschiedene Arten von Interessen existieren: allgemeine, die einer Vielzahl von Bürgern zugute kommen, spezielle, die auf eine Gruppe hin ausgerichtet sind, oder private, die keinen direkten Bezug zur Politik haben. In einer Demokratie beeinflussen Interessen den politischen Prozess „von unten". Der Vorteil liegt auf der Hand: In einer pluralistischen Demokratie bekommen politische Entscheidungen eine besondere Legitimation. Das Gemeinwohl ist also keine feste Größe, sondern wird durch den Austausch unterschiedlichster Interessen immer wieder neu bestimmt.

Gemeinwohl

Verbände in der Bundesrepublik

Im Nationalsozialismus wurde das System organisierter Interessen zerschlagen bzw. „gleichgeschaltet". Nach dem Ende des Dritten Reichs kam es in der Bundesrepublik schnell zur Gründung von Verbänden. Die Übernahme öffentlicher Verantwortung entwickelte sich insbesondere durch die Tarifautonomie. Diese umfasst das Recht der eigenständigen Regelung von Arbeits- und Wirtschaftsbedingungen durch Tarifverträge. Die Verbände des Arbeitsmarktes, d. h. die Gewerkschaften und die Arbeitgeber- und Unternehmerverbände, genießen hierbei das spezielle Recht, regelmäßig tarifliche Löhne, Gehälter und Arbeitsbedingungen festlegen zu können.

Verbände als „Vermittlungsinstanzen"

Den Weg vom Bürger zum Staat beschreiten die Verbände als „Vermittlungsinstanzen" neben Parteien und Bürgerinitiativen. Verbände sind Ausdruck von gesellschaftlicher Vielfalt und Volkssouveränität. Aber nicht jede Vereinigung ist automatisch eine Interessenorganisation. Der Kegelclub oder Sportverein dient vor allem der gemeinsamen Betätigung der Mitglieder und tritt nur öffentlich auf, wenn es um staatliche Zuschüsse geht. Verbände hingegen haben gerade den Zweck, Interessen nach außen zu vertreten.

Vereinigungsfreiheit

Ihre Rechte sind abgesehen von der Vereinigungsfreiheit (Artikel 9) nicht im Grundgesetz, sondern im Bürgerlichen Gesetzbuch (BGB) geregelt. Verbände bekommen Aufgaben vom Staat zugewiesen. Da auch er demokratische Spielregeln einhalten muss, wünscht er ausdrücklich, dass Verbände versuchen, ihre Interessen auch durchzusetzen. Informationsvermittlung und fachliches Detailwissen sind die bedeutsamsten Instrumente, die den Verbänden dabei zur Verfügung stehen. Um ihre Forderungen umzusetzen, müssen sie möglichst früh auf den politischen Willensbildungsprozess einwirken, indem sie nach der Äußerung (Artikulation) von Interessen diese bündeln (Aggregation), sie nach dem Grad ihrer Wichtigkeit auswählen (Selektion) und sie schließlich in konkrete Verhandlungen einbringen (Integration).

Funktionen von Verbänden

Verbände und Parteien

Anders als Parteien konzentrieren sich Verbände auf wenige Sachthemen. Parteien besetzen öffentliche Ämter und legitimieren sich durch Wählerstimmen. Verbände hingegen vertreten Mitgliederinteressen. Ebenso lassen sich soziale Bewegungen abgrenzen: Sie sehen ihr politisches Mittel meist im Protest (z. B. Demonstrationen) und verfügen über wenige unmittelbare Einflussmöglichkeiten auf die Politik. Allerdings haben sich in den 1970er- und 1980er-Jahren Neue Soziale Bewegungen in Vereinigungen organisiert und zunehmend Einfluss entfaltet – mit Themen wie Umweltschutz (Greenpeace), Gleichberechtigung (Terre des Femmes) oder Menschenrechtspolitik (Amnesty International). Vereinigungen und Verbände sind also immer auch Ausdruck des zivilgesellschaftlichen Engagements der Bürger.

Verbände und Vereinigungen

Der Organisationsgrad von Verbänden ist höchst unterschiedlich. Arbeitgeberverbände, Gewerkschaften oder Bauernverbände vertreten unmittelbar Betroffene und haben deshalb eine direkte Verantwortung für ganze Berufsschichten. Indirekt gilt das auch für Wohlfahrtsverbände wie den Deutschen Caritasverband oder das Deutsche Rote Kreuz (DRK), die sich für sozial Bedürftige einsetzen. Die Interessen von Drogenabhängigen, Armen und Sozialhilfeempfängern sind gleichwohl schwierig zu organisieren. „Schwache Interessen" verfügen über eingeschränkte Möglichkeiten. Ihnen fehlt es an Druckmitteln, die Arbeitnehmer durch Streiks, Unternehmen durch Investitionen oder bestimmte Berufsgruppen wie z. B. die Feuerwehrleute oder Lokomotivführer durch schlichte Nichtleistung haben. Insgesamt ergeben sich fünf zentrale Handlungsfelder von Interessenverbänden: Wirtschaft und Arbeit – Soziales Leben und Gesundheit – Freizeit und Erholung – Religion, Weltanschauung und gesellschaftliches Engagement – Kultur, Bildung und Wissenschaft.

2004 erstellten das Marktforschungsinstitut forum! und die Deutsche Gesellschaft für Qualität (DGQ) auf Basis einer Befragung von 501 repräsentativ ausgewählten Verbandsmanagern ein Gesamtranking der erfolgreichsten 36 Verbände (Erfolgskriterien waren für die Befragten u. a. Einfluss, Image, Mitgliederzufriedenheit). Seither fand keine vergleichbare Erhebung mehr statt.

Platz	
1	Allg. Dt. Automobilclub (ADAC)
2	Verband der Automobilindustrie (VDA)
3	Bundesverband d. dt. Industrie (BDI)
4	Greenpeace Deutschland
5	Verein Deutscher Ingenieure (VDI)
6	Bundesärztekammer (BÄK)
7	Verband der Chem. Industrie (VCI)
8	World Wildlife Fund Dtl. (WWF)
9	Bundesvereinigung d. Deutschen Arbeitgeberverbände (BDA)
10	Bund f. Umwelt u. Naturschutz (BUND)
14	Deutscher Bauernverband (DBV)
17	Deutscher Industrie- und Handelskammertag (DIHK)
20	Bund der Steuerzahler (BdSt)
22	Zentralverb. d. Dt. Handwerks (ZDH)
28	Deutscher Fußballbund (DFB)
33	IG Metall
36	Deutscher Gewerkschaftsbund (DGB)

Quelle: Wochenschau Verlag, nach: Capital Nr. 22 vom 14.10.2004

MATERIAL 1

BUND – Pro Tempolimit

Tempolimit einführen! Ist es wirklich „Freiheit", mit Tempo 200 über die Autobahn zu rasen? Die Raserei treibt nicht nur die Unfallstatistik nach oben, sondern trägt auch mit zum Klimawandel bei. Dabei liegt die Lösung so nah: Die Einführung eines generellen Tempolimits würde gleich mehrere Probleme lösen.

CO_2-Ausstoß sinkt: Würde auf deutschen Autobahnen ab morgen ein Tempolimit von 120 km/h gelten, blieben der Atmosphäre bis 2020 mehr als vierzig Millionen Tonnen CO_2 erspart. Ein wichtiger Schritt, um das von der EU-Kommission anvisierte Ziel, bis 2020 die durchschnittlichen Flottenwerte für Neuwagen auf 95 Gramm CO_2 pro Kilometer zu senken, noch zu erreichen.

„Abrüstung" der Pkw-Flotte wird gefördert: Die Einführung von Tempolimits kann wesentlich zur Entwicklung effizienterer Motoren und Sprit sparender Autos beitragen. Statt superschnelle und extrem schwere Neuwagen zu konstruieren, würden die deutschen Autohersteller motiviert, ab sofort leichte und sparsame Pkw zu bauen. Eine Gewichtsreduzierung um 100 Kilogramm vermindert den Spritverbrauch eines Pkw um etwa einen Liter. Die entsprechenden CO_2-Emissionen sinken um rund 20 Gramm pro Kilometer.

Verkehr fließt besser: Ein generelles Tempolimit sorgt für gleichmäßigere Fahrtgeschwindigkeiten und verbessert so die Durchlässigkeit des Straßennetzes. Dadurch entfällt der Zwang zum Ausbau der bestehenden Straßen und Milliardenbeträge können gespart werden.

Sicherheit steigt: Untersuchungen haben bestätigt: Die Begrenzung der Höchstgeschwindigkeit verringert die Zahl schwerer und tödlicher Unfälle auf Autobahnen und Landstraßen um rund ein Drittel. […] Über kurz oder lang muss das Tempolimit kommen, denn weder der Klimawandel noch die jährlichen Verkehrstoten können auf Dauer ignoriert werden. Nicht zu vergessen – und das dürfte besonders für Politiker interessant sein: Die Mehrheit der Bevölkerung ist für die Einführung eines generellen Tempolimits.

Quelle: Bund für Umwelt und Naturschutz Deutschland (BUND), Berlin 2008, im Internet abrufbar unter: www.bund.net/index.php?id=906net/index.php?id=906; Zugriff am 11.3.2013 (Zahlen in Zeile 13f. aktualisiert)

MATERIAL 2

VDA – Kontra Tempolimit

Tempolimit hätte keinen spürbaren Klimaeffekt: […] Das Bundesumweltamt schätzt die CO_2-Einsparung bei einem km/h-Limit auf lediglich 2% der CO_2-Emissionen des Straßenverkehrs, d. h. auf 0,3% der deutschen CO_2-Emissionen insgesamt. […] Durch einen bedarfsgerechten Infrastrukturausbau hingegen, der für eine Verflüssigung des Verkehrs sorgt und Stau und Stop-and-go-Verkehre im deutschen Straßennetz abbaut, könnten deutlich höhere CO_2-Minderungen erzielt werden.

Autobahnen sind die sichersten Straßen […], da sie keinen Gegenverkehr und keinen Querverkehr aufweisen. Folglich kann man dort auch ohne Sicherheitsrisiko höhere Geschwindigkeiten fahren. […]

Trend in anderen Ländern geht zur Lockerung von Tempolimits: […] So hat Dänemark sein Tempolimit von 110 km/h auf 130 km/h auf allen Autobahnen heraufgesetzt. Italien setzte 2003 sein Tempolimit auf sechsspurigen Autobahnen von 130 km/h auf 150 km/h herauf. Auch die schwedische Regierung hat jetzt eine Anhebung des Tempolimits auf ausgewählten Streckenabschnitten […] beschlossen.

Beschäftigung und Wachstum: Mit seinen hohen Lohnkosten ist Deutschland mehr als alle anderen Länder darauf angewiesen, auf dem Weltmarkt nicht den Preiswettbewerb, sondern den Qualifikationswettbewerb zu suchen. […] Dabei spielt für die deutsche Automobilindustrie die Produktion im Premiumsegment, d. h. von Fahrzeugen, bei denen der technische Leistungsstandard signifikant über dem durchschnittlichen Niveau des Pkw-Marktes liegt – auch und gerade in der Sicherheitstechnologie – eine wichtige Rolle. Die Exporterfolge deutscher Fahrzeuge auf dem Weltmarkt können aber nicht losgelöst betrachtet werden von den Rahmenbedingungen in Deutschland. Denn diese haben auch Auswirkungen auf das Image deutscher Produkte im Ausland. Das Siegel des „Autobahn-tested" […] trägt so […] zum Glanz von „Made in Germany" bei und stärkt damit die deutschen Exporterfolge. […]

Quelle: Verband der Automobilindustrie (VDA), Fakten gegen ein generelles Tempolimit auf deutschen Autobahnen, Frankfurt/ Main 2007, S. 3, 7, 14, 17

➠ Querverweis: S. 50

MATERIAL

Greenpeace: Deutschland und Bayern ignorieren Waldschutz 3

Greenpeace hat heute bei der Europäischen Union neues Beweismaterial zur laufenden EU-Beschwerde aufgrund mangelnden Waldschutzes vorgelegt. Die unabhängige Umweltschutzorganisation reichte Karten ein, die die Verschlechterung des durch Europarecht geschützten Buchenwalds im bayerischen Spessart belegen. Greenpeace hatte im April 2012 Beschwerde gegen Deutschland eingereicht, da die Bayerischen Staatsforsten (BaySF) unter ihrem Vorstandsvorsitzenden Dr. Rudolf Freidhager das EU-Naturschutzrecht missachten.

Die Regierung hatte die EU-Kommission gebeten, die Frist für eine Stellungnahme vom 31. Dezember 2012 auf den 28. Februar 2013 zu verlängern. „Der Vorstand der Bayerischen Staatsforsten (BaySF) industrialisiert die öffentlichen Wälder und die Regierung Seehofer schaut tatenlos zu. Dieses widerrechtliche Treiben muss gestoppt werden", fordert Martin Kaiser, Klima- und Waldexperte von Greenpeace. [...]
Das Gebiet „Hochspessart" ist durch die sogenannte Flora-Fauna-Habitat-Richtlinie (FFH) geschützt. Dort haben Greenpeace-Aktivisten in den vergangenen Monaten eine deutliche Verschlechterung des Waldes festgestellt, die nun anhand der eingereichten Dokumente belegt wird. In dem 560 Hektar großen Gebiet rund um den Berg „Hoher Knuck", der zudem als Naturwaldreservat ausgewiesen ist, wurde intensiv eingeschlagen, um dort Eichenmonokulturen anzulegen. Weiter argumentiert Greenpeace, dass durch das Pflanzen von Douglasien in angrenzenden alten Buchenwäldern diese immer weiter verdrängt werden – und das in einem europaweit einmalig alten und geschützten Buchenwaldgebiet. [...] Zudem stellte Greenpeace fest, dass in dem Gebiet lediglich 49 für den Naturschutz besonders wichtige Biotopbäume durch die BaySF markiert wurden. Greenpeace dagegen entdeckte zusätzlich 76 Biotopbäume. Allein 87 alte Bäume wurden in dem 184-jährigen Buchenwald gefällt und von Greenpeace einzeln dokumentiert.

Künstliches Einbringen der Douglasie (amerikanische Lerchenart, vorn) in den über 180-jährigen Buchenwald

„Der BaySF-Vorstand lässt ohne Not in einer der wichtigsten Brutstätten für Spechte, Dohlen und Fledermäuse Holz einschlagen", sagt Kaiser. Greenpeace hat auch die Wiedervernadelung von Nadelbäumen im Nordspessart sowie die Verwahrlosung von teuren Eichensaatflächen dokumentiert und jetzt nach Brüssel geschickt. Greenpeace kritisiert, dass ausgerechnet in einem der größten FFH-Gebiete mit dem schutzwürdigen Lebensraumtyp „Hainsimsen-Buchenwälder" nach Kahlschlägen in alten Buchenwäldern Eichen gepflanzt werden.

Quelle: Sara Westerhaus: EU-Beschwerde: Deutschland ignoriert Waldschutz, www.greenpeace.de/themen/waelder/nachrichten/artikel/eu_beschwerde_deutschland_ignoriert_waldschutz vom 6. 2. 2013; Zugriff am 18. 2. 2013

1. Arbeiten Sie die gegensätzlichen Standpunkte der Verbände zum Tempolimit heraus (M 1, M 2). Beziehen Sie persönlich im Klassenverband Stellung.
2. Überlegen Sie, auf welche der beiden Seiten (M 1, M 2) sich die auf S. 65 angeführten Verbände wohl stellen, und suchen Sie nach Erklärungen.
3. Arbeiten Sie anhand von M 3 die Kritik von Greenpeace am deutschen und bayerischen Waldschutz heraus.
4. Erwägen Sie Mittel und Möglichkeiten für den VDA einerseits (M 2) und für Greenpeace andererseits (M 3), die eigenen Ziele durchzusetzen.

3.2 Lobbyismus

Zeichnung: Burkhard Fritsche

Begriffserklärung Der englische Begriff „Lobby" bezeichnet die Vor- oder Wandelhalle im Parlament (ursprünglich im britischen Unterhaus), wo sich die Abgeordneten mit Außenstehenden austauschen und mit ihnen verhandeln können. In den USA entstand daraus der Begriff des „Lobbying". Lobbyisten – oder anders ausgedrückt: Vertreter von Interessengruppen (engl.: pressure groups) – haben die Aufgabe, Volksvertreter auf informellem Weg und in ihrem Sinne zu beeinflussen.

Lobbyismus und Parlament In der Praxis finden solche Austausche zwischen Lobbyisten und Parlamentarien regelmäßig statt. Dabei liefert die eine Seite Unterlagen, Expertenwissen und Argumentationshilfen, die andere informiert über parlamentarische Entwicklungen. Zwar sind viele Landtags- und Bundestagsabgeordnete zugleich Mitglieder in Verbänden. Ein einzelner Interessenverband hat aber nur geringe Möglichkeiten, die Mehrheit der Abgeordneten hinter sich zu scharen. Dies liegt auch in der arbeitsteiligen Struktur des Parlaments begründet: Die verschiedenen Ausschüsse und Arbeitsgruppen nehmen dort auf spezielle Verbandsinteressen wenig Rücksicht und machen sich in der Regel ein eigenes Bild.

Lobbyismus und Regierung Lobbyisten versuchen, neben den Parlamenten auch die Regierung zu beeinflussen, da die Ministerialbürokratie ebenso Gesetzesvorhaben vorbereitet und anstößt. Eine enge Beziehung existiert z. B. zwischen Unternehmensverbänden und Wirtschaftsministerium, zwischen Gewerkschaften und Arbeitsministerium sowie zwischen Bauernverband und Landwirtschaftsministerium. Die Mehrheit der Ministerialbeamten ist Mitglied eines Verbands. Berufspolitiker nehmen nach Ausscheiden aus dem Amt gern Funktionen in Politikberatungen wahr. Ihr Bekanntheitsgrad und ihr Netzwerk an Kontakten macht sie für eine Tätigkeit als Lobbyist interessant.

Lobbyismus und Medien Lobbyisten haben die Möglichkeit, über Medien Öffentlichkeitsarbeit (engl.: public relations; kurz: PR) zu betreiben. Viele verbandseigene Zeitschriften erreichen deshalb nicht selten eine Auflage von mehreren Millionen Exemplaren. Die Kontaktpflege zu

Journalisten dient dazu, mithilfe von Zeitungs-, Fernseh- und Radiointerviews Interessen letztlich erfolgreich durchzusetzen. Daneben werden andere Möglichkeiten wie Pressekonferenzen und selbstverständlich Internetauftritte zur Darstellung genutzt.

Lobbyismus in Deutschland und den USA

In Deutschland hat Lobbyismus einen schlechten Ruf. Anders hingegen wird Interessenpolitik in den USA eingestuft: Politische Entscheidungen zu beeinflussen, Macht und Druck auszuüben – dies findet dort breite Akzeptanz. Nicht zu Unrecht gelten die USA auch als „Mutterland des Lobbyismus". Im parlamentarischen System der Bundesrepublik war der Lobbyismus vor dem Umzug des Bundestags nach Berlin im Jahr 1999 lange Zeit nicht sonderlich stark ausgeprägt. Zwischenzeitlich aber verstehen sich Lobbyisten mehr und mehr als professionelle Berater. Die Zahl der Lobbyisten in Deutschland hat sich deshalb in den letzten Jahren deutlich erhöht.

Deutschland, ein Verbändestaat?

Debatten über „Reformstau" und „schwieriges Regieren" führten zu einem Ausbau des Beraterwesens, und noch immer sind die umfangreichen Reformen im Arbeits- und Sozialwesen von einem beträchtlichen Beraterstab begleitet. Die Entscheidungsvorbereitung durch Expertenkommissionen wird zwar häufig als Teil einer allgemeinen Tendenz zur Entparlamentarisierung kritisiert. Allerdings haben Parlament und Regierung nach wie vor die politische Entscheidungsverantwortung zu tragen. Von einem Verbändestaat zu sprechen, wäre daher übertrieben.

Lobbyismus in der Europäischen Union

Eine neue Entwicklung zeigt sich durch die Europäisierung der nationalen Politik. Viele Fragen, die z. B. deutsche Unternehmer unmittelbar betreffen, werden in Brüssel entschieden. Die dortige Gesetzgebung hat Einfluss auf alle Mitgliedstaaten der Europäischen Union. Die von den Verbänden wahrzunehmenden Interessen sind hier breiter und vielschichtiger als auf der nationalen Ebene. Lobbyisten gehen auf die europäischen Institutionen offen und direkt zu. Viele Unternehmens- und Bauernverbände, Gewerkschaftsvertretungen oder Beratungsfirmen haben sich in den letzten Jahren eine Niederlassung, ein eigenes „Lobby-Büro", in Brüssel aufgebaut. Ganze Anwaltsfirmen haben sich auf das Europa-Recht spezialisiert. Aus allen EU-Mitgliedstaaten bringen Interessenvertreter so ihre Expertise ein. Ohne diesen Sachverstand wäre der europäische Gesetzgebungsprozess nicht zu bewältigen.

Lobbyismus in den internationalen Beziehungen

Lobbyismus spielt sich aber auch in einem noch größeren Rahmen ab: Konferenzen der Vereinten Nationen (UNO), der Welthandelsorganisation (WTO) oder der Weltbank erfordern Interessenvertretung, wenn es um Umweltschutz, Menschenrechte oder Arbeitnehmerrechte weltweit geht. Außenpolitik und internationale Beziehungen lagen früher allein in den Händen staatlicher Diplomatie – heute mischen sich darin Verbände verschiedener Länder, die untereinander in Beziehung stehen.

Lobbyismus und Demokratie

Lobbyismus steht im Spannungsfeld zwischen legitimer Einflussnahme und möglicher Gefährdung demokratischer Grundprinzipien, denn in manchen Fällen kann er zu Korruption führen. Immer wieder bemüht sich die Politik deshalb, dieses Problem zu beheben. So sind Mitglieder der EU-Kommission beispielsweise verpflichtet, Geschenke ab einem bestimmten Geldwert der Öffentlichkeit mitzuteilen. Allerdings üben die Interessenvertreter nach wie vor eine wichtige Funktion aus. Der Lobbyismus „regiert" in gewisser Weise „mit". Gefährlich ist das nicht, solange die nationale und internationale Öffentlichkeit Einblicke in die Verbandsaktivitäten bekommt. Diese „Vermittlungsfunktion" zwischen Lobbyisten und Bürgern kommt hauptsächlich den Medien zu.

MATERIAL
1 Adressaten und Methoden des Verbandseinflusses

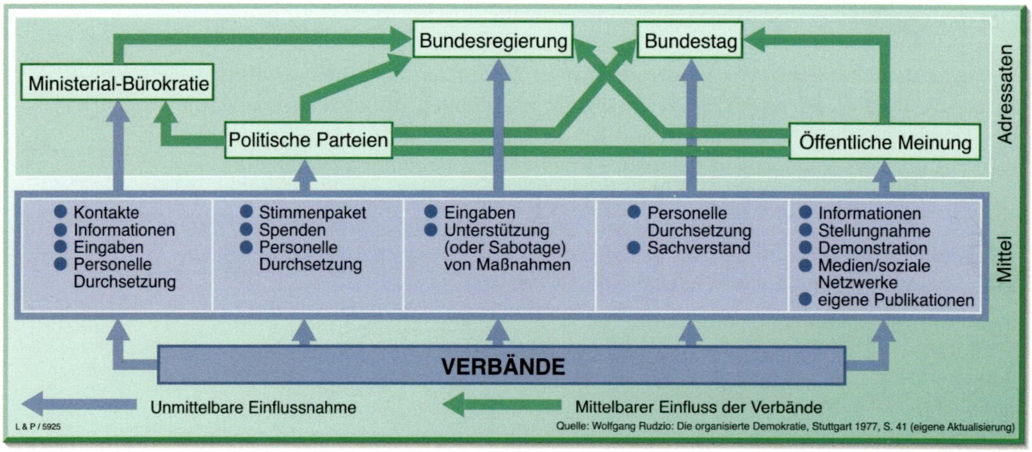

MATERIAL
2 Lobbyismus als Schattenpolitik

Für uns gehört Lobbyismus zur Schattenpolitik – allerdings nicht im Sinne eines harten Schlagschattens zwischen blendender Sonne und dunkler Verschattung. Wir nutzen diese Metapher vielmehr im Sinne vielfältiger Abschattierungen. Ähnlich wird der Begriff Schattenwirtschaft benutzt. Diese reicht von honoriger ehrenamtlicher Tätigkeit über eine große Grauzone der Nachbarschaftshilfe und der Handwerksleistung „ohne Rechnung" bis zur klar illegalen Schwarzarbeit in Unternehmen, wo professionelle Vermittlerringe an organisierte Kriminalität grenzen. Auch Lobbyismus spielt sich einerseits im Hellfeld legitimer Interessen und Formen der Willensbildung ab, reicht aber bis in den Bereich des Dunkelfeldes von Nötigung, Erpressung und Korruption. [...]
Persönliche Kontakte zu allen wesentlichen politischen Entscheidungsträgern in Parlament, Regierung, Parteien und Medien sind für die Lobbyisten notwendig. Das gilt auch für die Werbe- und Informationskampagnen in eigenen Verlautbarungen (free media) und finanzierten Anzeigen, Sponsoring oder anderen Aktionen (paid media) – von der Presseerklärung bis zum Großkongress. Auch wenn dadurch Beziehungsnetzwerke – wir kennen und helfen uns – entstehen, sind diese keineswegs per se verwerflich. Es ist nur allzu menschlich, auf Bekannte, die man einschätzen kann, auf die man sich verlassen kann, zurückzugreifen.
Vertrauen ist in der Tat ein Kapital, das bei jeglichen menschlichen Beziehungen eine tragende Rolle spielt, so auch in der Politik. Gefahr besteht jedoch im Missbrauch solcher Netzwerke. [...] Bürger und Wähler [...] müssen im öffentlichen Meinungskampf wissen, wer sie informieren oder manipulieren will. Ein Transparenzgebot fördert die Rolle der Zivilgesellschaft. [...]

Quelle: Ulrich von Alemann/Florian Eckert: Lobbyismus als Schattenpolitik, in: Aus Politik und Zeitgeschichte, B 15–16/2006, S. 3–10

1. Erklären Sie die Aussagen der Grafik mit eigenen Worten (M 1).
2. Konkretisieren Sie die Aussagen der Grafik anhand eines der Verbände auf S. 66/67.

MATERIAL
Karikatur 3

Zeichnung: Gerhard Mester

MATERIAL
Gemeinwohl im Pluralismus 4

Das vielleicht schicksalsschwerste politische Strukturproblem unserer Periode besteht darin, [...] den Tendenzen zur Errichtung eines totalen Staates ausreichend wirksam Widerstand entgegenzusetzen. Allen Widerständen zum Trotz muss darauf bestanden werden, dass das allein wirksame Palliativmittel[1] gegen diese Gefahr in dem Auf- und Ausbau ausreichend akzentuierter, gesamtpolitisch verantwortungsbereiter und verantwortungsbewusster autonomer Gruppen und Parteien zu suchen ist, denen die Aufgabe zufällt, [...] eine Freiheit garantierende Funktion auszuüben. [...]

Die Gretchenfrage einer jeden pluralistischen Demokratie lautet, wie trotz der Anerkennung von kollektiv geltend zu machenden Partikularinteressen ein Gemeinwille gebildet und das Gemeinwohl gefördert werden kann. Das kennzeichnende Merkmal einer pluralistisch organisierten Demokratie ist darin zu erblicken, dass sie das bonum commune [Gemeinwohl; d. Red.] durch den Ausgleich der Gruppeninteressen im Rahmen des Staates unter Beachtung der Minimalerfordernisse einer allgemeingültigen Wertordnung zu erreichen bestrebt ist. [...]

Die Anerkennung eines allgemeingültigen Wertkodex ist unerlässlich, um dem demokratischen Staat die ihm obliegende Funktion zu ermöglichen, stets dann regulierend einzugreifen, wenn keine Gewähr dafür besteht, dass aus dem Parallelogramm der ökonomischen, sozialen und politischen Kräfte eine Resultante hervorgeht, die den Minimalerfordernissen einer wirtschaftlich tragbaren und sozial erträglichen Lösung der anstehenden Probleme entspricht.

[1] Linderungsmittel

Quelle: Ernst Fraenkel: Gesammelte Schriften. Band 5: Demokratie und Pluralismus, hrsg. v. A. v. Brünneck, Baden-Baden 2007, S. 337 f., 340

1. Arbeiten Sie anhand von M 2 und der Doppelseite 68/69 den Zusammenhang zwischen Lobbyismus und Schattenpolitik heraus. Versuchen Sie anschließend – auf Grundlage des bisher Gelernten –, Verbände von Parteien abzugrenzen.
2. Fassen Sie den Text Ernst Fraenkels thesenartig zusammen (M 4).
3. Beschreiben Sie die Karikatur (M 3) und erörtern Sie, welche Chancen und Risiken sich mit einem starken Verbändepluralismus ergeben.

Entwicklung eines Szenarios

Ein Szenario bietet einen in sich schlüssigen Ausblick darauf, wie sich die Zukunft möglicherweise entwickeln kann. Die Entwicklung eines Szenarios erfordert nicht nur Phantasie und Vorstellungskraft, sondern setzt fundiertes Fachwissen voraus. Nur so wird gewährleistet, dass ein Szenario in sich stimmig und widerspruchsfrei ist. Szenario-Vorstellungen können kurz-, mittel- oder langfristig diskutiert werden. Sie müssen dabei nicht theoretischer Natur bleiben: Professionell entwickelte Szenarien, z. B. im Auftrag von Regierungen, beschreiben, was im Ernstfall einer Katastrophe zu tun ist. Das Szenario eines Terroranschlags auf Großstädte etwa wird von Sicherheitsexperten nicht erst seit dem 11. September 2001 „durchgespielt". Ein Szenario kann in folgenden Phasen entwickelt werden:

1. Fundierungsphase: Sie sammeln Informationen, um die Ist-Situation genau kennenzulernen. Sie dient als Ausgangsbasis für ein Zukunftsszenario, aber auch für das Szenario einer alternativen geschichtlichen Entwicklung. Nur Szenarien, die sich auf sorgfältige Analysen stützen, sind fundiert. Sie sind mit hoher Wahrscheinlichkeit plausibel, weshalb sie – wenn sie bestimmte Fragen aufwerfen – ernst genommen werden. Am Beginn steht die sorgfältige Datenanalyse und Literaturauswertung bereits veröffentlichten Materials zum Ist-Stand. Hinzu kommen die Befragung von Experten (siehe S. 164), zusätzlich können Umfragen mit größeren Personengruppen durchgeführt werden.

2. Analytische bzw. Kritikphase: Eine sorgfältige Analyse und Systematisierung der gesammelten Informationen, z. B. mithilfe einer Mind-Map, ist für die Entwicklung des Szenarios von entscheidender Bedeutung. Folgende Fragen helfen bei der Sichtung und Sortierung des Materials:
- Welche der gesammelten Informationen brauche ich, um mein Szenario zu entwickeln?
- Welche Auswirkungen hätte ein Szenario für die mittel- oder unmittelbar betroffenen Menschen, Regionen, Staaten oder die Welt insgesamt?
- Welche aktuellen oder vergangenen Diskussionen, Sachverhalte und Ereignisse machen die Auseinandersetzung mit meinem Thema sinnvoll?

3. Konstruktionsphase: Es ist wichtig, nicht „wünschenswerte", sondern *„plausible"* Szenarien zu entwickeln. Weitere Kriterien sind *innere Schlüssigkeit*, *Infragestellung gängiger Annahmen* und *Attraktivität für die Zielgruppe*. Nach der Entwicklung des Szenarios erfolgt die erneute Überprüfung auf Plausibilität und Schlüssigkeit. Erst nach der Überarbeitung und Optimierung Ihres Konzepts ist Ihr Szenario bereit für eine Präsentation.

Kulisse aus der Verfilmung von George Orwells Roman „1984" (USA 1955; Regie: Michael Anderson)

Beispiel: „Nineteen Eighty-Four": Der 1948 entstandene und später mehrfach verfilmte Roman des britischen Schriftstellers und Journalisten George Orwell (1903–1950) zeichnet das Bild eines fiktiven totalitären Staates im Jahr 1984. Ein bizarrer Personenkult um die Staatsmacht, die ständige Überwachung durch eine brutale Gedankenpolizei, das Verbot der Meinungsfreiheit und ein ausgeprägtes Spitzelwesen prägen das Leben der Menschen in dieser bedrückenden Zukunftsvision. Die Hauptfigur Winston Smith will sich ein staatsfreies Privatleben bewahren und provoziert so die gewaltsame Gegenreaktion der politischen Führung.

Verfassen eines Zeitungskommentars

Im Journalismus dient der Kommentar – ähnlich wie die Glosse – der Meinungsbildung. Das Gegenstück zum Kommentar bilden die faktenorientierten Textsorten, z. B. die Meldung, der Bericht oder das Interview. Der Kommentar ist in den Printmedien optisch hervorgehoben und weist stets den Namen des Autors oder der Autorin auf. Die besondere Bedeutung eines Zeitungskommentars liegt dabei auch in seiner Regelmäßigkeit: Er ist in jeder Ausgabe der Zeitung enthalten, Tag für Tag, Woche für Woche.

Der Kommentar verlässt die Ebene des Faktenwissens und begibt sich auf die Ebene der Meinung. Kommentare sind sozusagen „Ansichtssache". Während der Kommentar also über mögliche Folgen einer politischen Maßnahme spekulieren darf, kann der Hintergrundbericht lediglich mitteilen, was in bestimmten Kreisen von Politik, Wirtschaft und Gesellschaft diskutiert wird. Der Kommentar darf Problemlösungen bewerten und empfehlen, sie kritisieren oder ablehnen; der Hintergrundbericht kann lediglich darstellen, welche Personen oder Institutionen aus bestimmten Gründen etwas empfehlen oder ablehnen. Anders als der Hintergrundbericht kann der Kommentar auch einen scheinbar unwichtigen Nebenaspekt eines Themas aufgreifen und breit behandeln. Folgende Schritte können beim Verfassen eines Kommentars hilfreich sein:

Schritt 1: Fragen Sie sachlich nach einem aktuellen Thema!
- Welches öffentlich diskutierte Thema interessiert Sie persönlich?
- Weckt das Thema Neugierde oder Emotionen und eignet es sich für eine Meinungsbildung?
- Recherchieren Sie zu diesem Thema Informationen in unterschiedlichen Zeitungen bzw. im Hörfunk, Fernsehen oder Internet.
- Stellen Sie mögliche Pro- und Kontra-Argumente zusammen.

Schritt 2: Ergreifen Sie Partei!
- Welche persönliche Meinung haben Sie nach Ihrer Medienrecherche zu dem von Ihnen gewählten Thema?
- Finden Sie Beispiele, die Ihre Meinung zum Thema stützen.
- Prüfen und vertreten Sie Ihren Standpunkt, beispielsweise im Gespräch mit Ihren Eltern, Großeltern, Geschwistern oder Freunden.

Schritt 3: Formulieren Sie einen schriftlichen Kommentar!
- Entwickeln Sie eine klare Struktur für Ihren Kommentar (Einleitung/Frage oder These/ Argumentation/Zusammenfassung).
- Verwenden Sie rhetorische Mittel (Metaphern, Personifikationen, Vergleiche etc.), um Ihren Kommentar von einem nachrichtlichen Text abzugrenzen und eine rein berichtende Darstellung zu vermeiden.
- Finden Sie eine passende und einprägsame Überschrift.
- Beim konkreten Aufbau Ihres Kommentars können Sie folgendermaßen vorgehen:
  1. Erläutern Sie die Wichtigkeit des Themas.
  2. Interpretieren Sie die Bedeutung des Themas und formulieren Sie ihre zentrale These.
  3. Machen Sie den Leser/die Leserin mit den Hintergründen vertraut und erklären Sie Ihre These.
  4. Wägen Sie unterschiedliche Auffassungen und Standpunkte ab.
  5. Verhelfen Sie dem Leser/der Leserin dazu, sich selbst ein abgerundetes Bild von dem Thema zu machen.

4. Plebiszitäre Mitwirkungsmöglichkeiten in Bayern

4.1 Die Landesebene – Volksbegehren und Volksentscheid

„Die Gesetzesvorlagen werden vom Ministerpräsidenten namens der Staatsregierung, aus der Mitte des Landtags oder vom Volk (Volksbegehren) eingebracht." *(Art. 71 BV)*

„Die Gesetze werden vom Landtag oder vom Volk (Volksentscheid) beschlossen." *(Art. 72 Abs. 1 BV)*

Volksbegehren in der Weimarer Republik

Volksentscheid und Bayerische Verfassung

In der Weimarer Republik hatten republikfeindliche Parteien Volksbegehren zu Propagandazwecken missbraucht (z. B. beim Volksbegehren gegen den Young-Plan am 22. Dezember 1929). Vor dem Hintergrund dieser negativen Erfahrung verzichteten die Väter und Mütter des Grundgesetzes auf plebiszitäre Elemente in der Verfassung der Bundesrepublik Deutschland. Anders hingegen die Verfassungsgebende Landesversammlung in Bayern: Nicht nur wurden die Instrumentarien Volksbegehren und Volksentscheid in der Bayerischen Verfassung (BV) verankert, sondern die Verfassung selbst wurde am 1. Dezember 1946 in einem Volksentscheid zur Abstimmung gestellt und dabei von mehr als 70 Prozent der wahlberechtigten Bevölkerung angenommen. Soll die Verfassung geändert werden, müssen die Vorschläge des Bayerischen Landtags seither stets durch das Volk in einem Volksentscheid bestätigt werden. Von 1967 an gab es in Bayern bislang 19 Volksbegehren, z. B. zu den Themen Studiengebühren oder gymnasiale Schulzeit, und 14 Volksentscheide (Stand 1. Sept. 2013). Es sollte allerdings bis 1991 dauern, dass das Volk mittels eines Volksentscheids als Gesetzgeber tätig wurde.

MATERIAL

1 Stimmzettel zum Volksentscheid „Nichtraucherschutzgesetz"

STIMMZETTEL

für den VOLKSENTSCHEID am 4. Juli 2010

Stimmen Sie dem nachfolgend abgedruckten Gesetzentwurf des Volksbegehrens „Für echten Nichtraucherschutz!" zu?

◯ **Ja**	◯ **Nein**

Hinweis:
Mit **„Ja"** stimmen Sie für den **Gesetzentwurf des Volksbegehrens**, mit **„Nein"** für die Beibehaltung der **geltenden Regelungen** zum Nichtraucherschutz.

Bitte **falten** Sie den Stimmzettel so, dass Ihre **Stimmabgabe verdeckt** ist.

L & P / 5926

MATERIAL

Der Weg über das Volksbegehren zum Volksentscheid 2

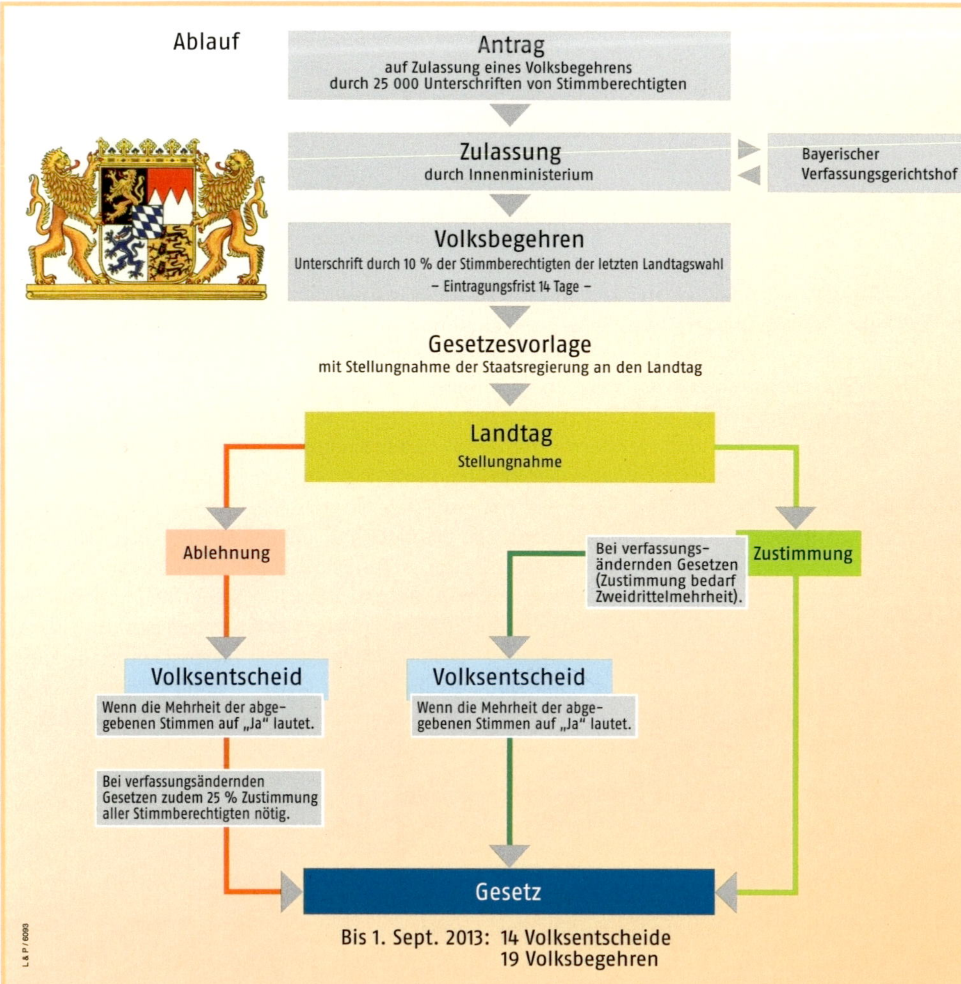

Aus: Bayerisches Staatsministerium des Inneren; online abrufbar unter http://www.stmi.bayern.de/buerger/wahlen/volksbegehren/; Zugriff im März 2013

1. Erläutern Sie mithilfe des Schaubilds M 2, welche Verfassungsorgane in Bayern am Gesetzgebungsverfahren beteiligt sind.
2. Beschreiben Sie anhand eines selbst gewählten Beispiels die Hürden, die die Gesetzesidee eines Bürgers nehmen muss, bevor sie als bayerisches Gesetz in Kraft treten kann.
3. Diskutieren Sie im Klassenverband Vorschläge für Volksbegehren bzw. Volksentscheide, die aus der Sicht bayerischer Jugendlicher angestoßen werden sollten.
4. Gestalten Sie im Anschluss Stimmzettel wie in M 1 und führen Sie Ihre Modell-Volksentscheide in Ihrer Klasse oder der Jahrgangsstufe durch.

4.2 Die kommunale Ebene – Bürgerbegehren und Bürgerentscheid

„Der Staatsbürger übt seine Rechte aus durch Teilnahme an Wahlen, Bürgerbegehren und Bürgerentscheiden sowie Volksbegehren und Volksentscheiden." *(Art. 7 Abs. 2 BV)*

„Die Staatsbürger haben das Recht, Angelegenheiten des eigenen Wirkungskreises der Gemeinden und Landkreise durch Bürgerbegehren und Bürgerentscheid zu regeln." *(Art. 12 Abs. 3 BV)*

Bayerns direktdemokratische Elemente im bundesweiten Vergleich

Während Bayern mit seinen direktdemokratischen Elementen auf Landesebene bis heute eine Vorreiterrolle im Bund einnimmt, waren bei der Beteiligung der Bürger an politischen Entscheidungen auf kommunaler Ebene andere Bundesländer fortschrittlicher. Im Nachbarland Baden-Württemberg beispielsweise wurden Bürgerbegehren und -entscheide bereits 1956 eingeführt. In Bayern setzte sich – wie auch in den meisten anderen Bundesländern – der Gedanke der direkten Demokratie auf kommunaler Ebene erst nach der Wiedervereinigung durch.

Bayern auf Platz 1

Angestoßen durch ein Volksbegehren erfolgte 1995 schließlich die gesetzliche Umsetzung: Nach einem Volksentscheid, der am 1. Oktober 1995 mit 57,8 Prozent der abgegebenen Stimmen angenommen wurde, trat das Gesetz über den kommunalen Bürgerentscheid am 1. November des gleichen Jahres in Kraft. In den ersten 15 Jahren seit der Einführung wurden etwa 1700 Bürgerbegehren in bayerischen Kommunen und Landkreisen initiiert. Ca. 1000 von ihnen mündeten in einen Bürgerentscheid. Damit nimmt der Freistaat beim Bürgerbegehren bundesweit den ersten Platz ein.

Bürgerentscheid und Volksentscheid

Während sich beim Volksentscheid die Anträge des Landtags und der Initiatoren des Volksentscheids gegenüberstehen, konkurrieren auf kommunaler Ebene der Gemeinderat und die Initiatoren des Bürgerentscheids um die Stimmen der Bürger. Die Erfolgschancen eines Bürgerentscheids liegen bei etwa 50 Prozent. Die Wahlbeteiligung bei kommunalen Bürgerentscheiden liegt im Schnitt bei 50 Prozent. Dabei gilt die Faustregel: Je kleiner die Gemeinde, desto höher die Wahlbeteiligung.

MATERIAL

1 Themenschwerpunkte bayerischer Bürgerbegehren (1995 – 2012)

Themenschwerpunkte	*Anteil*
Verkehr	22 Prozent
Wirtschaft	18 Prozent
Soziales/Bildung	13 Prozent
Infrastruktur/Versorgung	12 Prozent
andere	35 Prozent

Nach der Quelle: Otmar Jung, Bürgerbegehren und Bürgerentscheid, in: Historisches Lexikon Bayerns, www.historisches-lexikon-bayerns.de/artikel/artikel_45963 vom 20. 11. 2012; Zugriff am 7. 2. 2013

MATERIAL
2 Sieben Schritte zum Bürgerentscheid

1. **Prüfung**, ob die zu entscheidende Sache in die **Kompetenz** der betreffenden Gemeinde, Stadt oder des Landkreises fällt. Falls dies nicht der Fall ist, wäre der Bürgerentscheid unzulässig.
2. **Formulierung** der betreffenden Sache zu einer Frage, die mit „Ja" oder „Nein" beantwortet werden kann.
3. **Erstellen einer Unterschriftenliste** für das Bürgerbegehren. Darin müssen die Fragestellung, die Begründung für das Bürgerbegehren und die Namen von drei Vertretern oder Vertreterinnen für das Begehren enthalten sein.
4. Nun müssen 3 bis 10 Prozent der Gemeindebürger (abhängig von der Gemeindegröße) auf der **Liste unterschreiben.**
5. Sind genügend Unterschriften gesammelt, wird beim 1. Bürgermeister oder beim Landrat der **Antrag auf Durchführung** eines Bürgerentscheids gestellt.
6. Nun müssen Gemeinde- oder Kreistag über die **Zulässigkeit** des Bürgerbegehrens **entscheiden:** Lehnt das zuständige Gremium ab, können die Initiatoren entweder gegen die Entscheidung klagen oder den Antrag neu formulieren.
7. Wird das Bürgerbegehren angenommen, muss der **Bürgerentscheid** innerhalb von drei Monaten nach Zulassung **durchgeführt** werden. Im Stimmzettel muss wieder mit „Ja" oder „Nein" geantwortet werden. Wenn genügend Wahlberechtigte an der Abstimmung teilnehmen und der Entscheid von über der Hälfte der Abstimmenden unterstützt wird, gilt der **Bürgerentscheid** als **angenommen.**

Nach der Quelle: „Zehn Jahre Bürgerbegehren", in: Bayerischer Rundfunk, www.br-online.de; Zugriff am 31. 8. 2007

MATERIAL
„Eggenfeldener wollen keine Fischdose" 3

Die Bürger der niederbayerischen Stadt Eggenfelden haben ihr Urteil über die umstrittene „Fischdose" gesprochen. In einem Bürgerentscheid votierte die große Mehrheit gegen die Fischbrunnenskulptur des Künstlers Josef Michael Neustifter. Damit ist die monatelange Diskussion um das drei Meter hohe Kunstwerk vorerst einmal beendet.
Bei dem Bürgerentscheid stimmten 77,3 Prozent der Wähler gegen die Aufstellung der Fischbrunnenskulptur. Damit ist es einer Bürgerinitiative

gelungen, den Beschluss des Stadtrates zu kippen. Die Wahlbeteiligung lag bei 37,9 Prozent. Mit dem Künstler solle jetzt über ein anderes, „etwas konservativeres" Werk verhandelt werden, sagte der Eggenfeldener Bürgermeister Werner Schießl nach der Abstimmung.
Neustifter ist ein renommierter und angesehener Künstler. Aus seiner Werkstatt stammt unter anderem die sogenannte „Benedikt-Säule", eine Bronzeplastik, die vor dem Geburtshaus von Papst Benedikt XVI. in Marktl am Inn steht. [...]

Quelle: „Eggenfeldener wollen keine Fischdose", in: Bayerischer Rundfunk, www.br-online.de; Zugriff am 31. 8. 2007

1. Diskutieren Sie die Vor- und Nachteile eines Bürgerentscheids.
2. Suchen Sie eine Erklärung für die Prozentangaben in M 1.
3. Untersuchen Sie den Weg zum Bürgerentscheid (M 2) auf die Hürden, die Ihrer Meinung nach am schwersten zu nehmen sind.
4. Schildern Sie das Beispiel für einen Bürgerentscheid in M 3. Überlegen Sie anschließend im Klassenverband, wo es in Ihrer Gemeinde nach Ihrer Ansicht Entscheidungen des Gemeinderats gibt, die dem Willen der Bürger zuwiderlaufen.

Die Wahlen in der Bundesrepublik Deutschland basieren auf **fünf Wahlrechtsgrundsätzen:**

Allgemein: Alle Staatsbürger dürfen – frei von Diskriminierung – wählen.
Unmittelbar: Die Bürgerinnen und Bürger können direkt mit ihrer Stimme Einfluss ausüben, Kandidaten oder Parteien wählen.
Frei: Die Bürgerinnen und Bürger dürfen frei und ohne staatlichen Druck ihren Wahlzettel ausfüllen. Niemand wird gezwungen, wählen zu gehen.
Gleich: Jede Stimme zählt gleich, egal wer sie abgibt.
Geheim: Die Bürgerinnen und Bürger füllen den Stimmzettel unbeobachtet und unbeeinflusst in einer Wahlkabine aus.

Wahlsystem: Das Wahlsystem hat zwei Ausprägungen: die *Mehrheitswahl* und die *Verhältniswahl.* Mehrheitswahlen führen zu einer klaren Mehrheitsbildung im Parlament und damit oftmals zu Einparteienregierungen. Verhältniswahlen sollen hingegen möglichst genau die Wählerstimmen der Parteien in Parlamentsmandate umsetzen. Sie führen oftmals zu Koalitionsregierungen.

Personalisierte Verhältniswahl: Sie ist ein Wahlverfahren, das bei der Wahl zum Deutschen Bundestag angewandt wird. Es bringt Elemente der Mehrheitswahl in das Verhältniswahlsystem ein. Die 598 Sitze im deutschen Parlament werden je zur Hälfte über die *Erststimme* und die *Zweitstimme* vergeben. Mit der Erststimme wählt man einen Kandidaten aus dem Wahlkreis, in dem man wohnt. In Deutschland haben wir derzeit 299 Wahlkreise. Der Politiker, der in einem Wahlkreis die meisten Stimmen bekommt, hat ein *Direktmandat* errungen. Entscheidend für die Sitzverteilung im Bundestag ist aber die Zweitstimme, die die Wählerinnen und Wähler nicht einem Kandidaten, sondern einer Partei geben. Aus diesem Zweck gibt es in jedem Bundesland eigene Parteilisten. Die Zweitstimme entscheidet dann darüber, welche Partei wie viele Sitze erhält. Erhält eine Partei in einem Bundesland mehr Direktmandate, als ihr nach dem Ergebnis der Zweitstimmen zustehen, so darf sie diese zusätzlichen Mandate in den Bundestag einbringen. Der Bundestag wird dann allerdings so lange vergrößert, bis der Partei die entsprechende Anzahl an Sitzen zusteht. Ihre *„Überhangmandate"* werden also durch *Ausgleichsmandate* für die anderen Parteien vollständig neutralisiert.

Volksbegehren: Der Grundsatz der Volksgesetzgebung ist in der Bayerischen Verfassung niedergelegt. Für einen erfolgreichen *Antrag auf Zulassung* eines Volksbegehrens müssen mindestens *25 000 Unterschriften* gesammelt werden. Anschließend kommt es zu einem Volksbegehren, für dessen Erfolg innerhalb von 14 Tagen Unterschriften von mindestens *10 % der Stimmberechtigten* notwendig sind. Ist das Volksbegehren erfolgreich, wird die *Gesetzesvorlage* mit einer Stellungnahme der Staatsregierung an den Landtag geleitet.

Volksentscheid: Der Volksentscheid wirkt wie ein Gesetzgebungsbeschluss des Landtages. Bei der Behandlung eines rechtsgültigen *Volksbegehrens* kann der *Landtag* dem *Gesetzentwurf zustimmen,* dann entfällt der Volksentscheid. Bei verfassungsändernden Gesetzen bedarf die Zustimmung allerdings einer Zweidrittelmehrheit im Landtag, und es muss auf jeden Fall ein Volksentscheid stattfinden. Der *Landtag* kann den *Gesetzentwurf* aber auch *ablehnen* und ihn dem Volk zur Entscheidung vorlegen. *Ein Gesetzentwurf ist durch Volksentscheid angenommen, wenn er mehr gültige Ja- als Nein-Stimmen erhält.* Für den Fall, dass der Gesetzentwurf eine Verfassungsänderung beinhaltet, sind die Anforderungen höher: Die Ja-Stimmen müssen dann zudem mindestens 25 % der Stimmberechtigten entsprechen.

III. Grundzüge der politischen Ordnung in Deutschland

1. Die Verfassungsorgane im Überblick

Bundestag Der Bundestag ist das von der wahlberechtigten Bevölkerung gewählte Parlament in Deutschland und damit wie in allen demokratischen Staaten das oberste Organ der Gesetzgebung. Er wird alle vier Jahre neu gewählt und erfüllt neben den Beratungen und Abstimmungen über Gesetze weitere Funktionen. So werden im Bundestag aktuelle Ereignisse politisch relevanten Charakters diskutiert und Gedenkstunden abgehalten. Zu seinen Kernaufgaben aber gehören die Kontrolle der Regierung und die Wahl des Bundeskanzlers, wodurch Parlament und Regierung miteinander verzahnt werden. Den Vorsitz im Bundestag hat der Bundestagspräsident.

Bundesregierung Die Bundesregierung besteht aus dem vom Bundestag gewählten Bundeskanzler und seinen Ministern. Zusammen bilden sie das sogenannte Kabinett. Die Bundesminister werden vom Bundeskanzler ohne Wahl ernannt und müssen nicht zwangsläufig einer in der Regierung vertretenen Partei angehören. Der Bundeskanzler kann jedoch de facto nur Personen zu Ministern ernennen, die sich auf die Zustimmung der Mehrheit der regierenden Parteien stützen können. In wöchentlichen Sitzungen berät das Kabinett Gesetzesentwürfe und stimmt sein politisches Handeln ab. Im Vergleich zu den anderen Verfassungsorganen hat die Regierung den breitesten Gestaltungsspielraum. Klassische Ministerien sind das Außen-, das Innen-, das Finanz-, das Justiz- und das Verteidigungsministerium.

Bundesrat Der Bundesrat repräsentiert den föderativen Charakter unserer Verfassung. Hier können – im Gegensatz zu einem zentralistischen Staat – die einzelnen Länderregierungen Einfluss auf die Bundespolitik nehmen. Dabei stellt der Bundesrat als Bundesorgan aber nicht nur eine Interessenvertretung der Länder dar, sondern wirkt bei der Gesetzgebung und der Verwaltung des Bundes mit. Die Länder sind je nach Einwohnerzahl unterschiedlich stark im Bundesrat vertreten. Der Bundesratspräsident wird in einem festgelegten Turnus jedes Jahr von einem anderen Landeschef gestellt. Dieser ist dann zugleich der Stellvertreter des Bundespräsidenten.

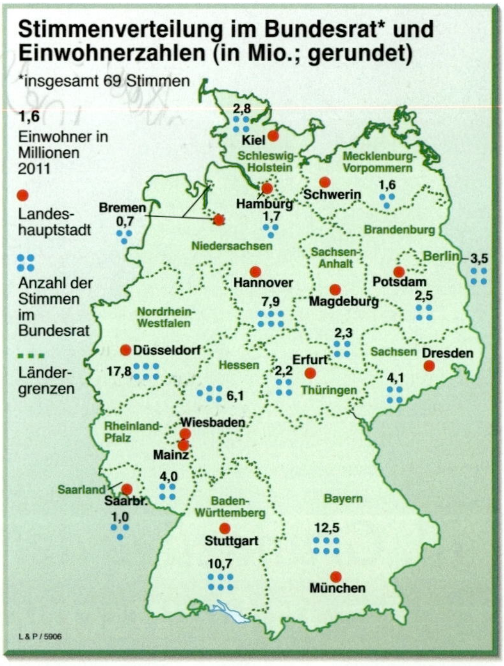

Der ***Bundespräsident*** ist das Staatsoberhaupt der Bundesrepublik Deutschland. Auch wenn ihm laut Verfassung vielfältige Aufgaben obliegen – er ist z. B. an der Regierungsbildung und der Gesetzgebung beteiligt, ernennt und entlässt hohe Staatsbeamte und Offiziere und kann Strafgefangene begnadigen –, so hat er doch hauptsächlich eine repräsentative Funktion. Dies hat historische Gründe und bedeutet, dass sich der Bundespräsident im Normalfall nicht an tagespolitischen Auseinandersetzungen beteiligt.

Joachim Gauck (*seit* 2012)

Theodor Heuss (1949–1959)

Heinrich Lübke (1959–1969)

Gustav Heinemann (1969–1974)

Walter Scheel (1974–1979)

Karl Carstens (1979–1984)

Richard von Weizsäcker (1984–1994)

Roman Herzog (1994–1999)

Johannes Rau (1999–2004)

Horst Köhler (2004–2010)

Christian Wulff (2010–2012)

Bundesverfassungsgericht

Das Bundesverfassungsgericht (BVerfG) ist der oberste Hüter der Verfassung. Seine 16 Richter werden zwar je zur Hälfte von Bundestag und Bundesrat gewählt und vom Bundespräsidenten ernannt, in ihrer Tätigkeit – und insbesondere in ihren Entscheidungen – aber sind sie frei und von keinem anderen staatlichen Organ abhängig oder zu beeinflussen. Darum ist die Amtsdauer eines Verfassungsrichters mit zwölf Jahren auch relativ lang. Ihre Entscheidungen stützen sich nur auf das Grundgesetz. Das Bundesverfassungsgericht trägt dafür Sorge, dass das Grundgesetz in seinem Kern von niemandem angetastet wird – auch nicht von anderen Bundesorganen. Daher kann sich jedes Bundes- oder Landesorgan, aber auch jeder Bürger an das Gericht wenden, wenn der Verdacht besteht, dass die verfassungsmäßig garantierten Rechte verletzt wurden. Von sich aus tätig werden kann das Gericht allerdings nicht. Daher ist die mitunter vorfindbare Bezeichnung des „heimlichen Mitregenten" auch übertrieben. Gleichwohl hat das Bundesverfassungsgericht in der Geschichte der Bundesrepublik oft korrigierend bei der Gesetzgebung eingegriffen und manchmal auch politische Entscheidungen unterstützt.

MATERIAL

1 Gewaltenteilung – Verteilung von Staatsfunktionen auf Verfassungsorgane

[Gewaltenteilung ist ein] Grundprinzip politisch-demokratischer Herrschaft und der Organisation staatlicher Gewalt mit dem Ziel, die Konzentration und den Missbrauch politischer Macht zu verhindern, die Ausübung politischer Herrschaft zu begrenzen und zu mäßigen und damit die bürgerlichen Freiheiten zu sichern. Funktional wird zwischen der gesetzgebenden Gewalt (Legislative), der ausführenden Gewalt (Exekutive) und der rechtsprechenden Gewalt (Judikative) unterschieden. Diese Funktionen werden unabhängigen Staatsorganen (Parlamenten, Regierung, Gerichten) zugewiesen. Politisch-theoretisch wurde die Lehre von der Gewaltenteilung von John Locke (1632–1704) und Charles de Montesquieu (1689–1755) im Sinne aufgeklärter Herrschaft entwickelt und als Ordnungs- und Strukturprinzip erstmals in der Verfassung der USA von 1787/88 umgesetzt. Das Prinzip der Gewaltenteilung ist in Deutschland in Artikel 20 Abs. 2 GG festgelegt. [...]

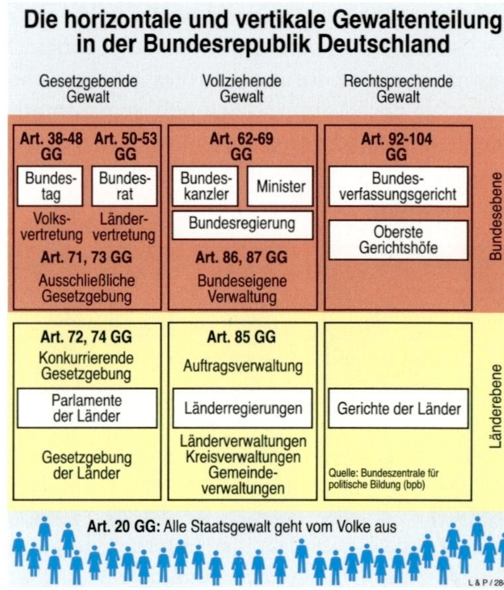

In einem weiteren Sinne wird das Prinzip der Gewaltenteilung auch durch territoriale Untergliederungen verwirklicht, insbesondere wenn sie mit einer entsprechenden Aufgaben-, Kompetenz- und Verantwortungsverteilung wie z. B. in föderalistischen Systemen verbunden ist.

Quelle: Klaus Schubert/Martina Klein: Das Politiklexikon, 4., aktualisierte Auflage, Bonn 2006

➠ Querverweis: Kapitel III 8
➠ Querverweis: Kapitel III 5.1

MATERIAL

2 Die Verfassungsorgane der Weimarer Republik

Der **Reichstag** – vom Volk für eine Dauer von vier Jahren gewählt – übte die Gesetzgebung in Kooperation mit dem Reichsrat aus. Gleichzeitig kontrollierte der Reichstag die Regierung, die von seinem Vertrauen abhängig war und durch ein einfaches Misstrauensvotum gestürzt werden konnte.

Die Stellung der **Reichsregierung** war relativ schwach: Sie bestand aus dem **Reichskanzler** und den von ihm ernannten **Ministern**. Jedem Mitglied der Regierung konnte vom Reichstag ein einfaches Misstrauensvotum ausgesprochen werden. Der Reichspräsident ernannte und entließ Reichskanzler und Minister, ohne an den Ablauf ihrer Amtszeit oder einen Auftrag des Reichstags gebunden zu sein.

Der **Reichsrat**, in den die Länderregierungen ihre Vertreter entsandten, war zwar offiziell an der Gesetzgebung beteiligt, besaß aber de facto nur ein suspensives, d. h. aufschiebendes Vetorecht. Mehr gesetzgeberische Gewalt besaß hier im Grunde das Volk (Wahlrecht ab 20 Jahren), das über einen Volksentscheid direkt in den Gesetzgebungsprozess eingreifen konnte.

Der **Reichspräsident** – aufgrund seiner umfassenden Machtbefugnisse auch „Ersatzkaiser" genannt – war das Staatsoberhaupt. Über die o. g. Befugnisse hinaus war es ihm gestattet, den Reichstag bei fehlender Mehrheit seiner Regierung aufzulösen. Anschließend konnte er gemäß Artikel 48 „Präsidialkabinette" bilden und über Notverordnungen in den Gesetzgebungsprozess eingreifen. Auch ernannte er die Richter am **Reichsgericht**. Der Reichspräsident wurde vom Volk direkt für sieben Jahre gewählt.

Autorentext

➠ Querverweis: S. 132/133

MATERIAL
Die Verfassungsordnung der Bundesrepublik Deutschland 3

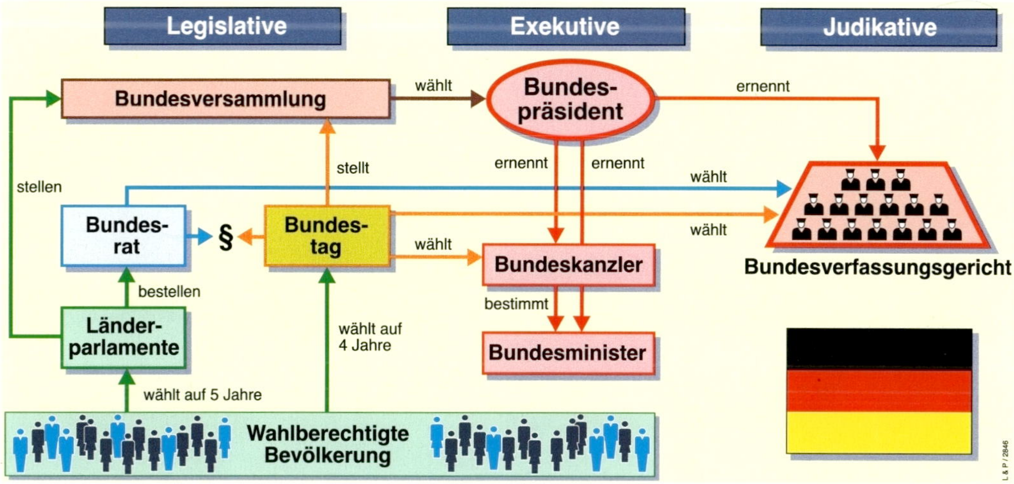

MATERIAL
Die Verfassungsordnung der Vereinigten Staaten von Amerika 4

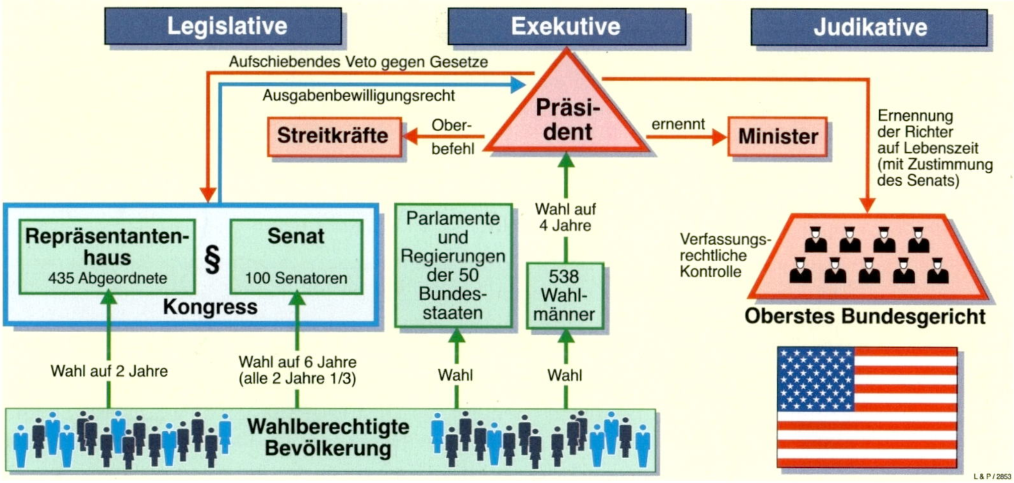

1. Erläutern Sie mithilfe von M 1, welche Verfassungsorgane auf Bundes- bzw. Länderebene mit welchen staatlichen Funktionen („Gewalten") betraut sind.
2. Vergleichen Sie die deutsche und die amerikanische Verfassung (M 3 und M 4) und arbeiten Sie die wichtigsten Unterschiede der dort gezeigten Regierungssysteme heraus.
3. Lesen Sie M 2 und zeichnen Sie ein vereinfachtes Verfassungsschema der Weimarer Republik analog zu denen in M 3 und M 4.

2. Der Bundestag – Herzstück des politischen Systems

vom Volk gewählt

Zeichnung: Klaus Stuttmann

Der Bundestag lässt sich als Herzstück des politischen Systems bezeichnen, da er das einzige Staatsorgan darstellt, das direkt vom Volk gewählt wird. Im Gegensatz zur Bundesregierung, zum Bundesrat, zum Bundespräsidenten und zum Bundesverfassungsgericht verfügt er somit über eine direkte Legitimation durch das Volk. Bei der Erfüllung seiner Aufgaben teilt sich der Bundestag häufig in zwei Hälften:

- die Parlamentsmehrheit, die die Regierung stellt, und
- die Parlamentsminderheit, die die Opposition bildet.

Regierungsmehrheit und Opposition

Da die Bundesregierung aus dem Bundestag hervorgeht bzw. der Bundeskanzler von der Mehrheit der Mitglieder im Bundestag gewählt wird, bilden die Bundesregierung und die Mehrheit im Bundestag eine „Aktionseinheit". Aus diesem Grunde wird die Parlamentsmehrheit auch als Regierungsmehrheit bezeichnet. Ihr steht die Parlamentsminderheit, die Opposition, gegenüber. Es gibt im politischen System der Bundesrepublik Deutschland also keine strikte Trennung zwischen Regierung (Exekutive) und Parlament (Legislative). Vielmehr ist die Regierung mit dem Parlament verschränkt, da ein Teil des Parlaments, die Parlamentsmehrheit, mit der Regierung verbunden ist. Somit verläuft die „Trennlinie" weniger zwischen Regierung und Parlament, sondern vielmehr zwischen Regierung und Parlamentsmehrheit (Regierungsmehrheit) auf der einen und Parlamentsminderheit (Opposition) auf der anderen Seite.

Funktionen des Bundestages

Die wesentlichen Funktionen des Bundestages sind:

- die Wahl,
- die Gesetzgebung und
- die Kontrolle.

Repräsentation

Die Kräfteverhältnisse der Parteien im Bundestag entsprechen – durch das Verhältniswahlsystem – ungefähr deren Stärken in der Wählerschaft (Repräsentationsfunktion).

Kommunikation

Der Bundestag bildet eine (öffentliche) Arena, in der die Abgeordneten mit Wählern, Interessengruppen und Medien kommunizieren (Kommunikationsfunktion).

MATERIAL 1

Die Abgeordneten des 17. Deutschen Bundestages im Profil (2009–2013)

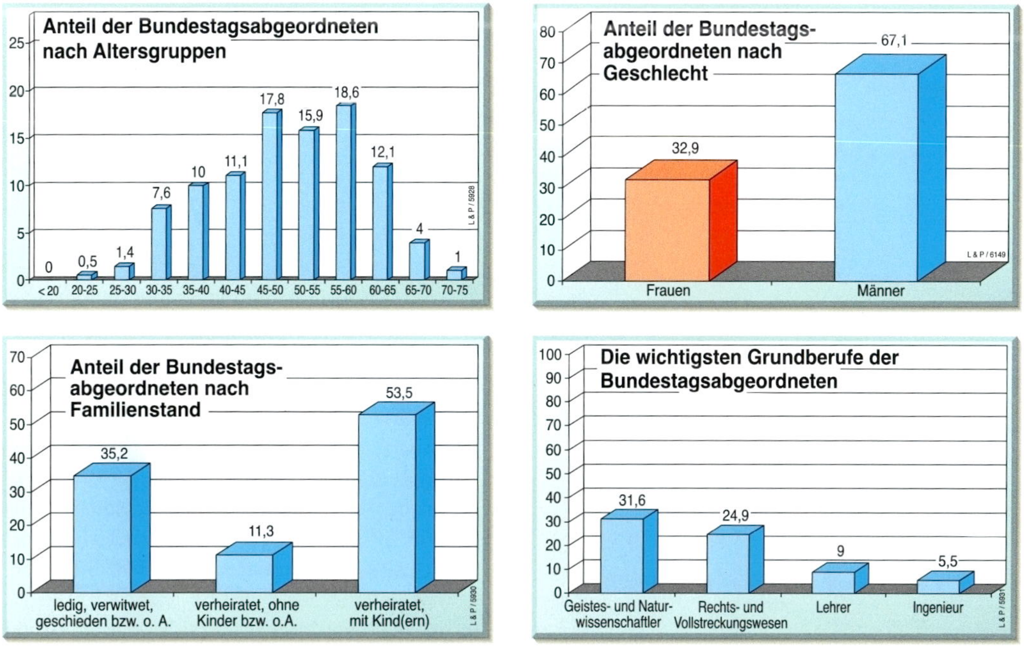

MATERIAL 2

Sitzverteilung im 18. Deutschen Bundestag

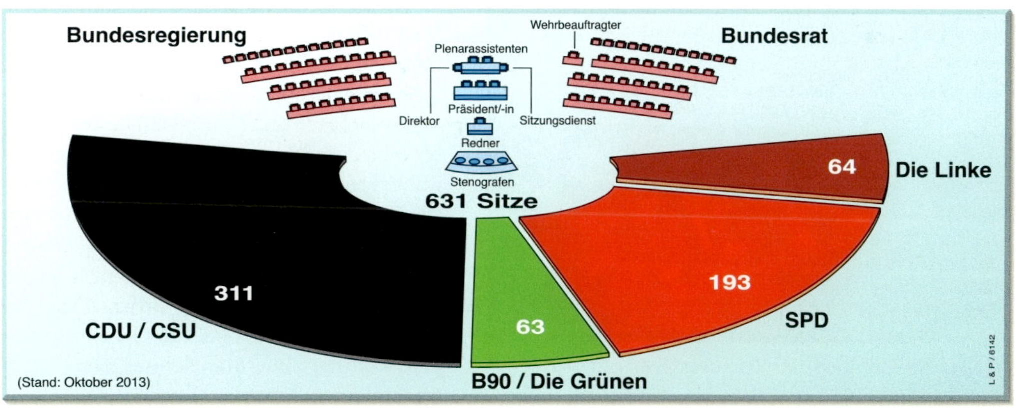

1. Charakterisieren Sie das Verhältnis zwischen Bundesregierung und Parlamentsmehrheit und erklären Sie die Funktionen des Deutschen Bundestages (S. 84).
2. Beschreiben Sie die Zusammensetzung des 18. Bundestages (M 2). Wählen Sie eine Fraktion aus und überprüfen Sie das Profil der Abgeordneten wie in M 1 dargestellt (Tipp: Recherchieren Sie auf der Internetseite des Deutschen Bundestages).

2.1 Kanzlerwahl, Vertrauensfrage und Misstrauensvotum

Wahlfunktion

Mit Blick auf die Wahlfunktion ist festzustellen, dass der Bundestag eine Vielzahl von politischen Einrichtungen bzw. Ämtern wählt:

- den Bundeskanzler
- die Hälfte der Richter am Bundesverfassungsgericht
- den Bundestagspräsidenten und seine Stellvertreter
- den Bundespräsidenten (als Teil der Bundesversammlung)

Vereidigung von Dr. Angela Merkel zur Bundeskanzlerin durch Bundestagspräsident Norbert Lammert, 17. Dezember 2013

Blick auf die Regierungsbank des Kabinetts Angela Merkel/ Sigmar Gabriel, 2013

Die wichtigste Wahlfunktion des Bundestages ist die **Wahl des Bundeskanzlers** und damit die Einsetzung der Bundesregierung. Der Bundeskanzler wird i. d. R. nach einer Bundestagswahl gewählt. Dabei benötigt er eine absolute Mehrheit, d. h. eine Mehrheit der Mitglieder im Bundestag. Sind im Bundestag 598 Abgeordnete vertreten, liegt diese Mehrheit bei 300 Stimmen. Verfügt ein Kanzlerkandidat bei 598 Abgeordneten über 300 Stimmen, hat er eine ausreichende Mehrheit, um als Kanzler gewählt zu werden. Aus diesem Grund wird diese Mehrheit auch Kanzlermehrheit genannt. Gelingt es nach mehreren Versuchen nicht, einen Bundeskanzler mit absoluter Mehrheit zu wählen, genügt die einfache Mehrheit. In diesem (noch nie eingetretenen) Fall kann der Bundespräsident entweder den „Minderheitskanzler" ernennen oder den Bundestag auflösen und Neuwahlen herbeiführen. So wie der Bundestag den Bundeskanzler wählt, kann er diesen auch wieder abwählen – allerdings nur im Rahmen eines **„konstruktiven Misstrauensvotums"**, d. h.: wenn er zugleich mit absoluter Mehrheit einen Nachfolger wählt. Dies ist der wesentliche Unterschied zur Weimarer Republik, in der der Reichstag den Reichskanzler abberufen konnte, ohne einen Nachfolger zu bestellen.

Art. 67 GG

(1) Der Bundestag kann dem Bundeskanzler das Misstrauen nur dadurch aussprechen, dass er mit der Mehrheit seiner Mitglieder einen Nachfolger wählt und den Bundespräsidenten ersucht, den Bundeskanzler zu entlassen. Der Bundespräsident muss dem Ersuchen entsprechen und den Gewählten ernennen.
(2) Zwischen dem Antrage und der Wahl müssen achtundvierzig Stunden liegen.

In der Geschichte der Bundesrepublik Deutschland wurde bisher zweimal versucht, den Bundeskanzler durch ein konstruktives Misstrauensvotum zu stürzen: einmal erfolglos, einmal erfolgreich. Bei letzterem stürzte Helmut Kohl (CDU) den bis dahin amtierenden Bundeskanzler Helmut Schmidt (SPD). Dies wurde möglich, da die FDP, die zuvor die Regierung mit der SPD gebildet hatte, zur CDU/CSU „übergelaufen" war.

Helmut Schmidt (rechts) gratuliert seinem Amtsnachfolger Helmut Kohl (links) nach dem erfolgreichen Misstrauensvotum; Bonn, 1. Oktober 1982

Nicht zu verwechseln ist das konstruktive Misstrauensvotum mit der ***Vertrauensfrage***. Mithilfe der Vertrauensfrage kann sich der Bundeskanzler vergewissern, ob er noch das Vertrauen des Bundestages bzw. „seiner" Regierungsmehrheit im Bundestag genießt – und bei einem negativen Ausgang den Bundespräsidenten bitten, den Bundestag aufzulösen.

Art. 68 GG

(1) Findet ein Antrag des Bundeskanzlers, ihm das Vertrauen auszusprechen, nicht die Zustimmung der Mehrheit der Mitglieder des Bundestages, so kann der Bundespräsident auf Vorschlag des Bundeskanzlers binnen einundzwanzig Tagen den Bundestag auflösen. Das Recht zur Auflösung erlischt, sobald der Bundestag mit der Mehrheit seiner Mitglieder einen anderen Bundeskanzler wählt.
(2) Zwischen dem Antrage und der Abstimmung müssen achtundvierzig Stunden liegen.

Bundeskanzler Schröder hält am 1. Juli 2005 im Bundestag seine weiße Stimmkarte zur Vertrauensfrage in den Händen.

Fünfmal wurde die Vertrauensfrage in der Geschichte der Bundesrepublik Deutschland bisher gestellt. Drei davon sind negativ beantwortet worden und haben zur Auflösung des Bundestages durch den Bundespräsidenten geführt: die Vertrauensfrage von Willy Brandt 1972, die Vertrauensfrage von Helmut Kohl 1982 und die Vertrauensfrage von Gerhard Schröder 2005.

Die beiden zuletzt genannten Vertrauensfragen werden auch als „unechte Vertrauensfragen" bezeichnet, da der jeweilige Bundeskanzler – obwohl er über eine relativ stabile politische Mehrheit verfügte – aufgrund der spezifischen politischen Rahmenbedingungen bewusst eine Abstimmungsniederlage herbeiführte, um so auf eine Auflösung des Bundestages und Neuwahlen hinzuwirken.

1. Wie wird der Bundeskanzler gewählt und auf welche Weise kann er wieder abgewählt werden? Bewerten Sie die beiden Verfahren mit Blick auf die Stabilität der Bundesregierung.

MATERIAL

1 Vertrauensfragen

Dezember 1982. Helmut Kohl hatte gerade hinter sich gebracht, was Gerhard Schröder noch bevorsteht [er stellte die Vertrauensfrage am 1. 7. 2005; d. Red.]. Er hatte im Bundestag die Vertrauensfrage gestellt und keine Mehrheit gefunden, genau wie dies verabredet war. Kohls damalige Begründung mutet heute seltsam vertraut an. „Vor uns liegen außerordentlich schwierige Aufgaben", sagte der Kanzler. „Es geht darum, unser Land aus der schwersten Wirtschafts- und Finanzkrise seit Bestehen der Bundesrepublik Deutschland herauszuführen." Dazu benötige er ein eindeutiges Wählervotum. Zudem wünschten alle im Bundestag vertretenen Parteien Neuwahlen, also CDU/CSU, FDP und SPD, und niemand solle durch den vorgezogenen Termin „übervorteilt" werden.

In der Tat erschien die parlamentarische Situation Ende 1982 angespannt. Der Christdemokrat Kohl war erst zehn Wochen zuvor durch ein Misstrauensvotum an die Macht gekommen. Sein liberaler Partner, der noch 1980 mit dem Slogan „Wer F.D.P. wählt, garantiert, dass Helmut Schmidt Bundeskanzler bleibt" aufgetreten war, hatte inmitten der Legislaturperiode die Seiten gewechselt. War von der SPD zur CDU geschwenkt, was die kleine Partei an den Rand der Spaltung brachte. Nur ein „Notprogramm", lautete die Verabredung mit der CDU, sollte erledigt werden, danach waren schleunigst Neuwahlen anzustrengen.

„Die (ständige) Versuchung des heiligen Hans-Dietrich"; Zeichnung aus Neue Presse, Hannover, 29.5.1982

So geschah es am 17. Dezember, nachdem die vorgeblich handlungsunfähige Koalition tags zuvor in schöner Einmütigkeit den Haushalt durchgewunken hatte. Die oppositionelle SPD sträubte sich nicht. Allerdings kritisierte Willy Brandt, dass Kohl „mit robuster Dickfelligkeit" über die „fiktive Vertrauensfrage" zur Neuwahl strebe, statt zurückzutreten. Brandt selbst hatte 1972 den gleichen Weg gewählt, aber damals herrschte ein Patt im Bundestag; es gab wirklich keine Mehrheit, und niemand litt daher unter verfassungsrechtlichem Bauchgrimmen.

Nun riefen vier Abgeordnete das Bundesverfassungsgericht an, das am 16. Februar 1983 entschied. Die Neuwahlen durften stattfinden, aber die Karlsruher Richter zeigten zugleich die hohen Hemmschwellen auf, die vor einer Parlamentsauflösung stehen. Als salomonisch empfanden damals nahezu alle Politiker den Spruch. Von vielen Juristen wurde er dagegen als „nicht überzeugend" gerügt, wenn nicht gar als „Fehlurteil". Trotz aller Kritik aber setzte Karlsruhe Maßstäbe, die noch heute Gültigkeit beanspruchen.

Die Parlamentsauflösung nach einer „negativen Vertrauensfrage" gilt als letzter Notbehelf. Der Kanzler, heißt es in der Karlsruher Begründung, „soll dieses Verfahren nur anstrengen dürfen, wenn es politisch für ihn nicht mehr gewährleistet ist, mit den im Bundestag bestehenden Kräfteverhältnissen weiter zu regieren". Dass alle Parteien eine Neuwahl wünschen, sei „für sich allein auch keine Rechtfertigung", allenfalls ein Indiz dafür, dass die Regierung ihre Machtstellung nicht einseitig missbrauche. Mit den „außerordentlich schwierigen Aufgaben" landete Kohl ebenso wenig. Die „nach besten Kräften" zu lösen, gehöre zum politischen Geschäft von Regierung und Bundestag, beschieden ihn die Richter, das folge „aus ihrer Verpflichtung auf das Gemeinwohl". Als schlüssige Begründung für die Unregierbarkeit der Republik blieb 1982 eigentlich nur die Zerrissenheit der FDP bestehen, etwas langatmig und durchaus einfühlsam von den Richtern beschrieben.

Dass es den deutschen Abgeordneten so schwer gemacht wird, sich selbst zu entlassen und dem Volk das Wort zu geben, liegt wie manche Bestimmung des Grundgesetzes an den bösen Erfahrungen aus der Weimarer Republik. Nach Artikel 25 der Reichsverfassung konnte der Präsident ganz nach Belieben die Kanzler absetzen und das Parlament auflösen. Mit der Folge, dass zwischen 1919 und 1933 kein einziger Reichstag über seine volle, in der Verfassung als Regel vorgesehene Wahlperiode amtierte. Der Parlamentarische Rat, der 1949 das Grundgesetz verabschiedete, wünschte dagegen stabile Verhältnisse und schob deshalb der Parlamentsauflösung einen ehernen

Zeichnung: Horst Busse

Riegel vor. Wobei sich sein Misstrauen eher gegen die Vormachtstellung des Präsidenten richtete als gegen die Abgeordneten.

In der Bundesrepublik wurde der Weg zur Neuwahl über die Vertrauensfrage nur zwei Mal beschritten: 1972 unumstritten von Brandt, 1982 von Kohl, mit allerhand juristischen Bedenken, aber letztlich mit dem Segen des Bundesverfassungsgerichts. Weitgehend anerkannt ist Artikel 68 als „Norm für die Bewältigung außergewöhnlicher politischer Krisensituationen" (Karlsruhe). Der Ort der Krise ist freilich allein der Bundestag. Nur wenn dort die Mehrheiten nicht mehr stimmen, findet Artikel 68 Anwendung. Wie der Bundesrat sich zusammensetzt, welche Missstimmungen im Volk herrschen, spielt keine Rolle bei der Beantwortung der Frage, ob der Kanzler Neuwahlen anstreben darf.

Quelle: Astrid Hölscher: Vertrauensfragen, in: Frankfurter Rundschau, 24.5.2005

1. Erklären Sie mithilfe des Schaubilds auf S. 88, welche Möglichkeiten das Grundgesetz im Falle einer Regierungskrise vorsieht.
2. Erläutern Sie, warum Bundeskanzler Helmut Kohl 1982 die Vertrauensfrage stellte und warum dieser Vorgang zu einem Fall für das Bundesverfassungsgericht wurde (M 1). Beziehen Sie die Karikatur von S. 88 in Ihre Überlegungen ein.
3. Interpretieren Sie obige Karikatur mit Blick auf die Rolle des Bundespräsidenten.
4. Diskutieren Sie den Sinn der Vertrauensfrage mit Ihrem Banknachbarn/Ihrer Banknachbarin. Überlegen Sie, ob es nicht besser wäre, dem Parlament das Recht zur Auflösung zuzugestehen. Stellen Sie Ihr Ergebnis im Klassenverband vor.

2.2 Die Gesetzgebung

Gesetzgebungsfunktion

Der Bundestag bildet das „Herzstück" im Gesetzgebungsverfahren. Er ist allerdings bei Weitem nicht das einzige Organ, das daran beteiligt ist. Neben dem Bundestag spielen der Bundesrat und auch die Bundesregierung eine zentrale Rolle.

Gesetzesvorlagen von Bundestag, Bundesregierung und Bundesrat

Gesetzesvorlagen können nicht nur aus der Mitte des Bundestages, sondern auch durch die Bundesregierung oder den Bundesrat eingebracht werden. Die meisten Gesetzesvorlagen werden von der Bundesregierung initiiert. Dies hat zwei Gründe: Zum einen verfügt die Bundesregierung in ihren Ministerien über einen umfangreichen Verwaltungsapparat und entsprechende Fachleute, die Gesetze bestmöglich ausarbeiten können; zum anderen hat sie im Bundestag die notwendige Mehrheit, um von ihr eingebrachte Gesetzesvorlagen durchsetzen zu können.

Fraktionen

Wird ein Gesetz eingebracht, durchläuft es im Bundestag mehrere „Stationen". Besonders wichtig ist dabei die Beratung in den Ausschüssen und in den Fraktionen der Parteien. Bei den Fraktionen handelt es sich um die Zusammenschlüsse der Abgeordneten einer Partei. In den Fraktionen wird u. a. geklärt, wie sich die Abgeordneten bei Abstimmungen im Bundestag verhalten sollen.

Ausschüsse

Der Deutsche Bundestag gilt als Mischform aus Arbeits- und Redeparlament mit Tendenz zum Arbeitsparlament. Im Gegensatz zu einem Redeparlament (z. B. dem britischen Unterhaus) findet in einem Arbeitsparlament die wesentliche Arbeit in den Ausschüssen statt. Dort spiegeln sich die Mehrheitsverhältnisse des Bundestages wider. Folglich haben die Regierungsparteien auch in den Ausschüssen die Mehrheit. Wesentliche Ausschüsse des Deutschen Bundestages sind:

- Innenausschuss
- Auswärtiger Ausschuss
- Haushaltsausschuss
- Finanzausschuss

Gesetzesbeschlüsse mit einfacher Mehrheit

Für Gesetzesbeschlüsse reicht im Bundestag die Mehrheit der abgegebenen Stimmen, also eine einfache Mehrheit. Wird ein Gesetz im Bundestag beschlossen, muss es anschließend dem Bundesrat zugeleitet werden. Dieser kann …

- bei Einspruchsgesetzen einen Einspruch gegen das vom Bundestag beschlossene Gesetz formulieren, der dann vom Bundestag zurückgewiesen werden kann, oder
- bei Zustimmungsgesetzen die Zustimmung zu einem Gesetz verweigern und – sofern keine Einigung mit dem Bundestag erfolgt – das Zustandekommen dieses Gesetzes endgültig verhindern.

Querverweis: Kapitel III 4.1

1. Wie entsteht ein Gesetz? Skizzieren Sie unter Verwendung von M 1 die wesentlichen Schritte des Gesetzgebungsverfahrens in der Bundesrepublik Deutschland.
2. Überlegen Sie, welche Gremien und Institutionen wirklich für den *Inhalt* der Gesetze verantwortlich sind.

MATERIAL

Der Gang der Gesetzgebung 1

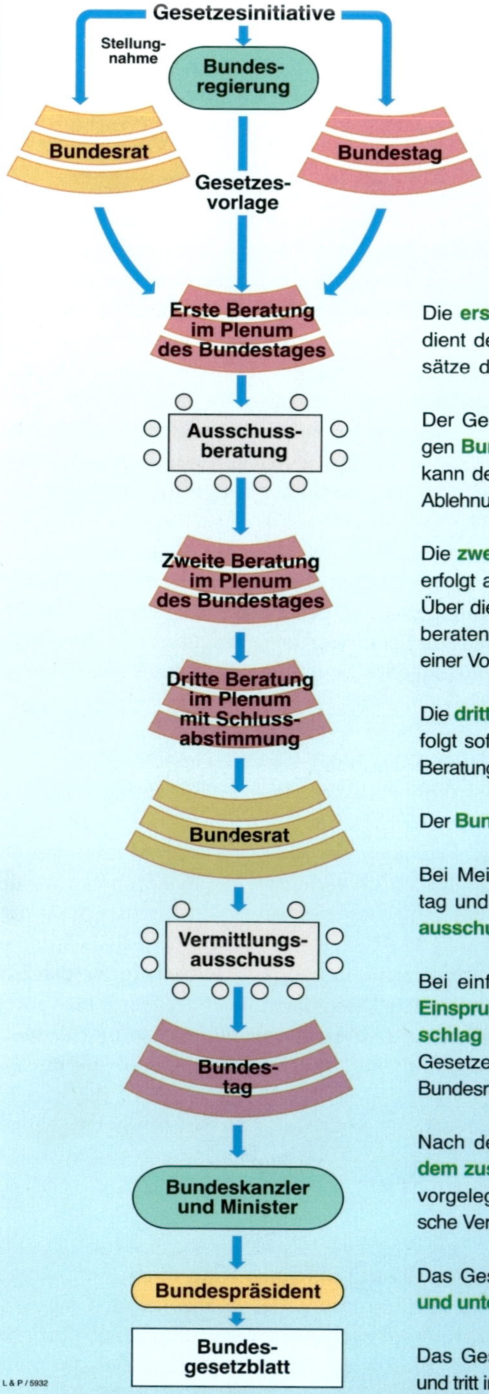

PHASE

Gesetzentwürfe können von der Bundesregierung, aus dem Bundestag oder vom Bundesrat eingebracht werden. Gesetzesvorlagen der Bundesregierung müssen vor der Einbringung dem Bundesrat zur Stellungnahme zugeleitet werden. **1**

Die **erste Beratung im Plenum des Bundestages** dient der Darlegung und der Erörterung der Grundsätze der Vorlage. Es erfolgt noch kein Beschluss. **2**

Der Gesetzesentwurf wird in dem fachlich zuständigen **Bundestagsausschuss** beraten. Der Ausschuss kann dem Plenum eine Abänderung, Annahme oder Ablehnung des Gesetzesentwurfs empfehlen. **3**

Die **zweite Beratung im Plenum des Bundestages** erfolgt auf der Grundlage der Ausschussempfehlung. Über die einzelnen Bestimmungen des Entwurfs wird beraten und abgestimmt. Bei Ablehnung aller Teile einer Vorlage findet keine weitere Beratung statt. **4**

Die **dritte Beratung im Plenum des Bundestages** erfolgt sofort auf die zweite Beratung. Am Ende dieser Beratung steht die Schlussabstimmung.

Der **Bundesrat** berät über das Gesetz. **5**

Bei Meinungsverschiedenheiten zwischen Bundestag und Bundesrat wird versucht, im **Vermittlungsausschuss** einen Kompromiss zu finden. **6**

Bei einfachen Gesetzen kann der Bundestag den **Einspruch des Bundesrats** und den **Vermittlungsvorschlag** zurückweisen. Bei zustimmungsbedürftigen Gesetzen muss nach dem Bundestag auch noch der Bundesrat den Vermittlungsvorschlag annehmen. **7**

Nach der Verabschiedung eines Gesetzes wird es **dem zuständigen Minister** und dem **Bundeskanzler** vorgelegt, die durch ihre Unterzeichnung die politische Verantwortung dafür übernehmen. **8**

Das Gesetz wird **vom Bundespräsidenten geprüft und unterzeichnet**. **9**

Das Gesetz wird im **Bundesgesetzblatt** verkündet und tritt in Kraft. **10**

Querverweis: S. 139, M 2

2.3 Die Stellung der Abgeordneten

„Die Abgeordneten des Deutschen Bundestages werden in allgemeiner, unmittelbarer, freier, gleicher und geheimer Wahl gewählt. Sie sind Vertreter des ganzen Volkes, an Aufträge und Weisungen nicht gebunden und nur ihrem Gewissen unterworfen." *(Art. 38 Abs. 1 GG)*

Gewissensfreiheit der Bundestagsabgeordneten

Artikel 38 GG regelt nicht nur die Modalitäten des Wahlrechts. Insbesondere der zweite Satz in Absatz 1 des Artikels 38 ist für den Status der Abgeordneten von höchster Wichtigkeit. Er legt fest, dass die Abgeordneten bei ihren Entscheidungen nicht nur die Interessen einzelner gesellschaftlicher Gruppen im Auge haben dürfen und dass sie weder an Weisungen ihrer Partei, noch an Aufträge aus ihrem Wahlkreis noch an Forderungen einflussreicher Lobbygruppen gebunden sind. Vielmehr sind sie Repräsentanten des gesamten deutschen Volkes und bei ihren Entscheidungen letztlich nur ihrem Gewissen unterworfen. Um diese Gewissensfreiheit zu garantieren, wurden im Grundgesetz mehrere Schutzrechte für die Abgeordneten festgeschrieben:

Indemnitätsrecht

Das Indemnitätsrecht (Art. 46 Abs. 1 GG) beinhaltet, dass „ein Abgeordneter [...] zu keiner Zeit wegen seiner Abstimmung oder wegen einer Äußerung, die er im Bundestage oder in einem seiner Ausschüsse getan hat, gerichtlich oder dienstlich verfolgt oder sonst außerhalb des Bundestages zur Verantwortung gezogen werden [darf]. Dies gilt nicht für verleumderische Beleidigungen." Die Indemnität besteht nach Ende des Mandats fort.

Immunitätsrecht

Das Immunitätsrecht (Art. 46 Abs. 2 bis 4 GG) schützt den Volksvertreter davor, „wegen einer mit Strafe bedrohten Handlung" ohne Zustimmung des Bundestages verhaftet oder zur Verantwortung gezogen zu werden. Dieses Schutzrecht erklärt sich aus den Erfahrungen, die viele Abgeordnete – vor allem der KPD – nach der Machtergreifung Hitlers machen mussten: Sie wurden willkürlich verhaftet, und ihre Stimmen wurden 1933 bei der Entscheidung über das Ermächtigungsgesetz von Reichstagspräsident Hermann Göring wegen „unentschuldigter Abwesenheit" kurzerhand als Ja-Stimmen gewertet. Heute besitzt das Immunitätsrecht eine geringe Bedeutung, da der Bundestag in der Regel die Immunität eines straffällig gewordenen Abgeordneten sofort aufheben würde, sofern Letzterer dies nicht schon vorher selbst beantragt hätte. Im Gegensatz zur Indemnität erlischt die Immunität nach Beendigung des Mandats.

Zeugnisverweigerungsrecht

Gemäß dem Zeugnisverweigerungsrecht (Art. 47 GG) sind die Abgeordneten „berechtigt, über Personen, die ihnen in ihrer Eigenschaft als Abgeordnete oder denen sie in dieser Eigenschaft Tatsachen anvertraut haben, sowie über diese Tatsachen selbst das Zeugnis zu verweigern [...]."

„angemessene" Entschädigung

Um zu garantieren, dass die Abgeordneten sich mit voller Kraft ihrem Amt widmen können und nicht Gefahr laufen, etwaige Bestechungsgelder anzunehmen, haben sie gemäß Art. 48 Abs. 3 GG den „Anspruch auf eine angemessene, ihre Unabhängigkeit sichernde Entschädigung. Sie haben das Recht der freien Benutzung aller staatlichen Verkehrsmittel."

Zeichnung: Gerhard Mester

Anspruch und Wirklichkeit

Bei der Freiheit des Mandats und den Einkünften eines Abgeordneten klaffen Anspruch und Wirklichkeit häufig auseinander. Da der Abgeordnete in der Regel Mitglied einer bestimmten Partei ist und damit deren Fraktion im Bundestag angehört, verdankt er – wenn er kein Direktmandat errungen hat – seinen Sitz im Parlament in erster Linie dieser Partei.

imperatives Mandat und Fraktionszwang

Zwar existiert in der Bundesrepublik weder ein „imperatives Mandat" noch ist ein „Fraktionszwang" zulässig. Das Mandat des Abgeordneten ist also weder parteipolitisch gebunden, noch können die Abgeordneten einer Fraktion gezwungen werden, einheitlich abzustimmen. Empfehlungen der Fraktion zum Abstimmungsverhalten sind aber sehr wohl erlaubt. Stimmt nun der Abgeordnete in wichtigen Fragen häufiger gegen die Empfehlungen seiner Fraktion, darf ihm zwar sein Mandat nicht aberkannt werden – er muss aber damit rechnen, von seiner Partei künftig nicht mehr als Bundestagskandidat aufgestellt zu werden. Diese „Fraktionsdisziplin" ist durchaus im Sinne der Verfassung, denn schließlich hat der Bürger im Regelfall einer bestimmten Partei mit genau definierten Zielen bewusst seine Stimme gegeben. Votiert ein Abgeordneter nun häufiger gegen die Ziele dieser Partei, könnte man darin eine Irreführung des Wählers vermuten.

Ansprechpartner für Wähler und Lobbyisten

Ein Abgeordneter steht bei den Wählern seines Wahlkreises im Wort. Diese erwarten von „ihrem" Vertreter, dass er im nationalen Parlament die Interessen ihrer Region auch gebührend vertritt – selbst dann, wenn dies mit der Linie seiner Partei nicht vereinbar ist. Auch wollen Lobbyisten verschiedener Verbände und Vereinigungen ihre Interessen im Staat gewahrt wissen und üben daher mitunter starken Druck auf die Abgeordneten aus.

Nebeneinkünfte der Parlamentarier

In den letzten Jahren kam es immer wieder zu Diskussionen um die Nebeneinkünfte der Parlamentarier. Ein häufiger Vorwurf lautet, dass einige Abgeordnete zu vielen Nebentätigkeiten nachgingen, die es ihnen unmöglich machten, sich ihrer parlamentarischen Arbeit mit voller Kraft zu widmen. Ein anderer Vorwurf betrifft die aus solchen Tätigkeiten resultierenden Nebenverdienste, die als „zu hoch" kritisiert werden. Seit 2007 müssen die Bundestagsabgeordneten daher ihre Nebeneinkünfte offenlegen. Diese Transparenzpflicht soll zukünftig weiter ausgeweitet werden (Stand: April 2013).

MATERIAL
1 Freies und imperatives Mandat

In allen europäischen Repräsentativverfassungen gilt der Grundsatz des freien Mandats: Abgeordnete sind an Aufträge und Weisungen nicht gebunden, unterliegen bei ihren Entscheidungen nur ihrem Gewissen und vertreten das gesamte Volk. Das Gegenteil des freien Mandats ist das imperative Mandat: die Bindung des einzelnen Abgeordneten in allen Entscheidungen an Weisungen der Basis (Wähler, Parteimitglieder). Die Verfassungsgeschichte kennt nur negative Erfahrungen mit imperativen Mandaten, die das Parlament gelähmt und schließlich zur Auflösung repräsentativer Institutionen geführt haben. Diese Erfahrungen haben gezeigt, dass Parlamente nur so lange entscheidungsfähig waren, wie sie sich von den Weisungen ständischer Auftraggeber lösen und Mehrheitsentscheidungen ermöglichen konnten. [...]
Während imperative Mandate Kompromisse ausschließen und dadurch bindende, von der Mehrheit getragene Entscheidungen verhindern, ist das freie Mandat Voraussetzung jeder parlamentarischen Versammlung, die zu eindeutigen Entscheidungen fähig sein soll. Wie [der irisch-britische Politiker, Philosoph und Schriftsteller] E. Burke in seiner berühmten Rede an die Wähler von Bristol betont hat, sei das Parlament kein Kongress weisungsgebundener Gesandter, sondern ein Beschlussorgan und als solches handlungsunfähig, wenn alle Abgeordneten an Weisungen ihrer Wähler gebunden seien. [...]
[Imperatives und freies Mandat] schließen sich jedoch nicht gegenseitig aus, sondern können sich durchaus ergänzen. Denn ein demokratisch gewähltes Parlament muss zwei Forderungen gerecht werden: Es muss einerseits die Entscheidungsfreiheit des Abgeordneten garantieren und zugleich ein geschlossenes Handeln der Fraktionen ermöglichen. Das freie Mandat sichert die individuelle Verantwortlichkeit der Abgeordneten und die Fraktionsdisziplin seine kollektive Verantwortlichkeit.

Quelle: Uwe Andersen/Wichard Woyke (Hrsg.): Handwörterbuch des politischen Systems der Bundesrepublik Deutschland, 5., überarb. u. aktual. Aufl., Opladen 2003, S. 1 f.
Querverweis: S. 113, M 1

MATERIAL
2 Wie funktioniert Fraktionsdisziplin?

Es gibt in Deutschland keinen Fraktionszwang. Artikel 38, Absatz 1 des Grundgesetzes hält das klar fest [...] Und doch gibt es ihn – das beweist ein Blick in die Koalitionsverträge der drei letzten Regierungskoalitionen auf Bundesebene. „Im Bundestag und in allen von ihm beschickten Gremien stimmen die Koalitionsfraktionen einheitlich ab", heißt es einheitlich bei Rot-Grün, Schwarz-Rot und Schwarz-Gelb.
Aber was bringt Abgeordnete dazu, den Koalitionsvertrag in fast allen Abstimmungen für wichtiger zu halten als das Grundgesetz? [...] [Dies ist] nicht zuletzt ein Ergebnis des deutschen Parteiensystems [...]. Es macht die weitere Karriere eines Abgeordneten in hohem Maß vom Gutdünken seiner Partei abhängig. Anders als politische Systeme beispielsweise in den USA oder Großbritannien verpflichtet die deutsche Verhältniswahl den Abgeordneten nur nachrangig den Wählern und Lobbygruppen seines Wahlkreises, zuvörderst aber der Partei, die ihn aufgestellt hat. Die muss ihn – sei es auf der Landesliste, sei es als Direktkandidat – überhaupt erst einmal wieder nominieren. Wer es sich da verscherzt, steht schnell im politischen Abseits. [...]
Doch auch darüber hinaus gibt es zahlreiche Argumente für die Unterordnung des Einzelnen unter die Abstimmungsführung einer Fraktion. Dazu gehört nicht zuletzt, dass eine allzu deutliche Destabilisierung dem großen Ganzen der Partei und damit auch der eigenen politischen Karriere und dem Durchsetzen eigener Ideen schadet. Zerstrittene Fraktionen geben nur allzu oft ein schlechtes Bild nach außen ab, und destabilisierte Parteien verlieren an Macht- und Handlungsfähigkeit.

Quelle: Johannes Schneider, Ungezwungener Zwang, in: Der Tagesspiegel vom 4. 8. 2011, S. 2
Querverweis: S. 68/69

MATERIAL

Freiberufler des Volkes 3

Der Abgeordnete, so ist zu hören, solle gefälligst seine Arbeit machen. Dafür werde er schließlich bezahlt. Was aber ist seine Arbeit? [...]

Der Volksvertreter erhält seine Diäten offenbar nicht dafür, dass er weiter seinem bisherigen Beruf nachgeht. Aber so einfach ist die Sache dennoch nicht. Aus der deutschen Verfassungstradition ergibt sich jedenfalls nicht der Eindruck, der Berufsabgeordnete sei das politische Leitbild. Sowohl im Kaiserreich als auch in der Weimarer Republik wurde von den Parlamentariern geradezu erwartet, dass sie während ihres Mandats weiter ihrem bürgerlichen Beruf nachgingen. [...]

Nun kann man von den heutigen Diäten durchaus leben. Zudem ist der Stoff, mit dem sich die Bundestagsabgeordneten zu befassen haben, vielfältiger und komplexer geworden – man denke nur an die Euro-Rettungspolitik. Vor allem aber ist gesetzlich festgelegt, dass die Ausübung des Mandats „im Mittelpunkt der Tätigkeit eines Mitglieds des Bundestages" steht. Gleichwohl ist es weiterhin dem einzelnen Parlamentarier selbst überlassen, was er daraus macht. [...]

Natürlich wäre kein Parlament arbeitsfähig, wenn es nur aus Paradiesvögeln bestünde, die pausenlos in eigener Sache unterwegs sind. Wer aber Abgeordnete will, die im Volk verwurzelt sind, kann ihnen schlecht untersagen, ihren Beruf fortzuführen, einen neuen aufzunehmen oder ihre Erfahrungen unter die Leute zu bringen. [...]

Die Abgeordneten von heute [sollten] daran denken, dass auch morgen Abgeordnete gebraucht werden – und zwar freie, gute Abgeordnete, nicht nur Parteisoldaten. [...] Gerade in Zeiten, in denen der gesamte Bundeshaushalt schnell einmal verpfändet sein kann, braucht Deutschland beruflich erfahrene, gestandene Gesetzgeber.

Der Bundestag muss deshalb offenbleiben für Selbstständige, für Unternehmer – für diejenigen also, die noch ein persönliches Risiko im Wirtschaftsleben tragen. Freiberufler eben. Eine gute Beschreibung auch für den Volksvertreter auf Zeit. Die alleinige Abhängigkeit von Diäten macht nicht frei.

Hinterbänklers Nebeneinkünfte

Zeichnung: Achim Greser und Heribert Lenz

Quelle: Reinhard Müller: Freiberufler des Volkes, in: Frankfurter Allgemeine Zeitung Online, www.faz.net/aktuell/politik/inland/nebentaetigkeiten-freiberufler-des-volkes-11954852.html vom 9. 11. 2012; Zugriff am 8. 2. 2013

1. Erarbeiten Sie aus dem Text M 1 die Vorteile von freiem und imperativem Mandat und wägen Sie diese gegeneinander ab.
2. Ermitteln Sie aus dem Text M 2, wie es den Bundestagsfraktionen gelingt, ihre Abgeordneten trotz freien Mandats zu „disziplinieren".
3. Tragen Sie mithilfe von Art. 38 GG, S. 92/93 sowie M 2 und M 3 zusammen, welche Faktoren Einfluss auf die freie Entscheidung des Abgeordneten nehmen können. Beziehen Sie in Form eines Leserbriefs Position für das freie Mandat.
4. Erarbeiten Sie aus M 3, welche Argumente für den Erwerb von Nebeneinkünften bei Abgeordneten sprechen, und erwägen Sie Gegenargumente.
5. Interpretieren Sie die Karikaturen auf S. 93 und 95 und überprüfen Sie ihren Wahrheitsgehalt, indem Sie im Internet zu den Nebeneinkünften ausgewählter Abgeordneter, darunter der/die Abgeordnete aus Ihrem Wahlkreis, recherchieren.

MATERIAL
4 Bayerische Bundestagsabgeordnete und ihre politischen Ziele

Dorothee Bär (CSU), geb. 1978: „Mir liegt die Medienkompetenz von Kindern und Jugendlichen besonders am Herzen. Außerdem ist mir die Demokratieerziehung eine Herzensangelegenheit. Junge Menschen für unsere Demokratie zu begeistern und sie so in den politischen Willensbildungsprozess wieder einzubeziehen, ist eine wichtige Aufgabe der Politik. Die junge Generation ist absolut leistungsbereit, aufgeschlossen und schaut zuversichtlich in die Zukunft. Die Politik muss den jungen Leuten aber auch entgegenkommen mit einem modernen Stil. Man muss auch mal zu unkonventionellen Mitteln greifen und vor allem auch die Möglichkeit zum Mitmachen bieten. [...] Schließlich setze ich mich auch für Frauen und Familien ein. Wir müssen die Angebote für Kinderbetreuung ausbauen."

Petra Ernstberger (SPD), geb. 1955: „Mit Leidenschaft streite ich für soziale Gerechtigkeit, für gleichwertige regionale Lebensbedingungen, für einen konstruktiven Umgang mit dem demografischen Wandel, für gute Beziehungen zu unseren europäischen Nachbarn und für ein friedliches Miteinander in einer globalisierten Welt. Ich setze mich auch dafür ein, dass Frauen endlich den gleichen Lohn wie Männer erhalten. Mithilfe mir zur Verfügung stehender Instrumente setze ich mich gegenüber der Bundesregierung, ihren Behörden, aber auch gegenüber der Bayerischen Staatsregierung für viele Projekte, Maßnahmen und Ideen ein. Zu meiner Auffassung von Transparenz gehört auch die Offenlegung von Einkünften als Mitglied des Deutschen Bundestages. Wenn Abgeordnete Nebeneinkünfte verschweigen und sie auffliegen, soll ein Betrag in gleicher Höhe von ihrer Diät abgezogen werden."

Anton Hofreiter (Bündnis 90/Die Grünen), geb. 1970: „[Meine Spezialthemen] sind [...] Ökologie, Mobilität und Gerechtigkeit. Als Vorsitzender des Ausschusses für Verkehr, Bau und Stadtentwicklung bin ich mit der Verkehrspolitik bzw. deren „grüner" Gestaltung befasst. Als Biologe bin ich Fachmann auf vielen Gebieten der Ökologie und des Umweltschutzes. Aufgrund meiner langen Forschungsaufenthalte in Südamerika sind soziale Fragen, Probleme der Globalisierung und damit verbunden die Frage nach Gerechtigkeit eine Herzensangelegenheit für mich. Klimakatastrophen, Lebensmittelskandale, Artensterben und viele andere erschreckende Nachrichten zeigen täglich aufs Neue, wie wichtig Umwelt- und Naturschutz für uns sind. Ökologische Landwirtschaft, erneuerbare Energien oder das Flächensparen sind keine Luxusthemen, sondern existenzielle Zukunftsfragen."

Klaus Ernst (Die Linke), geb. 1954: „Die Linke kämpft für die Durchsetzung von Demokratie und Gesellschaft, gegen die Erpressungsmacht großer Konzerne, für mehr direkte Demokratie unter anderem in Form von Volksabstimmungen. Wir wollen eine radikale Erneuerung der Demokratie, die sich auch auf wirtschaftliche Entscheidungen erstreckt. Die Linke tritt für eine neue Wirtschafts- und Sozialordnung ein. Als erster Schritt muss der Finanzsektor unter demokratische Kontrolle gestellt werden. Mit neuen Konzepten der Wirtschaftsdemokratie muss die Enteignung von Millionen arbeitender Menschen wieder rückgängig gemacht werden. [...] Als Abgeordneter der Bundestagsfraktion der Partei Die Linke setze ich mich konsequent für die Interessen von Beschäftigten, Erwerbslosen sowie Rentnerinnen und Rentnern ein."

Die Aussagen und Fotos sind zusammengestellt aus den Internetseiten und Pressemitteilungen der Abgeordneten; Stand: 1.10.2013

MATERIAL 5

Was Jugendliche von der Politik erwarten …

Karin, 15 Jahre, aus Fürth: „Viele machen sich zum Thema Umwelt- und Klimaschutz überhaupt keine Gedanken! Ich trenne wenigstens Müll, versuche, Wasser zu sparen, und schalte Elektrogeräte grundsätzlich aus, wenn ich sie benutzt habe. Aber man kann sich nicht unentwegt für die Umwelt einsetzen. Wir leben in einer schnelllebigen Zeit und haben alle viel zu tun."

Hannes, 17 Jahre, aus Regensburg: „Bildung ist das A und O. Denn mit Bildung steigen die Chancen, dass man später einen guten Ausbildungs- oder Arbeitsplatz bekommt. Aber die Politiker wissen doch oft gar nicht, wie es in den Schulen aussieht. Wichtig ist, dass *mit* den Jugendlichen gearbeitet wird und nicht nur *für* sie."

Benjamin, 16 Jahre, aus Augsburg: „Ich mache mir große Sorgen wegen des islamistischen Terrorismus. Wenn die heimliche Online-Durchsuchung eines privaten Computers dazu dient, einen Terroranschlag in Deutschland zu verhindern, ist das für mich in Ordnung. Aber die Einschränkungen persönlicher Freiheitsrechte dürfen immer nur vorübergehender Natur sein!"

Martina und Arno, beide 16 Jahre, aus Schweinfurt: „Gewaltverherrlichende Computerspiele sind gefährlich. Das muss noch stärker in das Bewusstsein der Bevölkerung gebracht werden. Eltern und Jugendliche dafür zu sensibilisieren ist eine Sache. Wichtig ist aber auch, die Verbraucher zu schützen, indem man Strafen gegen die Verkäufer solcher Software verhängt."

Autorentext

1. Arbeiten Sie aus M 4 die Ziele der vier bayerischen Bundestagsabgeordneten heraus. Welche der Ziele könnten für Jugendliche besonders wichtig sein?
2. Listen Sie anhand von M 5 auf, welche Erwartungen die Jugendlichen an die Politik haben. Vergleichen Sie diese Erwartungen mit den Zielen der Abgeordneten (M 4) und suchen Sie nach Überschneidungspunkten und Unterschieden.
3. Diskutieren Sie im Klassenverband, um welche Themen sich die Abgeordneten im Deutschen Bundestag besonders kümmern sollten.

2.4 Die Rolle der Opposition

„In einem wirklich sozialistischen Staat gibt es keine anzuhörenden Gegenstimmen, man unterhält sich mit der Opposition allein im Gerichtssaal!"

Karl-Eduard von Schnitzler, Chefkommentator des DDR-Fernsehens[1]

Opposition in der parlamentarischen Demokratie

Während es in Diktaturen wie dem Dritten Reich oder der DDR keine Opposition gab und geben durfte, zeichnet sich eine parlamentarische Demokratie durch die Existenz gerade dieser Institution aus. Der Begriff der „Opposition" wird im Grundgesetz an keiner Stelle erwähnt – wohl aber in den Verfassungen vieler Bundesländer, so z. B. in der bayerischen:

Art. 16a BV

(1) Parlamentarische Opposition ist ein grundlegender Bestandteil der parlamentarischen Demokratie.

Definition

Als Opposition bezeichnet man die im Parlament vertretenen Parteien, die sich als Minderheit gegen die Regierung und die Parteien der Regierungsmehrheit stellen. Mehr noch als die Parteien der Regierungsmehrheit nimmt die Opposition die parlamentarischen Kontrollaufgaben gegenüber der Exekutive wahr. Deshalb ist die politische Opposition ein ganz wesentliches Element einer modernen Demokratie. Die Opposition erfüllt dabei eine Reihe von Funktionen, die sich im Einzelnen folgendermaßen darstellen:

Funktionen der Opposition

Kontrolle der Regierung

Die Kontrolle der Regierung wird von den Parteien im Bundestag, die nicht an der Regierung beteiligt sind, konsequenter angewandt als von den Parteien, die im Kabinett vertreten sind. Diese Kontrollfunktion wahrzunehmen ist nicht einfach, denn die Regierung verfügt über „Abwehrmöglichkeiten", die sie kraft ihrer Parlamentsmehrheit auch einsetzt, um in der Öffentlichkeit nicht diskreditiert zu werden. Die Opposition kann zwar Mängel in der Politik der Regierung aufdecken und sie im Parlament und in den Medien öffentlich zur Sprache bringen – beseitigen aber kann sie sie aufgrund ihrer fehlenden Mehrheit nicht.

Angebot von Alternativen

Eine weitere Funktion der Opposition besteht im Angebot von Alternativen. Allerdings können solche Alternativen in einer laufenden Legislaturperiode nur angeboten, nicht aber verwirklicht werden – es sei denn, die Vorschläge werden von der Regierung in deren eigene Politik integriert. Dieser Fall ist aber eher selten. So beschränkt sich die Rolle der Opposition häufig darauf, durch die Präsentation alternativer Politikmodelle Wähler für die nächste Wahl zu gewinnen, um im Falle eines Wahlsieges die eigenen Konzepte umsetzen zu können.

Kritik an der Regierung

Die einzig wirklich wirksame Funktion der Opposition besteht also darin, Kritik an der Regierungsarbeit zu üben und diese Kritikpunkte einer möglichst breiten Öffent-

[1] Zitiert nach Wolfgang Hilligen: Sehen, beurteilen, handeln; Frankfurt am Main 1969, S. 200.

lichkeit nahezubringen. So kann die Opposition einerseits Wähler an sich ziehen und andererseits über den Druck der Öffentlichkeit Änderungen in der Regierungspolitik bewirken. Angewiesen ist die Opposition dabei auf die modernen Massenmedien.

Opposition und Medien

Um die Funktion der Opposition wirkungsvoll wahrnehmen zu können, stehen den Nichtregierungsparteien im Bundestag mehrere Instrumente zur Verfügung, die im Grundgesetz und im Parlamentsrecht festgelegt sind. Dazu zählen zunächst die vier sogenannten Interpellationsrechte:

Instrumente der Opposition

Neben der Interpellation verfügt die Opposition über weitere Rechte. So etwa kann auf Antrag von 25 % der Abgeordneten ein parlamentarischer Untersuchungsausschuss eingesetzt werden, „der in öffentlicher Verhandlung [...] erforderliche Beweise erhebt" (Art. 44 Abs. 1 GG), um unerhörte Vorgänge oder politische Skandale aufzuklären.

parlamentarische Untersuchungsausschüsse

Insbesondere während der Regierung einer Großen Koalition, die über mehr als 75 % der Stimmen verfügt, fällt es der Opposition schwer, dieses Instrument zu nutzen. Einzelne Abgeordnete der Regierungsparteien nämlich müssen in diesem Fall davon überzeugt werden, gemeinsam mit der Opposition an einem Strang zu ziehen.

Abgeordnete „in der Zwickmühle"

Handelt es sich um einen schwerwiegenden Fall von Verfehlung und gelingt es der Opposition, dies mithilfe der Medien publik zu machen, so kann der Druck der Öffentlichkeit dazu führen, dass die Mehrheitsparteien zusammen mit der Opposition für die Einsetzung eines Untersuchungsausschusses votieren.

Druck der Öffentlichkeit

Schließlich kann die Opposition die Regierung durch ein konstruktives Misstrauensvotum stürzen, wenn es ihr gelingt, im Parlament dafür eine Mehrheit zu gewinnen.

konstruktives Misstrauensvotum

MATERIAL

1 Opposition

Institutionalisierte Opposition als ständige legitime Kraft innerhalb des politischen Systems ist eine für die moderne Demokratie wesentliche Einrichtung, die auf den britischen Parlamentarismus zurückgeht. Einer Gruppe von durch Patronage an die Regierung gebundenen Abgeordneten saß dort seit dem 18. Jh. einer Gruppe regierungskritischer Abgeordneter gegenüber („opposite"), die schließlich als „his majesty's loyal opposition" definiert wurde. Im 19. und 20. Jh. ist dieses System ausdifferenziert worden und hat andere parlamentarische Systeme beeinflusst. Opposition in diesem Sinne ist die ständige Alternative zur Regierung, die nach konstitutionellen Regeln, insbesondere durch Wahlen, Mehrheit werden will und kann. […]

Im britischen Unterhaus sitzen sich Mehrheit und Opposition gegenüber (opposite).

Die Bundespolitik war von Anfang an vom Gegensatz zwischen CDU/CSU und SPD, zugespitzt von den Parteiführern Konrad Adenauer und Kurt Schumacher, und vom Gegensatz zwischen alternativen Konzepten in der Innen- und Außenpolitik geprägt. In den leidenschaftlichen Auseinandersetzungen um die Wirtschaftspolitik und um die Westintegration auf der Basis gemeinsamer demokratischer Überzeugungen hat sich damals das Konzept der Entgegensetzung von Regierungsmehrheit und Opposition in der Öffentlichkeit durchgesetzt. Dass die eine große Partei die Regierung anführt, die andere große Partei die Hauptopposition stellt, gilt seitdem als wünschenswert und normal in einer Demokratie, die Große Koalition auf Landes- oder Bundesebene dagegen als Abweichung, die höchstens in einer Notlage und auf Zeit hingenommen werden kann. In dieser Situation formulierte der Oppositionsführer Kurt Schumacher zugespitzt: „Opposition ist Bestandteil des Staatslebens, nicht eine zweitrangige Hilfestellung für die Regierung. Die Opposition ist Begrenzung der Regierungsmacht und die Verhütung der Totalherrschaft. Das Wesen der Opposition ist der Versuch, an konkreten Vorschlägen der Regierung und ihren Parteien den positiven Gestaltungswillen der Opposition aufzuzwingen." […]

Mit der Abwahl der Regierung Kohl aus CDU/CSU und FDP 1998 und ihrer Ersetzung durch die „rot-grüne" Regierung Schröder hat sich zum ersten Mal ein Austausch der Mehrheit insgesamt vollzogen. Zwei politische Blöcke stehen sich gegenüber, von denen einer die Opposition bildet (bipolares System). […]

In der Literatur werden der Opposition die strukturellen Funktionen Kritik, Kontrolle und Alternative zugewiesen. Klar ist, dass die Opposition weniger im Rampenlicht der Öffentlichkeit steht als die Regierung und sich eher im Zusammenhang mit deren Fehlern als „Regierung von morgen" (Carlo Schmid) profilieren kann.

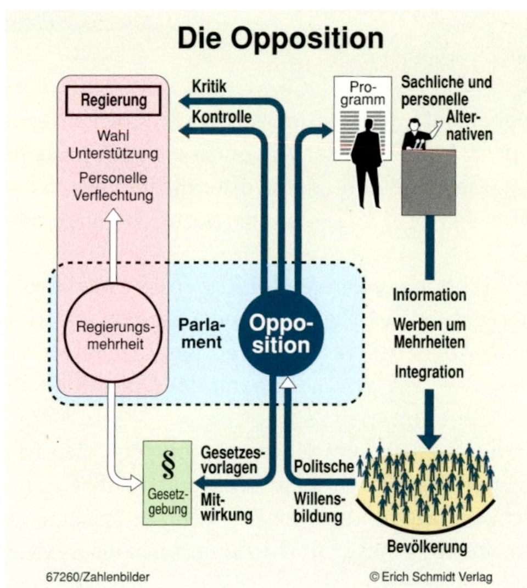

Quelle: Uwe Andersen/Wichard Woyke (Hrsg.): Handwörterbuch des politischen Systems der Bundesrepublik Deutschland, 5., aktual. Aufl., Opladen 2003, S. 454 ff.

MATERIAL 2

Untersuchungsausschuss „Terrorgruppe Nationalsozialistischer Untergrund“

Der Deutsche Bundestag hat auf Antrag der Abgeordneten aller fünf Fraktionen am 26. Januar 2012 einen Untersuchungsausschuss zur Neonazi-Mordserie eingesetzt. Das Gremium unter Vorsitz des Abgeordneten Sebastian Edathy (SPD) soll einen Beitrag zur gründlichen und zügigen Aufklärung der Taten der Terrorgruppe „Nationalsozialistischer Untergrund“ leisten. Zudem sollen Schlussfolgerungen für Struktur, Zusammenarbeit, Befugnisse und Qualifizierung der Sicherheits- und Ermittlungsbehörden und für eine effektive Bekämpfung des Rechtsextremismus gezogen und Empfehlungen ausgesprochen werden. Dem Gremium gehören elf Abgeordnete des Deutschen Bundestages an.

I. Der Untersuchungsausschuss soll sich ein Gesamtbild verschaffen zur Terrorgruppe „Nationalsozialistischer Untergrund“, ihren Mitgliedern und Taten, ihrem Umfeld und ihren Unterstützern sowie dazu, warum aus ihren Reihen so lange unerkannt schwerste Straftaten begangen werden konnten. Auf der Grundlage der gewonnenen Erkenntnisse soll der Untersuchungsausschuss Schlussfolgerungen für Struktur, Zusammenarbeit, Befugnisse und Qualifizierung der Sicherheits- und Ermittlungsbehörden und für eine effektive Bekämpfung des Rechtsextremismus ziehen und Empfehlungen aussprechen. [...]

II. Der Untersuchungsausschuss soll insbesondere klären, [...] ob Fehler oder Versäumnisse von Bundesbehörden, auch in ihrem Zusammenwirken mit Landesbehörden, die Bildung und die Taten der Terrorgruppe „Nationalsozialistischer Untergrund“ sowie deren Unterstützernetzwerk begünstigt oder die Aufklärung und Verfolgung der von der Terrorgruppe begangenen Straftaten erschwert haben [...].

Bundesfinanzminister Wolfgang Schäuble vor dem NSU-Untersuchungsausschuss am 14. 12. 2012

III. Der Untersuchungsausschuss soll zudem prüfen,
1. welche Schlussfolgerungen im Blick auf den Rechtsextremismus für die Struktur und Organisation der Sicherheits- und Ermittlungsbehörden des Bundes, für die Zusammenarbeit der Sicherheits- und Ermittlungsbehörden auf Bundes- und Landesebene und für die Gewinnung und den Austausch von Erkenntnissen der Sicherheits- und Ermittlungsbehörden des Bundes und der Länder gezogen werden müssen;
2. ob und wie bei Ermittlungsmaßnahmen Leid für die Opfer von extremistischen Straftaten und deren Angehörige wirksamer vermieden werden muss und kann;
3. ob und wie die Bekämpfung rechtsextremistischer Gewalt in allen Bereichen [...] verbessert werden muss und kann. [...]

Quellen: www.bundestag.de/bundestag/ausschuesse17/ua/2untersuchungsausschuss/index.jsp; Zugriff am 2. 1. 2013 (Zeile 1–15) und: Antrag der Fraktionen CDU/CSU, SPD, FDP, Die Linke und Bündnis 90/Die Grünen auf Einsetzung eines Untersuchungsausschusses, Drucksache 17/8453, 24. 1. 2012 (Zeile 16–54)

Querverweis: S. 33/34, M 2

1. Erarbeiten Sie aus M 1 Stellung und Funktion der Opposition.
2. Ermitteln Sie aus M 2 die Zielsetzungen des NSU-Untersuchungsausschusses und diskutieren Sie im Anschluss Bedeutung und Nutzen dieses Kontrollinstruments für die Demokratie in Deutschland.

3. Die Bundesregierung – Entscheidungszentrum der Politik

3.1 Die Aufgaben der Regierung

„Die Bundesregierung besteht aus dem Bundeskanzler und aus den Bundesministern." *(Art. 62 GG)*

„Die Bundesminister werden auf Vorschlag des Bundeskanzlers vom Bundespräsidenten ernannt und entlassen." *(Art. 64 Abs. 1 GG)*

politisches Führungsorgan

Die Bundesregierung ist das politische Führungsorgan des Staates. Von allen Verfassungsorganen steht sie deshalb am häufigsten im Mittelpunkt des öffentlichen Interesses. Generell haben Regierungen zwei Funktionen zu erfüllen:

Steuerungsfunktion

Die Steuerungsfunktion beinhaltet, dass die Regierung die politischen Vorstellungen der an der Regierung beteiligten Parteien in eine mehrheitlich tragbare Gesetzesform übersetzt, die nicht gegen die Verfassung verstößt und überdies finanzierbar ist. Dabei ist die Regierung vor allem auf das Parlament angewiesen, das als Gesetzgeber im politischen Willensbildungs- und Entscheidungsprozess über alle Gesetze abstimmt.

Durchführungsfunktion

Die Durchführungsfunktion beinhaltet, dass die Regierung die mehrheitsfähig gestalteten Gesetze in den Bundestag einbringt und damit die Realisierung des Mehrheitswillens sichert. Darüber hinaus leitet die Regierung die Verwaltungsbehörden des Bundes, führt außenpolitische Verhandlungen und schließt völkerrechtliche Verträge. Drei in Artikel 65 des Grundgesetzes verankerte und miteinander konkurrierende Prinzipien kennzeichnen die Regierungsarbeit:

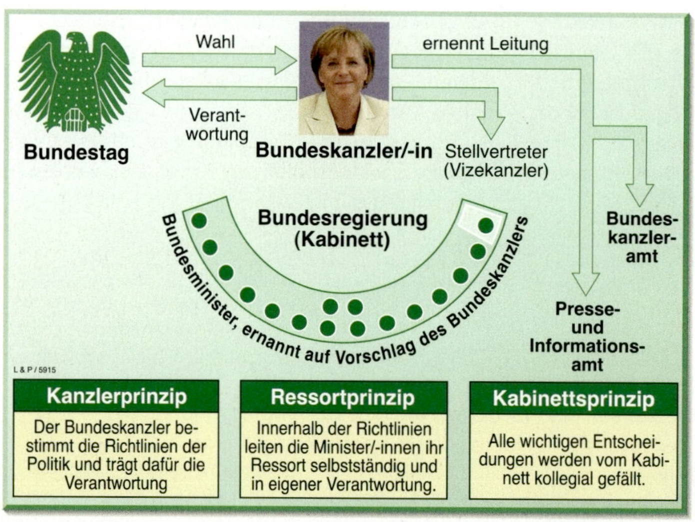

Das Kanzlerprinzip spricht dem Bundeskanzler die sogenannte Richtlinienkompetenz zu. Der Kanzler oder die Kanzlerin bestimmt demnach die Richtlinien der Politik und trägt gegenüber dem Parlament stets die unmittelbare Verantwortung für die Regierungsarbeit. Dies macht den Bundeskanzler zur Führungsfigur im Kabinett. Zwar wird die hervorgehobene Position des Kanzlers durch zwei weitere Prinzipien eingeschränkt. Im Zweifel aber bleibt das Kanzlerprinzip entscheidend.

Das Bundeskanzleramt in Berlin – Koordinierungsstelle der gesamten Regierungspolitik

Das Ressortprinzip gestattet es den Ministerinnen und Ministern, innerhalb der Richtlinien des Kanzlers ihr Ministerium selbstständig und eigenverantwortlich zu leiten. Der Bundeskanzler kann also trotz seiner Richtlinienkompetenz kein Ministerium nur in seinem Sinne lenken. Bundesminister, die entgegen der Richtlinien des Kanzlers politische Entscheidungen fällen, können allerdings leicht ihr Amt verlieren, denn allein der Kanzler kann Minister zur Ernennung und Entlassung vorschlagen.

Vorrang der Richtlinienkompetenz

Gemäß dem Kabinetts- oder Kollegialprinzip werden die Regierungsentscheidungen von allen Kabinettsmitgliedern kollegial und durch Mehrheitsbeschlüsse gefällt. Bei Meinungsverschiedenheiten ist der Kanzler allerdings Erster unter Gleichen, d. h., bei einem Streit zwischen den Ministerinnen oder Ministern schlichtet die Bundeskanzlerin oder der Bundeskanzler. Das Kabinett muss anschließend mehrheitlich zu einer Entscheidung finden. Allerdings kann der Bundeskanzler, wenn er von der Mehrheitsmeinung im Kabinett abweicht, stets auf seine Richtlinienkompetenz pochen.

Bundeskanzleramt

Die Koordination innerhalb der Bundesregierung findet im Bundeskanzleramt statt: Die Mitarbeiter im Bundeskanzleramt halten den Bundeskanzler oder die Bundeskanzlerin über aktuelle politische Fragen und die Arbeiten in den Bundesministerien stets auf dem neuesten Stand, bereiten die Entscheidungen des Kanzlers vor und achten auf die korrekte Durchführung seiner Anordnungen. Zudem werden im Bundeskanzleramt die Arbeiten der Ministerien koordiniert, die Sitzungen des Kabinetts geplant und die Beschlüsse der Bundesregierung vorbereitet. Trotz der Machtfülle der Regierung ist eine Zusammenarbeit mit dem Parlament zwingend: So liegen beispielsweise die endgültigen Entscheidungen über internationale Verträge ebenso in der Hand des Bundestages wie die Genehmigung des Haushalts. Die Regierung ist dem Parlament gegenüber in bestimmten Politikbereichen berichtspflichtig.

Kabinettssitzung der Großen Koalition (CDU/CSU und SPD), Dezember 2013

MATERIAL

1 Gesetzesinitiativen und verabschiedete Gesetze in der 17. Wahlperiode (2009 – 2012)

1. Gesetzesinitiativen		*2. Verabschiedete Gesetze*	
Gesetzesinitiativen der Bundesregierung	404 (= 56,74 %)	Gesetze aufgrund von Entwürfen der Bundesregierung	320 (= 82,90 %)
Gesetzesinitiativen des Bundestages	217 (= 30,48 %)	Gesetze aufgrund von Entwürfen des Bundestages	58 (= 15,03 %)
Gesetzesinitiativen des Bundesrates	91 (= 12,78 %)	Gesetze aufgrund von Entwürfen des Bundesrates	8 (= 2,07 %)
Gesetzesinitiativen insgesamt	712 (= 100 %)	Gesetze insgesamt	386 (= 100 %)

Quelle: Deutscher Bundestag: Statistik der Gesetzgebung – Überblick 17. Wahlperiode, Stand: 31. 1. 2013

Querverweis: S. 114, M 4

MATERIAL

2 Das Kabinett der schwarz-gelben Koalition (2009–2013)

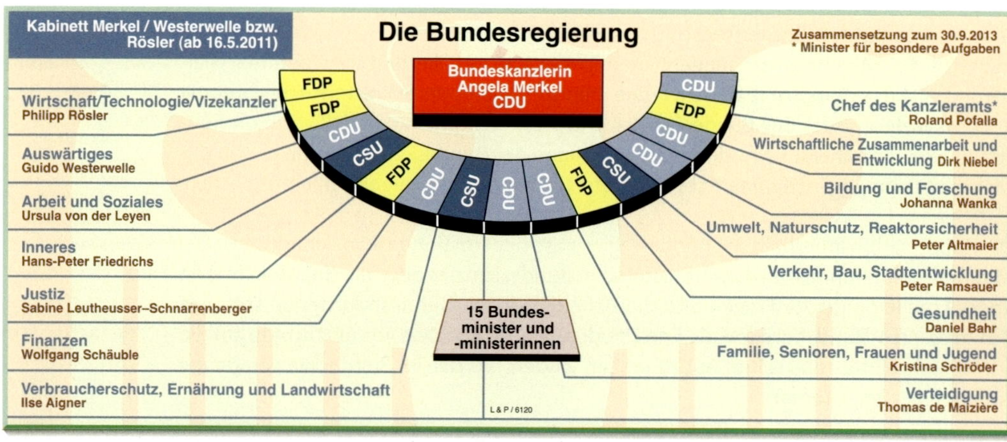

MATERIAL

3 Das Kabinett der Großen Koalition (ab 2013)

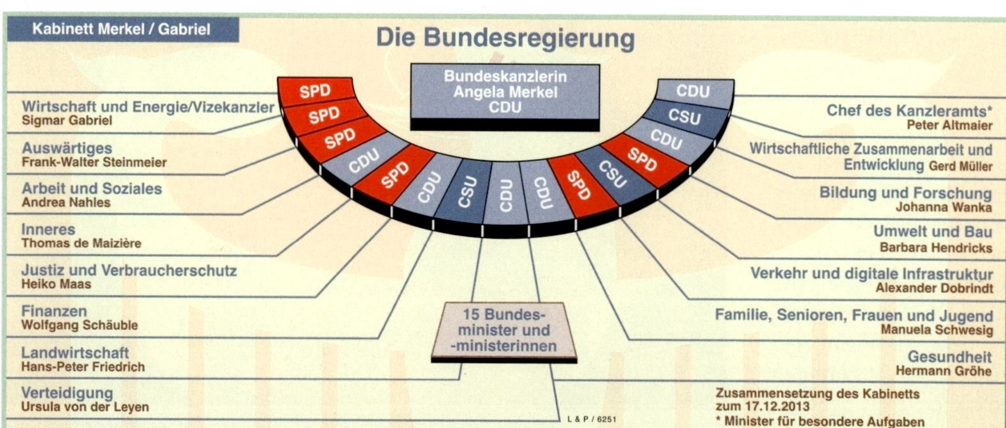

MATERIAL 4

Merkels Minister streiten um die Pendlerpauschale

Wahlkampf in Zeiten hoher Spritpreise: Norbert Röttgen, [ehemaliger] CDU-Spitzenkandidat in NRW, will die Pendlerpauschale erhöhen, FDP-Chef Philipp Rösler auch. Doch Wolfgang Schäuble hält dagegen – der Haushalt gibt's nicht her, stellt der Finanzminister klar.

In der Osterreisezeit schimpfen die Autofahrer noch mehr über die hohen Benzinpreise als sonst, deshalb beschäftigt das Thema auch die Politiker aller Parteien an den Feiertagen. Vor allem Mitglieder des Kabinetts von Kanzlerin Merkel können sich nicht auf eine Pendlerpauschale verständigen. Die Pendlerpauschale, die eigentlich Entfernungspauschale heißt, beträgt derzeit 30 Cent pro Kilometer Arbeitsweg. Arbeitnehmer und Selbstständige können sie in der Steuererklärung vom zu versteuernden Einkommen abziehen. Der aktuelle Satz gilt seit 2004.

FDP-Chef Philipp Rösler schlug in der „Frankfurter Allgemeinen Sonntagszeitung" vor, wie eine Erhöhung berechnet werden könnte. „Steigen die Spritpreise, dann steigen auch Einnahmen des Staates durch die Umsatzsteuer", sagte der Wirtschaftsminister. Die Höhe dieser Zusatzeinnahmen solle ermittelt werden. „Das könnte dann eine Grundlage für die Neuberechnung der Pendlerpauschale sein."

Ähnlich äußerte sich auch [der bis Mai 2012 amtierende] Umweltminister Norbert Röttgen. Sollte es in nächster Zeit zu keiner Verbesserung der Preissituation kommen, „muss man darüber diskutieren, die Pendlerpauschale zu erhöhen", sagte der [damalige] CDU-Spitzenkandidat für die Landtagswahl in Nordrhein-Westfalen der „Welt am Sonntag". Der Staat müsse einschreiten, wenn ein Missbrauch von Marktmacht vorliege.

Doch Finanzminister Wolfgang Schäuble wehrt sich gegen solche Forderungen: „Steuerlich sehe ich keine Möglichkeit, den Spritpreis zu senken", sagte der CDU-Minister der „Neuen Osnabrücker Zeitung". Die Haushaltsspielräume bei Bund und Ländern seien eng begrenzt, führte er zur Begründung an. Zudem sei die Entfernungspauschale, die unabhängig vom Verkehrsmittel gezahlt wird, kein Instrument, um Benzinpreisschwankungen aufzufangen.

Für seine Haltung wurde Schäuble auch von den Linken kritisiert. Fraktionsvize Ulrich Maurer forderte, Schäuble müsse „seinen Widerstand gegen eine kurzfristige Anpassung der Pendlerpauschale an die Preisentwicklung aufgeben". Während beim Finanzminister jeder Cent Benzinpreiserhöhung die Kasse klingeln lasse, werde die Pendlerpauschale „immer mehr zur Lachnummer, mit der nur noch ein Bruchteil der Fahrtkosten für den Weg zur Arbeit steuerlich geltend gemacht wird", sagte Maurer in Berlin.

Auch der Vorsitzende des Bundestagswirtschaftsausschusses, Ernst Hinsken, forderte eine Erhöhung der Pendlerpauschale. „Ich halte 40 Cent pro Kilometer für angemessen", sagte der CSU-Politiker der Zeitung „Bild am Sonntag". Diese Erhöhung um zehn Cent würde sich zumindest zum Teil durch die höheren Spritpreise selbst finanzieren, da Bund und Länder von den gestiegenen Benzinpreisen höhere Mehrwertsteuereinnahmen hätten, sagte er.

Quelle: Reizthema Spritpreise: Merkels Minister streiten über Pendlerpauschale, in: Spiegel Online (als/dapd/Reuters), www.spiegel.de/politik/deutschland/streit-im-kabinett-ueber-die-pendlerpauschale-a-826298.html vom 7. 4. 2012; Zugriff am 8. 2. 2013

1. Analysieren Sie die Tabelle in M 1 mit Blick auf die Herkunft der Gesetzesinitiativen. Beurteilen Sie Ihr Ergebnis mit dem Wissen der Doppelseite 102/103.
2. Analysieren Sie die Grafiken M 2 und M 3. Stellen Sie die Verteilung der Ministerien an die jeweiligen Koalitionspartner gegenüber. Erklären Sie Ihre Ergebnisse.
3. Lesen Sie M 4 und stellen Sie die Positionen beider Minister gegenüber. Prüfen Sie anschließend mithilfe der Doppelseite 102/103 die Folgen einer mangelnden Einigung der Minister. Welche Lösungsmöglichkeiten sieht die Verfassung hier vor?

3.2 Die verfassungsrechtliche Stellung des Bundeskanzlers

Kanzlerwahl und Regierungsbildung

Der Kanzlerwahl im Bundestag geht ein Regierungsbildungsprozess voraus. Da in der Regel keine Partei eine absolute Mehrheit der Parlamentsmandate hat, muss eine Koalition gebildet werden. Diese Koalition wählt anschließend den Bundeskanzler, der dann eine Regierung aus Vertretern der Koalitionsparteien bildet.

Art. 63 GG

(1) Der Bundeskanzler wird auf Vorschlag des Bundespräsidenten vom Bundestag ohne Aussprache gewählt.
(2) Gewählt ist, wer die Stimmen der Mehrheit der Mitglieder des Bundestags auf sich vereinigt. Der Gewählte ist vom Bundespräsidenten zu ernennen.

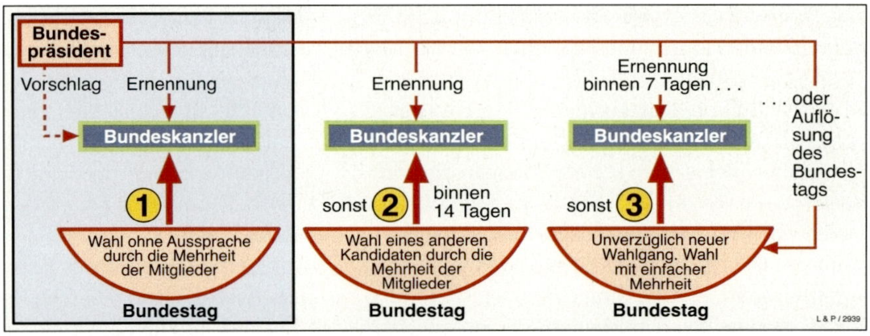

Die Wahl des Bundeskanzlers

Art. 65 GG

Der Bundeskanzler bestimmt die Richtlinien der Politik und trägt dafür die Verantwortung. [...] Der Bundeskanzler leitet [die Geschäfte der Bundesregierung] nach einer von der Bundesregierung beschlossenen und vom Bundespräsidenten genehmigten Geschäftsordnung.

„Kanzler-demokratie"

In vielen Demokratien räumt die Verfassung dem Regierungschef eine zentrale Stellung ein. Im politischen System der Bundesrepublik Deutschland aber stärkt Artikel 65 GG die Position des Bundeskanzlers ganz besonders. Man bezeichnet dieses System daher auch als „Kanzlerdemokratie". Die Möglichkeiten des Kanzlers, steuernd in die Politik einzugreifen und sie zu führen, werden dabei durch zwei Faktoren begünstigt: Einerseits gibt es das Bundeskanzleramt, mit dem der Kanzler oder die Kanzlerin die Arbeit der Regierung leiten und kontrollieren kann. Andererseits steht bei der Wahl des Bundeskanzlers durch den Bundestag der Sieger für gewöhnlich schon vor dem Wahlgang fest. Seit den 1960er-Jahren nämlich nominieren die großen Parteien ihren Kandidaten schon im Vorfeld. Darüber hinaus stärkt die Wahl des Bundeskanzlers durch den Bundestag seine Legitimation und Position insofern, als die Wählerinnen und Wähler dem Kanzler sozusagen indirekt zu seinem Amt verhelfen.

Konrad Adenauer, CDU (1949–1963)

Ludwig Erhard, CDU (1963–1966)

Kurt-Georg Kiesinger, CDU (1966–1969)

Willy Brandt, SPD (1969–1974)

Helmut Schmidt, SPD (1974–1982)

Helmut Kohl, CDU (1982–1998)

Gerhard Schröder, SPD (1998–2005)

Angela Merkel, CDU (seit 2005)

politische Spielräume und Grenzen …

Die von der Verfassung vorgesehene starke Stellung des Bundeskanzlers bedeutet aber nicht, dass er nach Gutdünken „schalten" und „walten" kann. Schon bei der Regierungsbildung wird deutlich, welche politischen Spielräume er hat. Zwar besitzt der Kanzler laut Grundgesetz das Recht, seine Minister auszuwählen; in Wirklichkeit aber muss er auf vieles Rücksicht nehmen:

… bei der Ministerwahl

So muss er in der eigenen Partei darauf achten, dass die Ministerwahl sowohl landsmannschaftlich, geschlechterspezifisch als auch konfessionell und ideologisch (Stichwort „Parteiflügel") ausgewogen ist. Zusätzlich sollten alle designierten Minister fachliches Können für ihren künftigen Wirkungsbereich aufweisen. Gibt es einen Koalitionspartner, so werden die Regierungsbildung wie auch die täglichen Politikgeschäfte schwieriger: Vor der Regierungsbildung müssen dann meist langwierige Koalitionsverhandlungen geführt werden, um die Ministerien gemäß dem Wählerwillen quantitativ korrekt zu verteilen und politisch und fachlich sinnvoll zu besetzen. Dabei sind außerdem die Wünsche aller künftigen Regierungsparteien zu berücksichtigen. In der täglichen Regierungspraxis muss der Kanzler auf den mit den Regierungsparteien ausgehandelten Koalitionsvertrag Rücksicht nehmen, Forderungen aus Partei und Volk im Blick behalten, Wahlkampfversprechen beherzigen, politische „Sachzwänge" bedenken und im tagesaktuellen Spiegel der Medien eine gute Figur machen. Speziell bei der Gesetzgebung wird die Handlungsfreiheit der Regierung durch die Beteiligung der anderen Bundesorgane eingeschränkt. Grundsätzlich aber unterliegen alle Tätigkeiten der Regierung einer verfassungsrechtlichen und parlamentarischen Kontrolle.

… bei Koalitionsverhandlungen

… in der täglichen Regierungspraxis

MATERIAL
1 Schlagzeilen

Merkel spricht Machtwort beim Betreuungsgeld

Bundeskanzlerin Angela Merkel hat angesichts der anhaltenden Debatte in den eigenen Reihen klargestellt, dass das Betreuungsgeld bis zum Sommer 2013 eingeführt werden soll.

Quelle: www.tagesschau.de vom 24. 4. 2012; Zugriff am 8. 2. 2013

Machtwort: Merkel will die Vorratsdatenspeicherung

Im Streit um die Vorratsdatenspeicherung hat Angela Merkel (CDU) ein Machtwort gesprochen: Sie will die sechsmonatige Speicherung aller Telefon- und Internetdaten in Deutschland.

Quelle: Augsburger Allgemeine Online (www.augsburger-allgemeine.de) vom 19. 4. 2012; Zugriff am 4. 3. 2013

MATERIAL
2 „Der Staat bin ich!“

Titelbild des „Stern“ Nr. 21 vom 17. Mai 1984

„Der Staat bin ich!“ – Fehleinschätzung des deutschen „Sonnenkönigs“?

1. Betrachten Sie die Schlagzeilen (M 1). Klären Sie mithilfe von Art. 64 und 65 GG, welche Bestimmungen den Kanzler in die Lage versetzen, ein „Machtwort“ zu sprechen. Welche Folgen hat ein „Machtwort“ des Kanzlers für die Arbeit der Regierungsmitglieder?
2. An wen erinnern die Fotomontage und die Karikatur (M 2)? Lesen Sie die Doppelseite 106/107 und diskutieren Sie anschließend, inwieweit eine derartige Darstellung der (Alt-)Kanzler gerechtfertigt ist.

MATERIAL
Kanzlerdemokratie? 3

„Der Bundeskanzler bestimmt die Richtlinien der Politik." Doch erst unter den institutionenpolitischen Rahmenbedingungen des Grundgesetzes kommt die Richtlinienkompetenz zum Tragen: Erst hier ist das politische Schicksal jedes einzelnen Bundesministers unmittelbar und ausschließlich vom Regierungschef abhängig. Artikel 64 GG regelt kurz und bündig: „Die Bundesminister werden auf Vorschlag des Bundeskanzlers vom Bundespräsidenten ernannt und entlassen." Nur der Kanzler selbst steht gegenüber dem Bundestag in der unmittelbaren Verantwortung. In letzter Instanz hängt jeder Bundesminister vom Vertrauen des Kanzlers ab. Dies verbürgt seine herausragende Stellung gegenüber den Kabinettskollegen. Er ist nicht nur primus inter pares, sondern hat eine prädominierende [Vorherrschaft besitzende] Position inne. Nicht zu Unrecht hat man schon in den 1950er-Jahren mit Blick auf die Kanzlerschaft Adenauers von der Bonner „Kanzlerdemokratie" gesprochen. Wenn hier auch zunächst ein negativer Unterton mitschwang, so herrscht inzwischen unter den Kommentatoren doch weitestgehender Konsens, dass die Lehren, die die Verfassungsväter aus dem Scheitern des ersten deutschen Demokratieversuchs von Weimar zogen, richtig waren: Dass die starke Position des Kanzlers wesentlich zur Stabilität der Regierung beiträgt und dass diese wiederum die unabdingbare Voraussetzung für ein erfolgreiches Regieren überhaupt darstellt. [...]

Diese Tendenz zur Stärkung der Exekutive oder, noch präziser, der exekutiven Spitze, des Regierungschefs, ist indes kein deutsches Verfassungsspezifikum. Wir finden sie in allen vergleichbaren demokratischen Staaten. [...] Ursache dafür sind die in der 2. Hälfte dieses Jahrhunderts gewaltig angewachsenen Staatsaufgaben, die zugleich einen wachsenden Systembedarf an Führung, an Koordination und zentraler Lenkung entstehen ließen. Es lässt sich leicht feststellen, dass von den bisherigen Kanzlern der Bundesrepublik die Richtlinienkompetenz höchst unterschiedlich wahrgenommen wurde. Doch kein Kanzler kann unter Berufung auf seine verfassungsmäßigen Vollmachten mit dem Kopf durch die Wand; auch er hängt ganz selbstverständlich von einer Vielzahl konkreter politischer Machtfaktoren ab. Auch wenn es die Verfassung einer geschickten, politisch kompetenten Persönlichkeit relativ leicht macht, den politischen Prozess zu dominieren, so ist die verfassungsrechtliche Ausgestaltung der Kanzlerposition natürlich keine Garantie für politischen Erfolg. Wie sehr beispielsweise die Tatsache, dass der Kanzler in der Verfassungsrealität stets einer aus Koalitionsparteien gebildeten Regierung vorsteht, seine faktische „Richtlinienkompetenz" tangiert, zeigt ein beliebiger Blick auf die Koalitionsverhandlungen und -vereinbarungen in jedweder Parteienkonstellation. Inzwischen werden als sog. „Koalitionsverträge" fast regelmäßig die höheren Weihen der Ratifizierung durch eigene Parteitage zuteil. Deutlich wie selten vorher oder nachher wurden z. B. aus Anlass des Ministerrücktritts von Außenminister Genscher 1992 der Öffentlichkeit die Grenzen der Richtlinienkompetenz vor Augen geführt: Es waren ausschließlich die Partei- und Fraktionsgremien des kleineren Koalitionspartners FDP, die über die Vergabe der neben dem Kanzleramt wohl wichtigsten politischen Position verhandelt und abgestimmt haben. Dass der Kanzler in für seinen Regierungserfolg so wichtigen Personalentscheidungen wie der Besetzung der Position des Außenministers oder des Amts des Vizekanzlers nur externe Parteibeschlüsse registrieren darf, trägt nicht gerade zur Steigerung seiner Amtsautorität bei.

Quelle: Uwe Andersen/Wichard Woyke (Hg.): Handwörterbuch des politischen Systems der Bundesrepublik Deutschland, 5., aktual. Aufl., Opladen 2003, S. 51 f.

1. **Erörtern Sie mithilfe von M 3, ob der Begriff „Kanzlerdemokratie" gerechtfertigt ist.**

4. Der Bundesrat – Einflusskanal der Länder

„Durch den Bundesrat wirken die Länder bei der Gesetzgebung und Verwaltung des Bundes und in Angelegenheiten der Europäischen Union mit." *(Art. 50 GG)*

4.1 Die Struktur des Bundesrates

„Länderkammer" Kennzeichen eines föderalen Staatsaufbaus ist neben der Verteilung der Kompetenzen auf Bund und Länder die Beteiligung der Länder an der Gesetzgebung des Bundes. Diese Beteiligung erfolgt in Deutschland über den Bundesrat. Der Bundesrat ist also ein Organ zur Vertretung der Interessen der Länder. Daher wird er auch als Länderkammer bezeichnet.

Mitglieder Im Bundesrat sind die Länder durch Mitglieder der Landesregierungen vertreten. Folglich werden die Vertreter der Länder im Bundesrat nicht gewählt, sondern von den jeweiligen Landesregierungen entsandt. Die Anzahl der Stimmen der Länder im Bundesrat ist unterschiedlich. Sie bewegt sich zwischen drei und sechs Stimmen und hängt von der Bevölkerungsgröße der Länder ab.

Art. 51 Abs. 2 GG

Jedes Land hat mindestens drei Stimmen, Länder mit mehr als zwei Millionen Einwohnern haben vier, Länder mit mehr als sechs Millionen Einwohnern fünf, Länder mit mehr als sieben Millionen Einwohnern sechs Stimmen.

Stimmenverteilung Die Betrachtung von Art. 51 Abs. 2 GG zeigt, dass die Bevölkerungsgröße bei der Stimmenverteilung nur ungefähr berücksichtigt wird. Dadurch werden die einwohnerschwachen Länder eindeutig bevorzugt. So hat der Freistaat Bayern sechs und das Saarland drei Stimmen, obwohl die Einwohnerzahl Bayerns nicht doppelt, sondern mehr als zehnmal so groß ist wie die des Saarlandes.

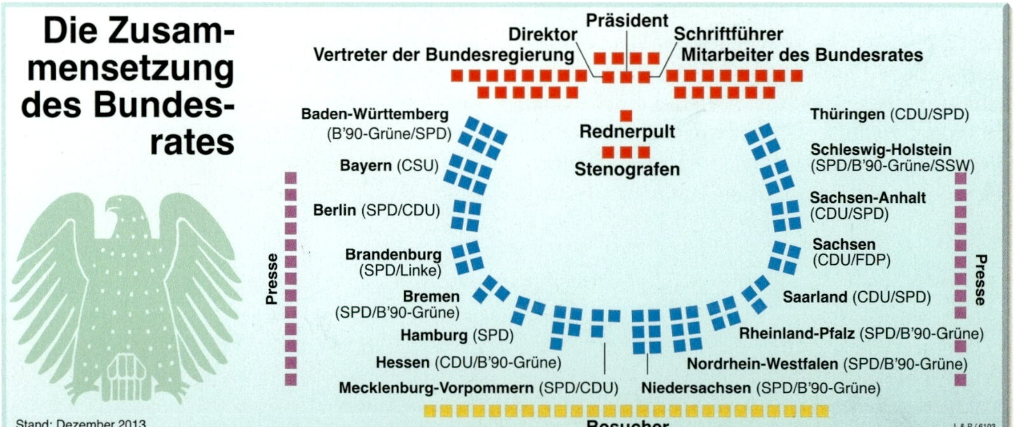

4.2 Die Beteiligung des Bundesrates an der Gesetzgebung

Zeichnung: Achim Greser und Heribert Lenz

Gesetzestypen

Über den Bundesrat sind die Länder an der Gesetzgebung des Bundes beteiligt. Die Art der Beteiligung hängt jedoch vom jeweiligen Gesetzestyp ab. Es gibt Einspruchsgesetze, Zustimmungsgesetze und verfassungsändernde Gesetze.

Einspruchsgesetze

Bei Einspruchsgesetzen kann der Bundesrat einen Einspruch gegen ein vom Bundestag beschlossenes Gesetz formulieren. Dieser Einspruch kann vom Bundestag jedoch zurückgewiesen werden:

- wenn der Einspruch mit der Mehrheit der Stimmen des Bundesrates beschlossen wurde, mit der Mehrheit der Mitglieder des Bundestages;
- wenn der Einspruch mit mindestens zwei Dritteln der Stimmen des Bundesrates beschlossen wurde, mit zwei Dritteln der abgegebenen Stimmen im Bundestag (und mindestens der Mehrheit der Mitglieder des Bundestages).

Der Bundesrat hat bei Einspruchsgesetzen also kein absolutes, sondern ein überstimmbares bzw. aufschiebendes („suspensives") Vetorecht.

Zustimmungsgesetze

Bei Zustimmungsgesetzen kann der Bundesrat die Zustimmung zu einem vom Bundestag beschlossenen Gesetz verweigern. Dieses „Veto" des Bundesrates kann vom Bundestag nicht zurückgewiesen werden. Wenn der Bundesrat seine Zustimmung zu einem vom Bundestag beschlossenen Gesetz endgültig nicht erteilt, gilt das Gesetz als gescheitert. Folglich hat der Bundesrat bei Zustimmungsgesetzen ein „absolutes Vetorecht". Zustimmungsgesetze sind Gesetze, die das Bund-Länder-Verhältnis bzw. den Kernbereich der Länderinteressen berühren. Der Anteil der Zustimmungsgesetze war schon in den Anfangsjahren der Bundesrepublik Deutschland relativ groß. Im Lauf der Zeit ist er allerdings immer stärker angewachsen. Seit der 2006 beschlossenen Föderalismusreform hat sich der Anteil der Zustimmungsgesetze wieder reduziert.

Vermittlungsausschuss

Für den Fall, dass Bundestag und Bundesrat bei einer Gesetzesvorlage unterschiedlicher Auffassung sind, besteht die Möglichkeit, einen Vermittlungsausschuss anzurufen. Diesem gehören jeweils 16 Mitglieder aus Bundestag und Bundesrat an. Schlägt der Vermittlungsausschuss eine Änderung der zwischen Bundestag und Bundesrat umstrittenen Gesetzesvorlage vor, muss der Bundestag erneut einen Beschluss fassen und diesen anschließend wieder dem Bundesrat zuleiten.

Plenarsitzung des Bundesrates

Verfassungsändernde Gesetze müssen von zwei Dritteln der Mitglieder des Bundestages und zwei Dritteln der Stimmen des Bundesrates beschlossen werden. Folglich kommen Verfassungsänderungen nur zustande, wenn ihnen der Bundesrat mit einer qualifizierten Mehrheit zustimmt. Die Mehrheitsbildung im Bundesrat ist aber weitaus komplexer als die Mehrheitsbildung im Bundestag. Dies ist auf drei Faktoren zurückzuführen: die Beschlussfassung bzw. die Mehrheitsregel im Bundesrat, die Stimmenabgabe im Bundesrat und die Rolle der Parteiinteressen im Bundesrat.

einfache und absolute Mehrheit

Der Bundesrat muss seine Beschlüsse – im Gegensatz zum Bundestag – grundsätzlich mit (mindestens) der Mehrheit seiner Stimmen fassen. Er kann also Beschlüsse nicht – wie der Bundestag bei Gesetzesbeschlüssen – mit der Mehrheit der abgegebenen Stimmen (einfache Mehrheit), sondern nur mit der Mehrheit aller Stimmen im Bundesrat (absolute Mehrheit) fassen.

einheitliche Stimmabgabe

Bei Beschlussfassungen im Bundesrat können die Stimmen eines Landes nur einheitlich abgegeben werden. Folglich können die Vertreter eines Landes, auch wenn sie unterschiedlichen Parteien angehören bzw. unterschiedlicher Auffassung sind, nur geschlossen abstimmen. Dies ist häufig ein Problem, wenn in einem Land eine Koalition aus Parteien regiert, die im Bund zum Teil der Regierung und zum Teil der Opposition angehören. Kann sich ein Land nicht auf eine einheitliche Stimmabgabe einigen, muss es sich bei der Abstimmung enthalten. Auf diese Weise soll ein einheitlicher Landeswille geschaffen und die Parteipolitik so weit wie möglich aus dem Bundesrat herausgehalten werden.

Parteipolitik im Bundesrat

Die Parteipolitik spielt im Bundesrat jedoch eine wesentliche Rolle. Häufig wird das Handeln im Bundesrat von parteipolitischen Interessen geleitet. Dies wird deutlich, wenn man die Phasen, in denen die Regierungsparteien eine Mehrheit im Bundesrat hatten, mit den Phasen vergleicht, in denen die Oppositionsparteien die Mehrheit im Bundesrat besaßen. Grundsätzlich gilt: Haben die Regierungsparteien die Mehrheit im Bundesrat, stimmt dieser in aller Regel den Beschlüssen des Bundestages zu; haben jedoch die Oppositionsparteien die Mehrheit im Bundesrat, ist dieser häufig ein mächtiger Gegenspieler der Bundesregierung und ihrer Regierungsmehrheit im Bundestag.

„Blockadepolitik" und „Reformstau"

Wenn die Oppositionsparteien die Mehrheit im Bundesrat haben, ist es ihnen auf jeden Fall möglich, einen wesentlichen Einfluss auf die Bundespolitik zu nehmen. Schließlich können sie bei Zustimmungsgesetzen entweder „mitregieren", indem sie den Regierungsparteien im Bundestag Zugeständnisse abringen; oder sie können wesentliche Beschlüsse der Regierungsparteien blockieren, indem sie diesen die Zustimmung verweigern. Letzteres wird als „Blockadepolitik" bezeichnet und hat in der Vergangenheit nicht selten zu einem regelrechten „Reformstau" in Deutschland geführt.

MATERIAL

Besonderheiten des Bundesrates 1

Im internationalen Vergleich ist die Konstruktion des Deutschen Bundesrates der abweichende Fall. Der Bundesrat ist nach der Verfassung keine echte Zweite Kammer, sondern eines der fünf obersten Bundesorgane. Gleichwohl ist er in einer Weise in die Gesetzgebung eingebunden, die an Gewicht die Einflussmöglichkeiten vieler Zweiter Kammern übertrifft. […] Es gibt für den Bundesrat – im Unterschied zu der Bestellung der meisten Zweiten Kammern anderer Demokratien – auch keinen Wahltermin für die Rekrutierung seiner Mitglieder. Der Bundesrat ist ein „ewiges Organ", das sich mit jeder Landtagswahl und der darauf folgenden Regierungsneubildung teilerneuert. Der Rhythmus dieser Teilerneuerung ist in keiner Weise zwischen den Ländern oder mit den Bundestagswahlen koordiniert, wie dies bei Wahlen zur Ersten und zur Zweiten Kammer ansonsten regelmäßig der Fall ist. Für eine Zweite Kammer völlig ungewöhnlich ist das imperative Mandat, das für die Mitglieder des Bundesrates gilt. Sie sind an die Beschlüsse der Landesregierungen gebunden. Die Regel für Parlamente in repräsentativen Demokratien ist dagegen nicht das imperative, sondern das freie Mandat. Der gewählte Volksvertreter oder die Abgeordnete einer Region, eines Standes, einer Kommune soll bei seinen bzw. ihren Entscheidungen in der Zweiten Kammer letztendlich nur seinem/ihrem Gewissen verpflichtet sein, auch wenn dies Fraktionsdisziplin in der einen oder anderen Form nicht ausschließt. […]
Unvergleichlich rigide ist auch die Mehrheitsregel im Bundesrat, nach der der Bundesrat seine Beschlüsse mit mindestens der Mehrheit seiner Stimmen fasst, also mit absoluter Mehrheit. Enthaltungen wirken so automatisch wie Nein-Stimmen, denn sie tragen nicht zum Erreichen der absoluten Mehrheit bei. […]

Quelle: Roland Sturm: Zur Reform des Bundesrates, in: APuZB 29–30/2003, S. 24 f.

➠ Querverweis: Kapitel III 5.1
➠ Querverweis: S. 94, M 1 – 2

MATERIAL

Überschätzung des Bundesrates? 2

Man sollte den Bundesrat nicht wichtiger nehmen, als er vernünftigerweise sein soll. Deutschland hat kein echtes Zweikammersystem, sondern eben jene ganz eigene Konstruktion mit dem Bundesrat als Kammer der Landesregierungen. Sie ist dem Bundestag nicht gleichgestellt wie etwa der Senat dem Repräsentantenhaus in den USA. Der Bundesrat ist zwar der Kern der bundesstaatlichen Ordnung, weil er die notwendige Verbindung darstellt zwischen Bundes- und Landesebene. […] Aber er ist dem Bundestag nun einmal graduell etwas nachgeordnet – daher die Unterscheidung in Zustimmungsgesetze (absolutes Veto) und Einspruchsgesetze (aufschiebendes Veto). Der Bundesrat soll vor allem sicherstellen, dass der Bund bei seinen Entscheidungen sich nicht ohne Weiteres über Regionalinteressen hinwegsetzt. Und dass die Länder, die steuerpolitisch und damit auch haushaltspolitisch von Bundesgesetzen abhängen und mit ihren Verwaltungen nahezu alle Bundesgesetze umsetzen, von Bundesregierung und Bundestag nicht zu sehr ans Gängelband genommen werden.

Quelle: Albert Funk: Kammer der Opposition, in: Der Tagesspiegel vom 2. 3. 2013, S. 8

1. Fassen Sie in eigenen Worten die Aufgaben des Bundesrates zusammen (S. 110 – 112).
2. Beschreiben Sie die Zusammensetzung des Bundesrates (Grafik S. 110) und führen Sie im Anschluss eine Debatte darüber, ob das abgebildete Stimmengewicht der einzelnen Länder gerecht ist. Ziehen Sie dazu auch die Grafik auf S. 80 zurate.
3. Erarbeiten Sie aus M 1 – 2 die Besonderheiten des Bundesrates im Vergleich zum Bundestag (S. 84 ff.). Bewerten Sie danach seine Stellung im politischen System Deutschlands.

MATERIAL
3 Parteipolitik im Bundesrat

Die These, dass im Bundesrat Parteipolitik betrieben wird, und die Kritik an dieser Entwicklung sind im Kern [...] so alt wie der Bundesrat selbst. Bereits 1956 erklärte Konrad Adenauer auf dem sechsten Bundesparteitag der CDU in Stuttgart: „Als wir im Parlamentarischen Rat das Grundgesetz schufen [...], haben wir nicht geglaubt, dass die Länder im Bundesrat Parteipolitik treiben." Der Vorwurf, im Bundesrat werde Parteipolitik betrieben, wurde jedoch insbesondere in Zeiten unterschiedlicher Mehrheiten in Bundestag und Bundesrat erhoben und mit dem Vorwurf der Blockadepolitik durch die Oppositionsmehrheit im Bundesrat verbunden. Dies war erstmals während der sozialliberalen Koalition von 1969 bis 1982 der Fall, als die Regierungsparteien zu keinem Zeitpunkt über eine absolute Mehrheit im Bundesrat verfügten, während die Union über große Zeiträume hinweg eine derartige Mehrheit besaß [...].

Eine Parteipolitisierung des Bundesrates [ist] grundsätzlich nicht mit dessen ursprünglicher Zielbestimmung vereinbar [...]. Schließlich wurde der Bundesrat als Ländervertretung etabliert [...]. Wenn aber im Bundesrat keine Länderinteressen, sondern parteipolitische Interessen vertreten werden, fungiert dieser entweder

- ... (im Falle unterschiedlicher Mehrheiten in Bundestag und Bundesrat) als verfassungsrechtlich fragwürdiges Blockadeinstrument der Opposition [...]. An dieser Stelle ist hervorzuheben, dass die Verfassungsväter keine „informelle große Koalition" oder eine „zuverlässige Einbindung der Opposition" (Manfred G. Schmidt) über den Bundesrat geplant hatten.
- ... oder (im Falle gleicher Mehrheiten in Bundestag und Bundesrat) als verfassungsrechtlich – ebenfalls – fragwürdiger verlängerter Arm der Bundesregierung [...].

Zeichnung: Peter Leger

DER BUNDESRAT IST KEIN PARTEIPOLITISCHES SPIELZEUG, MANN!

Quelle: Gerd Strohmeier: Der Bundesrat: Vertretung der Länder oder Instrument der Parteien?, in: Zeitschrift für Parlamentsfragen, 35 (2004) 4, S. 717 ff.

MATERIAL
4 Einfluss des Bundesrates

Querverweis: S. 104, M 1; S. 117

MATERIAL 5

Der Gesetzgebungsprozess unter Beteiligung des Bundesrates

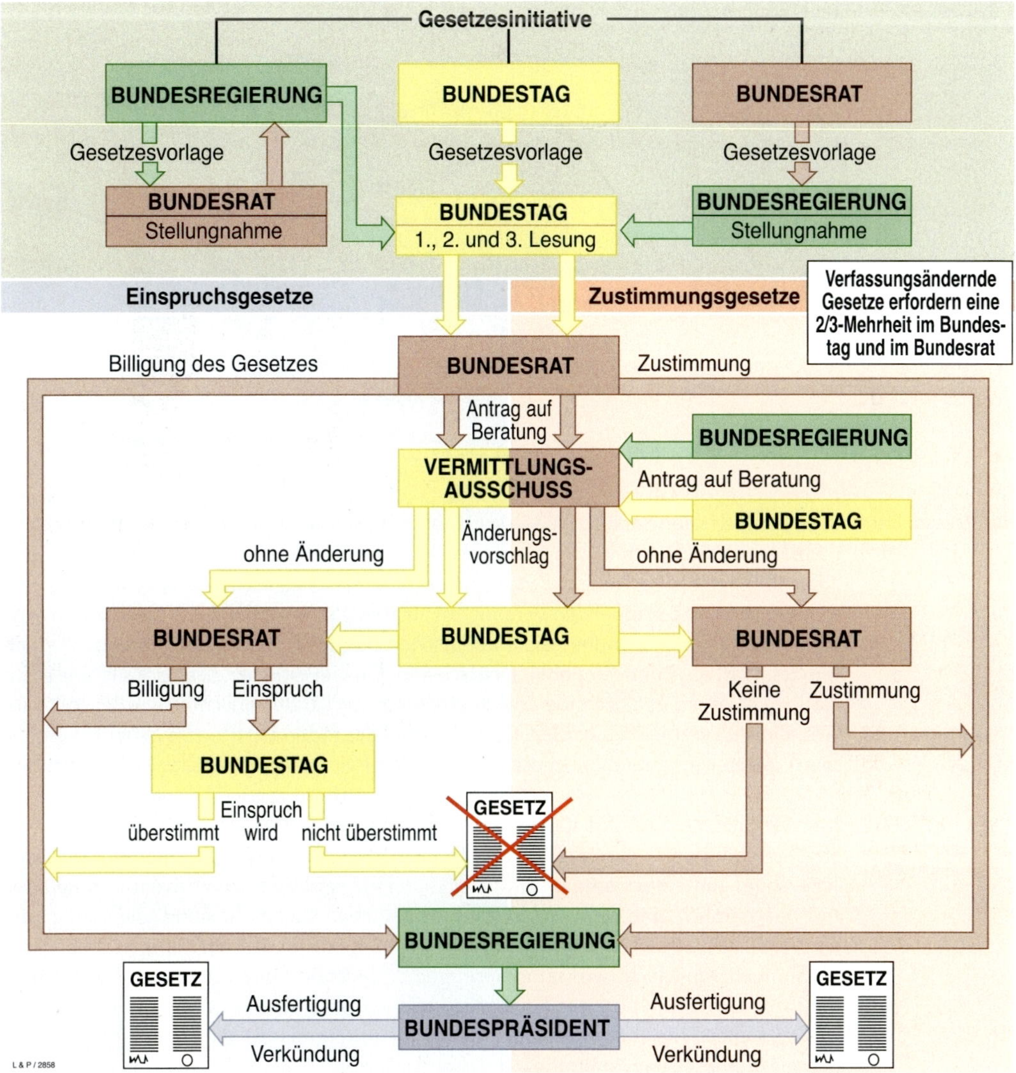

1. Ermitteln Sie die Zielsetzung, die mit der Institution Bundesrat eigentlich verbunden ist (M 2 und M 3), und stellen Sie sie der in M 3 geäußerten Kritik sowie der Karikatur auf S. 114 gegenüber.
2. Erläutern Sie die Rolle des Bundesrates bei der Gesetzgebung. Beschreiben Sie unter Verwendung von M 4 und M 5 die Einflussmöglichkeiten des Bundesrates in Abhängigkeit vom Gesetzestyp.
3. Überprüfen Sie die in M 2 konstatierte Bedeutung des Bundestags mithilfe der Grafiken M 4 und M 5.

5. Grundlegende Merkmale der föderativen Ordnung

Zeichnung:
Klaus Stuttmann

Jetzt bloß nicht wieder alles aufschnüren !!

die USA – der erste Bundesstaat

In einem föderalen Staat schließen sich mehrere Gliedstaaten zu einem Bündnis zusammen. Ein solches Bündnis kam in der Geschichte erstmals zustande, als sich im Jahr 1787 13 unabhängige amerikanische Staaten in einem republikanischen und demokratischen Bundesstaat formierten – den Vereinigten Staaten von Amerika. Auch hierzulande existiert eine föderale Ordnung: Die 16 deutschen Bundesländer bilden gemeinsam einen Bundesstaat, die Bundesrepublik Deutschland. Ein einheitlicher Zentralstaat, wie er im Nationalsozialismus durch die Gleichschaltung der Länder errichtet wurde, sollte im Grundgesetz verhindert werden. Darum wurde das föderative Prinzip in Artikel 20 Absatz 1 unserer Verfassung festgeschrieben und durch Artikel 79 Absatz 3 GG geschützt.

Art. 20 Abs. 1 GG

horizontale und vertikale Gewaltenteilung

Mit der Entscheidung für das föderative Staatsprinzip hat der Parlamentarische Rat 1949 eine doppelte Gewaltenteilung in Deutschland eingerichtet. Neben die klassische, sogenannte horizontale Gewaltenteilung in Legislative, Exekutive und Judikative trat nun nämlich eine weitere Aufteilung staatlicher Macht auf Bund und Länder, die als „vertikale" Gewaltenteilung bezeichnet wird. Beide Gewaltenteilungen sollen dem Missbrauch von Macht wirksam vorbeugen und Minderheiten schützen. Dabei stärkt die Integrationsfunktion des Föderalismus die Einheit des Bundes gerade durch die Vielfalt seiner Teile. Ihre Interessen können die untereinander gleichberechtigten Länder auf Bundesebene im Bundesrat geltend machen.

Integrationsfunktion des Föderalismus

Finanzautonomie und Verfassungsautonomie

Anders als in der Weimarer Republik sollten die Länder keine „Kostgänger des Reichs" sein. Deshalb sichern sie ihre Lebensfähigkeit durch einen festen Anteil am Gesamtsteueraufkommen des Bundes (Finanzautonomie). Die deutschen Bundesländer besitzen „Staatsqualität"; sie sind keine bloßen Verwaltungseinheiten oder Vollzugsorgane des Bundes. Ihr Recht auf Verfassungsautonomie gestattet es ihnen, ihre staatliche Ordnung eigenverantwortlich zu gestalten. Allerdings gibt es dabei Grenzen: Die Grundstruktur der Länder muss sich nämlich nach dem Bund richten und damit einem republikanischen, demokratischen und sozialen Rechtsstaat (Art. 28 GG) entsprechen. Darüber hinaus ist für den Fall einander widersprechender Rechtsvorschriften eine klare Hierarchie festgelegt: Bundesrecht bricht Landesrecht (Art. 31 GG).

Bundesrecht bricht Landesrecht

5.1 Die Kompetenzverteilung zwischen Bund und Ländern

Verteilung von Kompetenzen

Zu den Kennzeichen eines Bundesstaates gehört die Verteilung der staatlichen Aufgaben zwischen Bund und Ländern. Artikel 30 GG legt die Verteilung der Kompetenzen fest: „Die Ausübung der staatlichen Befugnisse und die Erfüllung der staatlichen Aufgaben ist Sache der Länder, soweit dieses Grundgesetz keine andere Regelung trifft oder zulässt." Mit anderen Worten: Der Bund darf nur dann aktiv werden, wenn das Grundgesetz ihn ausdrücklich dazu ermächtigt, ihm eine „Kompetenz" verleiht. Diese Regelung steht im Einklang mit dem Prinzip der „Subsidiarität", demzufolge übergeordnete Gemeinschaften nur solche Aufgaben wahrnehmen sollen, die nachgeordnete Gemeinschaften nicht ebenso gut oder besser erfüllen können.

Subsidiaritätsprinzip

ausschließliche Gesetzgebung

Es gibt also Aufgaben, die reine Ländersache sind. Dazu gehören z. B. das Bildungswesen (Schule, Universitäten) und die Polizei. Andere Aufgaben fallen in die alleinige Zuständigkeit des Bundes, etwa die Auswärtigen Angelegenheiten, die Verteidigung oder der Luftverkehr. Man spricht hier von der „ausschließlichen Gesetzgebungskompetenz" des Bundes. Daneben existieren Aufgaben, die nur so lange und so weit von den Ländern ausgeführt werden dürfen, wie der Bund von seiner Zuständigkeit keinen Gebrauch macht. Zu den Bereichen dieser „konkurrierenden Gesetzgebung" gehören z. B. das bürgerliche Recht oder die öffentliche Fürsorge. Grundsätzlich gilt, dass die Gesetzgebung weitgehend Sache des Bundes, die Verwaltung, d. h. die Ausführung der Gesetze, eher Sache der Länder ist. Die Rechtsprechung ist zwischen Bund und Ländern eng verzahnt. Nach dem Prinzip der „Bundestreue" müssen Bund und Länder dabei aufeinander Rücksicht nehmen und zur Stabilität der Bundesrepublik beitragen.

konkurrierende Gesetzgebung

Gesetzgebung und Verwaltung

Bundestreue

„Politik-Verflechtung"

Das System der „Politik-Verflechtung" zwischen Bund und Ländern ist auf den ersten Blick recht kompliziert. Eine Vereinfachung sollten zwei Föderalismusreformen bringen, die 2006 und 2009 in Kraft traten. Die erste bedeutete die größte Grundgesetzänderung seit 1949 – insgesamt 25 der 183 Grundgesetzartikel wurden geändert. Kernziel dieser Reform war, die Länder gesetzgeberisch aufzuwerten und im Gegenzug den Anteil der zustimmungspflichtigen Gesetze zu reduzieren, um möglichen Blockaden zwischen Bundestag und Bundesrat vorzubeugen. Die zweite Reform behandelte die Finanzbeziehungen und setzte neue Grenzen für die staatliche Verschuldung.

Föderalismusreformen

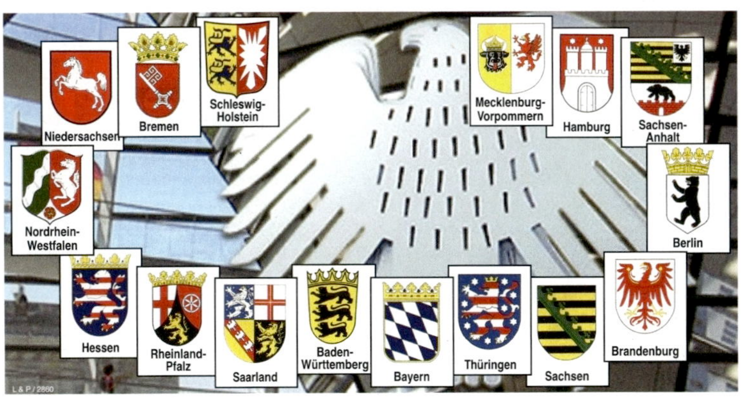

Die Wappen der 16 Bundesländer in Deutschland

MATERIAL
1 Der Föderalismus im Streit der Meinungen

Vorteile des Föderalismus

Machtverteilung: Die zusätzliche Kontrolle zwischen Gesamtstaat und Gliedstaaten bietet Schutz vor Machtmissbrauch.

Mehr Demokratie: Durch Aufteilung des Gesamtstaates versteht der Bürger die Zusammenhänge besser und kann eher mitbestimmen.

Führungsalternativen: Politische Parteien können ihre Führungsqualitäten in den Ländern erproben und erhöhen so ihre Chancen auf Bundesebene.

Aufgabennähe: Die staatlichen Organe sind regionalen Problemen in Bundesstaaten näher als im Einheitsstaat.

Bürgernähe: Durch kurze Wege zu den staatlichen Stellen kann der Bürger eher Kontakt zu Politikern und Behörden bekommen.

Wettbewerb: Die Länder stehen zwangsläufig im Wettbewerb zueinander. Konkurrenz belebt.

Ausgleich: Der Föderalismus wirkt durch wechselseitige Kontrolle, gegenseitige Rücksichtnahme und Kompromisszwang ausgleichend.

Vielfalt: Die Gliederung des Bundes in Länder garantiert viele wirtschaftliche, politische und kulturelle Mittelpunkte.

Nachteile des Föderalismus

Uneinheitlichkeit: Die Eigenständigkeit der Länder führt zu Unterschieden. Dadurch können Schwierigkeiten entstehen, z. B. für Schüler beim Umzug in ein anderes Land.

Kompliziertheit: Die 17 verschiedenen Entscheidungszentren (die Bundesebene plus 16 Länder) kann ein Bürger nur schwer überschauen.

Zeitaufwand: Parlamente, Regierungen und Verwaltungen von Bund und Ländern müssen bisweilen langwierige Verhandlungen miteinander führen, um zu Lösungen zu gelangen.

Hohe Kosten: Die einzelnen Parlamente, Regierungen und Verwaltungen in Bund und Ländern sind teurer als die entsprechenden Stellen in einem Einheitsstaat.

Quelle: www.bundesrat.de/Wissen/Foeder2.html; Zugriff am 18.6.2007

MATERIAL
2 Wider die Föderalismuskritik

Föderalismus kann nervig sein: Wenn etwa bei einem Umzug von Oldenburg nach Stuttgart Schüler und Eltern mit neuen Anforderungen konfrontiert werden. Aber Bundesbehörden machen nicht immer alles besser, die Aufteilung auf die Länder hat sich bewährt [...].

Bei unseren europäischen Nachbarn erleben wir gegenwärtig eine Blüte des Föderalismus. Die Mehrheit der Schotten wünscht sich mehr Autonomie, die belgischen Sprachgruppen bauen die Zuständigkeiten ihrer Bundesstaaten aus, die Schweizer verteidigen ihre kantonale Unabhängigkeit. Auch Spanier, Franzosen und Italiener wollen weniger staatlichen Zentralismus.

Nur in der Bundesrepublik Deutschland hat der Föderalismus einen schlechten Ruf. Vielleicht, weil man verlernt hat wertzuschätzen, an was man gewöhnt ist. Dabei lassen es Bürger und Politiker nicht an abstrakten Bekenntnissen zum Föderalismus fehlen. Aber sobald es konkret wird, verunglimpft man ihn als „Kleinstaaterei".

Egal ob es um das Abitur, ganz allgemein um Schulsysteme, um die Lehrerausbildung, das Hochschulwesen, die Lebensmittelaufsicht, die Atomaufsicht, den Verfassungsschutz, den öffentlich-rechtlichen Rundfunk oder den Straßenbau geht – stets scheint es Argumente dafür zu geben, warum gerade in diesem Bereich Schluss sein sollte mit der Bundesstaatlichkeit.

Erstaunlicherweise setzen dabei Menschen, die sonst dem Staat kritisch gegenüberstehen, ein großes Vertrauen in den Zentralstaat. Wenn erst einmal die entsprechenden Zuständigkeiten in einer Bundesbehörde gebündelt seien, dann – so die Vorstellung – laufe alles wie am Schnürchen. Dabei zeigt die Lebenserfahrung bei bereits zentralisierten Aufgaben: Das ist mitnichten so. Im Gegenteil: Wenn auf Bundesebene etwas schiefläuft, dann läuft es in einem viel größeren Maßstab schief. [...]

Der deutsche Föderalismus krankt nicht daran, dass die Bundesländer zu eigenständig sind, sondern daran, dass sie stets ihre regionalen Lösungen bundesweit durchsetzen möchten, dass sie also mit Unterschieden nicht umgehen können. Sicherlich: Der Preis dieses wettbewerblichen, föderalen Systems sind Ungerechtigkeiten im Einzelfall. Es stellt auch hohe Anforderungen an die Flexibilität der Bundesbürger. Aber kein System ist hundertprozentig gerecht. Ein Ende des Föderalismus und ein zentralstaatlicher Dirigismus wären auf jeden Fall die schlechtere Alternative.

Quelle: Markus Reiter: Wider die Föderalismuskritik, in: Deutschlandradio Kultur, Ortszeit: Politisches Feuilleton, www.dradio.de/dkultur/sendungen/politischesfeuilleton/1682212/ vom 21.2.2012; Zugriff am 19.2.2013

Querverweis: S. 16, M 1

MATERIAL

Warum der Föderalismus schadet 3

Es ist ein Ritual, das beinahe jedes Jahr wiederkehrt. Ob Dioxin im Tierfutter, Gammelfleisch im Döner, Rinderwahn im Steak oder nun Keime im Gemüse – jeder Lebensmittelskandal offenbart ein wildes Durcheinander der Zuständigkeiten. Institute, Ämter und Behörden aus fast jedem Bundesland spüren der Gefahr nach, Dutzende Minister samt ihrer Stäbe versuchen, daraus politisches Kapital zu schlagen. Jeder ist zuständig, alle dürfen mitreden – und wenn am Ende die Aufklärung eher gebremst als beschleunigt wird: egal! [...] In der Theorie ist Föderalismus ein attraktives System: Im Wettbewerb der Regionen setzen sich die besten Konzepte durch, die Subsidiarität mehrt das Wohl aller. Die Praxis sieht anders aus. Nicht nur, weil der Länderfinanzausgleich die Ergebnisse der Konkurrenz einebnet. Hinzu kommt die Beharrungskraft der Bürokratie. [...]

In seiner derzeitigen Verfassung läuft das föderale System Gefahr, an sich selbst zu scheitern. Dazu genügt ein Blick auf das ewige Gegeneinander von Berlin und Brandenburg, trotz mancher Annäherung in jüngerer Zeit. Warum müssen in einer globalisierten Welt, in der Staaten und Kontinente in Konkurrenz stehen, ausgerechnet Regionen gegeneinander arbeiten?

Quelle: Carsten Brönstrup: Aus 16 mach' eins, in: Der Tagesspiegel Online, www.tagesspiegel.de/meinung/bundesrat-kammer-der-opposition/7864998.html vom 9.6.2011; Zugriff am 20.2.2013

Querverweis: S. 126, M 1

1. Verschaffen Sie sich arbeitsteilig einen Überblick zu den in der Grafik aufgeführten Bestimmungen des Grundgesetzes. Erläutern Sie anschließend ihren Klassenkameraden die wesentlichen Inhalte der ihnen zugeordneten Artikel.
2. Stellen Sie aus M 1, M 2 und M 3 die Argumente für und wider den Föderalismus zusammen. Nehmen Sie anschließend in Form eines Zeitungskommentars (S. 73) für eine der beiden Positionen Stellung.

5.2 Beispielfall Bildungspolitik

Bildung ist Ländersache

Bildungspolitik als klassische Länderaufgabe stand in der Vergangenheit eher selten im Zentrum des öffentlichen Interesses. Bis heute genießen in Landtags- und Bundestagswahlkämpfen Themen wie Wirtschaft oder Arbeit meist den Vorrang. Allerdings zeichnet sich hier ein Wandel ab, denn im Zeitalter von Globalisierung und Informationstechnologie wird neben den drei klassischen Produktionsfaktoren Arbeit, Kapital und natürliche Ressourcen (Boden und Rohstoffe) ein vierter Faktor immer wichtiger: das Wissen (Know-how). Im internationalen Wettbewerb setzen deshalb immer mehr Staaten auf Bildung und Forschung. Auch in Deutschland ist man darum bemüht, den eigenen Bildungsstandort international attraktiver zu machen.

PISA-Studie

Für großes Aufsehen hat in diesem Zusammenhang die PISA-Studie gesorgt: Mit PISA (Programme for International Student Assessment) hatte die Bundesrepublik im Jahr 2000 zum ersten Mal an einer internationalen Vergleichsuntersuchung zu Schülerleistungen teilgenommen, die seither im Dreijahresrhythmus wiederholt wird. Die PISA-Studie wurde damals in insgesamt 32 Staaten mit 15-jährigen Schülerinnen und Schülern durchgeführt. In diesem internationalen Vergleich bekam das gesamte Schulsystem in Deutschland – allerdings mit erheblichen Unterschieden in den einzelnen Bundesländern – ein wirklich schlechtes Zeugnis ausgestellt.

Reform der Bildungssysteme in Bund und Ländern

Parteien im Bund und in den Ländern widmen sich seither dem Thema mit neuer Aufmerksamkeit und hinterfragen ihre Bildungssysteme. Das Ganztagsschulenprogramm wurde auch als Folge von PISA massiv ausgebaut. Rufe nach bundesdeutschen Regelungen für mehr Bildungsqualität wurden laut und sind bis heute zu hören. Allerdings zeigen sich immer wieder unterschiedliche Meinungen unter den Ländern, etwa zur Idee des „Verzichts auf das Sitzenbleiben".

„Wissen made in Germany"

Zur Stärkung der deutschen Spitzenforschung wurden und werden im Rahmen einer „nationalen Exzellenzinitiative" seit 2006 Universitäten mit dem Prädikat „Elite-Universität" versehen. In den regelmäßig stattfindenden Runden konnten die Universität München und die Technische Universität München ihren Titel der Elite-Universität verteidigen und damit beträchtliche Summen an Geldern zu Forschungszwecken erhalten. Mehr und mehr zeigt sich im Hochschulwesen der Wettbewerbsgedanke mit stärkeren Differenzierungen im Hochschulmarkt, was manchmal als übertriebene Ökonomisierung gerade in den Geistes- und Sozialwissenschaften kritisiert wird. Nach verschiedenen Plagiatsfällen in den Doktorarbeiten prominenter Politikerinnen und Politiker zeichnet sich eine verstärkte Qualitätskontrolle innerhalb des Promotionswesens ab.

Zeichnung: Klaus Stuttmann

Die Bundesregierung setzt also verstärkt auf den Rohstoff „Wissen made in Germany". Das Grundgesetz hält sich beim Thema Bildung im Hintergrund, woraus sich automatisch eine Gestaltungsbefugnis der Länder ergibt. Die Länder agieren im Kulturbereich also im Sinne eines kooperativen Föderalismus mit eigenen Regelungen. Allgemein bekennen sich die meisten Landesverfassungen zu gemeinschaftsorientierten Werten und nennen oberste Bildungs- und Erziehungsziele. Sie kommen damit dem Artikel 7 Absatz 1 des Grundgesetzes nach, in dem geschrieben steht: „Das gesamte Schulwesen steht unter Aufsicht des Staates." Artikel 3 der Bayerischen Verfassung von 1946 nennt den Freistaat ausdrücklich einen „Kulturstaat".

Ländervergleich 2011 in Deutsch und Mathematik

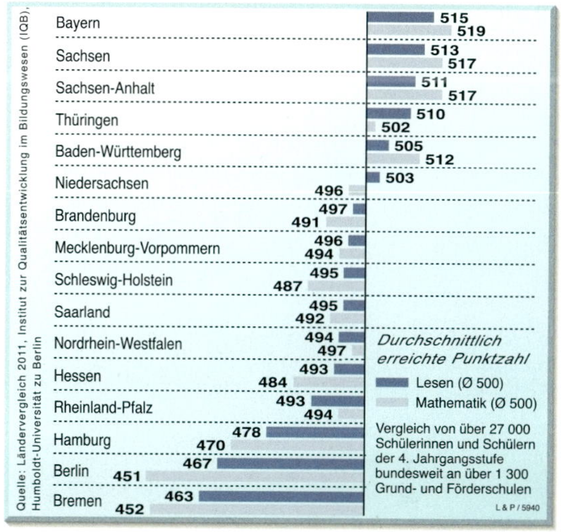

Das Ziel der Länder war von Beginn an – und ist bis heute –, ein Auseinanderdriften der Bildungslandschaft in Deutschland zu verhindern. Eine in den Anfängen der Bundesrepublik gegründete Kultusministerkonferenz (KMK) wirkt auf die Vergleichbarkeit im Bildungs- und Kulturwesen. Sie hat keine eigene Entscheidungskompetenz, sondern ist die Summe der Kompetenzen der jeweiligen Kultusminister der einzelnen Länder. Entscheidungen fallen nach dem Einstimmigkeitsprinzip. Die KMK ist die wichtigste bildungspolitische Entscheidungsinstitution in Deutschland. Sie vereinbart die Einheitlichen Prüfungsanforderungen in der Abiturprüfung (EPA), die für alle Bundesländer verbindlich sind und als bundesweite Bildungsstandards für alle Fächer in der Abiturstufe dienen.

Kultusministerkonferenz

Einheitliche Prüfungsanforderungen

Schulpolitisch existieren allerdings höchst unterschiedliche Landesprofile. Die Exekutiven der Länder koordinieren und kontrollieren jeweils die innere und äußere Schulentwicklung. Dabei geht es um Fragen der Aus- und Weiterbildung, der schulischen Qualitätssicherung und der Finanzplanung. Grundsätzliche Unterschiede im Wettbewerb zwischen den Bundesländern existieren bei der Bewertung des Leistungsprinzips gegenüber dem Prinzip des „sozialen Lernens", bei der Bewertung der Fachkenntnisse gegenüber den fächerübergreifenden, „interdisziplinären" Kenntnissen und bei der Bewertung des gegliederten Schulsystems gegenüber der Integration in Gesamtschulen. Im Einzelnen unterscheiden sich vier- von sechsjährigen Grundschulen oder das Zentralabitur von der dezentralen Hochschulreife. Der frühere Unterschied zwischen dem acht- und neunjährigen Gymnasium verschwindet allmählich, da die Bundesländer, auch Bayern, ihr Bildungssystem seit 2004 auf das achtjährige Gymnasium umgestellt haben oder die Umstellung beabsichtigen. In manchen Bundesländern gibt es parallel aber auch weiterhin (bzw. wieder) das G9, z. B. können in Nordrhein-Westfalen Gymnasien im Rahmen eines Schulversuchs wieder von acht auf neun Jahre umsteigen.

unterschiedliche Landesprofile in der Schulpolitik

das achtjährige Gymnasium (G8)

Nach der Föderalismusreform I von 2006 haben die Länder weitaus mehr Möglichkeiten, Bildungspolitik zu reformieren. Immer wieder kommt es daher zu Veränderungen. In Bayern etwa wurden im Sommersemester 2007 Studiengebühren in Höhe von 100 bis 500 Euro eingeführt, aber im Jahr 2013 vom Landtag wieder abgeschafft.

Studiengebühren

MATERIAL

1 Glaubenskrieg ums Sitzenbleiben an deutschen Schulen

Die Absicht mehrerer Bundesländer, das Sitzenbleiben in den Schulen mittelfristig abzuschaffen, stößt bei Lehrern auf deutliche Ablehnung. Josef Kraus, seit 1987 Präsident des Deutschen Lehrerverbandes (DL), kritisierte gegenüber der „Welt": „Bei denen, die das Sitzenbleiben abschaffen wollen, ist ein total idealisiertes Bild von Schülern vorhanden. Man tut so, als sei immer nur das System schuld, wenn jemand nicht vorankommt."
Ein beachtlicher Anteil von Schülern brauche das Risiko des Scheiterns, „um mehr in Schule zu investieren". „Es ist doch kein Zufall, dass die Länder mit den liberalsten Noten und Bedingungen bei den PISA-Studien am Ende der Skala liegen", betonte Kraus. Für ihn sei es humaner, einem 13- oder einem 15-Jährigen zu sagen: „Du wiederholst jetzt ein Jahr, weil es für dich eine Chance zur Konsolidierung ist."

Der Plan von Rot-Grün in Niedersachsen, mittelfristig das Sitzenbleiben abzuschaffen, hatte die Debatte über den Umgang mit leistungsschwachen Schülern neu angefacht. Der Präsident der Kultusministerkonferenz, Stephan Dorgerloh (SPD), begrüßte das Konzept und verlangte mehr individuelle Förderung für Schulkinder.

Der Landesvorsitzende der SPD in Schleswig-Holstein, Ralf Stegner, sagte gegenüber der „Welt": „Die Schule muss sich nach den Kindern richten, nicht die Kinder nach der Schule." Die Wiederholung einer Klasse solle in Zukunft nur noch möglich sein, wenn Eltern und Lehrer in Einzelfällen zustimmten.[…]

Bayerns Kultusminister Ludwig Spaenle (CSU) bezeichnete die Abschaffung des Sitzenbleibens dagegen als Unsinn. „Man entkleidet sich ohne Not eines pädagogischen Instruments, das den Schülern die Möglichkeit bietet, Versäumtes nachzuarbeiten." […]

Die designierte niedersächsische Kultusministerin Frauke Heiligenstadt (SPD) verwies auf die guten Erfahrungen, die man mit dem Verzicht aufs Durchfallen an integrierten Gesamtschulen gemacht habe: „Wir haben an den Schulen die niedrigste Schulabbrecherquote überhaupt", sagte sie. „Aber natürlich müssen die Schulen auch in die Lage versetzt werden, so arbeiten zu können."

Bundesweit wiederholen pro Jahr etwa zwei Prozent aller Schüler eine Klasse. In den vergangenen Jahren haben eine ganze Reihe von Ländern entschieden, das Durchfallen ganz oder zumindest teilweise für bestimmte Jahrgangsstufen oder Schulformen zu streichen.[…]

In Bayern drehten im vergangenen Schuljahr 2,3 Prozent der Gymnasiasten, 2,6 Prozent der Realschüler und 1,1 Prozent der Mittelschüler eine „Ehrenrunde".

Zeichnung: Thomas Plaßmann

Quelle: Glaubenskrieg ums Sitzenbleiben an deutschen Schulen, in: Die Welt Online, www.welt.de/politik/deutschland/article113713209/Glaubenskrieg-ums-Sitzenbleiben-an-deutschen-Schulen.html vom 18. 2. 2013; Zugriff am 21. 2. 2013

1. Stellen Sie die Argumente zum Sitzenbleiben einander gegenüber (M 1) und nehmen Sie davon ausgehend in einem Zeitungskommentar (S. 73) Stellung zu der Thematik.
2. Erarbeiten Sie aus M 2 bis M 4 die Probleme, die sich aus der föderal organisierten Bildungspolitik ergeben.
3. Interpretieren Sie die Karikatur in M 1 und erörtern Sie davon ausgehend Chancen und Probleme eines zentral organisierten Bildungswesens.

MATERIAL
Kleiner Schritt zum Einheitsabitur 2

Auf der bildungspolitischen Dauerbaustelle Vergleichbarkeit des Abiturs zeichnen sich Fortschritte ab. Die Konferenz der Kultusminister (KMK) hat am Donnerstag [18. 10. 2012] in Hamburg bundesweit einheitliche Normen für die Reifeprüfung beschlossen. [...] Diese legen fest, welche Kompetenzen ein Gymnasiast zu welchem Zeitpunkt vorzuweisen hat. Die KMK verabschiedete nun, dass diese Standards inklusive Musteraufgaben erstmals beim Abiturjahrgang 2017 als Richtlinie gelten. Freilich nur als Orientierungshilfe – ein Zentralabitur, wie es laut Umfragen die Mehrheit der Eltern wünscht, steht nicht zur Debatte.

Auch an der Idee eines gemeinsamen Kernabiturs vom Jahr 2014 an, bei dem die Länder konkret Prüfungen aus einem Aufgabenpool verwenden, beteiligen sich zunächst nur sechs Länder. Die Pioniergruppe um Bayern und Niedersachsen will sich in zwei Jahren zunächst bei einer Aufgabe aus einer übergreifenden Sammlung bedienen. [...] „Die Einladung, schon bei den gemeinsamen Aufgaben 2014 mitzumachen, steht nach wie vor", hieß es am Donnerstag in Kreisen der Pionier-Länder. Viele Kollegen befürchteten aber offenbar, „sich im Vergleich messen zu lassen und am Ende mit miserablen Leistungen dazustehen".

Für Grundschüler liegen solche Standards bereits vor, eine Studie auf deren Basis hatte kürzlich Aufsehen erregt. [...] Es gab ein Ranking, das manche Minister in Erklärungsnot brachte: Es attestierte den Schülern aus Bayern einen Vorsprung, am Ende der Liste standen Bremen, Berlin und Hamburg.

Quelle: Johann Osel: Kleiner Schritt zum Einheitsabitur, in: Süddeutsche Zeitung vom 19. 10. 2012, S. 20

MATERIAL
3 Nur ein ganz kleiner Schritt

Die Kultusminister basteln an einem bundesweit vergleichbaren Abitur – das klingt wie eine Revolution. Denn Bildungspolitik ist bekanntlich eines der letzten Hoheitsgebiete, in denen die Länder Handschrift zeigen können; und die Konferenz der Kultusminister wirkt meist wie ein zerstrittener Haufen: Endlosdebatten und theoretische Papiere.

Nun soll sich was tun. Von 2017 an soll es Abiturstandards geben, heißt es, die Prüfungen dann überall gleich schwer sein. Ein erster Schritt ist das. Aber sicher keine Revolution. [...]

Prompt betonen Länder mit leistungsstarken Schülern, ihr Niveau werde nicht sinken; und Länder, die bei Tests eher schlecht abschneiden, beruhigen: Unser Abitur wird nicht schwieriger.

Es wird also nicht der föderale Flickenteppich entsorgt – es werden nur ein paar hübsche Fäden eingewoben, sie machen ihn etwas ansehnlicher.

Quelle: Johann Osel: Nur ein ganz kleiner Schritt, in: Süddeutsche Zeitung vom 20. 10. 2012, S. 20

MATERIAL
Kritik der Elternvereinigung 4

Die LEV (Landeselternvereinigung) befürchtet eine Benachteiligung der bayerischen Abiturienten. „Das bayerische Abitur ist nach wie vor eines der anspruchsvollsten. Bewerber aus anderen Bundesländern sind daher bei der Vergabe von Studienplätzen im Vorteil", glaubt LEV-Vorsitzende Lillig. „Wir fordern daher ein einheitliches Zentralabitur für alle Bundesländer in Mathematik und den Fremdsprachen." Dafür gibt es eine Reihe von Befürwortern, bislang konnten sich die Kultusminister aber nicht auf ein einheitliches Abitur, sondern nur auf gemeinsame Bildungsstandards einigen. [...] Immer mehr Universitäten reagieren auf die unterschiedlichen Abistandards mit einer Hochschuleignungsprüfung. In den meisten mathematisch-naturwissenschaftlichen Fächern ist dies bereits Usus. Den künftigen „Südabiturienten" soll diese Prüfung, zumindest an den bayerischen Hochschulen, erlassen werden.

Quelle: Christa Eder: Stunden, die über die Zukunft entscheiden, in: Süddeutsche Zeitung Online (www.sueddeutsche.de) vom 11. 5. 2010; Zugriff am 7. 3. 2013

5.3 Bayerische Landespolitik in Deutschland und Europa

Fritz Schäffer, CSU (1945)

Wilhelm Hoegner, SPD (1945–46 und 1954–57)

Landespolitisch dominiert im Freistaat Bayern seit Jahrzehnten die Christlich Soziale Union (CSU), die neun der zehn bayerischen Ministerpräsidenten nach 1945 gestellt hat. Es gelang der CSU seit den 1960er-Jahren, die Wähler und Politiker der kleinen Parteien anzuziehen. Von 1974 an konnte die bis dahin vor allem von Katholiken gewählte CSU auch in den protestantischen Gebieten, etwa in Mittelfranken, zur beherrschenden Partei werden. Sie entwickelte sich in der Folgezeit zu einer gesellschaftlich breit verankerten Großpartei.

Hans Ehard, CSU (1946–54 und 1960–62)

Hanns Seidel, CSU (1957–1960)

Alfons Goppel, CSU (1962–1978)

Franz Josef Strauß, CSU (1978–1988)

Max Streibl, CSU (1988–1993)

Edmund Stoiber, CSU (1993–2007)

Günther Beckstein, CSU (2007–2008)

Horst Seehofer, CSU (seit 2008)

der bayerische Eigenweg

Vier feste Koordinaten bestimmen die bayerische Landespolitik „nach außen": die Zusammenarbeit und der Wettbewerb mit den anderen deutschen Ländern, die Stellung gegenüber dem Bund, die Rolle des Freistaates in der Europäischen Union und die regionale Nachbarschaftspolitik. Die Betonung des Eigenweges hat hierzulande eine lange Tradition und gilt als tragender Pfeiler im bayerischen Föderalismusverständnis. Staatliche Symbole wie die Rautenflagge, das Bayernwappen und die Bayernhymne haben eine besondere Bedeutung. Der Freistaatsbegriff wurde so zum Symbol des föderalistischen Eigenstaatlichkeitsanspruchs gegenüber dem Gesamtstaat.

Dieser Gedanke offenbarte sich am 8. Mai 1949 bei der Verabschiedung des Deutschen Grundgesetzes. Damals lehnte die bayerische Regierung unter Hans Ehard als einzige westdeutsche Landesregierung die in ihren Augen zu wenig föderalistische Verfassung ab, anerkannte aber zugleich ihre Rechtsverbindlichkeit auch für den Freistaat. Eine Abtrennung von der Bundesrepublik wollte man gerade vermeiden. Allerdings richten sich Klagen Bayerns bis heute gegen den Länderfinanzausgleich. Dabei geht es – insbesondere mit Blick auf die neuen Bundesländer – weniger um versagte Solidarität, sondern vielmehr um den Aufruf zu eigener Leistung im Wettbewerb der Bundesländer.

Bayern im Wettbewerb der Bundesländer

Bayern hat sich stets zur Zusammenarbeit der Staaten in Europa bekannt. Zugleich aber versteht sich der Freistaat als Bewahrer seiner Region. So sollen Länderanliegen auf europäischer Ebene auch institutionell zur Geltung kommen, beispielsweise in der 1989 eingerichteten Konferenz „Europa der Regionen". Die Leitbilder „Föderalismus" und „Subsidiarität" prägen die bayerische Landespolitik. Ein besonderes Augenmerk liegt seit Längerem schon auf der europäischen Regionalförderung und Agrarpolitik. In Brüssel ist der Freistaat mit einer eigenen Landesvertretung präsent.

Bayern im „Europa der Regionen"

Wirtschaftlich ist Bayern traditionell eng mit Oberitalien und dem Donauosten verbunden. Zum Zwecke der kulturellen und infrastrukturellen Zusammenarbeit wurde 1972 eine „Aktionsgemeinschaft Alpenländer" und 1990 eine „Arbeitsgemeinschaft Donauländer" gegründet. Heute werden grenzüberschreitende Verbindungen mit sogenannten EuRegio-Projekten angestrebt, z. B. der „EuRegio Salzburg-Berchtesgadener Land-Traunstein" oder der „EuRegio Bayerischer Wald – Böhmerwald".

kulturelle und infrastrukturelle Zusammenarbeit

Im Verhältnis zum Nachbarland Tschechien haben sich enge Wirtschaftsbeziehungen zwischen mittelständischen Betrieben und eine fruchtbare Zusammenarbeit im Tourismussektor herausgebildet. Meinungsverschiedenheiten im engeren politischen Sinne traten und treten hinsichtlich des tschechischen Kernkraftwerkes Temelín auf. Auch die Frage, wie die Vertreibungen der Sudetendeutschen nach dem Ende des Zweiten Weltkriegs zu bewerten sind, birgt politischen Zündstoff. Gerade im Freistaat fanden in den 1950er- und 1960er-Jahren viele vertriebene Sudetendeutsche unter der Formel „Bayerns vierter Stamm" eine neue Heimat und leisteten einen gewichtigen Beitrag zur wirtschaftlichen Entwicklung des Landes.

Bayern und Tschechien

Bereits seit den 1960er-Jahren legt das agrarisch geprägte Bayern – 1950 waren noch 21 Prozent aller Erwerbstätigen in der Landwirtschaft beschäftigt – seinen Schwerpunkt auf den technologischen Fortschritt. Früh schon siedelten sich zukunftsträchtige Industriezweige wie die Luft- und Raumfahrttechnik an. Auch beim Ausbau des Energie- und Verkehrsnetzes wurden rechtzeitig Weichen gestellt, etwa durch den Bau von Ölraffinerien oder Autobahnen. Seit den 1980er-Jahren bewegt sich die wirtschaftliche Wachstumsrate in Bayern wesentlich über dem Bundesdurchschnitt, während die Arbeitslosenrate darunter liegt. Bei Patentanmeldungen – einem Indikator für die Zukunftsfähigkeit eines Landes – steht Bayern ebenfalls sehr gut da. Im Jahr 1992 kam es zur Eröffnung des Main-Donau-Kanals und des Flughafens München II Franz Josef Strauß. Industriell entwickelte sich in München, Ingolstadt und Regensburg insbesondere der Fahrzeugbau. In jüngster Zeit nimmt die Bedeutung der Biotechnologie zu. Die staatlichen Bemühungen richten sich auf die Schaffung günstiger Rahmenbedingungen, beispielsweise für die Medizintechnik am Universitätsstandort Erlangen.

Wirtschaft und Technik

Flughafen München II Franz Josef Strauß

MATERIAL

1 Klage gegen den Länderfinanzausgleich

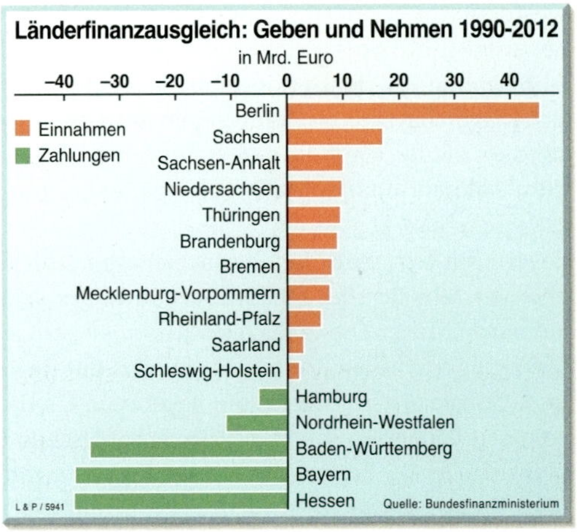

Seit Langem üben die drei Geberländer Bayern, Baden-Württemberg und Hessen Kritik am Länderfinanzausgleich. Bayern und Hessen drohten immer wieder damit, gegen das finanzielle Ausgleichssystem zwischen den Bundesländern vor Gericht zu ziehen. Am Montag [25. 3. 2013] haben sie nun gemeinsam Klage eingereicht. Jetzt muss das Bundesverfassungsgericht in Karlsruhe prüfen, ob der Länderfinanzausgleich in seiner derzeitigen Ausgestaltung mit dem Grundgesetz vereinbar ist.

Ministerpräsident Winfried Kretschmann (Grüne), beteiligt sich nicht an der Klage, obwohl auch Baden-Württemberg zu den Geberländern gehört. Aus Solidarität mit der SPD, wie Seehofer sagt. [...]

Seit 2011 hätten sich die Ministerpräsident/innen immer wieder in informellen Kamingesprächen getroffen, um über eine mögliche Neuregelung der Ausgleichszahlungen zu beraten, berichtet Seehofer. Die Gespräche brachten keine Einigung. Vor allem bei den SPD-geführten Bundesländern sei eine „Gesprächsblockade" zu spüren gewesen. „Ist ja auch logisch", so Seehofer. „Die sagen: Warum sollen wir mit Euch über etwas verhandeln, das bis 2019 vertraglich geregelt ist."

Nun haben sich die Regierungschefs von Bayern und Hessen nicht nur auf gemeinsame juristische Schritte, sondern auch auf eine Sprachregelung geeinigt. Die Klage sei ein „Akt politischer Notwehr", so Seehofer und Volker Bouffier (CDU) unisono in München und Wiesbaden. Das gegenwärtige System sei unsolide, ungerecht und leistungsfeindlich und müsse reformiert werden.

Im Jahr 2012 wurden insgesamt 7,9 Milliarden Euro umverteilt. Davon zahlte Bayern etwa die Hälfte und Hessen rund 1,3 Milliarden. Berlin war mit 3,3 Milliarden der größte Empfänger. Ein Land hat dann Anspruch auf Zahlungen, wenn seine Finanzkraft je Einwohner unter dem Durchschnitt liegt. Bayern, Baden-Württemberg und Hessen gerät ihre wirtschaftliche Stärke dabei zum Nachteil. Die gestiegenen Steuereinnahmen in den drei Ländern haben den Schnitt so weit angehoben, dass nunmehr 13 Länder unter den Durchschnitt fallen.

Konkret halten Bayern und Hessen unter anderem die geltende Stadtstaatenregelung für verfassungswidrig. Dabei werden die Einwohner von Berlin, Hamburg und Bremen stärker gewichtet als die Einwohner von anderen Großstädten wie München oder Frankfurt. Auch sei es nicht Aufgabe der Bundesländer, die Hauptstadtfunktion und die damit anfallenden Kosten Berlins zu finanzieren, so Seehofer.

Vor allem aber beklagen Bayern und Hessen fehlende Leistungsanreize. „Wer sich anstrengt, muss auch etwas davon haben", sagte Bouffier in Wiesbaden. Die Nehmerländer hätten keinerlei Interesse daran, sich wirtschaftlich zu verbessern, bekräftigte auch Bayerns Wirtschaftsminister Martin Zeil (FDP), wenn sie fürchten müssten, bei steigender Wirtschaftskraft geringere Ausgleichszahlungen zu erhalten.

Die Opposition hält die Klage für Wahlkampfgetöse. [...] Bayerns Finanzminister Markus Söder (CSU) schloss aber nicht aus, dass das Bundesverfassungsgericht sofort „eine klare Entscheidung" trifft.

Quelle: Marlene Halser: Bayern und Hessen gegen den Rest, in: taz Online, www.taz.de/!113471/ vom 25.3.2013; Zugriff am 4.4.2013

Querverweis: S. 119, M3

MATERIAL 2

Bayern und Tschechien – Nachbarschaftskonflikt um den Reaktor Temelín

Ausgangslage

In der Tschechischen Republik werden sechs Kernreaktoren an zwei Standorten (zwei in Temelín und vier in Dukovany) betrieben. Der Standort Temelín befindet sich im Süden der Tschechischen Republik, rund 60 km von der bayerischen Grenze. Dort will die Tschechische Regierung in den nächsten Jahren mit dem Bau von zwei weiteren Reaktorblöcken beginnen.

Zentrale Ziele der Bayerischen Staatsregierung

Für die Bayerische Staatsregierung steht der Schutz der bayerischen Bevölkerung im Mittelpunkt. Die Bayerische Staatsregierung hat den zügigen Ausstieg Deutschlands aus der Kernenergie in Deutschland maßgeblich mitgestaltet und lehnt den Neubau der Blöcke 3 und 4 am Standort Temelín ab. Ziel der Bayerischen Staatsregierung ist es, die Tschechische Regierung von der Energiewende und dem bayerischen Weg hin zu erneuerbaren Energien zu überzeugen.

Die Bayerische Staatsregierung ist sich bewusst, dass jeder Mitgliedstaat der EU gemäß Vertrag über die Arbeitsweise der Europäischen Union das Recht hat, die Struktur seiner Energieversorgung selbst zu bestimmen. In jedem Fall müssen aber alle internationalen Anforderungen eingehalten werden, sollte es zum Neubau der Blöcke 3 und 4 am Standort Temelín kommen.

Die Nutzung der Kernenergie ist eine hochkomplexe Aufgabe, bei der höchste Sicherheitsanforderungen zu stellen und im Genehmigungsverfahren nachzuweisen sind. Im Hinblick auf den geplanten Neubau der Blöcke 3 und 4 setzt sich die Staatsregierung deshalb mit Nachdruck für folgende zentrale Ziele ein:

- Einhaltung höchster Sicherheitsstandards,
- Einhaltung aller internationalen Anforderungen und
- größtmögliche Transparenz.

[...] Das StMUG [Bayerische Staatsministerium für Umwelt und Gesundheit] hat dem tschechischen Umweltministerium eine detaillierte Stellungnahme übermittelt. [...] In diesem Zusammenhang werden eine Reihe von Einwänden erhoben und Forderungen vorgetragen. So fordert das StMUG z. B.

- auch die Prüfung anderweitiger Lösungsmöglichkeiten anstelle des Neubaus der Reaktorblöcke,
- die Klärung einer Reihe von radiologischen Fragestellungen (z. B. zu den radiologischen Auswirkungen von Stör- und Unfällen über die Luft und das Wasser einschließlich Grundwasser),
- den Nachweis der Gewährleistung der Integrität des Sicherheitsbehälters bei Unfällen,
- die Klärung von noch offenen Fragen zur Entsorgung radioaktiver Abfälle.

Schließlich erbittet das StMUG die ehestmögliche Unterrichtung über die Auswahl des genauen Reaktortyps und weitergehende Informationen über den Fortgang des Verfahrens.

[...] Das StMUG wird seine Position und seine Forderungen in einem Monitoring-Prozess im Rahmen der deutsch-tschechischen Kommission weiterhin mit Nachdruck einbringen.

Quelle: Bayerisches Staatsministerium für Umwelt und Gesundheit: www.stmug.bayern.de/umwelt/reaktorsicherheit/temelin/index.htm; Zugriff am 19.2.2013

1. Ermitteln Sie aus M 1 die Position Bayerns zum Länderfinanzausgleich. Beziehen Sie dabei auch die Grafik in M 1 mit ein.
2. Erwägen Sie Gegenargumente zu der Position Bayerns.
3. Beziehen Sie persönlich Stellung, indem Sie einen Leserbrief zum Länderfinanzausgleich formulieren.
4. Erarbeiten Sie aus M 2, wie die bayerische Staatsregierung auf die Erweiterung des Atomkraftwerks Temelín reagiert. Diskutieren Sie alternative Reaktionsmöglichkeiten.

6. Der Bundespräsident – Symbol der staatlichen Einheit

Der Bundespräsident ist das Staatsoberhaupt der Bundesrepublik Deutschland. Diese Stellung darf jedoch nicht darüber hinwegtäuschen, dass seine politischen Möglichkeiten äußerst beschränkt sind. So ist er bei Weitem nicht so mächtig wie sein historischer Vorgänger: der Weimarer Reichspräsident, der letztlich die Rolle eines „Ersatzkaisers" innehatte. Die unheilvolle Ausgestaltung dieser Rolle durch Generalfeldmarschall Hindenburg und die schwerwiegenden Folgen führten schließlich dazu, dass dem Bundespräsidenten überwiegend repräsentative Aufgaben übertragen wurden. Im Vergleich zum Weimarer Reichspräsidenten hat der Bundespräsident sowohl weniger Kompetenzen als auch eine schwächere Legitimationsbasis.

Wahl durch die Bundesversammlung

Der Bundespräsident wird nicht – wie der Weimarer Reichspräsident – direkt vom Volk, sondern von der Bundesversammlung gewählt. Diese besteht aus den Mitgliedern des Bundestages und einer gleichen Anzahl von Mitgliedern, die von den Volksvertretungen der Länder gewählt werden. Zur Wahl dürfen sich nur Personen stellen, die das 40. Lebensjahr vollendet haben. Gewählt ist, wer die Stimmen der Mehrheit der Mitglieder der Bundesversammlung erhält. Wird diese Mehrheit in zwei Wahlgängen von keinem Bewerber erzielt, reicht die Mehrheit der abgegebenen Stimmen.

Amtszeit und Amtsende

Die Amtszeit des Bundespräsidenten beträgt fünf Jahre. Eine anschließende Wiederwahl ist nur einmal zulässig. Der Bundespräsident kann nur durch das Bundesverfassungsgericht von seinem Amt enthoben werden, wenn dieses – auf besonderen Antrag des Bundestages und des Bundesrates – zu dem Ergebnis gelangt, dass der Bundespräsident das Grundgesetz oder ein anderes Bundesgesetz vorsätzlich verletzt hat.

Aufgaben des Bundespräsidenten

Die wichtigste Aufgabe des Bundespräsidenten besteht darin, die Bundesrepublik Deutschland nach innen und außen zu repräsentieren. Dabei soll er die staatliche Einheit symbolisieren und über Parteigrenzen hinweg integrieren. Neben diesen symbolischen Aufgaben kommen dem Bundespräsidenten auch einige substanzielle Aufgaben zu. Dazu zählen:

- die Ausfertigung und Verkündung von Gesetzen;
- die völkerrechtliche Vertretung (u. a. das Schließen von Verträgen mit auswärtigen Staaten);
- die Ernennung und Entlassung des Bundeskanzlers, der Bundesminister sowie weiterer staatlicher Hoheitsträger.

Entscheidend ist, dass der Bundespräsident in den oben genannten Bereichen keine Gestaltungsmöglichkeiten hat. So muss er z. B. Gesetze ausfertigen und verkünden, die verfassungsgemäß zustande gekommen sind. Allerdings hat der Bundespräsident ein Prüfungsrecht. Dabei prüft er z. B., ob die ihm zur Ausfertigung vorgelegten Gesetze gegen das Grundgesetz verstoßen. Diese Prüfung ist jedoch nicht so intensiv wie die des Bundesverfassungsgerichts, das primär – auf Antrag – für die Normenkontrolle zuständig ist. Wenn ein Gesetz seiner Meinung nach formell gegen das Grundgesetz verstößt, kann der Bundespräsident die Ausfertigung dieses Gesetzes verweigern. Aus diesem Grunde wird er auch als „Staatsnotar" bezeichnet.

formelles Prüfungsrecht

Nur in ganz wenigen (Krisen-)Situationen hat der Bundespräsident tatsächliche Gestaltungsmöglichkeiten. Schlägt ihm z. B. der Bundeskanzler nach einer gescheiterten Vertrauensfrage vor, den Bundestag aufzulösen, so kann er entscheiden, ob er dem Vorschlag des Bundeskanzlers nachkommt oder den Bundestag im Amt lässt.

Gestaltungsmöglichkeiten

MATERIAL

Gauck unterschreibt Gesetz zu Betreuungsgeld 1

Das Gesetz zur Einführung des umstrittenen Betreuungsgelds kann in Kraft treten: Bundespräsident Joachim Gauck unterschrieb das Gesetz, wie eine Sprecherin mitteilte. Er habe die Vereinbarkeit mit dem Grundgesetz eingehend geprüft. „Im Ergebnis waren die verfassungsrechtlichen Bedenken nicht so durchgreifend, dass sie einer Ausfertigung im Wege gestanden hätten", erklärte die Sprecherin weiter. Das Bundesland Hamburg kündigte eine Verfassungsklage gegen das Gesetz an.

Artikel 82 des Grundgesetzes schreibt dem Bundespräsidenten das Recht und die Pflicht zu, Gesetzesvorhaben auf ihre Verfassungsmäßigkeit zu überprüfen und bei einem „zweifelsfreien und offenkundigen" Verstoß zu stoppen. Dies geschieht allerdings nur äußerst selten.

Nach jahrelangem Streit hatte der Bundestag die Familienleistung im November 2012 mit den Stimmen von Union und FDP beschlossen. Den Bundesrat passierte das Gesetz im Dezember. Das Geld soll ab August an Eltern gezahlt werden, die ihre kleinen Kinder nicht in eine staatlich geförderte Kita geben. Vorgesehen ist eine Zahlung von zunächst 100 Euro, später 150 Euro im Monat.

Quelle: Die Welt Online, www.welt.de/newsticker/news1/article113663442/Gauck-unterschreibt-Gesetz-zu-Betreuungsgeld.html vom 15.2.2013; Zugriff am 18.2.2013

➠ Querverweis: S. 91, M 1

1. Beschreiben Sie den Handlungsrahmen des Bundespräsidenten am Beispiel des Spiegel-Titels auf S. 128 und von M 1 und erklären Sie den Unterschied zwischen beiden Beispielen.

MATERIAL

2 Das Amtsverständnis des Bundespräsidenten

Aus der Rede Horst Köhlers nach der Wahl zum Bundespräsidenten am 23.5.2004:

Ich möchte Bundespräsident aller Deutschen sein und ein Präsident für alle Menschen, die hier leben.

Aus gutem Grund ist das höchste Amt in einem demokratischen Staat niemandem in die Wiege gelegt. Für mich persönlich ist die Entscheidung der Bundesversammlung ein wirklich sehr bewegender Augenblick. Nach sechs Jahren im Ausland kehre ich mit einem Gefühl von Freude und Dankbarkeit in meine Heimat zurück. Deutschland hat mir viel gegeben. Davon möchte ich etwas zurückgeben. Ich liebe unser Land.

Wahrscheinlich erwarten jetzt alle von mir, dass ich von Reformen spreche. Tatsächlich halte ich eine grundlegende Erneuerung unseres Landes für notwendig und überfällig. Als gelernter Ökonom – das werde ich auch weiterhin nicht verstecken – kann ich Ihnen die Feststellung nicht ersparen, dass ich mir Sorgen um den Zustand der deutschen Wirtschaft, die Arbeitsplätze und die soziale Sicherheit in unserem Lande mache. Ich sehe neue, inakzeptable Spaltungstendenzen in unserer Gesellschaft. […]

Herr Präsident, meine Damen und Herren, die Kraft der Freiheit stärken, darauf achten, dass es gerecht zugeht in Deutschland, und dazu beitragen, dass wir ein Land der Ideen werden – dafür will ich eintreten und dazu bitte ich um das Mitmachen aller.

Ich grüße alle Landsleute nah und fern, unsere Nachbarn in Europa und unsere Freunde in der Welt.

Gott segne unser Land!

Zeichnung: Kostas Koufogiorgos

Aus der Rede Joachim Gaucks nach der Wahl zum Bundespräsidenten am 23.3.2012:

Wie soll es nun also aussehen, dieses Land, zu dem unsere Kinder und Enkel „unser Land" sagen? Es soll „unser Land" sein, weil „unser Land" soziale Gerechtigkeit, Teilhabe und Aufstiegschancen verbindet. […] Wir dürfen nicht dulden, dass Kinder ihre Talente nicht entfalten können, weil keine Chancengleichheit existiert. Wir dürfen nicht dulden, dass Menschen den Eindruck haben, Leistung lohne sich für sie nicht mehr und der Aufstieg sei ihnen selbst dann verwehrt, wenn sie sich nach Kräften bemühen. Wir dürfen nicht dulden, dass Menschen den Eindruck haben, sie seien nicht Teil unserer Gesellschaft, weil sie arm oder alt oder behindert sind. […] In „unserem Land" sollen auch alle zu Hause sein können, die hier leben. Wir leben […] in einem Staat, der sich immer weniger durch nationale Zugehörigkeit seiner Bürger definieren lässt, sondern durch ihre Zugehörigkeit zu einer politischen und ethischen Wertegemeinschaft, in dem nicht ausschließlich die über lange Zeit entstandene Schicksalsgemeinschaft das Gemeinwesen bestimmt, sondern zunehmend das Streben der Unterschiedlichen nach dem Gemeinsamen: diesem unseren Staat in Europa. […] Wie kann es noch aussehen, dieses Land, zu dem unsere Kinder und Enkel „unser Land" sagen sollen? Nicht nur bei uns, sondern auch in Europa und darüber hinaus ist die repräsentative Demokratie das einzig geeignete System, Gruppeninteressen und Gemeinwohlinteressen auszugleichen. […] Wir stehen zu diesem Land, nicht weil es so vollkommen ist, sondern weil wir nie zuvor ein besseres gesehen haben.

Quellen: www.bundespraesident.de/SharedDocs/Reden/DE/Horst-Koehler/Reden/2004/05/20040523_Rede.html; www.bundespraesident.de/SharedDocs/Reden/DE/Joachim-Gauck/Reden/2012/03/120323-Vereidigung-des-Bundespraesidenten.html; Zugriff am 11.2.2013

MATERIAL

Amtsenthebung nach Art. 61 GG 3

(1) Der Bundestag oder der Bundesrat können den Bundespräsidenten wegen vorsätzlicher Verletzung des Grundgesetzes oder eines anderen Bundesgesetzes vor dem Bundesverfassungsgericht anklagen. Der Antrag auf Erhebung der Anklage muss von mindestens einem Viertel der Mitglieder des Bundestages oder einem Viertel der Stimmen des Bundesrates gestellt werden. Der Beschluss auf Erhebung der Anklage bedarf der Mehrheit von zwei Dritteln der Mitglieder des Bundestages oder von zwei Dritteln der Stimmen des Bundesrates.

(2) Stellt das Bundesverfassungsgericht fest, dass der Bundespräsident einer vorsätzlichen Verletzung des Grundgesetzes oder eines anderen Bundesgesetzes schuldig ist, so kann es ihn des Amtes für verlustig erklären. Durch einstweilige Anordnung kann es nach der Erhebung der Anklage bestimmen, dass er an der Ausübung seines Amtes verhindert ist.

MATERIAL

Integrationssymbol 4

Am interessantesten erscheint die repräsentative Funktion – das öffentliche Auftreten bei feierlichen Anlässen, die völkerrechtliche Vertretung der Bundesrepublik nach außen, auch Ordensverleihungen. Selbst hierbei handelt der Bundespräsident nicht autonom, da seine Anordnungen und Verfügungen der Gegenzeichnung des Bundeskanzlers bzw. zuständiger Minister bedürfen. Von unabhängiger Bedeutung sind daher allein die öffentlichen Reden und Ansprachen, die ein Bundespräsident hält und die keiner Vorprüfung oder Genehmigung unterliegen. Hier ist er frei, kann Populäres oder öffentlich kaum Bestreitbares moralisch anmahnen, empfehlen oder fordern, ohne für eine Verwirklichung verantwortlich zu sein. Er vermag auf diese Weise allgemeinen Stimmungen Ausdruck zu geben, Popularität zu gewinnen und die öffentliche Meinung zu beeinflussen. Dies reicht allerdings nur so weit, wie er seine Rolle als Integrationssymbol nicht verletzt. Überschreitet ein Bundespräsident diese Grenze, ergreift er in strittigen Fragen Partei, so riskiert er Gegenäußerungen und gefährdet die erwartete Integrationsfunktion. Die Amtsführung bisheriger Bundespräsidenten war daher überwiegend von Distanz zu tagespolitischen Konflikten geprägt. Soweit dies die traditionslos-nüchterne politische Kultur der Bundesrepublik zulässt, haben sich so durchaus integrative Wirkungen des Amtes entfaltet. Stets erreichen die Amtsinhaber einen hohen, weit über ihren parteipolitischen Herkunftsraum reichenden Beliebtheitsgrad, wird das Amt des Bundespräsidenten von Bürgern ausgesprochen positiv beurteilt.

Quelle: Wolfgang Rudzio: Das politische System der Bundesrepublik Deutschland, Wiesbaden 2006, S. 298 f.

1. Vergleichen Sie das Amtsverständnis der Bundespräsidenten Köhler und Gauck (M 2).
2. Ermitteln Sie aus M 3, unter welchen Voraussetzungen ein Bundespräsident aus seinem Amt entfernt werden kann und welche Hürden dabei zu nehmen sind.
3. Erarbeiten Sie aus M 4, worauf sich die Autorität des Amtes stützt und unter welchen Bedingungen diese Autorität leidet.
4. Interpretieren Sie die Karikatur auf S. 130 und arbeiten Sie die Erwartungshaltung des Volkes an den Bundespräsidenten heraus.
5. Klären Sie, inwieweit der Bundespräsident diesen Ansprüchen gerecht werden kann (S. 128/129, M 2, M 4).

Die Stellung des Reichspräsidenten in der Weimarer Republik

„Bedenken Sie, was geschieht, wenn ein Trabant der Hohenzollern, vielleicht ein General, an der Spitze des Reichs [...] steht!"

Diese Warnung des USPD-Abgeordneten Oskar Cohn bei der Debatte über die Reichsverfassung 1919 blieb ungehört – und wurde sechs Jahre später bittere Realität. Nichts könnte mehr über die Einstellungen der beiden Reichspräsidenten der Weimarer Republik zu Demokratie, republikanischer Staatsverfassung und Werteordnung aussagen als diese beiden Bilder: Friedrich Ebert stets in bürgerlichem Anzug, Paul von Hindenburg meist in der Uniform des kaiserlichen Generalfeldmarschalls.

Reichspräsident Friedrich Ebert (1919–1925)

Reichspräsident Paul von Hindenburg (1925–1934)

Die Wahl Hindenburgs war eine Niederlage für die demokratische Republik, auch wenn sich der greise Feldmarschall an seinen Verfassungseid gebunden fühlte und sein Amt loyal zu führen versuchte. Mit Hindenburg vollzog sich ab 1930 ein „stiller Verfassungswandel" (Eberhard Kolb), der die Macht von Reichstag und Reichsregierung zum Präsidenten hin verschob. Diese Macht spielte Hindenburg letztlich auch aus, indem er seine eigene Forderung, dass „mehr nach rechts regiert werden müsste", bei der Einsetzung der Präsidialkanzler und dem Erlass von Notverordnungen schrittweise Wirklichkeit werden ließ.

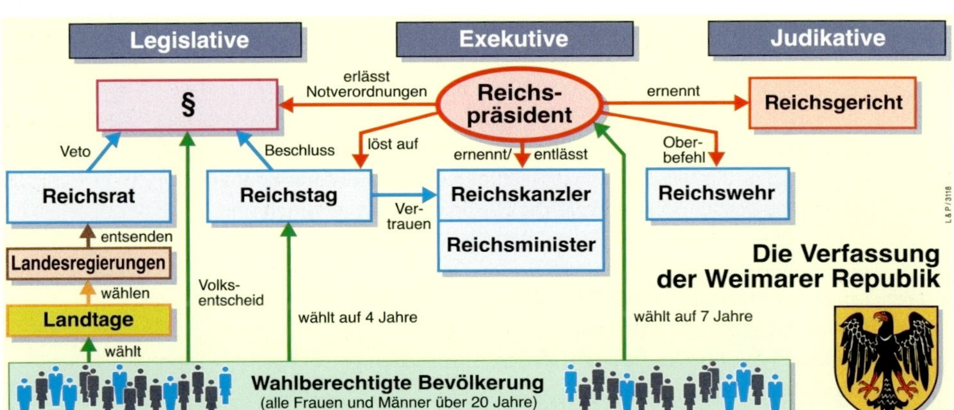

Im Vergleich zur Stellung des Bundespräsidenten im Deutschen Grundgesetz war die Stellung des Reichspräsidenten in der Weimarer Reichsverfassung wesentlich stärker. Seine Machtbefugnisse waren entsprechend wesentlich größer, denn der Reichspräsident war ganz bewusst als Gegengewicht zum Parlament und als „Ersatzkaiser" konzipiert worden:

- Der Reichspräsident wurde vom Volk für die Dauer von sieben Jahren *gewählt,* was ihm einerseits zwar die stärkste demokratische Legitimation im Staat verlieh, andererseits aber eine Kontrolle über die demokratische Gesinnung eines Kandidaten unmöglich machte. So konnten z. B. sowohl Adolf Hitler (NSDAP) als auch Ernst Thälmann (KPD) als Vorsitzende zweier republikfeindlicher Parteien Kandidaten für das höchste Amt im Staat sein.
- Der *Reichskanzler* konnte vom Präsidenten bei fehlender Mehrheit seiner Regierung jederzeit entlassen werden – auch ohne ein Misstrauensvotum durch den Reichstag.
- Der Reichspräsident konnte den *Reichstag* auflösen und durch einen Volksentscheid die vom Reichstag verabschiedeten Gesetze wieder aufheben.
- Der Reichspräsident hatte den Oberbefehl über die *Streitkräfte.*
- Die größte Machtbefugnis des Reichspräsidenten lag in *Artikel 48 WRV,* der ihm eine *Diktaturgewalt* verlieh. Im Wege der Reichsexekution konnte der Präsident – auch unter Einsatz der Reichswehr – gegen Länder des Reiches vorgehen, die sich nicht seinem Willen fügten. Er konnte darüber hinaus Notverordnungen mit Gesetzeskraft „zur Wiederherstellung der öffentlichen Sicherheit und Ordnung" erlassen, die sogar Grundrechte außer Kraft zu setzen vermochten; wie dehnbar dieser Begriff war, zeigten die Notverordnungen im Februar 1933. Mithilfe des Artikels 48 konnte der Reichspräsident bei fehlenden Mehrheitsverhältnissen im Reichstag auch sogenannte „Präsidialkabinette" bilden, die allein von seinem Vertrauen abhängig waren. Diese Art der Regierungsbildung wurde ab 1930 zur Regel und markiert den Beginn des „stillen Verfassungswandels".

„Kein Grund zum Verzagen, solange noch Kanzler am laufenden Band produziert werden!"; Karikatur von Karl Arnold

An diesem Punkt endete de facto die Weimarer *Republik,* und es begann die *Diktatur* des Reichspräsidenten, die 1933 durch die Diktatur Adolf Hitlers abgelöst wurde. Ohne die verfassungsmäßigen Machtbefugnisse des Reichspräsidenten in Kombination mit der Besetzung des Amtes durch die Person Paul von Hindenburg wäre eine Machtergreifung Hitlers, so wie sie geschehen ist, nicht denkbar gewesen. Bereits die Reichstagswahl vom November 1932 nämlich hatte einen Abwärtstrend der NSDAP eingeläutet. Erst die Hilfestellung Hindenburgs – auch wenn sie nicht den alleinigen Faktor darstellt – ermöglichte die Diktatur Hitlers.

1. Vergleichen Sie die verfassungsmäßige Stellung des Weimarer Reichspräsidenten mit den Kompetenzen des Bundespräsidenten.
2. Entwickeln Sie ein Szenario, bei dem Hitler auf Friedrich Ebert als Reichspräsident gestoßen wäre (S. 72).

HISTORISCHER EXKURS · HISTORISCHER EXKURS · HISTORISCHER EXKURS · HISTORISCHER EXKURS ·

7. Das Bundesverfassungsgericht – Hüter der Verfassung

Zeichnung: Adalbert Wiemers

Auch wenn der Bundespräsident bei der Gesetzesausfertigung die Gesetze verfassungsrechtlich prüft, ist der „Hüter der Verfassung" eindeutig das Bundesverfassungsgericht. Dieses wacht mit letzter Konsequenz über die Einhaltung des Grundgesetzes. Dabei kann es allerdings nicht von sich aus tätig werden: Es muss angerufen werden. Zu den wichtigsten Verfahren des Bundesverfassungsgerichts zählen die Verfassungsbeschwerde, die Normenkontrolle und der Verfassungsstreit.

Bayern und Hessen haben im März 2013 Klage gegen den Länderfinanzausgleich vor dem Bundesverfassungsgericht eingereicht, da sich beide Länder von dem Ausgleichssystem benachteiligt fühlen. Entscheiden darüber wird der Zweite Senat des Gerichts.

Verfassungsbeschwerde und Normenkontrolle

Die meisten vor dem Bundesverfassungsgericht verhandelten Verfahren sind Verfassungsbeschwerden. Diese können von jedem erhoben werden, der sich durch die öffentliche Gewalt in seinen Grundrechten sowie anderen im Grundgesetz festgelegten Rechten verletzt fühlt.

Das Bundesverfassungsgericht kann feststellen, dass ein Gesetz nicht mit dem Grundgesetz vereinbar ist und dieses Gesetz für ungültig erklären. Eine derartige Normenkontrolle kann jederzeit von der Bundesregierung, einer Landesregierung, einem Viertel der Mitglieder des Bundestages oder bei Vorliegen eines konkreten Falls auch von einem Gericht beantragt werden. In der Vergangenheit ist das Bundesverfassungsgericht häufig von der Opposition angerufen worden, die ein von der Regierungsmehrheit verabschiedetes Gesetz auf diesem Wege stoppen wollte – oft mit Erfolg. Das Normenkontrollverfahren ist also ein wichtiges Oppositionsinstrument.

Verfassungsstreit

Das Bundesverfassungsgericht entscheidet auch bei Streitigkeiten zwischen Verfassungsorganen (Organstreit) oder zwischen Bund und Ländern (Bund-Länder-Streit). Gegenstand dieser Verfassungsstreitigkeiten sind Meinungsverschiedenheiten über die (gegenseitigen) verfassungsmäßigen Rechte und Pflichten. Bei einem Bund-

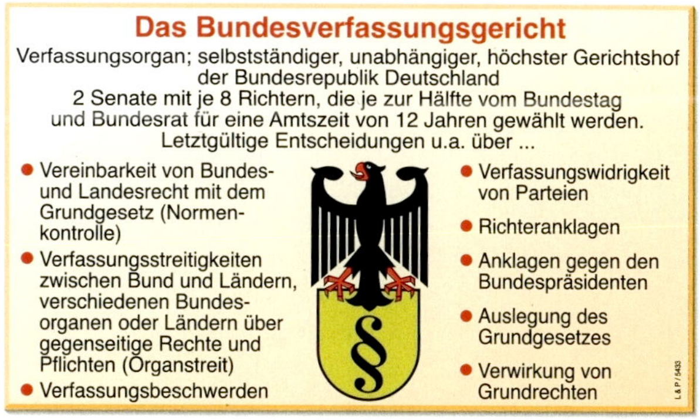

Länder-Streit geht es häufig um die Kompetenzabgrenzung zwischen Bund und Ländern. Neben all diesen Verfahren hat das Bundesverfassungsgericht (nach einer Anrufung) in einer Vielzahl von anderen Verfahren zu entscheiden, u. a. in Parteiverbotsverfahren oder bei Präsidenten- und Richteranklagen. Entscheidungen des Bundesverfassungsgerichts haben häufig eine große politische Wirkung. Diese zeigt sich insbesondere bei Normenkontrollverfahren. Immerhin ist das Bundesverfassungsgericht in der Lage, vom Bundestag (und Bundesrat) verabschiedete Gesetze für ungültig zu erklären – und damit tief in den Kompetenzbereich des Gesetzgebers einzugreifen. Dies erweckt manchmal den Eindruck, als ob das Bundesverfassungsgericht selbst Politik betriebe.

MATERIAL

Warum ein Bundesverfassungsgericht? 1

Die Notwendigkeit eines Verfassungsgerichts ergibt sich aus dem [...] Vorrang der Verfassung vor dem Gesetzgeber und vor allen anderen staatlichen Gewalten sowie natürlich aus der Skepsis gegenüber dem Gesetzgeber und allen anderen staatlichen Gewalten, diesen Vorrang stets zu achten. Somit ist das Bundesverfassungsgericht der „Hüter der Verfassung“ und als solcher eine „institutionalisierte Skepsis“ (insbesondere) gegenüber dem demokratisch legitimierten Gesetzgeber. In der Rolle des „Hüters der Verfassung“ ist das Bundesverfassungsgericht an die Stelle getreten, die in der Weimarer Republik dem Reichspräsidenten zugedacht war. Im Verfassungskonvent auf Herrenchiemsee und im Parlamentarischen Rat waren sich mit Ausnahme der KPD alle Parteien einig, dass ein Verfassungsgericht zum Schutze der Verfassung etabliert werden muss. Hinsichtlich der Errichtung des Bundesverfassungsgerichts bzw. dessen konkreter Ausgestaltung existierten grundsätzlich zwei Motive:

Zum einen sollte der Rechtsstaat besser als in der Weimarer Republik gesichert werden: Aufgrund des Scheiterns der Weimarer Republik wurde dem Verfassungsgericht im Grundgesetz – im Gegensatz zur Weimarer Verfassung – eine äußerst umfassende Prüfungskompetenz hinsichtlich der vom Parlament beschlossenen Rechtsakte zugestanden: Die Kapitulation des Rechtspositivismus vor dem nationalsozialistischen Unrecht [...] führte nach 1945 zur Suche nach einer Einrichtung, die kontrolliert, ob die Gesetze auch materiell mit den Grundsätzen des Rechtsstaates in Einklang sind. Für die Mitglieder des Parlamentarischen Rats stand fest: Entweder wird das Recht als die Grundlage der menschlichen Gesellschaft anerkannt und dann auch mit den notwendigen Garantien zu seiner Verwirklichung ausgestattet. Oder aber die politische Zweckmäßigkeit wird zum höchsten Prinzip erhoben, was dann wieder zu den gefährlichen Grunddogmen einer vergangenen Epoche hinführen würde, wonach eben Recht ist, was dem Volke oder der Regierung oder dem Staate nutzt. [...]

Zum anderen sollte ein Scharnier im Bundesstaat geschaffen werden, das einen funktionierenden Konfliktlösungsmechanismus zwischen Bund und Ländern bildet. Das Ziel bestand darin, einen echten Bundesstaat zu schaffen, in dem keine Hegemonialmacht die Konflikte letztlich schlichtet, sondern ein Organ der Rechtspflege die Streitigkeiten zwischen Bundesstaat und Ländern beilegt.

Querverweis: S. 16, M 2

Nach der Quelle: Gerd Strohmeier: Vetospieler – Garanten des Gemeinwohls und Ursachen des Reformstaus, Baden-Baden 2005, S. 131–132

MATERIAL

2 Das Bundesverfassungsgericht – Interpret der Grundrechte?

Note 3,25 im Abitur – für ein Medizinstudium in Hamburg reichte das nicht. Der Abiturient aus Itzehoe klagte gegen die Universität und ging bis zum Bundesverfassungsgericht. Sein Argument: Nach Art. 12 Abs. 1 GG sei ein Numerus clausus verfassungswidrig. „Alle Deutschen haben das Recht, Beruf, Arbeitsplatz und Ausbildungsstätte frei zu wählen." In der Tat hat jeder Bürger mit Hochschulreife einen Anspruch gegenüber dem Staat, sagen die Richter. Der Staat darf weder den Kreis der Studenten nach Gutdünken eingrenzen noch lenkend in die Berufswahl eingreifen. Wer Abitur hat, darf studieren, was immer er will. Aber: [...] Der Staat ist nicht verpflichtet, für jeden Bewerber jederzeit den gewünschten Ausbildungsplatz bereitzustellen. Bei der Verplanung von Geldern müssen auch andere Gemeinschaftsbelange berücksichtigt werden. Der Numerus clausus bewegt sich nach Ansicht der Richter „am Rande des verfassungsrechtlich Hinnehmbaren". Gerechtfertigt ist er nur, wenn alle vorhandenen Ausbildungsplätze bereits ausgelastet sind und die individuellen Wünsche der Bewerber so weit wie möglich berücksichtigt werden.

Einen Studienplatz in Medizin hat das Gericht dem Durchschnittsschüler [...] damit nicht verschafft. Doch was unter „freier Wahl der Ausbildungsstätte" zu verstehen ist, wurde eindeutig festgelegt. Das aufwendige System der zentralen Studienplatzvergabe (ZVS) war die Folge.

Quelle: PZ extra, Dezember 1998; hrsg. von der Bundeszentrale für politische Bildung, S. 40

➠ Querverweis: S. 10, M 3

MATERIAL

3 Die „politische Rolle" des Bundesverfassungsgerichts

Die herausragende Stellung des Bundesverfassungsgerichts zeigt sich darin, dass es die Kompetenz besitzt, Gesetze [...] an der Verfassung zu messen und zu verwerfen. Hierbei wird eine starke Annäherung an die politische Rechtsetzung deutlich. Diese ist nicht unproblematisch. Schließlich soll das Bundesverfassungsgericht [...] ausschließlich eine verfassungsrechtliche Kontrolle ausüben und (dabei) nicht politisch gestaltend tätig werden. [...]

Die Kritik, das Bundesverfassungsgericht übe keine verfassungsrechtliche Kontrolle aus, sondern sei politisch gestaltend tätig, ist nahezu so alt wie das Bundesverfassungsgericht selbst [...]. Den Anfang machte Thomas Dehler, der erste Bundesjustizminister, im Jahre 1952. Hinsichtlich einer im Kontext der verfassungsrechtlichen Auseinandersetzungen um den EVG-Vertrag ergangenen Plenarentscheidung des Bundesverfassungsgerichts beklagte er, dass das Bundesverfassungsgericht von dem Wege des Rechts abgewichen sei, eine ernste Krise geschaffen habe und man Deutschland wegen eines solchen Gremiums nicht vor die Hunde gehen lassen könne.

Auch in der Folgezeit ist dem Bundesverfassungsgericht ob seiner (vermeintlich) politischen Entscheidungen oft mit großer Skepsis begegnet worden, die bei brisanten und kontroversen Urteilen zum Teil in harsche Kritik umgeschlagen ist.

Quelle: Gerd Strohmeier: Vetospieler – Garanten des Gemeinwohls und Ursachen des Reformstaus, Baden-Baden 2005, S. 136

1. Erörtern Sie, warum das Bundesverfassungsgericht als „Hüter der Verfassung" bezeichnet wird (S. 134/135, M 1).
2. Überprüfen Sie, ob das BVerfG zu Recht als „Interpret der Grundrechte" gilt (M 2).
3. Nehmen Sie zu der in M 3 dargestellten Kritik am Bundesverfassungsgericht Stellung und interpretieren Sie die Karikatur auf S. 134.

8. Das Zusammenwirken der Verfassungsorgane

2002: „Vorweihnachtliche Bescherung" (im Hintergrund: Innenminister Otto Schily, Bundeskanzler Gerhard Schröder, Vizekanzler Joschka Fischer); Zeichnung: Klaus Stuttmann

Die Verfassungsorgane der Bundesrepublik Deutschland sind zwar gemäß der Gewaltenteilungslehre institutionell getrennt, im politischen Prozess jedoch stark miteinander verzahnt. Diese Verzahnung wird vor allem bei der Wahl der Verfassungsorgane und im Bereich der Gesetzgebung deutlich.

Da nur der Bundestag und die Volksvertretungen der Länder direkt vom Volk gewählt werden, jedoch alle Staatsgewalt vom Volke ausgeht, werden die anderen Verfassungsorgane (Bundesregierung, Bundespräsident, Bundesverfassungsgericht und Bundesrat) vom Bundestag und/oder den Volksvertretungen der Länder legitimiert (gewählt).

Verzahnung der Verfassungsorgane bei der Gesetzgebung

Besonders deutlich wird die Verzahnung der Verfassungsorgane im Bereich der Gesetzgebung. So werden Gesetze in der Regel von der Bundesregierung initiiert, vom Bundestag und Bundesrat beschlossen, vom Bundespräsidenten ausgefertigt und vom Bundesverfassungsgericht (z. B. auf Antrag der Opposition) überprüft.

Beispiel „Zuwanderungsgesetz"

Das Zusammenwirken der Verfassungsorgane im Bereich der Gesetzgebung lässt sich sehr gut am Beispiel des „Zuwanderungsgesetzes" demonstrieren, das wie kein anderes Gesetz die Gewaltenverschränkung zwischen den Verfassungsorganen deutlich gemacht hat. Das „Gesetz zur Steuerung und Begrenzung der Zuwanderung und zur Regelung des Aufenthalts und der Integration von Unionsbürgern und Ausländern" ist zwar seit dem 1. Januar 2005 in Kraft. Bis dahin aber war es ein langer Weg. Vor allem im Jahr 2002 sorgte dieses Gesetz für einen äußerst großen politischen „Wirbel".

der Weg des „Zuwanderungsgesetzes" im Jahr 2002

Das „Zuwanderungsgesetz" wurde damals von der Bundesregierung in das Gesetzgebungsverfahren eingebracht und am 1. März vom Bundestag mit den Stimmen der Regierungsmehrheit (SPD-B'90/Die Grünen) beschlossen. Anschließend wurde es dem Bundesrat weitergeleitet, in dem weder die Regierungs- noch die Oppositionsparteien über eine Mehrheit verfügten. Entscheidend waren letztlich die Stimmen Brandenburgs, wo eine Große Koalition aus SPD (Regierungspartei im Bund) und CDU (Oppositionspartei im Bund) regierte. Da sich die Vertreter Brandenburgs aufgrund ihrer unterschiedlichen Parteizugehörigkeit nicht einig waren, stimmten sie im Bundesrat nicht einheitlich ab. Die Stimmen Brandenburgs wurden vom Bundesratspräsidenten Klaus Wowereit (SPD) jedoch als Zustimmung gewertet, wodurch das Gesetz auch vom Bundesrat beschlossen und dem Bundespräsidenten zugeleitet wurde. Bundespräsident Johannes Rau prüfte das Gesetz eingehend, kam jedoch zu dem Schluss, dass es nicht „zweifelsfrei und offenkundig" verfassungswidrig sei. Daraufhin riefen unionsgeführte Landesregierungen das Bundesverfassungsgericht an. Dieses entschied, dass die Stimmen Brandenburgs nicht als Zustimmung hätten gewertet werden dürfen und das „Zuwanderungsgesetz" daher mit dem Grundgesetz unvereinbar und nichtig war.

MATERIAL

1 Die Verfassungsorgane befassen sich mit dem Zuwanderungsgesetz (2002)

Die Abstimmung zum Zuwanderungsgesetz im Bundesrat am 22. März 2002 geriet zu einem Eklat (Auszug aus dem Stenografischen Bericht der Sitzung):

Präsident Klaus Wowereit (SPD): Wir kommen dann zur Frage der Zustimmung. Der Ausschuss für Innere Angelegenheiten und der Wirtschaftsausschuss empfehlen, dem Gesetz nicht zuzustimmen [...]. Ich bitte den Schriftführer, die Länder aufzurufen.
Dr. Manfred Weiß (Bayern, CSU), Schriftführer: Baden-Württemberg: Enthaltung; Bayern: Nein; Berlin: Ja; Brandenburg:
Alwin Ziel (Sozialminister Brandenburg, SPD): Ja!
Jörg Schönbohm (Innenminister Brandenburg, CDU): Nein!
Klaus Wowereit: Damit stelle ich fest, dass das Land Brandenburg nicht einheitlich abgestimmt hat. Ich verweise auf Art. 51 Abs. 3 S. 2 GG. Danach können Stimmen eines Landes nur einheitlich abgegeben werden. Ich frage Herrn Ministerpräsidenten Stolpe, wie das Land Brandenburg abstimmt.
Dr. h. c. Manfred Stolpe (Ministerpräsident Brandenburg, SPD): Als Ministerpräsident des Landes Brandenburg erkläre ich hiermit Ja.
Jörg Schönbohm: Sie kennen meine Auffassung, Herr Präsident!
Klaus Wowereit: Damit stelle ich fest, dass das Land Brandenburg mit Ja abgestimmt hat.
Peter Müller (Ministerpräsident Saarland, CDU): Das ist unmöglich!
Roland Koch (Ministerpräsident Hessen, CDU): Das geht wohl gar nicht!
[Weitere Zurufe: Verfassungsbruch! – Das gibt es doch nicht!]
Klaus Wowereit: Herr Ministerpräsident Stolpe hat für Brandenburg erklärt, dass er, dass das Land Brandenburg mit Ja abstimmt. Das ist nicht –
Roland Koch: Herr Schönbohm hat widersprochen. Nein, das geht nicht, Herr Präsident! [...] Wenn Herr Schönbohm eben geschwiegen hätte, mag das sein! Aber er hat gesagt: Ich nicht! Es sind vier Stimmen! Sie sind unterschiedlich abgegeben, und das haben Sie zur Kenntnis zu nehmen!

Quelle: Stenographischer Bericht der Sitzung zur Abstimmung zum Zuwanderungsgesetz am 22.3.2002, zitiert nach: Das Parlament Nr. 13–14, 2./5.4.2002, S. 3; gekürzt

Der Bundespräsident zum Zuwanderungsgesetz (Auszug aus dem Begleitbrief des Bundespräsidenten Johannes Rau an den Bundeskanzler und die Präsidenten von Bundestag und Bundesrat bezüglich der Unterzeichnung des Zuwanderungsgesetzes vom 20. Juni 2002):

Nach Abwägung aller Gesichtspunkte habe ich das Zuwanderungsgesetz heute morgen ausgefertigt und den Auftrag zur Verkündung im Bundesgesetzblatt erteilt. Nach der Kompetenzordnung des Grundgesetzes und nach der Staatspraxis ist der Bundespräsident nur dann berechtigt und verpflichtet, von der Ausfertigung eines Gesetzes abzusehen, wenn er die sichere Überzeugung gewonnen hat, dass zweifelsfrei und offenkundig ein Verfassungsverstoß vorliegt. Zu dieser Überzeugung bin ich im vorliegenden Fall nicht gekommen.

Quelle: www.documentarchiv.de; Zugriff am 6.9.2007

Das Bundesverfassungsgericht zum Zuwanderungsgesetz (Auszug aus dem Urteil des Bundesverfassungsgerichts vom 18. Dezember 2002):

Der Normenkontrollantrag ist begründet. Das Gesetz zur Steuerung und Begrenzung der Zuwanderung und zur Regelung des Aufenthalts und der Integration von Unionsbürgern und Ausländern vom 20. Juni 2002 – Zuwanderungsgesetz – (BGBl I S. 1946) ist mit Art. 78 GG unvereinbar und daher nichtig. Das Zuwanderungsgesetz bedarf wegen der in ihm enthaltenen Bestimmungen über das von den Behörden der Länder durchzuführende Verwaltungsverfahren gemäß Art. 84 Abs. 1 GG als Ganzes der Zustimmung des Bundesrates. Hierfür fehlt es an der gemäß Art. 52 Abs. 3 Satz 1 GG erforderlichen Mehrheit der Stimmen des Bundesrates. Der Bundesratspräsident durfte die Stimmenabgabe für das Land Brandenburg nicht als Zustimmung werten (I). Da es an einer Zustimmung des Landes Brandenburg fehlte, vermochte auch die Feststellung des Bundesratspräsidenten nach Aufruf der weiteren Länder, der Bundesrat habe dem Gesetz zugestimmt, keine Rechtswirkung zu entfalten.

Quelle: BVerfG 2 BvF 1/02

MATERIAL

Chronologie des Zuwanderungsgesetzes (2000 bis 2005) 2

2000:

12. **Februar**: Bundeskanzler Schröder (SPD) kündigt auf der CeBIT die Einführung einer Green Card für ausländische Computerspezialisten an.
27. **Juni**: Die FDP legt einen Gesetzentwurf zur Steuerung der Zuwanderung vor.
12. **Juli**: Innenminister Schily (SPD) setzt eine überparteiliche Kommission unter Vorsitz der ehemaligen Bundestagspräsidentin Rita Süssmuth (CDU) ein.

2001:

7. **Juni**: Die CDU verabschiedet ihr Konzept „Zuwanderung steuern und begrenzen, Integration fördern".
4. **Juli**: Die Zuwanderungskommission übergibt Innenminister Schily ihren Bericht, in dem sie sich für eine geregelte Zuwanderung ausspricht.
6. **Juli**: Die SPD-Fraktion beschließt ihre Eckpunkte für ein Zuwanderungskonzept. Danach sollen bis 2010 nur hoch qualifizierte Akademiker nach Deutschland kommen.
3. **August**: Schily legt einen ersten Entwurf des Zuwanderungsgesetzes vor.
28. **Oktober**: Auf Druck der Grünen verändert die Koalition ihr Konzept: So soll die Altersgrenze für nachziehende Kinder von 16 nur noch auf 14 Jahre und nicht mehr auf 12 Jahre gesenkt werden.
7. **November**: Das Bundeskabinett beschließt den Gesetzentwurf.
13. **Dezember**: Bei der ersten Beratung im Bundestag bleibt die Union bei ihrem Nein und meldet Nachbesserungsbedarf in fast 80 Punkten an.
20. **Dezember**: Im Bundesrat bekräftigen die unionsregierten Länder ihre Ablehnung.

2002:

16. **Januar**: Bei einer Anhörung vor dem Bundestags-Innenausschuss unterstützt die Mehrheit der Experten das Gesetz.
25. **Februar**: Die rot-grüne Koalition macht der Union weitere Zugeständnisse und nimmt zahlreiche Forderungen der Union und des Bundesrates auf. Die Union lehnt auch diesen Konsensvorschlag ab.
1. **März**: Der Bundestag verabschiedet das Zuwanderungsgesetz der Bundesregierung.
22. **März**: Der Bundesrat stimmt dem Gesetz mit knapper Mehrheit zu. Das Land Brandenburg stimmt dabei nicht einheitlich ab. Der amtierende Bundesratspräsident Klaus Wowereit (SPD) erklärt das Gesetz trotzdem für angenommen. Es kommt zum Eklat im Bundesrat.
20. **Juni**: Bundespräsident Rau unterzeichnet das Gesetz.
16. **Juli**: Sechs unionsgeführte Länder, darunter Bayern, klagen in Karlsruhe gegen das Gesetz.
18. **Dezember**: Das Bundesverfassungsgericht erklärt das Zustandekommen des Gesetzes für verfassungswidrig und das Gesetz für nichtig.

2003:

9. **Mai**: Der Bundestag verabschiedet den von der rot-grünen Bundesregierung unverändert eingebrachten Gesetzentwurf erneut.
20. **Juni**: Der Bundesrat lehnt das zustimmungspflichtige Gesetz erneut ab.
2. **Juli**: Die Bundesregierung ruft den Vermittlungsausschuss von Bundestag und Bundesrat an.
10. **Oktober**: Der Vermittlungsausschuss setzt wegen mangelnder Einigung eine Arbeitsgruppe ein.

2004:

1. **Juli**: Das Gesetz wird erneut vom Bundestag verabschiedet.
9. **Juli**: Der Bundesrat stimmt dem Gesetz zu.
30. **Juli**: Bundespräsident Köhler fertigt das Gesetz aus.
5. **August**: Das Gesetz wird im Bundesgesetzblatt verkündet.

2005:

1. **Januar**: Das Gesetz tritt in Kraft.

Zusammenstellung der Autoren

Querverweis: S. 91, M 1

1. Zeigen Sie das Zusammenwirken der Verfassungsorgane am Beispiel des in M 1 behandelten Zuwanderungsgesetzes auf. Beachten Sie auch die Informationen von S. 137.
2. Vollziehen Sie den Gesetzgebungsprozess am Beispiel des Zuwanderungsgesetzes nach (M 2). Verwenden Sie dazu das Schaubild in M 1 auf S. 91.

Podiumsdiskussion: Volksentscheide auf Bundesebene

Eine Betrachtung des Zusammenwirkens der Verfassungsorgane im Bereich der Gesetzgebung zeigt, dass wichtige politische Entscheidungen in der Bundesrepublik Deutschland der Zustimmung einer Vielzahl von Akteuren bedürfen, das Volk selbst aber nicht beteiligt ist. Schließlich gibt es auf Bundesebene – anders als auf Landesebene oder in anderen Ländern – keine Volksentscheide. In Artikel 20 Absatz 2 des Grundgesetzes steht: „Alle Staatsgewalt geht vom Volke aus. Sie wird vom Volke in Wahlen und Abstimmungen und durch besondere Organe der Gesetzgebung, der vollziehenden Gewalt und der Rechtsprechung ausgeübt." Allerdings sieht das Grundgesetz nur in zwei Fällen eine Beteiligung des Volkes in Form von Abstimmungen vor:

- bei einer Neugliederung des Bundesgebietes, z. B. bei der Zusammenlegung von zwei Bundesländern, bei der der Volksentscheid in den betroffenen Ländern erfolgt (Artikel 29 GG);
- bei der Verabschiedung einer neuen Verfassung, die an die Stelle des Grundgesetzes tritt (Artikel 146 GG).

Von diesen beiden Ausnahmen abgesehen, existiert auf Bundesebene eine rein repräsentative Demokratie. Als Alternative dazu bietet sich eine repräsentative Demokratie mit sogenannten direktdemokratischen oder plebiszitären Elementen an. Direktdemokratische oder plebiszitäre Elemente, in erster Linie Volksentscheide über Gesetze(svorhaben), haben diverse Vorteile, aber auch viele Nachteile.

Podiumsdiskussion mit Experten zum Thema „Mangelnde Ausbildungsreife" auf der Bildungsmesse didacta

Ihre Aufgabe besteht nun darin, eine Podiumsdiskussion zu organisieren und durchzuführen. Eine Podiumsdiskussion ist eine Diskussion mit ausgewählten Sprechern (den Podiumsteilnehmern) unter der Gesprächsführung eines Moderators. Häufig ist auch das Publikum in der Lage, Fragen zu stellen. Thema Ihrer Podiumsdiskussion ist die Frage, ob Volksentscheide auf Bundesebene eingeführt werden sollen oder nicht. So gehen Sie dabei vor:

- Bilden Sie Arbeitsgruppen (vier bis acht Arbeitsgruppen, je nach Klassengröße).
- Eine Hälfte der Arbeitsgruppen sollte sich mit den Vorteilen der Volksentscheide auf Bundesebene beschäftigen und diese für die Podiumsdiskussion aufarbeiten. Die andere Hälfte der Arbeitsgruppen sollte sich mit den Nachteilen der Volksentscheide auf Bundesebene befassen und diese ebenfalls für die Podiumsdiskussion aufarbeiten. Lesen Sie sich dazu den auf der rechten Seite abgedruckten Text sowie die Tabelle sorgfältig durch!
- Bestimmen Sie anschließend pro Arbeitsgruppe einen Sprecher. Die Sprecher der Arbeitsgruppen sind die Teilnehmer an der Podiumsdiskussion. Als solche nehmen Sie in einer Stuhlreihe oder in einem Stuhlkreis vor der Klasse Platz.
- Die Podiumsdiskussion wird von einem Moderator (Lehrer/-in, Klassensprecher/-in) geleitet. Die Sprecher können zunächst jeweils ein kurzes Statement abgeben. Anschließend diskutieren die Sprecher untereinander und beantworten Fragen des Publikums (der Klasse).

Querverweis: II 4

Text: Repräsentative und direkte Demokratie

Die moderne Demokratie ist eine repräsentative Demokratie. Sie beruht auf einer Stellvertretung auf Zeit. Repräsentanten werden vom Volk in Repräsentativkörperschaften, in Parlamente und Versammlungen, gewählt, um dort die politischen Entscheidungen zu beraten und zu treffen. Der Volkswille drückt sich dabei vor allem in Wahlen aus. Aber kann sich die Volkssouveränität auf diesen periodischen Wahlakt beschränken oder gibt es andere, direkte Formen der Einflussnahme der Bürgerinnen und Bürger? Hat das Volk neben der Wahl bei Personalentscheidungen auch eine Wahl bei Sachentscheidungen?
Formen direkter Bürgerbeteiligung finden sich in modernen Demokratien auf verschiedenen Ebenen, zunächst im kommunalen Rahmen in Gestalt von Planverfahren, Bürgerbegehren und Bürgerentscheiden. Hier haben sich bürgerschaftliche Elemente der stadtrepublikanischen Tradition erhalten. Sodann gibt es auf der mittleren Ebene föderalistisch organisierter Demokratien – in Deutschland und den USA beispielsweise auf der Ebene der Bundesländer – Verfahren der direkten Beteiligung in sogenannten Volksinitiativen, Volksbegehren und Volksentscheiden. [...]
Neben diesen plebiszitären Instrumenten der Volksgesetzgebung finden sich als Formen der direkten Demokratie auch Volksbefragungen (Referenden), in denen Regierung und Parlament das Volk über wichtige Gegenstände und Themen befragen können. [...]
Die zentrale, national- oder bundesstaatliche Ebene wird beherrscht von den Institutionen der repräsentativen Demokratie. Instrumente direkter Bürgerbeteiligung auf zentralstaatlicher Ebene gibt es jedoch beispielsweise in Ländern wie Italien, Frankreich, Irland, Australien, Neuseeland und Dänemark sowie in einigen Ländern Ost- und Mitteleuropas. [...]
Das bundesdeutsche Grundgesetz legt ein starkes Gewicht auf die repräsentativen Komponenten. Hierfür sind in erster Linie historische Gründe verantwortlich. Der Parlamentarische Rat, der die Verfassung ausarbeitete, wollte Lehren aus dem Scheitern der Weimarer Republik ziehen, verzichtete daher auf plebiszitäre Elemente und verfolgte vorrangig die Absicht, das parlamentarische Regierungssystem mit einer herausgehobenen Stellung des Kanzlers [...] zu stärken.

Quelle: www.bpb.de/izpb/9195/strukturunterschiede-und-probleme?p=all; Zugriff am 14.2.2013

Querverweis: S. 74 ff.

Tabelle: Pro mehr direkte Demokratie

- stärkere Möglichkeit der Einflussnahme durch die Bürger
- Wandel der politischen Kultur Deutschlands hin zu einer Bürgerdemokratie
- unmittelbare Einbindung der Bevölkerung führt zu besseren Lösungsansätzen
- größere Akzeptanz von Entscheidungen
- Verminderung von „Klientelentscheidungen" (kein Übergewicht der Einzelinteressen)
- Abbau der Parteienlandschaft
- Bürgereinbindung stabilisiert die Demokratie
- das politische Interesse und Wissen der Bürger werden gesteigert
- öffentliche und private Debatten über politische Fragen werden angeregt
- Gründlichkeit statt Schnelligkeit

Kontra mehr direkte Demokratie

- setzt einen hohen Partizipationswillen der Bürger voraus, der nicht vorhanden ist
- Aushöhlung der parlamentarischen Demokratie
- einfache, aber falsche Antworten werden den problemangemessenen gegenüber bevorzugt
- Ausgleich von Interessen wird erschwert
- stark am „Mehrheitswillen" ausgerichtet (Schwierigkeit des Minderheitenschutzes)
- Stärkung populistischer Parteien
- Parlament kann sich aus der Verantwortung stehlen
- Bürger sind nicht hinreichend fachlich kompetent
- Einfluss einer verzerrten Medienberichterstattung
- direktdemokratische Verfahren sind zeitaufwändig und kostspielig

Quelle: Stefan Marschall: Das politische System Deutschlands, Konstanz 2007, S. 47

Der **Bundestag** lässt sich als Zentrum des politischen Systems bezeichnen, da er das einzige Staatsorgan darstellt, das direkt *vom Volk gewählt* wird. Der Bundestag erfüllt eine Vielzahl von Funktionen, die zum Teil überwiegend von der *Parlamentsmehrheit* (Regierungsparteien) und zum Teil überwiegend von der *Parlamentsminderheit* (Oppositionsparteien) wahrgenommen werden. Zu den wichtigsten Funktionen zählen die *Wahl des Bundeskanzlers,* die *Gesetzgebung* und die *Kontrolle* der Bundesregierung.

Die **Bundesregierung** geht aus dem Bundestag hervor, indem der Bundestag den Bundeskanzler wählt. Die Bundesregierung besteht aus dem *Bundeskanzler* und den *Bundesministern,* die auf Vorschlag des Bundeskanzlers vom Bundespräsidenten ernannt werden. Der Bundeskanzler kann vom Bundestag im Rahmen eines *„konstruktiven Misstrauensvotums"* abgewählt werden. Der Bundeskanzler wiederum kann nach einer gescheiterten *Vertrauensfrage* dem Bundespräsidenten vorschlagen, den Bundestag aufzulösen.

Der **Bundesrat** ist die *Länderkammer* und als solche ein Organ zur Vertretung der Interessen der Länder. Über den Bundesrat sind die *Länder an der Gesetzgebung des Bundes beteiligt.* Diese Beteiligung ist neben der Verteilung der Kompetenzen auf Bund und Länder Kennzeichen eines *föderalen Staatsaufbaus.* Die Länder sind im Bundesrat durch Mitglieder der Landesregierungen vertreten. Ihre *Stimmenzahl* hängt von der *Bevölkerungsgröße* ab. Die Art der Beteiligung des Bundesrats an der Gesetzgebung des Bundes hängt von dem jeweiligen *Gesetzestyp* ab. So hat der Bundesrat nur bei verfassungsändernden Gesetzen und zustimmungsbedürftigen Gesetzen, jedoch nicht bei Einspruchsgesetzen ein absolutes Vetorecht.

Der **Bundespräsident** ist das *Staatsoberhaupt* der Bundesrepublik Deutschland, erfüllt jedoch überwiegend *repräsentative Aufgaben.* Er wird von der Bundesversammlung auf fünf Jahre gewählt und kann anschließend einmal wiedergewählt werden.

Das **Bundesverfassungsgericht** fungiert als *„Hüter der Verfassung"*: Es wacht mit letzter Konsequenz über die Einhaltung des Grundgesetzes, muss jedoch angerufen werden, um tätig werden zu können.

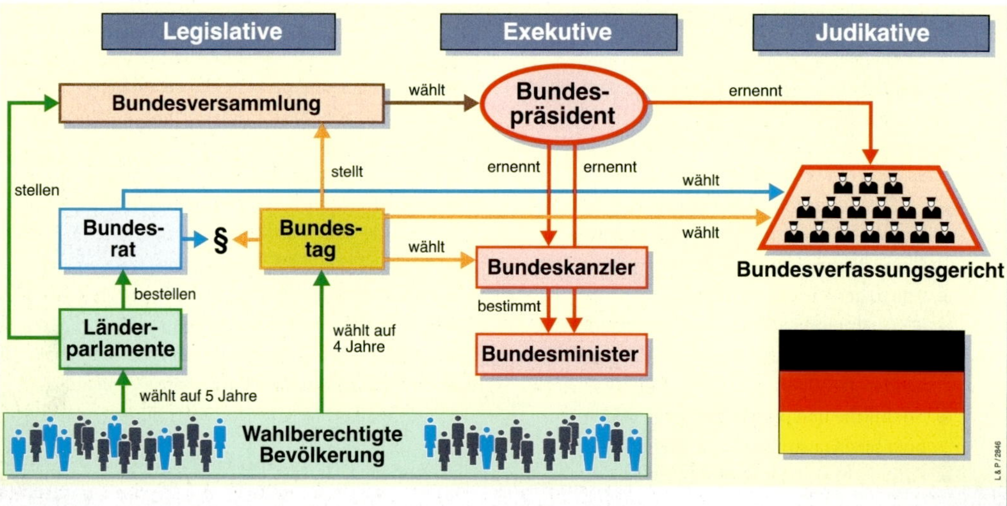

IV. Das fächerübergreifende Unterrichtsprojekt mit Geschichte

Projektunterricht

Was ist ein Projekt? Ein Projekt ließe sich beschreiben als ein themengebundenes, fächerübergreifendes Vorhaben im Unterricht, bei dem Sie festlegen, wie das Thema lautet und bei dem Sie die Inhalte des Themas definieren, erarbeiten und präsentieren. Ihr Lehrer/Ihre Lehrerin wird dabei im Idealfall die Rolle eines Moderators übernehmen und Sie bei den drei soeben genannten Phasen – *Definition, Erarbeitung und Präsentation* – beraten. Auch wird der Lehrer/die Lehrerin für die Infrastruktur, d. h. Zeit und Räumlichkeiten, sorgen und Ihnen bei der Beschaffung von Informationen behilflich sein. Bei der Präsentation könnte man an Referate oder auch an eine Ausstellung denken. Als Zielgruppen Ihrer Präsentation böten sich die Klassengemeinschaft, die Schule insgesamt oder auch außerschulische Projektpartner an, die Ihre Ergebnisse an Interessierte weitergeben können. Darüber hinaus gehört zum Projekt zumindest am Ende eine *Reflexionsphase,* in der alle Beteiligten überlegen, wie Verlauf und Ergebnis zu bewerten sind. Mögliche Fehler werden angesprochen, um beim nächsten Projekt noch effektiver vorgehen zu können.

Projektunterricht in der 10. Klasse des bayerischen Gymnasiums: Der Lehrplan für das bayerische Gymnasium bietet vier Themen an, von denen eines im Projektunterricht in Zusammenarbeit der Fächer Sozialkunde und Geschichte umzusetzen ist. Damit Sie mit Ihrem Lehrer/Ihrer Lehrerin und Ihrer Klasse die Möglichkeit haben, ein Projekt zu wählen, das auf das Interesse der Mehrheit stößt, werden auf den folgenden Seiten Texte und Materialien zu allen vier möglichen Themen angeboten. Inwieweit Sie diese Texte und Materialien nutzen, bleibt Ihnen überlassen. Sie sollten bei Ihren Planungen aber berücksichtigen, dass Ihnen nur relativ wenige Stunden für die Projektarbeit zur Verfügung stehen. Wenn Sie sich also von den angebotenen Materialien eher entfernen möchten, um den Dingen selbstständig auf den Grund zu gehen, sollten Sie sich auf Gegebenheiten in Ihrem familiären, schulischen oder lokalen Umkreis beschränken, damit Sie am Ende zu möglichst klaren und anschaulichen Ergebnissen kommen. Denkbar wäre auch, die Texte und Materialien im Schulbuch als breite und theoretische Grundlegung zu nutzen, um die Ergebnisse hernach anhand eines lokalen Beispiels zu überprüfen.

Grundsätzliche Fragen an Unterrichtsprojekte

1. Definition
   a) Was versteht man unter dem jeweiligen Gegenstand der Untersuchung (z. B. unter Migration oder bürgerschaftlichem Engagement)? Welche Erscheinungsformen gibt es historisch, welche gibt es aktuell politisch?
   b) Welche Aspekte interessieren Sie am meisten?
   c) Wie soll das Thema Ihres Projekts konkret lauten?

2. Erarbeitung
   a) Welche Aspekte sollen im Einzelnen vertieft untersucht werden?
   b) Wer untersucht die einzelnen Aspekte, d. h., welche Arbeitsgruppen gibt es und wer wirkt darin mit?
   c) Welche Materialien (z. B. Bücher, Zeitungen, Webangebote, Hörquellen, Filme, Bildmaterial, Archivquellen etc.) sind für Sie zugänglich? Besteht die Möglichkeit, Befragungen und Erkundungen durchzuführen?

3. Präsentation
   a) In welcher Form sollen die Ergebnisse präsentiert werden (in Form von Plakaten, Diagrammen, Tabellen, Computerpräsentationen etc.)?
   b) Wer ist der Sprecher/die Sprecherin Ihrer Gruppe, d. h., wer übernimmt die Präsentation der einzelnen Ergebnisse bzw. des Gesamtergebnisses?
   c) In welcher Form und wo findet die Schlussbesprechung des Projekts statt?

Erstellen Sie einen Projektplan! Am besten erstellen Sie auf Basis der oben genannten Überlegungen einen für alle verbindlichen *Projektplan,* den Sie in Ihrer Klasse aushängen. Der Plan kann für Sie auch ein Kontrollinstrument sein, um zu überprüfen, ob Ihr Ansatz in der ursprünglichen Form zu bewältigen ist oder ob Sie Ihre Fragestellung(en) gegebenenfalls verändern müssen.

Denkanstöße und Ideen ...

... für das Projekt „Der Freistaat Bayern und seine Landesteile" (S. 146–155)
- *Die bayerische Identität im Spiegel von zeitgenössischer und vergangener Literatur* – als Autoren bieten sich z. B. an: Ludwig Thoma, Oskar Maria Graf, Frank-Markus Barwasser, Gerhard Polt;
- *Mentalität, Brauchtum und Tradition in Altbayern, Franken und Schwaben* – untersuchen Sie Ihren regionalen Kulturraum und fragen Sie nach Ihrer eigenen Identität; hier lassen sich durch Interviews mit Vertretern aller Generationen sehr interessante Ergebnisse erzielen;
- *Die wirtschaftliche Entwicklung und Veränderung unserer Region/Gemeinde seit 1945* – sammeln Sie Eindrücke und Informationen z. B. während einer Exkursion an den Flughafen im Erdinger Moos oder in eine bayerische Tourismusregion.

... für das Projekt „Bayerische Ortschaften im Wandel" (S. 156–165)
- *Unsere Stadt/Region im Strukturwandel* – führen Sie Expertengespräche (S. 164 f.) in verschiedenen ortsansässigen oder regionalen Unternehmen, insbesondere im mittelständischen Bereich;
- *Die Bevölkerungsentwicklung in Stadt und Land im Vergleich* – hier wäre es interessant herauszufinden, ob seit Kriegsende eher eine Abwanderung aus den ländlichen Räumen in die Stadt oder ein vermehrter Zuzug aus anderen Gebieten/Nachbarländern oder beides stattgefunden hat;
- *Ein Dorf/eine Stadt verändert sich* – zeichnen Sie die Entwicklung Ihres Heimatortes nach, z. B. vom Beginn des 19. Jahrhunderts bis heute; untersuchen Sie dabei die Struktur des Ortes (Größe, Gebäude, Wirtschaftsunternehmen etc.) sowie die Berufsstruktur der Einwohner.

... für das Projekt „Migration in Bayern" (S. 166–175)
- *Migration gestern und heute* – untersuchen Sie die Bedeutung vergangener und aktueller Migrationen für Deutschland oder für Bayern oder für Ihre Region/Gemeinde;
- *Migration als Gegenstand von Politik* – untersuchen Sie im Zeitablauf die Haltung der Parteien in Bayern bzw. Deutschland zur Migration (S. 61, 62, 63);
- *Bayern in Bewegung* – untersuchen Sie Wanderungsbewegungen aus Bayern und nach Bayern seit dem 19. Jahrhundert; sprechen Sie nach Möglichkeit mit Zeitzeugen und/oder Zeitgenossen, die einen „Migrationshintergrund" aufweisen.

... für das Projekt „Bürgerschaftliches Engagement und Zivilgesellschaft seit 1945" (S. 176–185)
- *Ehrenämter in Ihrer Region/Gemeinde* – untersuchen Sie Formen und individuelle Motive;
- *Vereine im Wandel der Zeit* – untersuchen Sie die Entwicklung von Vereinen in Ihrer Region/ Gemeinde seit dem Zweiten Weltkrieg;
- *Jugend aktiv* – wo gibt es in Ihrer Gemeinde jugendliches Engagement?

Alternativ zu den oben vorgestellten Themen kann auch ein Querschnittsthema des Fachplans Sozialkunde in Verbindung mit dem Fachlehrplan Geschichte, beispielsweise mit aktuellem Bezug, frei gewählt werden.

1. Der Freistaat Bayern und seine Landesteile

1.1 Die historisch gewachsene Identität der bayerischen Landesteile

von „Heruntergekommenen" und „Fußkranken"

Woher kommen die Bayern? Zieht man zur Beantwortung der Frage einen Kabarettisten zurate, erfährt man möglicherweise, dass sich das bayerische Volk aus „Heruntergekommenen" (und zwar in der Völkerwanderungszeit über die Further Senke heruntergekommen), „Zurückgebliebenen" (Römern), „Rübergekommenen" (Kelten, die über die Donau rüberkamen) und „Fußkranken" (die während der Völkerwanderungszeit nicht mehr weitergehen wollten)[1] zusammensetzt. Deren Identität bildete sich schließlich heraus, als Karl der Große sie fragte, wer sie eigentlich seien: „,Mia san mia!' Damit war der Ausdruck für die bayerische Identität gefunden."[2] So weit jedenfalls der Passauer Kabarettist Bruno Jonas.

Alemannen, Bajuwaren und Franken

Die Antworten, die die Geschichtswissenschaft auf die Frage nach der Herkunft der Bayern gibt, sind freilich etwas komplizierter und fallen außerdem sehr unterschiedlich aus. Sie alle aber teilen eine gemeinsame Aussage: Auf dem Gebiet des heutigen Bayern ließen sich schon früh die Stämme nieder, deren Nachfahren sich dort auch heute noch finden: die Alemannen, die Bajuwaren und die Franken.

Karl der Große und Herzog Tassilo

Politisch entwickelte sich ab dem 6. Jahrhundert im Herrschaftsbereich der fränkischen Merowinger-Könige ein starkes Stammesherzogtum auf dem Gebiet Altbayerns und Österreichs. Es war das dort ansässige Herzogsgeschlecht der Agilolfinger, dessen Eigenständigkeit aufgrund der weiten Entfernung zur königlichen Zentralgewalt immer größer wurde. Dies änderte sich grundlegend, als Männer vom Geschlecht der Karolinger auf den Königsthron gelangten und das Ende der Stammesherzogtümer im ganzen Fränkischen Reich herbeiführten. Nach der Beseitigung des alemannischen Herzogtums, dessen Gebiet auch den heutigen Regierungsbezirk Schwaben umfasste, setzte König Karl der Große im Jahr 788 auf der Reichsversammlung in Ingelheim am Rhein den Bayernherzog Tassilo III. ab. Unter dem Vorwurf der Fahnenflucht wurde Tassilo zunächst zum Tode verurteilt, aufgrund seiner verwandtschaftlichen Beziehungen zum König – Tassilo war der Vetter Karls – jedoch begnadigt und lebenslang in die Abtei Jumièges verbannt, ein Kloster in der Normandie.

Tassilokelch, um 780 n. Chr.

Welfen, Staufer und Wittelsbacher

Obwohl sich in Altbayern und Schwaben bald wieder Herzogtümer herausbildeten, blieb Franken weithin Königsland oder stand unter der Herrschaft geistlicher Fürsten. Erst mit der Übernahme der Macht durch die Welfen 1070 erlangte das Herzogtum Bayern eine Eigenständigkeit, die sich über die Jahrhunderte hinweg immer stärker ausprägen konnte. Wenig später, im Jahr 1079, wurde ein Staufer zum Herzog von Schwaben ernannt. Es entwickelte sich eine generationenlange Rivalität zwischen beiden Adelshäusern, die erst im Jahre 1180 ein Ende nahm, als der Stauferkaiser Friedrich I. Barbarossa den welfischen Herzog von Bayern und Sachsen und den Gründer der Stadt München, Heinrich den Löwen, absetzte und verbannte. Sein Nachfolger als Herzog von Bayern wurde Otto von Wittelsbach. Die Dynastie der Wittelsbacher, die bis 1806 die Herzöge und Kurfürsten und zwischen 1806 und 1918 die bayerischen Könige stellte, baute die Eigenständigkeit Bayerns weiter aus. Möglich war dies auch deshalb, da im Laufe des Mittelalters und der frühen Neuzeit das König- und Kaisertum im Heiligen Römischen Reich insgesamt schwächer wurde. Die Macht der Herzogtümer konnte entsprechend wachsen. Hier liegen unter anderem die Wurzeln des föderalen Aufbaus der Bundesrepublik und des relativ hohen politischen Gewichts, das den einzelnen Bundesländern heute zukommt.

Heinrich der Löwe (1129–1195), Braunschweig, St. Ägidien

vom Herzogtum zum Königreich

Im 14. Jahrhundert mussten die bayerischen Herzöge aufgrund steter Finanznot den Ständen das Steuerbewilligungsrecht und andere Mitspracherechte einräumen. Die Stände traten in den Landtagen zusammen. Dies erwirkte für Bayern „ein das Land einendes und übergreifendes Repräsentationsverständnis und -bewusstsein"[3]: Die Menschen im Herzogtum sahen sich nun nicht mehr nur als Untertanen des Herzogs, sondern begannen allmählich, sich als „Bayern" zu verstehen. In Franken und Schwaben bildete sich ein solch starkes Territorialbewusstsein nicht heraus. Freie Reichsstädte wie Augsburg oder Nürnberg und starke Erzbistümer wie Bamberg oder Würzburg verhinderten dort eine territoriale Einheit. Erst mit dem Reichsdeputationshauptschluss im Jahr 1803 entstand aus den drei Teilen Schwaben, Franken und Altbayern das Staatsgebiet, das wir heute kennen. Im Rahmen von Mediatisierung und Säkularisation kam es zum Zusammenschluss der ehemals geistlichen Territorien und der freien Städte mit dem Gebiet des Herzogtums Bayern. 1806 wurde dieser bayerische Staatsverband von Napoléon Bonaparte zum Königreich erhoben.

Einheit in der Vielfalt

Seither bildet sich – auch unterstützt durch politische Maßnahmen der bayerischen Regierungen – in allen drei Landesteilen ein gemeinsames Bewusstsein für Bayern heraus, das die regionalen Unterschiede in Mentalität, Brauchtum und Traditionen respektiert. Die Identität, die sich die bayerischen Landesteile bewahren, zeigt sich an vielen alltäglichen Beispielen, angefangen bei den verschiedenen Sprachdialekten über die regional unterschiedlichen Zugehörigkeiten zur römisch-katholischen und protestantischen Konfession bis hin zu den kulinarischen Besonderheiten: Ob schwäbische Spätzle, Nürnberger Lebkuchen oder Münchner Weißwurst – die Vielfalt der Landesteile bereichert das Leben im Freistaat und stärkt so die bayerische Einheit.

Die Belehnung Ottos von Wittelsbach (um 1117–1183) mit dem Herzogtum Bayern, 1180

[1] Bruno Jonas: Gebrauchsanweisung für Bayern, München 2002, S. 34 ff.
[2] ebd., S. 41 f.
[3] Rainer A. Roth: Freistaat Bayern, München 1993, S. 37

MATERIAL

1 Aus dem „Briefwexel“ des Landtagsabgeordneten Jozef Filser – „Über die Schtehlung bayerns zum Ausland“

Eigentlich begient das Auslahnd ieber der Dohnau, indem die brofinz Franken kohmt. Aber durch die bolidik begient es weiter drohben beim Main.

Disses heist breißen wo ich nichd wahr und auch nichd hingehe, aber fieles geläsen habe und nichz schenes. Das Kenigreich Breißen ist ein ahrmes Land und nehren sich fon Kahrdofeln indem sonzt nichz waxt. Durch disses sind die Leite ser begiehrig und wohlen iemer ein Lahnd, wo Gäld forhanden ist und ein guter Fiehschtand und Getreihde. Disses Lahnd heist bayern und ist inser Faderland. [...] Inser Erbfeund ist das Kenigreich Breißen, hobwol mier scheinbar mit einahnder Freind sind seit dem Jare siebsich, wo mir bayern ienen gehohlfen hawen. Schpäter hawen mir leuder die Bickelhauben eingefiehrt, damid das man ins ferwexeln sohl. Disses had der Bißmarch gemacht, und auch hat er das deitsche Reich gemacht, damit das mir die Schuhlden zallen, wo die Breißen haben.

Disses ist leuder ser fiel und schpürt man es schtark, indem die Schteiern waxen. [...]

Es kohmen iemer mer Breißen zu ins. Sie kohmen scheinbahr, als wen sie was lehrnen wohlen bei ins oder zum Fergniegen. Haber mir miessen Ohbacht gehben, das sie nichd dableihben. [...] Mir missen ser forsiechtig sein und disses ist nicht schwer, weil mahn die Breißen gleich kehnt. Sie rehden ser schnehl mit einer Schprache, wo kein Mentsch ferstet und bald sie ins nachmachen wohlen, mus mahn plos lachen. Ieberhaupts sind die breißen keine angenämen Mentschen nichd, indem sie klauben, das sie fierchterlich gescheid sind.

Bald mahn einen Breißen hört, had er die ganse Fozzen fohl lauder Wohrte und schbeibt sie auf einmahl aus wie Zweschgenkern und es get nichd nacheinahnder, sontern ahles auf einmahl. Es bräsiert fier einen Jäden, das er ahles sagt, indem wen noch ein Breiße dabei ist, disser plos wahrtet, das seinen Lanzmahn die Lufd ausget, das er darahn kohmt und dan lahst er nichd mer aus, sontern schbeibt auch seine Worte hin, das sie burtselbeim schlahgen.

Jäder had jez einen Schnuhrbahrt das er sich bereiz die Auhgen ausschticht, indem seine Auhgen aus dem Kobf hengen und Bazelauhgen sind. Iere Köbf sind geschwohlen und disses kohmt fon lauder Kahrdofelesen. [...] Die Breißen sind auch ludderische. Wodurch mahn ahles weis und nichz mer zum sahgen ist. [...] Aber der bayrische Löhwe schtet auf der Wacht und lahst sich fon keinem Raubfogel nichd ferschluggen, bald er auch sein Mäu noch so weiht aufreisen kahn. Disses mus mahn sich mergen. Disses hawe ich ersohnen und zum Babier gebracht und jez sahge ich lebe woll.

fon Jozef Filser, kenigl. Abgeorneter in Ruheschtand.

Quelle: Ludwig Thoma: Jozef Filsers Briefwexel, München 1986, S. 65 ff.

MATERIAL

2 Die Regierungsbezirke in Bayern

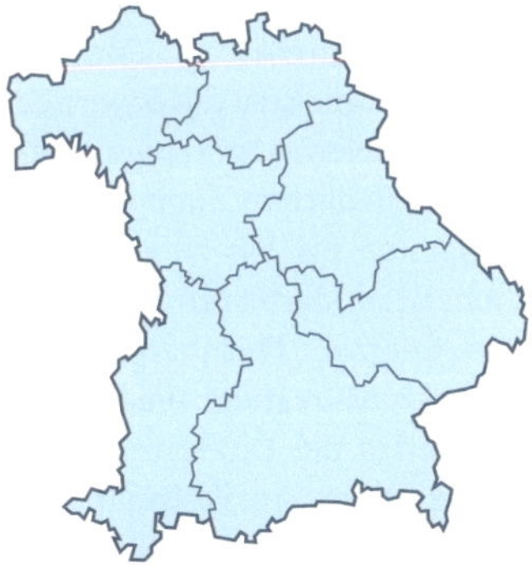

1. Lesen Sie den fiktiven Brief aus M 1 laut in Ihrer Klasse. Überlegen Sie, an welchen Stellen sich typische Kennzeichen altbayerischer Mentalität zeigen.
2. Fügen Sie in die stumme Karte (M 2) die Namen der sieben Regierungsbezirke und ihre Hauptstädte ein. Übernehmen Sie die Karte dazu vorher in Ihr Heft.

1.2 Die Integration der Landesteile Altbayern, Franken und Schwaben in den bayerischen Staat

Maximilian Graf von Montgelas (1759–1838), der Schöpfer des modernen Bayern

Maximilian I. Joseph von Bayern (1756–1825), der erste bayerische König

vom Stammes- zum Staatsbewusstsein

Das nach dem Reichsdeputationshauptschluss 1803 um Franken und Schwaben ausgeweitete Territorium Bayerns ließ sich nicht länger durch ein Stammesbewusstsein integrieren, denn es lebten nun drei unterschiedliche Stämme in Bayern. Es entwickelte sich stattdessen ein neues Staatsbewusstsein, ausgelöst vor allem durch zwei Ereignisse: die Erhebung Bayerns zum Königreich 1806 und die Reformpolitik des Maximilian Graf von Montgelas, der als Minister unter König Maximilian I. die Strukturen schuf, die in Bayern bis heute aktuell sind. Zu Montgelas' Modernisierungsmaßnahmen zählten:

Montgelas' Reformpolitik

- der Aufbau einer Zentralregierung mit Fachministerien,
- die Einteilung des Staatsgebiets in acht Kreise (Verwaltungsgebiete),
- die Neuordnung des Rechtswesens und die Reform des Beamtenwesens,
- eine Wirtschaftsreform und die Errichtung eines einheitlichen Wirtschaftsraums durch Beseitigung der Binnenzölle, Vereinheitlichung von Münzwesen, Maßen und Gewichten,
- eine Bildungsreform durch Einführung der Schulpflicht, Verbeamtung der Lehrer und Zentralisierung der Themenstellung für Abschlussprüfungen,
- die Gleichstellung beider Konfessionen und
- Erarbeitung einer Verfassung, die neben der Garantie zahlreicher Grundrechte festlegte, dass in allen Teilen Bayerns die gleiche Gesetzgebung gelten sollte.

Säkularisation und Mediatisierung

Säkularisation und Mediatisierung führten zwar zu einer politischen Zwangsvereinigung der bayerischen Landesteile. Die wesentlichen Integrationsfaktoren aber waren die Wirtschaftsreformen und die Verfassung von 1808. Dass ein politischer Zusammenschluss häufig erst nach einer wirtschaftlichen Einigung erfolgen kann, zeigen auch andere Beispiele der jüngeren Geschichte, etwa die Gründung des Deutschen Reiches 1871 oder die Gründung der Europäischen Union 1993.

Unzufriedenheit mit der Reformpolitik

Trotz der gelungenen wirtschaftlichen Integration waren viele Bürger aus allen Teilen Bayerns mit den Modernisierungsmaßnahmen Montgelas' unzufrieden: Katholiken kritisierten in Montgelas den Säkularisierer, Konservative den Reformer und Liberale den Bürokraten. Insbesondere in Franken wurde die von München aus gesteuerte Zentralregierung als Fremdherrschaft empfunden. Viele Altbayern hingegen störten sich an der neuen Religionspolitik, der viele Feiertage zum Opfer gefallen waren. Sie fühlten sich dadurch in der Ausübung ihres Glaubens eingeschränkt. Der Unmut im Volk zwang den bayerischen König schließlich, seinen Reformer im Jahr 1817 zu entlassen.

die Verfassung von 1818

Ein Jahr später erließ Maximilian eine neue Verfassung, in deren Vorspruch er bewusst den landesväterlich-integrativen Gedanken betonte. Dennoch fühlten sich die „neuen" Bayern in ihrem Staat noch nicht wirklich heimisch. So waren denn auch der Wunsch nach Schaffung eines deutschen Einheitsstaats und die Begeisterung für die Revolution von 1848 in Schwaben und vor allem in Franken weitaus höher als in Altbayern.

Erfolge bei der Integration

Neue Schritte in Richtung einer stärkeren Integration von Franken und Schwaben in den bayerischen Staat wurden mit der Garantie der Grundrechte ab 1859 und der Möglichkeit zur Mitwirkung in beiden Kammern der Legislative ab 1861 getan. Beide Schritte wurden unterstützt durch die Wahlrechtsreformen von 1848 und 1906. Dass der Integration fortan mehr Erfolg als in der Vergangenheit beschieden sein sollte, manifestierte sich z. B. darin, dass die Landesausstellung anlässlich des 100-jährigen Bestehens des bayerischen Königreichs 1906 nicht in München, sondern in Nürnberg stattfand.

von der Monarchie zur Republik

Spätestens nach dem Zusammenbruch der Wittelsbacher-Monarchie am Ende des Ersten Weltkriegs und der Proklamation des republikanischen „Freistaats Bayern" am 8. November 1918 durch Kurt Eisner verstummten die Rufe nach einer Abspaltung Schwabens oder Frankens. Und obwohl vereinzelte Stimmen in Nordbayern bis heute die Bildung eines eigenen Bundeslandes „Franken" fordern, so kann doch die Integration der „neuen" Landesteile Franken und Schwaben in den bayerischen Staat seit Beginn des 20. Jahrhunderts als abgeschlossen gelten.

Das Bayerische Staatswappen

1. Finden Sie mithilfe eines Lexikons oder des Internets heraus, inwiefern das Bayerische Staatswappen einen integrativen Faktor für den Freistaat darstellt.
2. Lesen Sie M 1. Welche Rechte werden dem Volk zuerkannt? Vergleichen Sie diese mit dem Grundrechtskatalog des Grundgesetzes. Inwiefern stellt die Verfassung von 1818 einen wichtigen Beitrag zur Bildung eines bayerischen Staatsbewusstseins dar?
3. Diskutieren Sie auf Grundlage der Texte von S. 146/147 und S. 149/150 die Frage, die der Autor in M 2 am Ende seines Kommentars aufwirft.

MATERIAL 1

Aus der Präambel der Verfassung von 1818

Die gegenwärtige Akte ist, nach vorangegangener reifer und vielseitiger Beratung und nach Vernehmung unseres Staatsrates, das Werk unseres ebenso freien als festen Willens. Unser Volk wird in diesem Inhalt desselben die kräftigste Gewährleistung unserer landesväterlichen Gesinnungen finden:
Freiheit der Gewissen und gewissenhafte Scheidung dessen, was des Staates und was der Kirche ist. Freiheit der Meinungen, mit gesetzlichen Beschränkungen gegen den Missbrauch. Gleiches Recht der Eingeborenen zu allen Graden des Staatsdienstes [...]. Gleiche Berufung zur Pflicht und zur Ehre der Waffen. Gleichheit der Gesetze und vor dem Gesetze. Unparteilichkeit und Unaufhaltsamkeit der Rechtspflege. [...] Eine Standschaft – hervorgehend aus allen Klassen der im Staate ansässigen Staatsbürger [...]. Endlich eine Gewähr der Verfassung [...].
Bayern! – Das sind die Grundzüge der aus unserem freien Entschlusse euch gegebenen Verfassung; – sehet darin die Grundzüge eines Königs, welcher das Glück seines Herzens und den Ruhm seines Thrones nur von dem Glücke des Vaterlandes und von der Liebe seines Volkes empfangen will! [...]

Quelle: Verfassungsurkunde des Königreichs Baiern vom 26.5.1818, München 1818, S. 3ff; Text in moderner Rechtschreibung

MATERIAL 2

Immer Probleme mit der „Idendidäd"

Identität ist ein Wort, welches den Franken wichtig ist. Leider ist es auch ein Wort, welches die Franken schlecht aussprechen können. Wenn ein Franke außerhalb Frankens von fränkischer „Idendidäd" spricht, erntet er mehr Spott als Verständnis. Welche Tragik! Was eine fränkische Identität überhaupt sein soll, lässt sich ohnehin nur schwer beantworten. Als vor 200 Jahren die fränkischen Gebiete nach und nach an Bayern fielen, gab es keinen einheitlichen fränkischen Staat, sondern nur einen losen Bund von Herrschaftsgebieten. [...] Die politische, räumliche und konfessionelle Zersplitterung sind dann auch Gründe, warum „Franken" relativ geräuschlos an Bayern fallen konnte. [...]
Möglicherweise geht es ja heute bei der Suche nach einer „fränkischen Idendidäd" auch weniger um die Frage, wer und was man ist, sondern vielmehr darum, wer und was man nicht sein will: nämlich Bayern. Das mag woanders belächelt werden, sollte aber dennoch Verständnis finden. Pseudobajuwarischer Neo-Seppilismus gilt als Exportschlager, und kein anderer deutscher Volksstamm prägt das internationale Bild der Deutschen dadurch so nachhaltig und einseitig wie die Bayern. Das kann den Kölnern, Berlinern und Hamburgern egal sein, weil sie ja wissen, dass sie Kölner, Berliner und Hamburger sind. Für die Franken ist es ärgerlich: Sie sind politisch gesehen Bayern, aber wenn Bayern gelobt wird oder sich selbst lobt [...], sind sie zwar betroffen, jedoch gar nicht gemeint. Die Unzufriedenheit mit „München" hat aber noch mehr Gründe. War Franken einmal der Motor der bayerischen Wirtschaft, hat sich die Situation inzwischen umgekehrt: Der Süden boomt, der Norden kämpft. Bei den Arbeitslosenzahlen gibt es ein starkes Nord-Süd-Gefälle. [...]
Bei einer scheinbar so großen Unzufriedenheit verwundert es dann schon, dass sich bislang kein radikaler Widerstand gegen die Bayern entwickelt hat. Als kürzlich die Rentenversicherungen von Unter-, Ober- und Mittelfranken zur „Rentenversicherung Nordbayern" umbenannt worden sind, mokierten sich die fränkische SPD-Bundestagsabgeordnete Renate Schmidt und ihr Landtagskollege Wolfgang Hoderlein über den mangelnden Lokalpatriotismus in Franken, wo die Umbenennung auf zu schwachen Widerstand gestoßen sei. Kann es sein, dass die Franken „ihre" Bayern im Grunde ja doch heimlich lieben? [...]

Quelle: Frank-Markus Barwasser: Immer Probleme mit der Idendidäd, in: Süddeutsche Zeitung vom 8.10.2007; der Autor ist geboren und aufgewachsen in Würzburg; die bekannteste Figur des Kabarettisten ist der fröhliche Kleinbürger Erwin Pelzig.

1.3 Strukturpolitische Maßnahmen bayerischer Landespolitik: Der Flughafen im Erdinger Moos

der alte Flughafen in München Riem

1954, nur sechs Jahre nach der Inbetriebnahme für den zivilen Luftverkehr, stand für die bayerische Regierung und die Stadt München fest, dass der 1939 eingeweihte Flughafen in München Riem aufgrund seiner Nähe zum Stadtzentrum nicht ausbaufähig sein würde. Als 1960 über dem Stadtgebiet München ein Flugzeug abgestürzt war und die Staatsregierung überdies die Wichtigkeit eines internationalen Flughafens für die wirtschaftliche Entwicklung Bayerns erkannte, begann 1963 die gezielte Suche nach einem geeigneten Standort für einen größeren – auch zukünftig ausbaufähigen – Airport fernab des Stadtkerns.

der neue Airport im Erdinger Moos

1969 fiel unter Ministerpräsident Alfons Goppel die Entscheidung für das Erdinger Moos. Es folgte eine Phase der juristischen Auseinandersetzung (bis hin zu gerichtlich angeordneten Baustopps) zwischen der damals neu gegründeten Betreibergesellschaft des Flughafens (deren Hauptgesellschafter ist der Freistaat Bayern) und etlichen Gegnern des Großprojekts, vorwiegend betroffenen Anwohnern und Naturschützern. Im Verlauf der Verfahren wurde die Anlage des Airports auf zwei Start- und Landebahnen reduziert, da Sachverständige die zu erwartende Nutzung des Flughafens als relativ niedrig einstuften. Diese Prognosen haben sich allesamt als falsch erwiesen – die heutigen Fluggastzahlen übersteigen alle damals gestellten Erwartungen.

„Franz Josef Strauß"

1986 wurden die letzten Klagen abgewiesen und 1992 der Flughafen im Erdinger Moos eingeweiht. Er trägt den Namen seines bis dato wichtigsten Förderers, des 1988 verstorbenen bayerischen Ministerpräsidenten Franz Josef Strauß. Der Airport hat sich seitdem zum wichtigsten deutschen Luftfahrt-Drehkreuz neben Frankfurt am Main entwickelt.

2011 belegte der Flughafen München II (MUC) bei der Zahl der Flugreisenden europaweit den sechsten Platz. Nach den Aussagen der Betreibergesellschaft übersteigt die Nachfrage bereits seit 2011 / 12 die Kapazitätsgrenze des Flughafens. Da für 2025 über 58 Millionen Fluggäste pro Jahr prognostiziert werden, drängt die Flughafen München GmbH (FMG) auf den Bau einer dritten Start- und Landebahn. Deren Bau ist zwar seit 2011 genehmigt, wurde aber vorerst durch einen Bürgerentscheid 2012 gestoppt.

2012 verlor München seinen Titel als bester Flughafen Europas an Amsterdam. Auch in der weltweiten Rangliste rutschte München vom vierten auf den sechsten Platz. Dafür bekam München aber die Auszeichnung als Flughafen mit dem besten Personal in Europa.

Flughafen München II Franz-Josef-Strauß

MATERIAL

Streit um die dritte Bahn 1

Auch nach dem Bürgerentscheid gegen den Ausbau des Münchner Flughafens wird das Projekt weiterverfolgt.

Das spricht dafür

Das Arbeitsplatz-Argument: Der Flughafen sichert und schafft Jobs für München und die Region. Mit dem Ausbau entstehen allein am Flughafen 11 000 neue Jobs.

Das Standort-Argument: Alleine durch die international tätigen Unternehmen in der Region München werden über 246 000 Arbeitsplätze gesichert.

Das Tourismus-Argument: Die Anzahl der direkten Flugverbindungen wirkt sich stark auf das Tourismusziel München aus.

Das Leistungskraft-Argument: Im Jahr 2010 hatte der Flughafen 34,7 Millionen Passagiere. Bis 2025, so sagt ein Gutachten, wird die Zahl der Passagiere um weitere 68 Prozent steigen. Schon jetzt ist der Flughafen aber am Limit. Anfragen der Fluggesellschaften müssen abgewiesen werden – wegen mangelnder Kapazitäten. Das mindert die Konkurrenzfähigkeit des Münchner Flughafens als Drehscheibe.

Das Umwelt-Argument: Die hohe Dichte von Starts und Landungen führt häufig zu Warteschleifen – die machen Lärm und verbrauchen Extra-Kerosin. Eine dritte Bahn würde insoweit die Umwelt schonen. Außerdem: Selbst wenn sie nicht kommt, nimmt der Flugverkehr insgesamt nicht ab. Er verlagert sich bloß an andere Airports.

Das Finanz-Argument: 1,2 Milliarden Euro soll die Startbahn kosten. Die Flughafengesellschaft wird das Projekt selbst finanzieren. Der Steuerzahler zahlt keinen Cent.

Das Drehkreuz-Argument: Immer mehr Umsteiger nutzen München als Drehkreuz – das ermöglicht viele Langstreckenflüge, wovon die Münchner profitieren.

Das spricht dagegen

Das Bedarfs-Argument: 2008 ist das bisherige Maximum an Flugbewegungen erreicht worden. Die Prognosen, die der Planung für die Bahn zugrunde liegen, stimmen nicht. Die bisherigen zwei Bahnen reichen.

Das Arbeitsplatz-Argument: Von wegen neue Jobs. Untersuchungen zeigen: Der Bau der vierten Startbahn am Frankfurter Flughafen hat auch kaum neue Arbeitsplätze gebracht. Es gab bloß eine Verlagerung zulasten anderer Regionen. Außerdem platzt unsere Region eh aus den Nähten. Bezahlbarer Wohnraum ist jetzt schon knapp.

Das Fluglärm-Argument: Noch weiß keiner, wie die endgültigen Flugrouten für die neue Startbahn verlaufen sollen. Sie könnten aber in wesentlich geringerer Höhe sein als heute und führen voraussichtlich übers Stadtgebiet – weil die anderen Flugkorridore jenseits der Stadt schon belegt sind.

Das Drehkreuz-Argument: Die Münchner haben nichts von der 3. Bahn. Der Flughafen will bloß für Umsteigepassagiere wachsen. Und ein zweites großes Drehkreuz nur 312 Kilometer Luftlinie von Frankfurt ist Unfug.

Das Umwelt-Argument: Das Bauprojekt würde mehr als 1 000 Hektar Vogelschutzgebiet vernichten.

Das Klima-Argument: München hat sich verpflichtet, den Kohlendioxidausstoß bis 2030 um die Hälfte zu reduzieren (im Vergleich zu 1990). Den klimaschädlichen Flugverkehr zu fördern passt absolut nicht zu diesem Ziel.

Das Finanzierungs-Argument: Die Flughafengesellschaft will die Bahn angeblich selbst finanzieren. Ob ihr das gelingt, ist fraglich. Sie hat nämlich 2,7 Milliarden Euro Schulden.

➠ Querverweis: S. 77, M 2

Quelle: Abendzeitung München Online (www.abendzeitung-muenchen.de) vom 1. 6. 2012; Autorin: Julia Lenders; Zugriff am 11. 2. 2013

1. **Stellen Sie die Argumente für und wider den Bau der neuen Start- und Landebahn gegenüber (S. 152, M 1), ergänzen Sie weitere Argumente und führen Sie eine Pro- und Kontra-Diskussion (S. 50).**

1.4 „Laptop und Lederhose" – der Hightechstandort Bayern

Tradition und Fortschritt

„Laptop und Lederhose" – dieser Slogan versinnbildlicht die Wirtschaftspolitik der bayerischen Regierung seit den 1950er-Jahren. Bereits damals setzte der Freistaat sowohl auf Tradition, etwa im Tourismussektor, als auch auf Fortschritt. Der Mangel an Rohstoffen, der Bayern seit Beginn der Industrialisierung zum Nachteil gereicht hatte, sollte sich nun als Vorteil erweisen: Während nämlich Bundesländer wie z. B. Nordrhein-Westfalen nach wie vor in die Kohle- und Stahlindustrie investierten, gelang in Bayern die Ansiedlung solcher Industriezweige, die nicht auf die Verarbeitung von Rohstoffen angewiesen waren. Dazu zählen der Maschinen- und Fahrzeugbau, die Luft- und Raumfahrttechnik, die Elektrotechnik, die Feinmechanik und Optik und die chemische Industrie. Aufgrund der Flüchtlingsströme aus den ehemaligen deutschen Ostgebieten waren in Bayern nun auch ausreichend viele Arbeitskräfte ansässig, um in den zukunftsorientierten Industrien exportfähige Güter zu erzeugen. Während die Kohle- und Stahlindustrie im Lauf der Zeit an Bedeutung verlor, bildeten diese Exportgüter die Grundlage des bayerischen Wirtschaftsaufschwungs.

Dienstleistungssektor

Informationstechnologie

Als sich ab Mitte der 1980er-Jahre der Wandel von der Industrie- zur Dienstleistungsgesellschaft abzeichnete, war man hierzulande darum bemüht, Arbeitsplätze im Dienstleistungssektor zu schaffen. Bayern weist heute die größte Bankendichte in Deutschland auf. Und rund 380 000 Bayern arbeiten heute in den 20 000 Unternehmen jener Branche, die seit Mitte der 1990er boomt und wie keine zweite den Erfolg des Standortes Bayern verkörpert: die Informationstechnologie (kurz: IT). Mit der 2011 gestarteten Initiative „Aufbruch Bayern" werden mit einem Finanzvolumen von über einer Milliarde Euro vor allem die Bereiche regionale Technologie-Initiativen, neue Werkstoffe, IT sowie Energie und Mobilität gefördert. Die „Cluster-Offensive Bayern" zielt auf den Ausbau und die Stärkung landesweiter Netzwerke zwischen Unternehmen, Hochschulen und Forschungseinrichtungen.

Tourismusregion Bayern

Ein weiterer großer Wirtschaftsfaktor in Bayern ist der Fremdenverkehr. 560 000 Arbeitsplätze hängen im Freistaat von ihm ab. Allein im Jahr 2011 beherbergten die bayerischen Hotels, Pensionen und Campingplätze rund 30 Millionen Gäste und verbuchten dabei knapp 81 Millionen Übernachtungen. Etwa 31 Milliarden Euro gaben die Touristen in dieser Zeit in den bayerischen Städten und ländlichen Tourismusregionen aus – im Bayerischen Wald und im Allgäu, im Berchtesgadener Land und im Fichtelgebirge, in der Fränkischen Schweiz, der Rhön und in den Bayerischen Alpen. Zur Förderung dieser Regionen investiert der Freistaat daher in die Tourismusbranche, indem er z.B. die Infrastruktur kontinuierlich modernisiert. Um im internationalen Tourismuswettbewerb bestehen zu können, stellt die bayerische Regierung jährlich umfangreiche Finanzmittel für Werbung im In- und Ausland zur Verfügung. In der Öffentlichkeitsarbeit des Freistaats wird dabei häufig das bayerische Lebensgefühl präsentiert und sozusagen die „Marke Bavaria" beworben.

MATERIAL

Energiekonzept der Initiative „Aufbruch Bayern" 1

Die Initiative „Aufbruch Bayern" fördert unter anderem ein neues Energiekonzept mit folgenden Maßnahmen:

- Nutzung der Ausbaupotenziale bei den erneuerbaren Energien in Bayern, unter anderem in der Wasserkraft und bei der Windenergie
- Bau neuer Gaskraftwerke als Ersatz für wegfallende Kernkraftwerke, um eine gesicherte, jederzeit verfügbare Leistung bereitstellen zu können
- Bau neuer Pumpspeicherkraftwerke und Aufbau einer leistungsfähigen Speicherforschung in Bayern
- Ausbau der Kraft-Wärme-Koppelung in Bayern
- Beschleunigung der energetischen Sanierung öffentlicher Gebäude
- Zügige Planungs- und Genehmigungsverfahren, wirksame Investitionsanreize und mehr öffentliche Akzeptanz beim notwendigen Netzausbau
- Schaffung von Anreizen, damit die volatilen [flüchtigen] erneuerbaren Energien besser in das Stromversorgungssystem integriert werden können, hier ist vor allem der Bund gefordert
- Forderung nach Wiedereinführung der Förderung von Freiflächen-Photovoltaikanlagen nach dem Erneuerbare-Energien-Gesetz
- Stärkung der Bedeutung der erneuerbaren Energien in der Landesplanung
- Gründung der neuen Energieagentur „Energie Innovativ", die mit landesweiten Aktionen Energieeffizienz und erneuerbare Energien in Bayern voranbringt
- Abschluss eines „Energieeffizienz-Paktes Bayern" mit Wirtschaft, Verbänden und gesellschaftlichen Gruppen

Quelle: www.aufbruch.bayern.de/Energiekonzept-.3013/index.htm; Zugriff am 11. 2. 2013

➠ Querverweis: Kapitel II 3.2

MATERIAL

2 Tourismusregionen im Freistaat Bayern

1. Analysieren Sie die Maßnahmen des Energiekonzepts hinsichtlich seines Effizienzversprechens (M 1).
2. Recherchieren Sie im Internet, welche Regionen in Bayern besonders stark vom Tourismus profitieren, und skizzieren Sie die jeweiligen Ursachen.
3. Welche Besonderheiten machen Ihre Heimatregion für die Tourismuswirtschaft interessant? Ist Ihre Region touristisch erschlossen und wird sie entsprechend beworben? Führen Sie ein Expertengespräch (S. 164/165) in einem örtlichen Tourismusverein!

2. Bayerische Ortschaften im Wandel

ländlicher Raum und städtische Ballungsräume

Der Freistaat Bayern hat höchst unterschiedliche „Gesichter". Dabei kann man zwischen ländlichem und städtischem Raum unterscheiden. Da es innerhalb dieser Räume selbst gravierende Unterschiede gibt, empfiehlt es sich, von *den* ländlichen Räumen und *den* städtischen Ballungsräumen zu sprechen.

der Stadtbegriff und seine Bedeutung

Die Zuordnung eines Gebiets zu den ländlichen Räumen oder den städtischen Ballungsräumen ist nicht immer einfach. Dies zeigt allein die weite Bedeutung des Stadtbegriffs. Eine Stadt kann eine Kleinstadt wie Simbach am Inn in Niederbayern mit knapp 10 000 Einwohnern sein, aber auch eine Millionenstadt wie München. Auch wenn Simbach am Inn eine Stadt ist, so wird man diese eher einem ländlichen Raum zuordnen. München ist hingegen als größte Stadt Bayerns ein gutes Beispiel für einen städtischen Ballungsraum.

Auf der Grundlage der Einwohnerzahl können folgende Stadttypen unterschieden werden:

- Kleinstädte (bis 20 000 Einwohner)
- Mittelstädte (20 000 bis 100 000 Einwohner)
- Großstädte (100 000 bis 1 Mio. Einwohner)
- Millionenstädte (über 1 Mio. Einwohner)

2.1 *Städtische Ballungsräume: Die Landeshauptstadt München*

Vor- und Nachteile von Großstädten

Millionen- und Großstädte sind neben einer hohen Bevölkerungsdichte durch eine hohe Bebauungsdichte gekennzeichnet: (Mehrgeschossige) Wohnhäuser, Einkaufszentren, Bürogebäude und Industrieanlagen sowie ein dichtes und gut ausgebautes Verkehrs- und Versorgungsnetz charakterisieren das Stadtbild. Das Leben in einer Millionen- oder Großstadt unterscheidet sich somit sehr vom Leben in einer Kleinstadt. Wesentliche Vorteile der Großstadt liegen im hohen Angebot an Arbeitsplätzen, Bildungseinrichtungen (z. B. Universitäten) und kulturellen Möglichkeiten. Zu den Nachteilen zählen hohe Boden- und Mietpreise sowie Belästigungen durch Abgase und Lärm. Millionen- und Großstädte sind aufgrund des Angebots an Ausbildungs- und Arbeitsplätzen, aber auch aufgrund der kulturellen Vielfalt sehr attraktiv. Dies hat maßgeblich zum Wachstum und zur Ausbreitung dieser Städte geführt. So leben heute 10,8 Prozent der bayerischen Bevölkerung in München und weitere 10,6 Prozent im Münchner Umland. Die Zunahme der Stadtbevölkerung – durch Zuwanderung aus den ländlichen Räumen – sowie die steigende Zahl von Städten insgesamt wird als „Verstädterung" (Urbanisierung) bezeichnet.

Urbanisierung und …

… Suburbanisierung

Eine Folgewirkung der „Verstädterung" ist die sogenannte Suburbanisierung, d. h. die Abwanderung der städtischen Bevölkerung in das Stadtumland. Aufgrund der Verschlechterung der Wohnsituation und der Wohnbedingungen in großen Städten ziehen viele Stadtbewohner an den Stadtrand (in den suburbanen Raum). Ein Beispiel dafür ist Gröbenzell, das in unmittelbarer Nachbarschaft zu München liegt und mittlerweile einen Wohnort für über 10 000 zugewanderte Münchner bildet. Durch die Suburbanisierung werden ländliche Räume zum „Schlafreservoir" der Groß- und Millionenstädte. Zugleich färbt die städtische Kultur – der städtische „Lifestyle" – auf diese Räume ab. Dies wiederum ist Teil des Urbanisierungsprozesses.

München – Blick auf die Frauenkirche

Die einzige Millionenstadt in Bayern ist München (1,353 Mio. Einwohner). München ist als Landeshauptstadt von Bayern Sitz der Bayerischen Staatsregierung und des Bayerischen Landtages. München hat aber nicht nur eine große politische, sondern auch eine große wirtschaftliche Bedeutung für den Freistaat. Dies zeigen innerdeutsche Städtevergleiche („Städterankings"), bei denen München bzw. die Wirtschaftsregion München regelmäßig den ersten Platz belegt.

Messe München

München hat sich vor allem in der zweiten Hälfte des letzten Jahrhunderts zu einem äußerst bedeutenden Industriestandort entwickelt. Wesentlich zu dieser Standortentwicklung beigetragen haben die Automobilindustrie, der Maschinenbau, die Elektrotechnik sowie die optische Industrie. Große Bedeutung hat heute auch die sogenannte Hightechindustrie, die viele Arbeitsplätze schafft und München zu einem bedeutenden internationalen Zentrum unter anderem für Mikroelektronik macht. Auch aufgrund der zentralen Lage in Süddeutschland, der gut ausgebauten Infrastruktur und der hervorragenden Bildungs- und Forschungseinrichtungen ist München ein äußerst attraktiver Wirtschaftsstandort. Es siedeln sich immer wieder neue nationale und internationale Unternehmen in München an, die weitere Arbeitsplätze schaffen. Der Großraum München ist eine „Wachstumsregion" par excellence, die seit den 1970er-Jahren um circa 250 000 Einwohner gewachsen ist.

Die meisten Beschäftigten sind heute im Dienstleistungssektor (dem „tertiären" Sektor) tätig. München ist auch ein äußerst bedeutender Medienstandort. So befinden sich dort im deutschlandweiten Vergleich die meisten Buchverlage, diverse Unternehmen der Filmbranche sowie die Zentralen einer Vielzahl von Radio- und Fernsehstationen. Da München eine Vielzahl von Attraktionen bietet und das kulturelle Angebot der Stadt äußerst groß ist, besuchen jährlich rund 4 Millionen Touristen die Stadt. Ein förmlicher „Besuchermagnet" ist das weltweit bekannte Oktoberfest. Als Standort von Oktoberfest und Hightechindustrie bringt München die „bayerische Philosophie" von „Laptop und Lederhose" gut zum Ausdruck.

Festzelt auf dem Münchner Oktoberfest

MATERIAL
1 Einwohnerzahlen in bayerischen Städten (Auswahl)

Millionenstadt (über 1 Mio. Einwohner):	**Großstädte** (über 100 000 Einwohner):	**Mittelstädte** (20 000 bis 100 000 Einwohner):	**Kleinstädte** (bis 20 000 Einwohner):
München (1 378 176)	Würzburg (124 297)	Kempten (62 240)	Dillingen (18 120)
	Ingolstadt (126 732)	Rosenheim (61 512)	Vilshofen (16 179)
	Regensburg (136 577)	Passau (50 548)	Immenstadt (13 974)
	Augsburg (266 647)	Coburg (40 915)	Hammelburg (11 446)
	Nürnberg (510 602)		

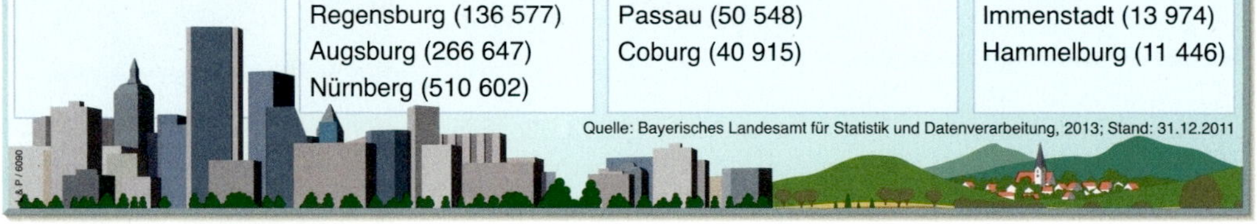

Quelle: Bayerisches Landesamt für Statistik und Datenverarbeitung, 2013; Stand: 31.12.2011

MATERIAL
2 Merkmale von Städten

Merkmale	Beispiele
– Größe (Bewohner, Fläche)	in Deutschland mindestens 2000 Einwohner
– Dichte (Bevölkerungs- und Bebauungsdichte)	relativ geschlossene (kompakte) Siedlung, mehrstöckige Gebäude
– Funktionen bezogen auf die Stadt:	politische, religiöse, wirtschaftliche Funktionen, u. a. Versorgung und Distribution
bezogen auf den städtischen Raum:	Bedeutungsüberschuss (Zentralität), d. h. über das Stadtgebiet hinausgehende politische, wirtschaftliche oder kulturelle Funktionen
– funktionsräumliche Differenzierung (räumliche Gliederung nach Nutzungen und Funktionen)	Wohngebiete, Gewerbegebiete, Hauptgeschäftszentrum
– Siedlungsstruktur	Wohngebäude, Fabriken, Warenhäuser, Kläranlagen
– sozialräumliche Differenzierung (räumliche Gliederung der Wohngebiete nach baulichen und sozialen Merkmalen)	Oberschichtwohngebiete, Marginalsiedlungen (Slums, Hüttensiedlungen)
– Wirtschaftsstruktur	Tätigkeiten im sekundären, tertiären und quartären Sektor bzw. in Industrie, Handwerk, Handel und Dienstleistungen, Tätigkeiten im formellen und informellen Sektor
– Bevölkerungsstruktur	hoher Anteil an Ein- und Zweipersonenhaushalten, ethnische Minderheiten
– Sozialstruktur	Arbeiter, Angestellte, Lebensstilgruppen
– Abhängigkeit von anderen Räumen	Versorgung, Entsorgung, Naherholung, Arbeitskräfte (Einpendlerüberschuss)
– räumliche Verflechtungen	Knotenpunkte im Verkehrs- und Kommunikationsnetz

Quelle: Wolf Gaebe: Urbane Räume, Stuttgart 2004, S. 18

L&P / 2857

MATERIAL

München im innerdeutschen Städtevergleich 3

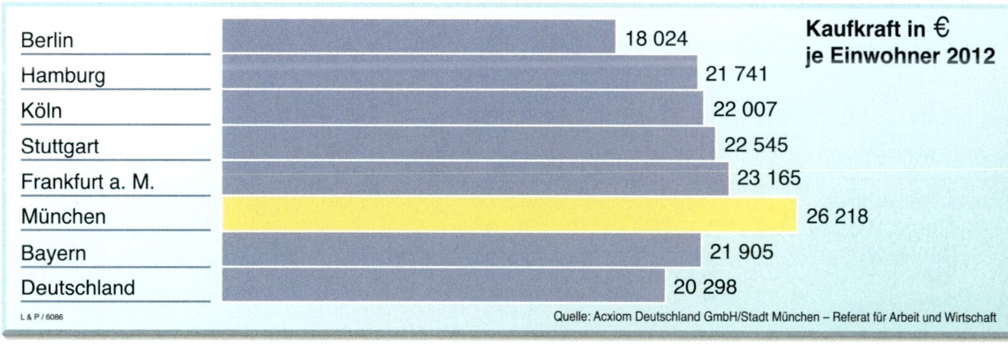

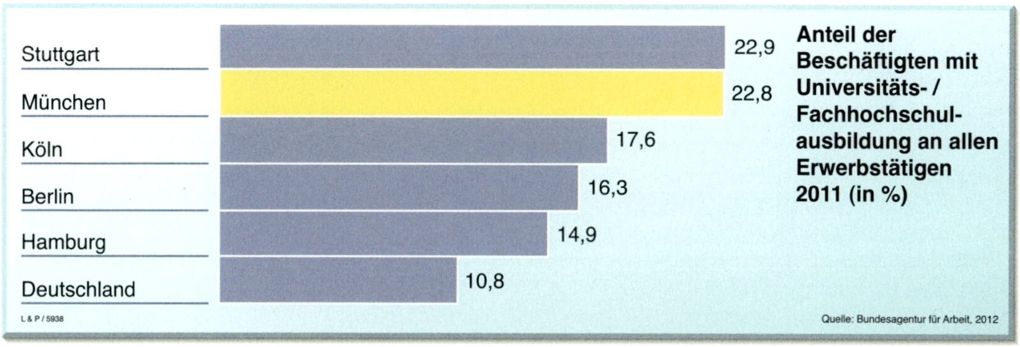

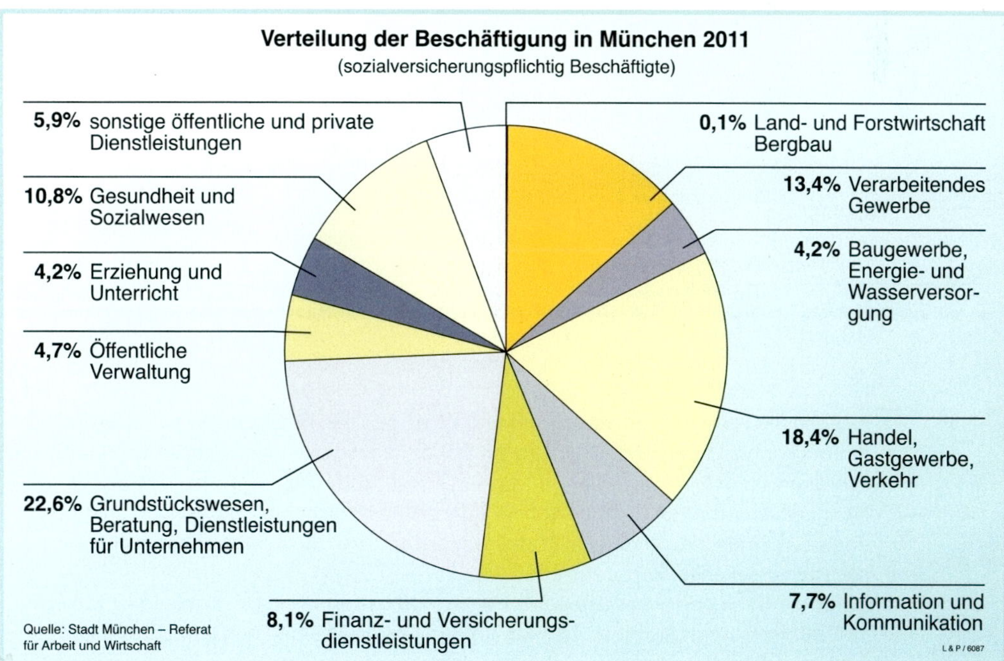

MATERIAL
4 Arbeitslosenquoten im innerdeutschen Vergleich

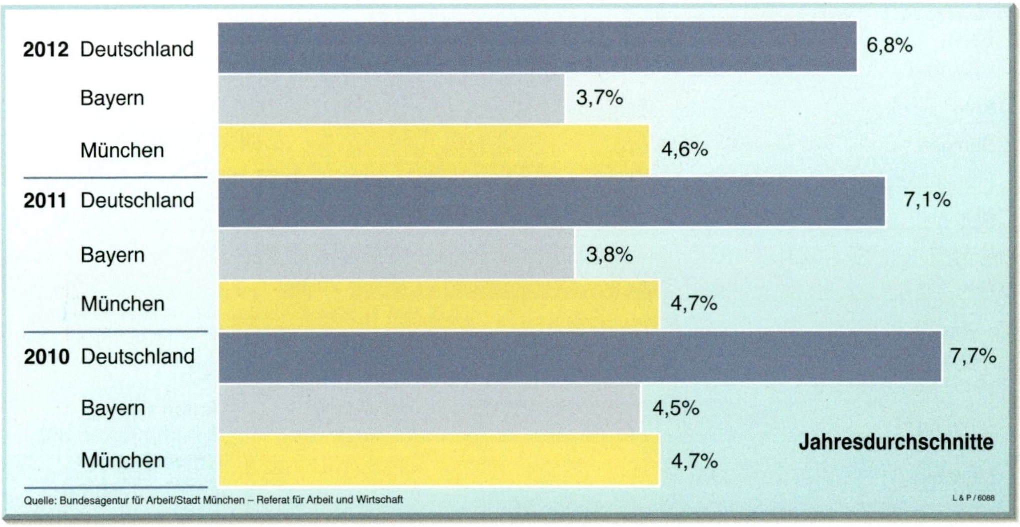

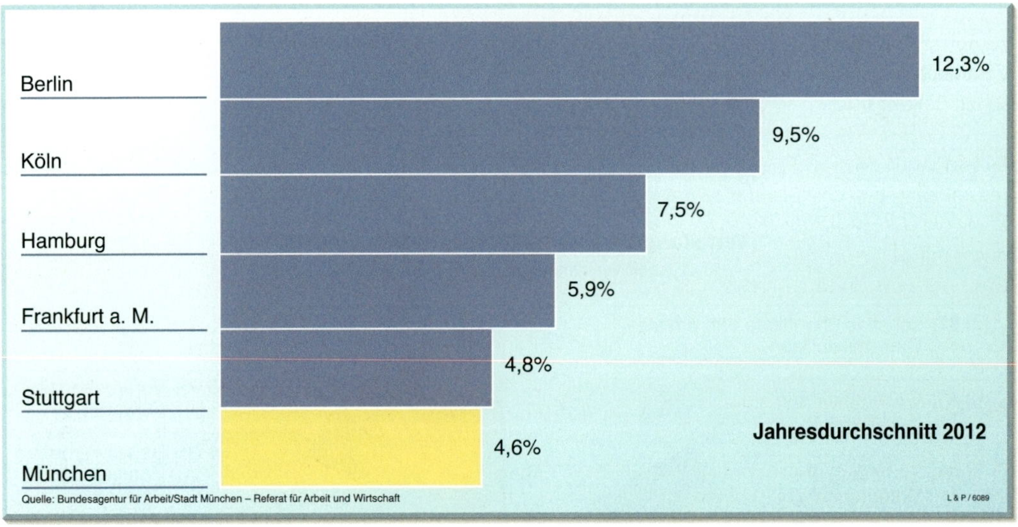

1. Nennen Sie verschiedene Stadttypen und versuchen Sie, Ihre Heimatstadt bzw. die Ihrem Wohnort am nächsten gelegenen Städte in das in M 1 gezeigte Schema einzuordnen.
2. Nennen Sie unter Verwendung von M 2 die grundsätzlichen Merkmale von Städten und überprüfen Sie, ob diese auf Ihre Heimatstadt bzw. die Ihrem Wohnort am nächsten gelegenen Städte zutreffen.
3. München ist einer der bedeutendsten Wirtschaftsstandorte in Deutschland (S. 156/157). Untermauern Sie diese Aussage auf Basis der in M 3 und M 4 gezeigten Daten.

2.2 Bayerns ländliche Räume: Fit für die Zukunft?

Größe der ländlichen Räume

Die ländlichen Räume haben eine äußerst wichtige Bedeutung für die Entwicklung des gesamten Freistaats Bayern. Bayern hat insgesamt eine Fläche von rund 70 000 Quadratkilometern. Die ländlichen Räume nehmen mehr als 80 Prozent dieser Fläche ein. Mehr als vier Fünftel der bayerischen Landesfläche zählen also zu den ländlichen Räumen. Dort leben mehr als die Hälfte der rund 12 Millionen Bewohner des Freistaats. Dabei wird deutlich, dass die Bevölkerungsdichte in den städtischen Ballungsräumen wesentlich größer ist als in den ländlichen Räumen.

Bevölkerungsdichte der ländlichen Räume

die „Strukturschwäche" der ländlichen Räume

Es gibt nicht *den* ländlichen Raum, sondern höchst unterschiedliche ländliche Räume mit höchst unterschiedlichen Strukturen, Entwicklungen und Herausforderungen. Zwar werden ländliche Räume häufig als gegenüber den städtischen Ballungsräumen nachrangige, „strukturschwache" Gebiete betrachtet. Es ist aber hervorzuheben, dass es keineswegs nur strukturschwache ländliche Regionen gibt. Zu den ländlichen Räumen mit einer positiven Wirtschaftsentwicklung zählt beispielsweise das oberfränkische Coburg. Grundsätzlich gilt: Je weiter der ländliche Raum von den städtischen Ballungsräumen entfernt ist, umso mehr hat er mit Problemen zu kämpfen. Es gibt jedoch auch hier Ausnahmen, wie etwa der oberpfälzische Landkreis Cham zeigt, der zwar relativ entfernt von einem städtischen Ballungsraum gelegen ist, trotzdem aber eine positive wirtschaftliche Entwicklung aufweist. Dies belegt die dortige Ansiedelung von Betrieben aus den stabilen und zukunftsfähigen Branchen der Elektrotechnik, des Maschinenbaus und der Kunststofftechnik.

Ausnahmen bestätigen die Regel

Probleme der ländlichen Räume

Von den städtischen Ballungsräumen entfernte, strukturschwache ländliche Räume weisen oft vielfältige Probleme auf. Dazu zählen:

- eine schlechte Infrastruktur bzw. Verkehrsanbindung,
- ein lückenhaftes Netz an Versorgungs- und Bildungseinrichtungen,
- fehlende Investitionen aus dem In- und Ausland,
- eine hohe Arbeitslosigkeit,
- der Bevölkerungsrückgang (verursacht u. a. durch die Abwanderung in die Städte) und die Überalterung der dort lebenden Menschen,
- die Verödung der Ortskerne und
- der Verfall ungenutzter Gebäude und Wohnflächen.

Abwanderung in die Städte

Im internationalen und nationalen Vergleich schneiden die ländlichen Räume in Bayern jedoch sehr gut ab. Trotz vieler Probleme ist keine massenhafte Migration vom Land in die städtischen Ballungsräume bzw. ein „Aussterben" der ländlichen Räume zu beobachten.

Stärkung der ländlichen Räume

Überdies haben die ländlichen Räume seit Ende der 1970er-Jahre eine gezielte Stärkung erfahren, nicht zuletzt durch die vorgenommenen Universitäts- und Hochschulgründungen.

Studieren an drei Flüssen – Blick auf den Campus der 1978 gegründeten Universität Passau

Ziele und Instrumente bayerischer Landespolitik

Ein wichtiges Ziel der bayerischen Landespolitik besteht darin, in den ländlichen Räumen Lebensbedingungen zu schaffen bzw. zu erhalten, die den Lebensbedingungen in den Ballungsräumen gleichwertig sind. Das Ziel der gleich*wertigen* Lebensverhältnisse darf aber nicht mit dem Ziel der gleich*artigen* Lebensverhältnisse verwechselt werden. Schließlich gibt es fundamentale Unterschiede zwischen den ländlichen Räumen und den städtischen Ballungsräumen, die weder überbrückt werden können noch überbrückt werden sollen. Um in den ländlichen Räumen Lebensbedingungen zu schaffen, die den Lebensbedingungen in den städtischen Ballungsräumen gleichwertig sind, hat das Bayerische Staatsministerium für Landwirtschaft und Forsten wichtige Gestaltungs- und Fördermaßnahmen entwickelt, die aus Mitteln des Freistaats Bayern, der Bundesrepublik Deutschland und der Europäischen Union finanziert werden.

MATERIAL

1 Heikle Expertise

Welche Regionen Bayerns haben Zukunft und welche nicht? Bislang hat die Staatsregierung das Ziel der gleichwertigen Lebensbedingungen verfolgt: Wer im strukturschwachen Nordosten des Freistaats wohnt, soll es der Theorie nach nicht schlechter haben als Bürger im prosperierenden Oberbayern. Dieses Ziel hat sich die Staatsregierung bislang viel Geld kosten lassen. Sie hat Firmenansiedlungen in strukturschwachen Gegenden gefördert, Hochschulen und Behörden verlagert. Niemand wird zurückgelassen – das war die Prämisse bayerischer Strukturpolitik.

Nun stellt der Zukunftsrat, ein gewichtiges Beratergremium der Staatsregierung, diesen Grundsatz offen infrage: Die Zukunft liegt in den großen Städten, lautet die Botschaft. Auf deren Fortentwicklung soll sich die Staatsregierung konzentrieren. Das Land ist eher zum Erholen da. […].
„Potente Städte in der Fläche müssen zu überregionalen Leistungszentren ausgebaut werden", heißt die zentrale Forderung. Die unterschiedlich strukturierten Regionen sollen nur noch „entsprechend ihrer Leistungsfähigkeit" entwickelt werden. Das bedeutet, die Starken werden stärker, die

jetzt schon Schwachen abgehängt. Das wirtschaftliche Leben konzentriert sich nach der Vorstellung des Zukunftsrates künftig auf die Ballungszentren. Wer dort nicht wohnt, muss pendeln. [...] „Ein Prinzip der undifferenziert gleichen Förderung ohne Schwerpunktsetzung (Gießkanne) kann es nicht geben, ohne Bayerns Wettbewerbsfähigkeit zu gefährden" [...].

Statt von „gleichwertigen Lebensbedingungen" ist nur noch von „annähernd gleichwertigen Lebensbedingungen" die Rede. Es müsse ein „Konsens gefunden werden, wie Investitionsschwerpunkte identifiziert werden". Großes Vorbild [...] ist die prosperierende Landeshauptstadt München.

Die Stadt und der Landkreis München erwirtschaften heute 23 Prozent des bayerischen Bruttoinlandsproduktes bei einem Bevölkerungsanteil von knapp 13 Prozent. [...] Als Leistungszentren, die besonders gefördert werden sollen, kommen nach Auffassung der Gutachter neben München die Städte Augsburg, Ingolstadt, Nürnberg mit Erlangen und Fürth, Regensburg sowie Würzburg infrage.

Das Nachsehen haben die Orte jenseits der Ballungszentren: [...] Für sie zeichnen die Autoren eine düstere Zukunft: „Der Rückgang von Bevölkerung und Arbeitsplätzen führt wiederum zu Verlust von Kauf- und realer Steuerkraft, abnehmende private und öffentliche Mittel bewirken sinkende Investitionen in private Betriebe und öffentliche Infrastruktur mit wiederum negativen Auswirkungen auf die Arbeitsplatz- und Bevölkerungsentwicklung." [...] Teile Oberfrankens und Ostbayerns werden in ihren Überlegungen von der wirtschaftlichen Entwicklung abgehängt, weil sie zu weit von den Ballungsräumen entfernt sind. Sie sollen sich Richtung Sachsen oder Österreich orientieren. [...]

Regierungschef Horst Seehofer reagierte [...] verärgert. Bisher hatte er signalisiert, dass die Staatsregierung alle Regionen des Freistaats im Blick hat. [...] Jetzt sagt Seehofer: „Jeder dieser Vorschläge wird gründlich geprüft. Richtschnur ist und bleibt: gleichwertige Lebensverhältnisse und Chancengerechtigkeit im Freistaat."

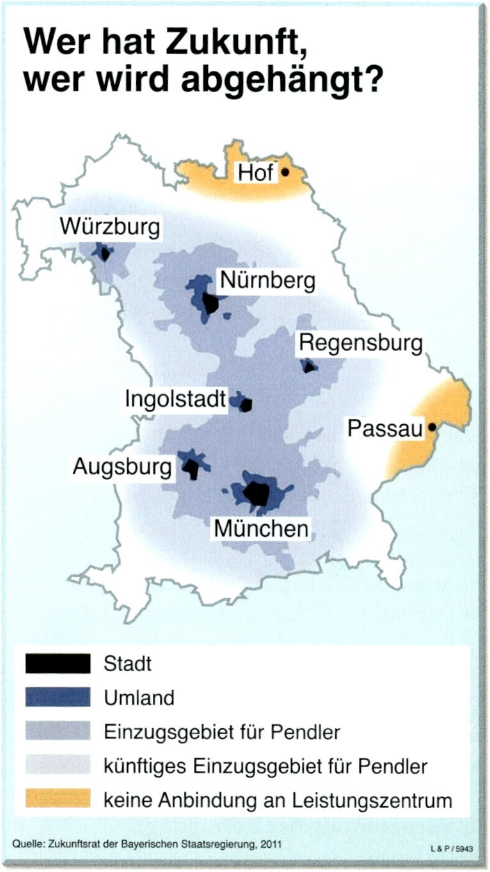

Quelle: Mike Szymanski: Heikle Expertise, in: Süddeutsche Zeitung vom 20.1.2011, S. R18

1. Beurteilen Sie ausgehend von M 1 die Probleme der ländlichen Räume in Bayern.
2. Charakterisieren Sie auf der Grundlage des bisher Gelernten die ländlichen Räume und die städtischen Ballungsräume in Bayern. Zeichnen Sie – an einem selbst gewählten Beispiel – deren Entwicklung nach.

Expertenbefragung

Jede Gemeinde, jede Stadt, jeder Markt haben ihre speziellen Probleme. Diese Probleme können nur in Erfahrung gebracht werden, wenn man sich intensiv mit den Herausforderungen vor Ort beschäftigt.

Ihre Aufgabe besteht darin, die wesentlichen und konkreten Probleme Ihrer Heimatgemeinde zu erforschen. Zur Erforschung kommunaler Probleme bieten sich verschiedene Möglichkeiten an. Ein wichtiges Instrument ist dabei die Expertenbefragung.

Bei einer Expertenbefragung werden fachkundige Personen zu ihrer Tätigkeit und ihrem Erfahrungsschatz befragt. Um mehr über die Probleme Ihrer Heimat in Erfahrung zu bringen, sollten Sie sich mit Personen unterhalten, die häufig mit diesen Problemen konfrontiert sind. Dazu zählen zum Beispiel:

- der Bürgermeister/die Bürgermeisterin
- die Stadträte
- die Beamten der örtlichen Verwaltung oder der Polizei
- die Redakteure der Lokalzeitung
- ortsansässige Unternehmerinnen und Unternehmer
- der Gemeindepfarrer/die Gemeindepfarrerin
- (ehrenamtliche) Sozialarbeiter

Teilen Sie sich in Gruppen auf und legen Sie fest, welche Experten von welcher Gruppe befragt werden. Jede Gruppe sollte mit Blick auf die Expertenauswahl, Vorbereitung, Durchführung und Auswertung der Befragung folgende Hinweise beachten:

1. Auswahl der Expertin/des Experten
- Das wichtigste Auswahlkriterium ist die Sachkunde der Expertin/des Experten und ihre/seine Fähigkeit zur sachlichen Darstellung von Problemen. Bei prekären und gesellschaftlich umstrittenen Fragestellungen empfiehlt es sich daher, mehrere Experten beider „Lager" zu befragen, um zu objektiven Ergebnissen zu gelangen.
- Die Expertin/der Experte sollte in der Lage sein, ihr/sein Wissen verständlich zu vermitteln.
- Ihre/seine Aussagen sollten sinnvoll verwertbar und zitierbar sein.

2. Vorbereitung der Befragung:
- Lassen Sie sich frühzeitig einen Termin bei dem von Ihnen gewählten Experten geben. Teilen Sie dabei mit, wer Sie sind, was Sie konkret wollen und wie viel Zeit das Gespräch vermutlich in Anspruch nehmen wird. Klären Sie bei dieser Gelegenheit auch, wo das Gespräch stattfinden soll. Falls der Experte bei der ersten Kontaktaufnahme bereits genauere Auskünfte von Ihnen erwartet, ist es sinnvoll, eine detaillierte Vorstellung über den geplanten Gesprächsverlauf oder das Interview parat zu haben.
- Als Nächstes sollten Sie die Inhalte des Interviews und die konkreten Fragen und Fragetechniken planen. Bedenken Sie: Nur derjenige kann qualifizierte und zielorientierte Fragen stellen, der sich in die Materie bereits eingearbeitet hat. Nichts ist (sowohl für den Fragenden als auch den Befragten) peinlicher, als ein Gespräch mit einem unqualifizierten Interviewer zu führen. Achten Sie bei der Erarbeitung des Fragebogens darauf, sämtliche für Ihr Thema relevanten Fragen auch tatsächlich zu stellen. Eine zweite Befragungsmöglichkeit ergibt sich nämlich selten. Sollte Ihr

Expertenbefragung

Interviewpartner Ihren Fragebogen bereits im Vorfeld zur Vorbereitung des Gesprächs anfordern, so müssen Sie abwägen, ob dies dem Erkenntnisgewinn entgegenkommt oder nicht. Gerade im gesellschaftswissenschaftlichen Feld, z. B. bei der Befragung von Zeitzeugen oder Vertretern politischer Parteien, besteht die Gefahr der „Realitätsschönung", wenn Sie dem Befragten längere Zeit zum Überlegen und Vorformulieren einräumen.

- Die Fragen sollten einfach und klar verständlich formuliert sein. Dabei sind Suggestivfragen oder mehrdimensionale Fragen zu vermeiden.
- Kleiden Sie sich der Situation angemessen. Ein gepflegtes Erscheinungsbild ermöglicht Ihnen oft bessere Interviewergebnisse.

3. Durchführung der Befragung:

- Zu Beginn stellen Sie sich Ihrem Interviewpartner/Ihrer Interviewpartnerin vor und bedanken sich dafür, dass er/sie für ein Expertengespräch zur Verfügung steht.
- Stellen Sie Ihre Fragen in möglichst entspannter Atmosphäre. Wenn Sie etwas nicht verstehen, scheuen Sie sich nicht davor, nachzufragen. Wenn Sie inhaltlich Schwierigkeiten haben, der Antwort zu folgen, sprechen Sie Ihre Probleme offen an. Viele Experten sprechen von ihrem Fachgebiet oft nur für andere Experten verständlich; auf Nachfrage sind sie aber meist in der Lage, sich auch für Laien so auszudrücken, dass man dem Thema folgen kann. Genügt Ihnen eine Antwort inhaltlich nicht, sollten Sie mit Zusatzfragen „nachhaken".
- Nach dem Interview bedanken Sie sich bei Ihrem Gesprächspartner und teilen ihm mit, wie Sie mit den Interviewergebnissen weiterverfahren werden.

4. Auswertung der Befragung:

- Zuerst transkribieren (= hier: übertragen von Ton in Schrift) Sie das z. B. per Diktafon oder Digitalkamera aufgenommene Interview.
- Anschließend exzerpieren Sie das Interview und arbeiten in der Gruppe die wesentlichen Aussagen Ihres Interviewpartners heraus.
- Auch diese wesentlichen Ergebnisse der Interviews werden in Schriftform festgehalten und vor der ganzen Klasse vorgestellt. Dazu können die Gruppen einen oder mehrere Sprecher wählen.
- Nach der Vorstellung der Ergebnisse werden diese in der Klasse diskutiert und bewertet.

3. Migration in Bayern

3.1 Das Phänomen Migration

Gründe für Migration

Weltweit verlassen immer mehr Menschen ihr Heimatland, um sich anderswo niederzulassen. Zurzeit gibt es weltweit etwa 220 Millionen Menschen (Stand 2011), die als Migranten gelten, also Personen, die dauerhaft nicht in ihrer Heimat leben. Die Gründe, aus denen Menschen ihre Heimat verlassen, sind vielfältig:

politische Ursachen

Menschen flüchten aus ihrer Heimat, weil sie politisch verfolgt werden oder ihnen im eigenen Land Gefahr droht, z. B. durch Krieg oder Bürgerkrieg.

soziale Ursachen

Menschen verlassen ihre Heimat, weil sie aufgrund ihrer ethnischen Zugehörigkeit oder ihres Geschlechts unterdrückt werden, oder weil ihnen das gesellschaftliche System eines anderen Staates mehr Freiheiten verspricht.

ökonomische Ursachen

Menschen suchen ein neues Heimatland, weil ihr wirtschaftliches Auskommen nicht mehr garantiert ist und sie hoffen, sich selbst und die Familie in einem anderen Staat besser ernähren zu können.

demografische Ursachen

Wenn in einem Staat oder in einer Region aufgrund des Bevölkerungsanstiegs der demografische Druck zu groß wird und viele Menschen wegen zu vieler Konkurrenten keine Arbeit oder Wohnmöglichkeiten mehr finden, suchen sie sich eine neue Heimat.

ökologische Ursachen

Durch Naturkatastrophen – etwa lange Dürreperioden oder auch häufige Überschwemmungen – werden die meist landwirtschaftlichen Existenzgrundlagen untergraben; die Menschen können sich nicht mehr ernähren und wandern ab.

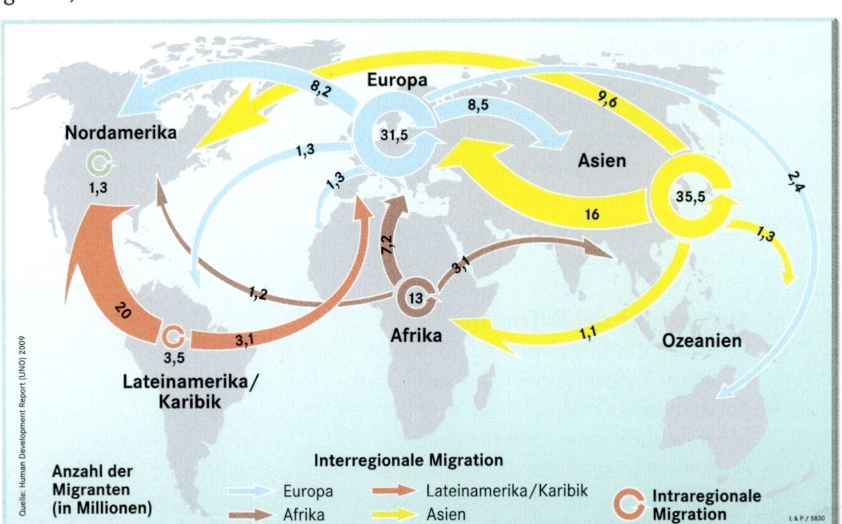

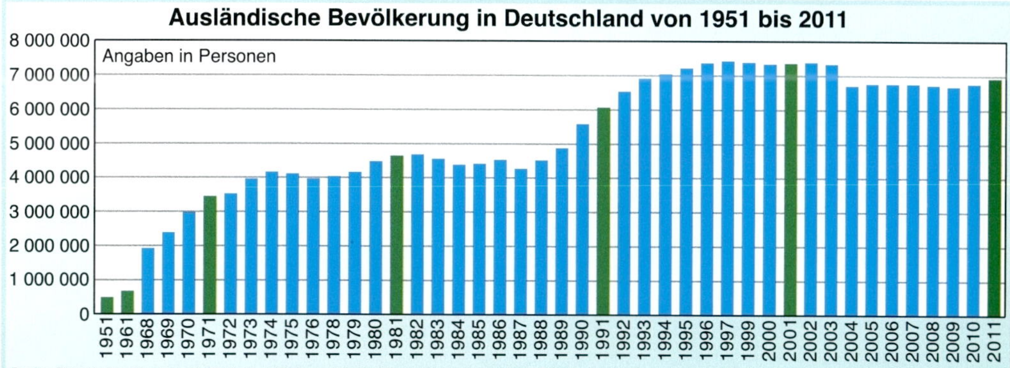

Quelle: Statistisches Bundesamt, 2011; ab 1990 Gesamtdeutschland. Die Angaben für die Zahl der Ausländer nach dem AZR für 2004 und danach sind wegen der in 2004 durchgeführten Registerbereinigung nicht unmittelbar mit denen der Vorjahre vergleichbar.

Heimatlose im Nachkriegsdeutschland

„Wirtschaftswunder" und „Gastarbeiter"

Nach dem Ende des Zweiten Weltkriegs befanden sich rund 12 Millionen Deutsche aus den östlichen Gebieten des vormaligen Deutschen Reiches auf der Suche nach einer neuen Heimat. Das scheinbar unlösbare Problem, diese Massen in die heimische Bevölkerung zu integrieren, konnte nur durch das deutsche „Wirtschaftswunder" gelöst werden. In den 1960er-Jahren, als die Konjunktur „auf Hochtouren" lief, musste der gigantische Bedarf an Arbeitskräften durch die Anwerbung zusätzlicher ausländischer Arbeitskräfte gedeckt werden, die in erster Linie aus den Mittelmeerländern kamen. Sie bilden bis heute die größte Gruppe der in Deutschland lebenden Ausländer. Nach dem Einbruch der wirtschaftlichen Entwicklung zu Beginn der 1970er-Jahre kam es dann zu einem Anwerbestopp ausländischer Arbeiter und zu einer Konsolidierungsphase der Ausländerbeschäftigung. Danach wurden ab den 1980er-Jahren vermehrt Asylsuchende und Kriegsflüchtlinge aufgenommen (z. B. aus den in den 1990er-Jahren vom Bürgerkrieg zerrütteten Gebieten des ehemaligen Jugoslawien) sowie Aussiedler aus Ost- und Südosteuropa, vor allem aus der zerfallenden Sowjetunion.

Asylsuchende, Kriegsflüchtlinge und Aussiedler

Ausländer in Deutschland

Zuwanderungsgesetz 2005

Über sechs Millionen Ausländer leben heute in Deutschland, wobei rund 8,8 Millionen Spätaussiedler und eingebürgerte Zuwanderer nicht von der Statistik erfasst werden (Stand: 2011). Mit Inkrafttreten des ersten deutschen Zuwanderungsgesetzes 2005 wurde der Tatsache Rechnung getragen, dass Deutschland ein Einwanderungsland modernen Typs ist. Dabei bleibt es ein Anliegen der Politik, einerseits die Integrationschancen von Zuwanderern zu fördern, andererseits die Integrationsbereitschaft der Zuwanderer durch Maßnahmen wie den 2008 beschlossenen „Einbürgerungstest" gezielt zu fordern. 2009 wurden die Zuwanderungsvoraussetzungen speziell für Hochqualifizierte weiter vereinfacht.

1. Beschreiben Sie die Gründe für Migration (S. 166) mit eigenen Worten und finden Sie mithilfe der Medien und des Internets jeweils Fallbeispiele.
2. Werten Sie die Grafik auf S. 167 aus und suchen Sie nach Ursachen für auffällige Anstiege beim Ausländeranteil an der Gesamtbevölkerung.
3. Untersuchen Sie mithilfe des Internets, welche konkreten Schritte die Regierung Merkel in der Migrationspolitik eingeleitet hat.

3.2 Flüchtlinge und Vertriebene in Bayern nach 1945

1945: Deutsche aus Prag warten auf ihren Transport nach Westen. Als Zeichen der Demütigung wurde vielen ein Hakenkreuz auf Stirn oder Kleidung gemalt.

Probleme bei der Integration der deutschen Flüchtlinge und Vertriebenen

Nach dem Ende des Zweiten Weltkriegs gab es etwa 12 Millionen deutsche Flüchtlinge und Vertriebene, die eine neue Heimat suchten. Davon strömten allein circa zwei Millionen nach Bayern, das zu diesem Zeitpunkt – wie das übrige Deutschland – am Boden zerstört lag. Der Anteil der Neuankömmlinge an der Gesamtbevölkerung betrug etwa 25 Prozent. Da die großen Städte in weiten Teilen zerbombt waren, kamen die Flüchtlinge vor allem in die ländlichen Gebiete: Im Jahr 1946 waren rund drei Viertel der heimatlos Gewordenen in Gemeinden unter 5 000 Einwohnern untergebracht. Dies führte zu immensen sozialen und wirtschaftlichen Problemen:

kulturelle Probleme

Viele Flüchtlinge stammten aus urbanem Umfeld und brachten kulturelle Gewohnheiten mit, die sich stark von den Lebensarten der ansässigen Bevölkerung unterschieden. Diese wiederum war den Umgang mit einer solchen Vielzahl von Fremden nicht gewöhnt.

konfessionelle Probleme

Während die bayerischen Landstriche vormals konfessionell meist einheitlich waren, kamen nun evangelische Schlesier in rein katholische Dörfer Niederbayerns oder katholische Sudetendeutsche in evangelische Gebiete Mittelfrankens.

wirtschaftliche Probleme

Auf dem Land standen nicht genügend Arbeitsplätze und Erwerbsmöglichkeiten für die Neuankömmlinge zur Verfügung. Wenn Arbeit zu vergeben war, so wurden meist die Einheimischen – die dort bereits seit Generationen verwurzelt waren – bevorzugt.

soziale Probleme

Da im Krieg viele Wohnungen zerstört worden waren, mussten sich bereits vor dem Eintreffen der Flüchtlinge mehr Menschen den vorhandenen Wohnraum teilen als noch 1939. Plötzlich aber waren zwei Millionen Menschen zusätzlich zu beherbergen. Dies gelang zunächst nur durch Zwangseinquartierungen, wodurch die Hilfsbereitschaft der Einheimischen auf eine harte Probe gestellt wurde.

staatliche Fürsorge

Solange sich die wirtschaftliche Situation in Bayern nicht verbesserte, blieb der Staatsregierung nur übrig, staatliche Fürsorge gegenüber den Flüchtlingen walten zu lassen. Diese Fürsorge konnte aber nur durch die Belastung der Stammbevölkerung aufrechterhalten werden.

Erfolge bei der Integration der deutschen Flüchtlinge und Vertriebenen

Die Integration der Flüchtlinge verlangte den Betroffenen selbst, den Einheimischen und der Regierung viel ab. Mit staatlichen Wohnungsbau- und Ansiedlungsprogrammen, mit Krediten, Bürgschaften und Aufbaudarlehen sowie mit dem später von der Bundesregierung initiierten Lastenausgleich (Entschädigung der Vertriebenen für verloren gegangenen Besitz) wurde versucht, das Problem politisch zu lösen. Es war aber insbesondere dem in den 1950er-Jahren bundesweit einsetzenden „Wirtschaftswunder" zu verdanken, dass die Integration der Flüchtlinge zu einer Erfolgsgeschichte wurde:

- Im Gegensatz zu dem Zeitraum vom Beginn der Industrialisierung bis zum Ende des Dritten Reiches verfügte Bayern nun über mobile Facharbeitskräfte im Überfluss. Diese wurden in den neu entstehenden Industrien dringend benötigt.
- Teilweise wurden ganze ehemals sudetendeutsche Industriezweige in Bayern angesiedelt, wie z. B. die Gablonzer Glas- und Schmuckwaren in Kaufbeuren-Neugablonz. Die Beschäftigten brachten nicht nur das nötige Know-how mit, sondern reaktivierten auch alte Kontakte und Geschäftsbeziehungen.
- Einige der ehemaligen Notlager für Flüchtlinge entwickelten sich zu neuen, eigenständigen Gemeinden, wie z. B. die oberbayerischen Städte Traunreut und Waldkraiburg.

Umstrukturierung im Nachkriegsbayern

Die Entwicklung im Nachkriegsbayern zog eine Umstrukturierung des Landes nach sich, die bis heute prägend ist. Die endgültige Abkehr vom agrarisch geprägten Freistaat war eingeleitet. Während zunächst Parteien wie der Bund der Heimatentrechteten und Vertriebenen (BHE) die Flüchtlinge politisch vertraten, öffneten sich später die SPD und danach auch die CSU den neuen Bürgern, die sich immer fester in Bayern integrierten, ihre Wurzeln aber nie vergaßen. 1962 übernahm die CSU unter Ministerpräsident Hans Ehard die Schirmherrschaft über die größte Gruppe der Vertriebenen in Bayern, die Sudetendeutschen. Diese Volksgruppe wird neben Franken, Schwaben und Altbayern auch heute noch oft als „vierter Stamm" Bayerns bezeichnet. 1966 erklärte Ministerpräsident Alfons Goppel die Integration der Neubürger für abgeschlossen.

die Sudetendeutschen

Auf engstem Raum mussten Flüchtlinge und Vertriebene das Lebensnotwendige organisieren – hier im Schützenhaus Schwarzbach.

Flüchtlinge in Landshut: Die Reste aus der Heimat auf dem Pferdewagen; oft wurde das wenige gerettete Hab und Gut geplündert.

MATERIAL

1 Der Bauer A. L. an den Bayerischen Bauernverband, 23. November 1946, betreffend „Flüchtlingswesen“

Ich erlaube mir, Ihnen Folgendes mitzuteilen: Seit Ostern 1946 habe ich eine Familie Flüchtlinge aus Prag und zwar: einen Herrn, 67, dessen Frau, 47, Sohn 15 u. Tochter 12 Jahre alt. [...]

Als selbe zu mir kamen, fragten sie, ob man Milch haben kann, worauf ich zur Antwort gab, dass sie tägl. 1 Liter bekommen – allerdings wusste ich, dass ich dies nicht tun dürfte –, die Leute waren allerdings zufrieden, sie gingen ins Wirtshaus zum Essen. Nach einiger Zeit kochten sie selber bei mir auf dem Herd, neben meiner Frau; – dies war ja nicht besonders angenehm, weil für 2 Parteien der Herd zu klein war. Sie kochten immer länger und verbrauchten das Holz zum Teil doppelt.

Am 27. Mai 1946 übergab ich meiner Tochter Ursula [...] das Anwesen. Auch da waren sie [die Flüchtlingsfamilie; d. Red.] anfangs noch zufrieden, aber in kurzer Zeit wollten sie mehr Milch haben, was aber verweigert wurde.

Es kamen öfters zu ihnen Flüchtlinge, wobei eine Frau mit einem 3-jähr. Mädl kam, welches vollends nackt war. Da dies bei uns nicht Gebrauch ist, so beanstandete meine Tochter Ursula als Bäuerin dies u. sagte: dass dies ein Saustall ist; das verärgerte die Familie derart, dass der Mann gleich zum Bürgermeister ging und uns verklagte, dass wir buttern. Der Herr Bürgermeister wusste aber, dass mein Schwiegersohn drei Zuchtkälber aufgestellt hatte u. tägl. 21 Liter Milch verwenden darf, wovon ein Teil entrahmt und verbuttert wurde. Der Herr konnte also nichts machen. Vor circa 3 Wochen sagte der Herr zu meinem Schwiegersohn, dass sie tägl. 2 Liter Milch mehr bekommen, wegen Unterernährung. Der Schwiegersohn sagte: ob ein ärztl. Zeugnis vorliegt, u. dies hatte er nicht. Sollte nun die Familie [Name] ein ärztl. Zeugnis bringen, dass sie zwei Liter Milch mehr bekommen, so geben wir ihnen überhaupt keine Milch mehr u. sagen, sie sollen die Milch in der Molkerei holen. Auch meinte der Herr beim Schwiegersohn, dass wir doch auch mehr zum Essen haben als sie, worauf der Schwiegersohn sagte, ja wir müssten doch auch mehr arbeiten. Dazu meinte der Herr: „Was ist denn eure Arbeit gegen die in Niederbayern?“ – unverschämt! Diese Familie war holz- und lichtfrei, bis sie in die Wohnstube kamen, welche vom Flüchtlingskommissar beschlagnahmt wurde, trotzdem die Küche nur 17 Quadratmeter hatte. Als der Flüchtlingskommissar kam, führte – trotzdem Bauer und Bäuerin zu Hause waren – diese Frau den Kommissar von Zimmer zu Zimmer, bis im ersten Stock, wo die Bäuerin war, diese sagte: „Bitte, ich bin schon selbst da!“ [...] Die Familie [Name] glaubt vielleicht, dass der Mensch erst beim Offz. oder Baumeister anfängt, diese Zeit ist vorbei! [...]

Ich als Mitläufer bei der Nazibande musste im Frühjahr 1946 ein Tagwerk für die Flüchtlinge hergeben, was ich auch gerne tat. Die Wiese wurde von mir umgeackert – also zum Kartoffelbau hergerichtet! Aber was geschah mit diesem Grundstück? Es wurden zwei Drittel mit Kartoffeln bebaut [...]; das übrige Drittel wurde nicht einmal bebaut, so ähnlich ging es mit noch drei Tagwerk im Gemüsebau; ist das nicht eine Schande? [...]

Ein Sprichwort heißt: „Wer nicht arbeiten will, soll auch nicht essen!“ Man möchte nicht glauben, dass es heute zu dieser schwierigen Zeit noch solche Faulenzer gibt. [...]

„Ha no – mer hawe scho alles b'setzt!“
Zeichnung: Mirko Szewczuk (Die Welt, 14.11.1951)

Quelle: Franz J. Bauer: Flüchtlinge und Flüchtlingspolitik in Bayern 1945–50, Stuttgart 1982, S. 414 f. Mit angepasster Rechtschreibung zitiert nach: Manfred Treml (u. a.): Geschichte des modernen Bayern, Bayerische Landeszentrale für politische Bildungsarbeit (Hrsg.), München 1994, S. 477 f.

MATERIAL
Ein Zeitzeugenbericht 2

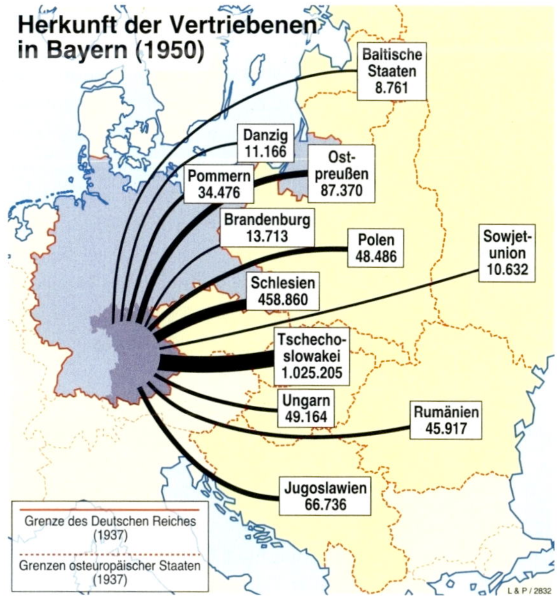

Es war Ende Januar 1945, als Wolfgang Hartmann mit seiner Mutter und seinem elfjährigen Bruder in einen Viehwaggon stieg, der vor Dreck starrte. Kurz bevor die Rote Armee seine Heimatstadt Breslau einschloss, wurde der damals Vierjährige samt seiner Familie zum Flüchtling – der Vater war Soldat. Nach einer rund einwöchigen Odyssee durch halb Deutschland landete die schlesische Familie in Niederbayern – in dem Dorf Linzing nahe Osterhofen. Sieben Bauernhöfe waren nun das Umfeld des ehemaligen Großstadtkindes. Der kleine Junge empfand das Ganze auch als Abenteuer, im Gegensatz zu seiner Mutter. Zusammen mit der vierköpfigen Breslauer Nachbarsfamilie teilten sie sich nun ein Zimmer mit Kachelofen und Strohbetten. Das Klo war auf dem Misthaufen, gewaschen wurde draußen mit dem Blechnapf. Die Bauersfamilie, bei der sie einquartiert wurden, versorgte sie mit frischer Milch – und mit Läusen, wie sich Wolfgang Hartmann noch heute mit Schaudern erinnert. Die seien erblich, habe die Bauersfrau gesagt, da könne man nichts machen.

Nach einem Jahr bekam die Familie den Vater wieder, dieser kehrte aus kanadischer Kriegsgefangenschaft zurück. Die nächsten Stationen der Breslauer Flüchtlinge waren Wisseling, Osterhofen, München-Karlsfeld. Wolfgang Hartmann wuchs zweisprachig auf – in der Schule war Bayerisch Pflicht, „sonst war ich der ‚Preuß' oder ‚Flichtling'". Zu Hause wurde hochdeutsch gesprochen, der Vater verbot jeden Dialekt. Heute lebt Wolfgang Hartmann, der stellvertretender Landesvorsitzender des bayerischen Bundes der Vertriebenen und Vorsitzender der Landsmannschaft Schlesien ist, in Dachau. [...]

Quelle: „Zeitzeugen", in: Bayerischer Rundfunk, www.br-online.de/bayern-heute/thema/kriegsende/vertreibung-zeitzeugen.xml; Zugriff am 19.11.2007

1. Stellen Sie mithilfe von M 1, M 2 und der Doppelseite 168/169 die Probleme dar, die die Flüchtlinge und Vertriebenen in Bayern zu bewältigen hatten.
2. Stellen Sie die Punkte zusammen, die den Bauern (M 1) an der Flüchtlingsfamilie stören. Erklären Sie die Ursachen. Welches Interesse hat der Bauer mit der Beschwerde verfolgt?
3. Aus welchen Gebieten und Staaten kamen Flüchtlinge und Vertriebene nach Bayern (M 2)? Erstellen Sie eine Liste, beginnend mit der stärksten Volksgruppe.
4. Laden Sie einen Zeitzeugen in den Unterricht ein. Überlegen Sie vorher in der Klasse: Zu welchen Themen kann „ihr" Zeitzeuge Auskunft geben?

3.3 Gastarbeiter in Bayern

Zahlenwerte zur Migration

Rund 7 Millionen Ausländer leben derzeit legal in Deutschland (Stand: 2012). Das sind bei einer Gesamtbevölkerung von knapp 82 Millionen 8,5 Prozent. Hinzu kommen etwa 8,8 Millionen Spätaussiedler und eingebürgerte Zuwanderer. Das bedeutet, dass etwa jeder fünfte Einwohner in Deutschland zugewandert ist oder aus einer Migrantenfamilie stammt, einen sogenannten Migrationshintergrund aufweist. Rund 95 Prozent der Ausländer leben in Westdeutschland und dort wiederum insbesondere in Großstädten, wo sie teilweise mehr als 30 Prozent der Bevölkerung ausmachen. Die meisten in Deutschland lebenden Migranten sind Arbeitsmigranten, von denen sich etwa ein Drittel schon länger als zwanzig Jahre hier aufhält, viele sogar schon ein ganzes Arbeitsleben lang.

Arbeitskräfte aus den europäischen Nachbarländern

Der Zuzug von ausländischen Arbeitskräften in die Bundesrepublik fiel zahlenmäßig erst gegen Ende der Amtszeit von Bundeskanzler Konrad Adenauer ins Gewicht. Ihre Zahl stieg in Deutschland von 330 000 im Jahr 1960 auf 1,2 Millionen im Jahr 1965 an. Dieser Zuzug war während der Hochkonjunktur des deutschen „Wirtschaftswunders" nötig geworden und entsprechend politisch erwünscht. Die Arbeitskräfte aus den europäischen Nachbarländern sollten während dieser Zeit in Deutschland arbeiten, und sobald es keine Arbeit für sie mehr geben würde – so das ursprüngliche Ziel – sollten sie wieder nach Hause zurückkehren.

italienische Gastarbeiter in Bayern

Bayern nahm in den Jahren zwischen 1963 und 1970 viele Gastarbeiter aus Jugoslawien, Griechenland, der Türkei und insbesondere aus Italien auf. Die italienischen Gastarbeiter gelangten mit dem Zug über den Brenner nach München. Sie fanden dort eine Beschäftigung, wo sie am dringendsten benötigt wurden: auf dem Bau oder in den Werkshallen der Metallindustrie. Andere kamen in der Gastronomie oder bei privaten und öffentlichen Reinigungsdiensten, z. B. den Müllabfuhren, unter. Oft wollten Deutsche diese schlecht bezahlte, wenig angesehene und obendrein körperlich harte Arbeit nicht verrichten.

Die „Gastarbeiter" kehren aus dem Urlaub zurück.
Zeichnung: Hans Traxler

Die Gastarbeiter hingegen waren auf das Geld angewiesen und mussten deshalb auch andere große Opfer bringen: Sie gingen alleine in die Fremde und mussten ihre Familien im Süden zurücklassen. Obwohl die Verträge meist auf ein Jahr begrenzt waren, blieben letztlich doch viele Gastarbeiter länger als geplant – allerdings nicht nur zu ihren Gunsten, sondern auch zum Vorteil der deutschen Firmen. Im Verlauf der 1970er-Jahre holten immer mehr Gastarbeiter ihre Familien in die Bundesrepublik und verloren die Rückkehr ins Heimatland aus den Augen. Viele Kinder und Enkel dieser Gastarbeiter verbinden mit der Heimat ihrer Eltern heute allenfalls noch Begriffe wie „Urlaub" oder „Verwandtenbesuch".

Migranten haben seit den 1960er-Jahren das Leben in der Bundesrepublik vielfach bereichert und sind heute aus unserer Gesellschaft nicht mehr wegzudenken. Gegenwärtig leben etwa 1,1 Millionen Ausländer in Bayern. Damit ist der Anteil an der bayerischen Gesamtbevölkerung mit 9,0 Prozent höher als im Bundesgebiet (8,5 Prozent). Die Zahlen verdeutlichen, dass Integration heute eine Aufgabe von hoher Bedeutung für unsere Gesellschaft ist. Integration schafft die Voraussetzung für ein zukunftsfähiges und friedliches Zusammenleben von Menschen verschiedenster Herkunft. Integration ist ein kontinuierlicher, gegenseitiger Prozess, den alle Beteiligten wollen und unterstützen müssen, wenn er funktionieren soll. Hilfestellungen zur Unterstützung der Integrationsbemühungen sind vonseiten der Politik erforderlich. Gefragt sind aber vor allem Eigeninitiative und Eigenverantwortung. Das Erlernen der deutschen Sprache als „Schlüssel" zur Kultur und Mentalität unseres Landes ist dabei die wesentliche Voraussetzung für eine erfolgreiche Integration. Im Rahmen der bayerischen Integrationspolitik wird versucht, eine solche Entwicklung durch gezielte Maßnahmen zu flankieren. Dazu zählen:

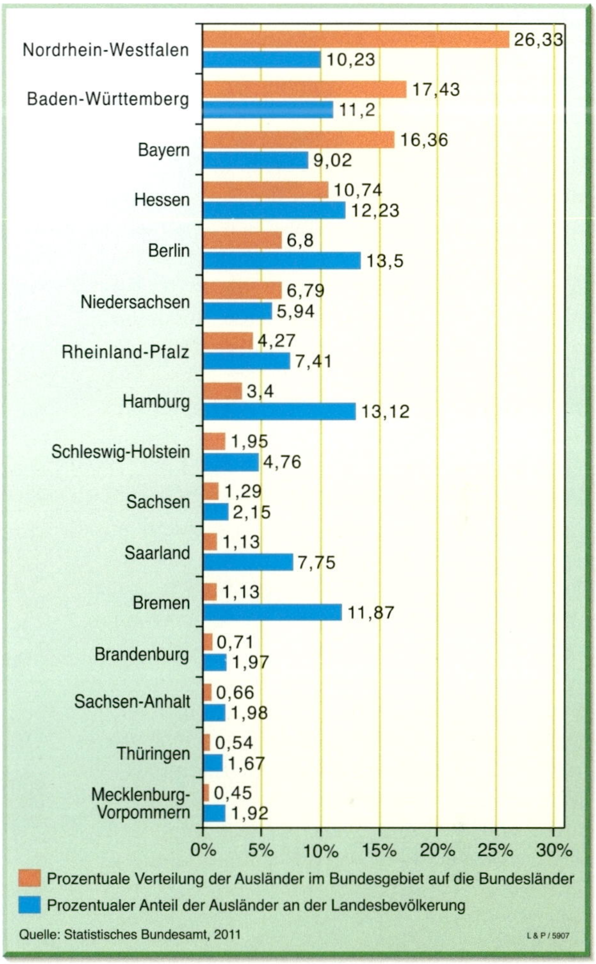

- im **Kindergarten:** die gezielte Sprachförderung;
- in der **Schule:** die Unterstützung und spezielle Beratung beim Übertritt an weiterführende Schulen;
- während der **Berufsausbildung**: eine spezielle berufsorientierte Beratung in der jeweiligen Muttersprache;
- in der **Jugendarbeit:** die Unterstützung einer offenen, d. h. von einer verbandlichen Mitgliedschaft unabhängigen Jugendarbeit;
- in der **Erwachsenenbildung:** ein vielfältiges Bildungsangebot zum Erlernen der deutschen Sprache;
- in der **Arbeitswelt:** das Angebot zur Teilhabe von Ausländerinnen und Ausländern am Bayerischen Mittelstandskreditprogramm zur Förderung von Existenzgründungen;
- in der **Geschlechterpolitik:** das Angebot zur Teilnahme an Maßnahmen der bayerischen Geschlechterpolitik, z. B. bei der Förderung der Chancengleichheit.

MATERIAL

1 „Da kann ja jeder kommen"

Die deutsche Stadt mit dem höchsten Ausländeranteil ist nicht Berlin, sondern München.

Man kann es sich einfach machen und sagen, der Münchner lebe generell nach der Devise „leben und leben lassen", und darunter fielen halt auch Ausländer. Das wäre freilich ein wenig zu viel an Lokalpatriotismus in einer Stadt, die in der Vergangenheit oft genug die anderen überhaupt nicht leben ließ, sondern sie im Gegenteil sogar umbrachte.

Die Stadtgeschichte ist ja reich an Pogromen, und „Hauptstadt der Bewegung" war kein Titel, den die Nazis München 1935 aufnötigen mussten. [...]

Wenn aber heute, gleich aus welcher politischen Richtung, über den Anteil von Ausländern an der Bevölkerung diskutiert wird, fällt fast nie der Name der Stadt. Das ist erstaunlich, weil München von allen deutschen Großstädten mit mehr als einer halben Million Einwohner mit den höchsten Ausländeranteil hat: 24 Prozent.

Zählt man die Deutschen mit Migrationshintergrund hinzu – also Eingebürgerte und jene mit mindestens einem ausländischen Elternteil –, so kommt man sogar auf einen Bevölkerungsanteil von 38 Prozent. München liegt damit weit vor Städten wie Berlin oder Hamburg, und das ist doch einigermaßen überraschend, weil etwa Kreuzberg immer wieder als Paradebeispiel genannt wird, wenn es um Probleme mit der Integration geht. München eignet sich da, trotz des hohen Ausländeranteils, offenbar kaum.

Das hat eine ganze Reihe von Gründen und vor allem damit zu tun, dass man sich in München der möglichen Problematik schon relativ früh bewusst gewesen ist und ihr nicht auswich. Der damalige Oberbürgermeister Hans-Jochen Vogel (SPD) sagte bereits Ende der 1960er-Jahre: „München ist eine Einwanderungsstadt."

Die damaligen Einwanderer haben das enorme Wachstum und die Modernisierung Münchens ja auch erst ermöglicht, die großen Siedlungsprojekte wie das Hasenbergl oder Neuperlach, oder auch den U-Bahnbau und das Olympiagelände – alles Maßnahmen, für die es gar nicht genügend einheimische Arbeitskräfte gegeben hätte.

Ziemlich zur gleichen Zeit, 1972, erschien die erste städtische Studie über „kommunalpolitische Aspekte des wachsenden ausländischen Bevölkerungsanteils in München", und zwei Jahre später wurde der erste Ausländerbeirat gewählt. München war damit führend in der damaligen Bundesrepublik und ist es bis heute geblieben.

„Aktives Tun und aktives Wollen", sagt Martha Doll von der städtischen Stelle für interkulturelle Arbeit, sei das Prinzip der Integrationspolitik. Man fördere Normalität, politische Teilhabe und Chancengleichheit durch vielfältige Maßnahmen. Das fängt an bei der Kindertagesstätte und höre bei speziellen Förderstellen und Selbsthilfeprojekten noch lange nicht auf.

INTEGRATIONSKURS "ZUWANDERUNG" - 1. LEKTION

Eine wichtige Rolle spielte in der Vergangenheit auch die Wohnungspolitik mit der „Münchner Mischung": Bei Neubaugebieten wurden die Flächen aufgeteilt in ein Drittel Eigentumswohnungen, ein Drittel frei finanzierten Wohnungsbau und ein Drittel mit Sozialwohnungen. Das verhinderte Ghettobildung, wie sie in anderen Städten heute oft Probleme macht.

Eine „gute Mischung" sieht Martha Doll auch in der Zusammensetzung der ausländischen Bevölkerungsanteile. Es gibt keine Nation, die übermäßig dominant wäre. Die größten Gruppen – Türken, Kroaten, Griechen, Italiener und Österreicher, in dieser Reihenfolge – lägen nahe beieinander, was die absoluten Zahlen angehe.

Quelle: Süddeutsche Zeitung vom 10. 7. 2012, S. R2;
Autor: Franz Kotteder

MATERIAL

Gewalt – und Ausgrenzung – in Diskos 2

Ausländer haben es bei vielen Türstehern in bayerischen Clubs schwerer. Der Grund: Sie gelten in der Branche als gewalttätiger. Zu Recht?

Türsteher Michael Friedrich ist seit elf Jahren im Geschäft. Mit seinem Sicherheitsdienst betreut er knapp 20 bayerische Diskos. Dass die meisten Diskobetreiber nur wenige Ausländer einlassen, hält er für gerechtfertigt. „Wenn ich bei 3000 Gästen zehn Prozent Ausländer im Club habe, weiß ich, dass diese zehn Prozent für 90 Prozent der Gewalttaten verantwortlich sein werden", sagt er.

Die Bayerische Kriminalstatistik bestätigt, dass Ausländer drei Mal häufiger eine gefährliche oder schwere Körperverletzung begehen als Deutsche. Aber woran liegt das? Und was können wir, können bayerische Politiker dagegen tun?

Rückblick: Im Dezember haben wir über die Großraumdisko „Bali" in Eggenfelden berichtet. Das „Bali" hatte sogar auf seiner Webseite bei den Einlasskriterien damit geworben, dass „nur ein bestimmter Prozentsatz" „bestimmter Ausländergruppen" reingelassen wird, um Ärger zu vermeiden. Ein Verstoß gegen das Allgemeine Gleichbehandlungsgesetz: Menschen dürfen nicht wegen ihrer Herkunft schlechter behandelt werden.

Nach dem Bericht haben viele on3-User über ihre Disko-Erfahrungen im on3-Blog diskutiert. Das Ergebnis hat uns überrascht: Die Mehrheit hält eine „Ausländerquote" für angemessen, wenn es dadurch zu weniger Ärger in der Disko kommt. [...]

Alle Experten sind sich einig, dass Ausländer nicht gewalttätiger sind, weil sie Ausländer sind. Es kommt vor allem auf die Lebenslage eines Menschen an. Typisch für eine gewaltfördernde Lebenslage sind zum Beispiel fehlende Bildung, fehlende Vorbilder, Armut, autoritäre Erziehung, Alkoholmissbrauch und berufliche Perspektivlosigkeit. Das gilt für Deutsche wie für Ausländer. [...]

Bildung ist für [CSU-Politiker Josef] Zellmeier „ein zentraler Schlüssel". Christian Miler stimmt zu. Der ehrenamtliche Streetworker aus Waldkraiburg fordert von der CSU bessere Bildungschancen für Migrantenkinder. Tatsächlich verlassen jedes Jahr etwa 20 Prozent der Jugendlichen mit Migrationshintergrund die Schule ohne Schulabschluss. „Wir müssen möglichst schnell handeln", konstatiert Zellmeier. Die Zahl der Jugendlichen mit Migrationshintergrund nehme ja ständig zu. Handeln ja, aber wie?

„Wir müssten vor allem an die Eltern ran", sagt Zellmeier. Besonders bei türkischen und arabischen Familien erreiche man die Eltern nicht. Christian Miler weiß, wem das besser gelingen könnte: Leuten wie ihm. Menschen mit Migrationshintergrund und Erfahrung mit dem Leben auf der Straße. Das sieht auch Emre (17) aus Waldkraiburg so. „Ich höre nur auf meinen Vater", sagt er. Oder auf Leute wie Christian, die erlebt haben, was er erlebt. Von anderen lasse er sich gar nichts sagen, schon gar nicht von der Polizei. Josef Zellmeier kennt das. Deutsche Pädagogen werden von Migranten eher „als Feind wahrgenommen", sagt er. Pädagogen mit Migrationshintergrund seien sehr wertvoll. „Wir stehen da aber erst am Anfang", gibt der Landtagsabgeordnete zu.

Querverweis: S. 10, M 3

Quelle: Matthias Dachtler: Warum machen Ausländer mehr Ärger als Deutsche?, BR – on3-radio, www.br.de/on3/themen/welt/gewalt-in-diskos-warum-machen-auslaender-mehr-rger-als-deutsche-100.html vom 11. 1. 2011; Zugriff am 11. 2. 2013

1. Erarbeiten Sie aus M 1 die Gründe für die gelungene Integration von Ausländern in München.
2. Interpretieren Sie die Karikatur auf S. 174. Überprüfen Sie ihren Wahrheitsgehalt!
3. Ermitteln Sie aus M 2 die Gründe für die gehäuft auftretende Gewalttätigkeit ausländischer Jugendlicher.
4. Nehmen Sie Stellung zur Ausgrenzungsstrategie mancher Diskothekenbesitzer und diskutieren Sie – ausgehend von M 2 – Lösungsansätze zur besseren Integration ausländischer Jugendlicher.

4. Bürgerschaftliches Engagement und Zivilgesellschaft seit 1945

4.1 Motive, Wirkungsfelder und Ausprägungen bürgerschaftlichen Engagements

Zeichnung: Burkhard Mohr

Teilnahme und Verantwortung

Ehrenamtliches Engagement bedeutet aktive Teilnahme an der Gesellschaft und bewusste Übernahme von Verantwortung. Es umfasst nahezu alle Bereiche von Gesellschaft und Staat. Menschen engagieren sich in der Jugendarbeit, beim Sport, in Kirchen und Religionsgemeinschaften, im Gesundheits- und Sozialwesen, beim Technischen Hilfswerk (THW) und der Freiwilligen Feuerwehr oder im Umwelt- und Naturschutz. Auch das Freiwillige Soziale oder Freiwillige Ökologische Jahr gilt in diesem Sinne als ehrenamtliches Engagement. Zweckgebundene Initiativen setzen sich zur Schulerhaltung, Ortsbildpflege oder zur Unterstützung von Jugendheimen ein. Zwischen der Erwerbsarbeit und dem ehrenamtlichen Engagement gibt es aber meist eine klare Grenze. Nicht zum Ehrenamt und zur sozialen Hilfe zählen z. B. die reine Teilnahme an öffentlichen Veranstaltungen oder der Besuch einer Selbsthilfegruppe.

Ehrenamt im Wandel der Zeit

Dabei lässt sich ein deutlicher Wandel ehrenamtlich Engagierter feststellen: In den 1960er-Jahren ging man von einem Anteil von fünf Prozent oder 2,5 Mio. Ehrenamtlicher in Westdeutschland aus. Entgegen negativer Prognosen sprechen Experten heute von einer Verfünffachung dieser Zahl. Die Ursachen für ehrenamtliches Engagement haben sich verändert. Dominierte in den 1950er- und 1960er-Jahren das Pflichtgefühl, steht seit der „68er-Revolution" eher die persönliche Erfüllung im Vordergrund. Das Erleben, die Emanzipation und das eigene Streben nach Glück fanden bis in die 1980er-Jahre hinein Einkehr in die Gesellschaft. Die Beteiligung an Demonstrationen oder Unterschriftensammlungen nahm zu. Durch ein neues Umweltbewusstsein entstanden Bürgerinitiativen, z. B. gegen Kernkraft.

Motive für bürgerschaftliches Engagement

Die Motive für bürgerschaftliches Engagement sind mit der Betonung der Selbsterfüllung vielfältiger geworden: Selbstverwirklichung, Teilnahme und Mitbestimmung, Gemeinwohlorientierung und Pflichterfüllung, Kommunikation und soziale Integration oder die Bewältigung eigener Probleme. Ehrenamt und Selbstverwirklichung sind heute also zwei Seiten ein und derselben Medaille und keine sich ausschließenden Prinzipien. Oftmals lautet die Motivation daher: Der Mensch setzt sich für andere ein, um selbst ein erfüllteres Leben zu haben.

1. Interpretieren Sie die Karikatur auf S. 177 und bewerten Sie deren Aussage.

MATERIAL

Ehrenamt und Solidarität 1

Was nämlich dem Ehrenamt in all seinen Spielarten in Verbänden, in der Gerichtsbarkeit, in politischen Parteien, in der Kirche, in Kammern, Selbstverwaltungsorganen und Kommunen, Sozialversicherungsträgern und Hochschulen, Räten und Beiräten gemeinsam ist, sind die Freiwilligkeit seiner Übernahme (mit einigen Einschränkungen bei öffentlichen Ehrenämtern) und der Verzicht auf das Entgelt. Die Ehrenamtlichkeit ist der stärkste und vornehmste Ausdruck der Solidarität. [...] Eine solidarische Gesellschaft lebt aus einer doppelten Überzeugung: Alle sind einander verpflichtet. Und – die Starken tragen die Last der Schwachen mit. Der Ehrenamtliche erweist sich gerade darin als solidarisch, dass er den Dienst der eigenen Person nicht verrechnet. Er betrachtet sein freiwilliges Engagement weder als Anzahlung für etwas, was er später zu empfangen hofft, noch als Anzahlung dessen, was er bereits empfangen hat. Aus diesen grundsätzlichen Überlegungen zum Ehrenamt lassen sich einige Folgerungen ziehen: Die zunehmende bzw. abnehmende Bereitschaft zur ehrenamtlichen Arbeit ist ein untrügliches Maß für die Solidarisierung oder Entsolidarisierung in der Gesellschaft [...]. Der heute vor allem von Kirchen, Gewerkschaften und Parteien beklagte Rückzug ihrer Mitglieder, die Zurückhaltung, ehrenamtlich Verantwortung zu übernehmen, und die diagnostizierten Tendenzen der Individualisierung und Privatisierung werden in ihrer Tragweite nur erfasst, wenn sie auch als Symptome einer moralischen Krise unserer Gesellschaft wahrgenommen werden. [...]

Zeichnung: Burkhard Mohr

Einige Vorschläge werden mit dem plakativen Satz „Ehrenamtlichkeit muss sich lohnen“ zusammengefasst. Sofern sie auf das Ziel hinauslaufen, die gesellschaftliche Anerkennung und das Sozialprestige des ehrenamtlichen Dienstes zu heben, verdienen sie jede Unterstützung. Insbesondere wäre es wünschenswert, wenn sich solche Anerkennung nicht nur in öffentlichen Ehrungen und Auszeichnungen erschöpfen würde, sondern wenn die persönliche und fachliche Kompetenz, die sich der Ehrenamtliche erwirbt, auch in der Berufswelt als Qualifikationsmerkmal gewürdigt würde. Zur problematischen Parole wird der Satz vom Ehrenamt, dass es sich „lohnen“ müsse, überall dort, wo eine „Honorierung“ eingefordert wird, sei es durch direkte Entgelte, sei es durch Steuerfreibeträge oder durch öffentliche Übernahme von Sozialversicherungsbeiträgen. Damit würde die Ehrenamtlichkeit ihres eigentlichen Sinnes beraubt.

Quelle: Alois Baumgartner: Solidarität und Ehrenamt, Subsidiarität und Selbsthilfe. Veraltete Prinzipien der Sozialpolitik?, in: Bayerische Landeszentrale für politische Bildungsarbeit (Hrsg.): Sozialpolitik. Aktuelle Fragen und Probleme, München 1996, S. 32–34

1. Charakterisieren Sie mithilfe des Einführungstextes und M 1 das ehrenamtliche Engagement. Was soll es sein, was nicht?
2. Führen Sie ein Interview mit einer Person, die sich ehrenamtlich engagiert.

4.2 Das Engagement im Verein

Freiwillige Feuerwehr Hitzhofen, 1954

Fest der Gebirgsschützen, Tegernsee, 16. September 2007

Vereine – gesellschaftlicher Zusammenhalt durch Eingliederung

Vereine haben sich während der Industrialisierung im 19. Jahrhundert entwickelt, als das Bürgertum einen wichtigeren Platz in der Gesellschaft beanspruchte. Nach der Auflösung der alten Feudalordnung und der Einführung neuer Arbeits- und Produktionsmethoden wurde die Welt als zunehmend komplexer, ja sogar bedrohlicher empfunden. In dieser Zeit der Umbrüche und Veränderungen sehnten sich viele Menschen nach einem festen Halt, den ihnen manch ein Verein bot. Im Zuge der Industrialisierung wanderten Millionen von Menschen vom Land in die großen Städte ab. Vereine erfüllten dort nun eine Art Eingliederungsfunktion, denn Ortsfremde konnten durch den Beitritt zu Vereinen schneller heimisch werden. In ländlichen Gemeinden boten Vereine oft die einzige Gelegenheit, die (wenige) freie Zeit außer Haus zu verbringen. Zeiten des Umbruchs, wie nach dem Zweiten Weltkrieg, machten Vereine besonders erforderlich, da durch sie neuer gesellschaftlicher Zusammenhalt aufgebaut wurde. So gelang die Eingliederung der vielen Vertriebenen und Flüchtlinge nach 1945 auch durch Vereine. Bis heute leisten Vereine einen wichtigen Beitrag bei der Integration von Migranten.

Auflösung der Vereine im Dritten Reich

Wieder- und Neugründungen von Vereinen nach 1945

Vereine können schichtenübergreifend die Integration von Gruppen fördern und somit Vorurteile abbauen helfen. Auch Nichtmitgliedern bietet der Verein mit seinen Veranstaltungen die Möglichkeit zur Identifikation. Im Nationalsozialismus erlag beispielsweise das Vereinsleben der Freiwilligen Feuerwehren fast vollständig. Die Machthaber lösten im Jahr 1938 viele Feuerwehrvereine auf und wandelten sie per Gesetz in Pflichtwehren um. Ab dem 1. September 1942 unterstanden die Löscheinheiten der Polizei. Andere Organisationen wie Schülerverbindungen, Pfadfinder- oder Schützenvereine sowie kirchliche Vereinigungen wurden spätestens 1939 aufgelöst. In den Jahren 1945 bis 1960 gründeten sich die meisten dieser Vereine wieder. Anfang der 1950er-Jahre gab es eine regelrechte Welle an Neugründungen. Neue Vereinsarten wie Tennisclubs, Wander-, Schach- und Kegelvereine kamen hinzu und drückten die allmähliche Normalisierung der Lebensverhältnisse aus.

Vereinigungsfreiheit

Vereine beruhen auf freiwilligen Zusammenkünften. Im Grundgesetz ist dieses Recht in Artikel 9 („Vereinigungsfreiheit") festgeschrieben. Im Unterschied zu Verbänden sind Vereine nicht im beruflichen und engeren politischen Bereich, sondern meist im Freizeitbereich angesiedelt. Viele sind „eingetragene Vereine" (kurz: e. V.), etwa Sportvereine oder Bürgerinitiativen, die sich zu einem bestimmten Zweck gründen. Der Verein erlangt als „juristische Person" seine sogenannte Rechtsfähigkeit, indem er vom zuständigen Amtsgericht in das Vereinsregister eingetragen wird. Besondere Bedeutung haben Vereine in kleinen kommunalen Einheiten, wo sie das Dorfleben mitgestalten und attraktiver machen. Vereins- und Dorfleben gehen häufig Hand in Hand.

Nach außen hin werden Vereine vor allem bei festlichen Aktivitäten sichtbar. Damit kommt ihre zentrale Funktion zum Ausdruck: Sie gliedern die Gesellschaft in kleinere Einheiten und integrieren die Einwohner der Bundesrepublik freizeitlich, sozial und kulturell – Kinder und Jugendliche ausdrücklich eingeschlossen! Es gibt Musik-, Gesangs-, Sport-, aber auch Soldaten- und Veteranenvereine sowie Brauchtumsvereine wie Heimat-, Trachten- und Schützenvereine. Vereine entsprechen dem menschlichen Bedürfnis nach Geselligkeit und Unterhaltung und vermitteln Geborgenheit und Orientierung im Innern. Vereine haben dabei eigene Embleme und Bräuche, häufig eigene Kleidervorschriften oder Grußformeln. Besonders offensichtlich werden die Riten und Symbole bei Vereinsjubiläen, die für die Außendarstellung des jeweiligen Vereins eine große Bedeutung haben.

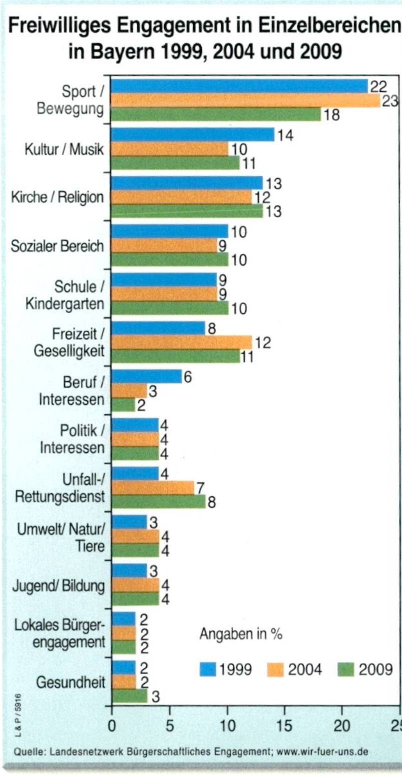

Auch die Mitarbeit in Parteien fällt im weiteren Sinn unter „Vereinsarbeit". Durch kleinere Einheiten bietet die Partei ähnlich wie der Verein Anreize zur Mitgliedschaft und damit zur Freizeitgestaltung des Bürgers. Der Bürger kann sich in Parteien politisch verwirklichen, Geselligkeit vorfinden und soziale Kontakte knüpfen. Zudem engagieren sich Menschen, die in Dorf, Kreis oder Bezirk in Vereinen tätig sind, oftmals ebenso in Parteien. Sie haben dann bei Wahlen durch den erhöhten Bekanntheitsgrad bessere Chancen als der vielleicht „unbekannte Kandidat". Unbezahlte Mitarbeiter sind in Wahlkämpfen, bei Parteiveranstaltungen oder der Organisation von gesellschaftlichen Veranstaltungen aktiv. Neben symbolischen Anreizen wie Ehre oder Prestige durch die Übernahme von öffentlich sichtbaren Parteiämtern treten innerhalb der zahlenmäßig überschaubaren Gemeinschaft Motive wie Dank, Vertrauen und Achtung hervor.

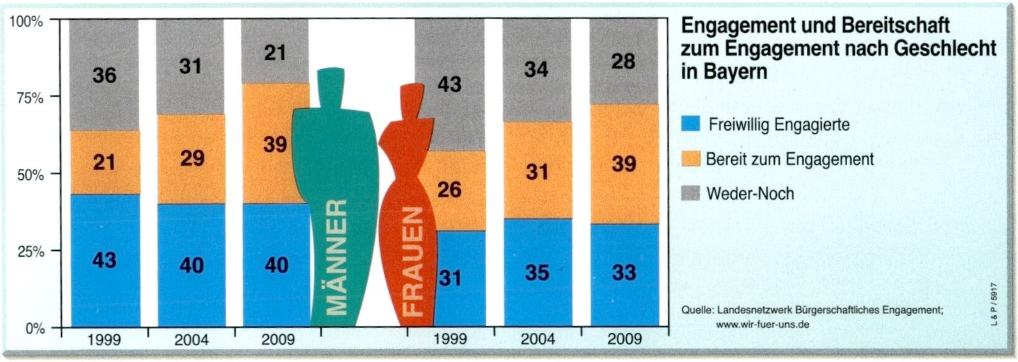

MATERIAL

1 Der demografische Wandel als Herausforderung für Vereine

Der Trachtenverein ist in Grainau eine feste Institution. „D'Höllentaler" nennen sich die Trachtler vom Fuß der Zugspitze seit ihrer Gründung im Jahr 1907. Und immer hatten sie genug Mitglieder für Plattlerprobe, Trachtenfeste und Heimatabende. [...] Doch auch in Grainau ist die vermeintlich heile Trachtenwelt aus den Fugen geraten. Es sind die ersten Anzeichen des demografischen Wandels, die spürbar werden. In Grainau gibt es immer weniger Kinder und damit immer weniger Vereinsnachwuchs. [...] Grainau ist keine Ausnahme. Die Prognosen der Demografen zeichnen für ganz Bayern ein erschreckendes Bild: Der Freistaat stehe vor „erheblichen demografischen Veränderungen", heißt es beim Statistischen Landesamt. [...] Nach Angaben des Bundesfamilienministeriums engagieren sich zwar immerhin rund 23 Millionen Menschen freiwillig. 90 Prozent davon im Umfeld von Vereinen. Auf den ersten Blick eine hohe Zahl. Aber Christopher Schmidt [von der Universität Bamberg] rät dennoch: „Vereine müssen in Zukunft aktiver Mitglieder suchen." [...] Beim Bayerischen Jugendring (BJR) hat man diese Entwicklungen im Blick. [...] Dabei schaut man auch über die Grenzen Bayerns hinaus: Gemeinsam mit dem Südtiroler Jugendring und den Jungbauernschaften von Bayern und Südtirol sucht der BJR nach Strategien, um die Abwanderung junger Menschen im ländlichen Raum zu stoppen. Gleichzeitig soll der Demografie-Beauftragte des BJR zusammen mit den betroffenen Mitgliedsorganisationen individuelle Maßnahmen für die Jugendarbeit vor Ort entwickeln.[...]

In Unterfranken [...] gibt es längst Dörfer, die vor wenigen Jahren noch eigene Kinderfußballmannschaften hatten und die jetzt ihre Mannschaften zusammenlegen. [...] Für die Eltern hat das einen enormen Mehraufwand zur Folge. Denn nicht nur zu den Spielen und Turnieren müssen sie die Kinder jetzt fahren. Jetzt müssen sie auch noch ins Auto steigen, um die Kinder ins Training zu bringen. Das kann sich nicht jeder leisten. [...]

Probleme, Mitglieder zu finden, hatte die Sportjugend, das ist die Gruppe der jungen BLSV-Mitglieder [Bayerischer Landes-Sportbund] bis 27, nie. Doch jetzt gehen auch hier die Mitgliederzahlen zurück. Zum ersten Mal seit der Gründung des BLSV im Jahr 1945. Im vergangenen Jahr zählte [der Vorsitzende der Sportjugend] Michael Waldhäuser gegenüber dem Vorjahr um 4000 weniger. Waldhäusers Rezept, um [den demografischen Wandel] aufzuhalten: „Die Vereine sind gefordert, sich stärker in das Schulleben einzubringen. Beispielsweise mit Angeboten, die in die Ganztagsschule integriert werden können." [...]

Kinder und Jugendliche im Trachtenverein

Noch spüren die bayerischen Vereine die Vorboten des demografischen Wandels nur in Ansätzen. Doch schon in wenigen Jahren kann daraus ein echtes Problem werden. Dann werden die Jugendgruppen des Grainauer Trachtenvereins „D'Höllentaler" vielleicht nicht mehr bei jedem Heimatabend auftreten. Dann werden sich nicht nur in Unterfranken Sportvereine zusammenschließen müssen, um Fußballmannschaften auf die Beine stellen zu können.

Wenn aber beispielsweise auch bei den Freiwilligen Feuerwehren, bei der Wasser- und bei der Bergwacht die jungen Aktiven weniger werden, kann es wegen des fehlenden Nachwuchses sogar richtig gefährlich werden.

Quelle: Stephanie Geiger: Die Angst der Bayern vorm Ende des Schuhplattelns, in: Die Welt Online, www.welt.de/regionales/muenchen/article113660057/Die-Angst-der-Bayern-vorm-Ende-des-Schuhplattelns.html vom 16. 2. 2013; Zugriff am 20. 2. 2013

MATERIAL
Die Ehrenamtskarte 2

Fast jeder dritte Bundesbürger engagiert sich ehrenamtlich. Aus Sicht von Fachleuten ist dieser Einsatz für das öffentliche Leben in Deutschland unverzichtbar.

Um das freiwillige Engagement weiter zu fördern, gibt es auf Bundes- und Länderebene inzwischen mehrere Initiativen. Eine davon sind sogenannte „Ehrenamtcards“ [jetzt: Ehrenamtskarten], die Vergünstigungen bei Museen oder im Einzelhandel bieten. Der beliebteste Ort für ein Ehrenamt ist der Sport- oder Freizeitverein. An zweiter Stelle stehen kirchliche oder religiöse Organisationen. Den dritten Platz belegen kulturelle Einrichtungen. [...]
Sozialministerin Christine Haderthauer (CSU) bezeichnet das Engagement der Ehrenamtlichen als „Erfolgsgeheimnis Bayerns“. „Bayern ist ohne den herausragenden Einsatz seiner 3,8 Millionen ehrenamtlich Tätigen nicht denkbar“, erklärte sie. Sie seien eine Bereicherung für die Gesellschaft und ein Segen für das Land. Bürgerschaftliches Engagement sei ein unverzichtbarer Bestandteil einer vielfältigen und solidarischen Gemeinschaft und wichtige Voraussetzung gelebter Demokratie, sagte Haderthauer. Deshalb unterstütze die Staatsregierung das Ehrenamt durch viele Maßnahmen, wie etwa die Bayerische Ehrenamtsversicherung und die Ehrenamtskarte, mit der verschiedene Vergünstigungen verbunden seien. [...]

Das Bundeskabinett hat im Oktober [2012] einen Gesetzentwurf beschlossen, der ehrenamtliche Tätigkeiten aufwertet. Damit werden unter anderem die Ehrenamts- und Übungsleiterpauschale erhöht sowie Haftungsregelungen für Vereine erleichtert. Übungsleiter wie etwa Sporttrainer oder Erzieher sollen künftig bis zu 2400 Euro jährlich steuer- und sozialversicherungsfrei erhalten. Aber auch andere ehrenamtlich Tätige wie Kassierer oder Platzwarte werden durch eine erhöhte Ehrenamtspauschale von 720 Euro begünstigt.

Quelle: Soziales Engagement in Bayern, in: Bayerischer Rundfunk, www.br.de/nachrichten/ehrenamt-bayern-engagement-sozial-vereine-100.html vom 1. 12. 2012; Zugriff am 9. 3. 2013

1. Analysieren Sie die Grafiken auf S. 179 und fassen Sie erkennbare Trends zusammen. Erörtern Sie anschließend im Klassenverband Motive, sich freiwillig zu engagieren, und beziehen Sie dabei eigene Erfahrungen mit ein.
2. Erarbeiten Sie aus M 1 die Folgen des demografischen Wandels für das Vereinswesen und ermitteln Sie im Anschluss, mit welchen Strategien die Vereine versuchen, dieser Herausforderung zu begegnen.
3. Erklären Sie, welche Hoffnungen die Bayerische Staatsregierung mit der „Ehrenamtskarte“ (M 2) verbindet und nehmen Sie dazu Stellung. Erwägen Sie im Anschluss weitere mögliche Lösungsansätze.
4. Führen Sie bei einem Verein vor Ort eine Erkundung durch. Informieren Sie sich dabei auch über die Mitgliederentwicklung und Strategien zur Mitgliederwerbung.

4.3 Das Engagement in Wohlfahrtsbewegungen

Andacht in der „Schrippenkirche"; Obdachlose nehmen an einem Gottesdienst teil und erhalten ein Frühstück, Berlin, 1906

Das Wort „Wohlfahrt" stammt vom mittelhochdeutschen „wol varn" und bedeutet wörtlich „Wohlergehen", also „gutes Vorankommen" auf der Lebensreise. In der christlichen Mildtätigkeit, wie sie in der Spätantike und im Mittelalter entwickelt wurde, haben die modernen Wohlfahrtsbewegungen denn auch ihre Wurzeln. Bedürftige Menschen wurden nicht ihrem Schicksal überlassen, sondern es wurde durch Spenden und Almosen, später auch in Armenhäusern oder Spitälern, versucht, ihnen zu helfen. Die staatliche Sozialpolitik, wie sie mit der Bismarck'schen Arbeiterschutzgesetzgebung ihren Anfang nahm, kennzeichnete eine neue Stufe in dieser Entwicklung. Sowohl staatliche und kommunale als auch private Wohlfahrtsbewegungen wollten nun die Not der Arbeiter und Armen lindern. Da diese Bewegungen vor allem in den westlichen Demokratien auftraten und dort bis heute das gesellschaftliche und politische Leben prägen, spricht man von Wohlfahrtsstaaten.

Entstehung der Wohlfahrtsbewegungen

Die Säulen der „Wohlfahrt"

„Wohlfahrt" beruht auf zwei Säulen: einer staatlichen Säule und einer freiwillig-vereinsgetragenen Säule. Moderne Wohlfahrtsbewegungen beruhen wiederum auf der Zusammenarbeit von hauptamtlichen Mitarbeitern und ehrenamtlichen Helfern. Beide Gruppen sind für das Funktionieren notwendig. Wohlfahrtsverbände in der Bundesrepublik unterscheiden sich durch den hohen Grad an freiwilliger Mitwirkung von anderen Interessengruppen. Ohne ehrenamtliches Engagement könnten Wohlfahrtsverbände nicht existieren. Im Gegensatz zu privatwirtschaftlichen Wohlfahrtseinrichtungen ist die Freie Wohlfahrtspflege verbunden mit der Erfüllung gemeinnütziger, häufig auch kirchlicher Zwecke. Die starke Gemeinwohlorientierung zeigt sich an den engen Beziehungen der Freien Wohlfahrtsverbände untereinander und an den engen Kontakten zu staatlichen Einrichtungen. Insgesamt gibt es in Deutschland sechs Spitzenverbände der Freien Wohlfahrtspflege: die Arbeiterwohlfahrt (AWO), den Caritasverband, das Diakonische Werk, den Paritätischen Wohlfahrtsverband, das Deutsche Rote Kreuz (DRK) und die Zentralwohlfahrtsstelle der Juden in Deutschland. Miteinander stellen sie über 1 100 000 hauptamtliche Mitarbeiter – mehr als drei Prozent aller Erwerbstätigen in der Bundesrepublik.

Ehrenamt und Wohlfahrt

Spitzenverbände der Freien Wohlfahrtspflege

demokratische Organisationen

Damit decken die sechs Spitzenverbände einen großen Teil der gesellschaftlichen Wohlfahrtspflege ab. Die Verbände sind demokratisch organisiert und arbeiten auf unterschiedlichen Ebenen: Kreis, Bezirk, Land bis hin zum Bund. Auf jeder dieser Ebenen sind die Träger als eingetragene Vereine rechtlich selbstständig.

Der Caritasverband, die größte deutsche Wohlfahrtsorganisation, beschäftigt heute rund 500 000 voll- und teilzeitarbeitende Mitarbeiter und verfügt über mehrere Hunderttausend Ehrenamtliche in etwa 26 000 Einrichtungen. Zudem hat er fast 600 000 Mitglieder in seinen Reihen. Der Caritasverband steht seiner Satzung gemäß unter Aufsicht der katholischen Bischöfe; auch die regionalen Gliederungen sind eng mit den organisatorischen Strukturen der Katholischen Kirche verflochten. Er wurde 1897 als eigenständige Organisation gegründet und später in die Katholische Kirche eingegliedert.

Ähnlich verhält es sich mit dem Diakonischen Werk, das mit der Evangelischen Kirche verbunden ist und vergleichbar viele Mitarbeiter beschäftigt bzw. Mitglieder hat wie der Caritasverband. Allerdings agieren im Diakonischen Werk die regionalen Stellen unabhängiger, zusammengehalten vor allem durch das christliche Prinzip des Missionsauftrags.

Ein breites Wirken – Unfall-, Gesundheits- und Katastrophenhilfe – kennzeichnet das bereits im 19. Jahrhundert gegründete Deutsche Rote Kreuz. 75 000 Mitarbeiter und mehrere Hunderttausend Ehrenamtliche sind in ihm tätig. Ursprünglich entwickelte es sich aus dem militärischen Sanitätsdienst und der allgemeinen Krankenhilfe. Das DRK verfügt über enge Kontakte zu internationalen Schwesterorganisationen mit ähnlichen Zielen. Im öffentlichen Bewusstsein ist das DRK sehr tief verankert.

Die im Nationalsozialismus verbotene Arbeiterwohlfahrt – bereits 1919 im Umfeld der SPD entstanden – ist eine soziale Dienstleistungsorganisation. Sie finanziert sich aus öffentlichen Mitteln, Sammlungen, Lotterien oder Veranstaltungen. Auch in ihr finden sich unterschiedliche Ebenen und fast 250 000 haupt- und ehrenamtliche Mitarbeiter.

Weltanschaulich neutral ist der Deutsche Paritätische Wohlfahrtsverband, der 1892 als Vereinigung der freien, privaten und gemeinnützigen Kranken- und Pflegeanstalten Deutschlands ins Leben gerufen wurde. Wie die AWO wurde er im Nationalsozialismus aufgelöst. Mit 2,5 Millionen Mitgliedern und 160 000 hauptberuflich Tätigen geht es dem Dachverband in erster Linie um die politische Interessenvertretung der eigenständigen Unterorganisationen.

Der kleinste der Spitzenverbände der Freien Wohlfahrtspflege ist die Zentralwohlfahrtstelle der Juden in Deutschland. Ziel der rund 50 Beschäftigten und 500 Ehrenamtlichen ist, die soziale Arbeit in den jüdischen Gemeinden in der Bundesrepublik zu unterstützen sowie Freizeit- und Erholungsmaßnahmen anzubieten.

Essensausgabe an Bedürftige in München

MATERIAL

1 Altenpflege: „Absolut an der Kante"

Eine alarmierende Bestandsaufnahme der Situation in der Altenpflege veranlasst die Freie Wohlfahrtspflege Bayern, zusammen mit der Dienstleistungsgewerkschaft ver.di, im Rahmen der gemeinsam gegründeten Initiative „Wert der sozialen Arbeit" mit einem Symposium im Bayerischen Landtag Gesellschaft und Politik nachdrücklich auf die prekäre Lage im Pflegebereich aufmerksam zu machen. „Unsere Forderungen liegen längst auf dem Tisch. Sie sind weder aus der Luft gegriffen noch Resultat einer verbandlichen Lobbystrategie, sondern in Anbetracht der Tatsachen realistisch und aus dem Geist gesamtgesellschaftlicher Verantwortung erwachsen. Die Politik muss jetzt endlich Stellung beziehen und konkrete Entscheidungen treffen", erklärte Michael Bammessel, Vorsitzender der Freien Wohlfahrtspflege Bayern und Präsident der Diakonie Bayern [im Jahr 2013], im Vorfeld der Veranstaltung. Dabei, so Dominik Schirmer, Fachbereichsleiter Gesundheit, Soziale Dienste Wohlfahrt, Kirchen bei ver.di Bayern, müssten die politisch Verantwortlichen realisieren, dass Pflege nicht vornehmlich an Rentabilitätsaspekten gemessen werden könne: „Begleitung, Betreuung und Pflege können nicht nach ökonomischen Kriterien und nicht nach Modellen des Wettbewerbs und der Profitmaximierung ausgerichtet werden, wie sie in der freien Wirtschaft bekannt sind. Hier geht es um eine gesellschaftliche Aufgabe, finanziert von der Gemeinschaft der Beitragszahlenden, von sozialen Leistungen, die von Menschen an Menschen erbracht werden, die alt, krank, sozial benachteiligt oder behindert und hilfebedürftig sind." [...]

Eine der wesentlichen Forderungen von Wohlfahrtsverbänden und Gewerkschaft lautet: „Mehr Geld für die Pflegebedürftigen!" „Eine menschenwürdige Pflege braucht endlich eine vernünftige, an die tatsächliche Bedarfslage angepasste Finanzierung", fordert Bammessel. Als erste konkrete Forderung verlangen die Verbände eine Erhöhung der Leistungen in allen Pflegestufen und ihre Dynamisierung. Seit dem Inkrafttreten der Pflegeversicherung im Jahr 1996 sind die Leistungen für die stationäre Pflege nicht verändert worden. Die zwischenzeitlichen Kostensteigerungen tragen die Träger der Einrichtungen und die Bewohnerinnen und Bewohner, denen ihr Platz im Heim zunehmend teuer zu stehen kommt. „Diese Praxis hat den Druck auf Einrichtungen und Pflegebedürftige in unzumutbarer Weise erhöht", beklagt Bammessel. Ohne die von der Freien Wohlfahrtspflege Bayern und ver.di geforderte adäquate Erhöhung der Leistungen und deren jährliche dynamische Anpassung an die Preisentwicklung droht auch angesichts der prognostizierten Zunahme der Altersarmut die Situation, dass immer mehr Pflegebedürftige sich keinen Heimplatz mehr leisten können oder auf die Sozialhilfeträger angewiesen sind, obwohl sie jahrzehntelang in die Pflegeversicherung eingezahlt haben. [...]

Eine wichtige Rolle spielt in diesem Zusammenhang auch die Gewinnung von Nachwuchskräften. Nachdem schon Schichtdienst und schlechte Bezahlung das Berufsbild der Fachkraft für Altenpflege nicht gerade attraktiver machen, wirkt es auf viele interessierte junge Leute abschreckend, dass Altenpflegeschülerinnen und -schüler auch noch Schulgeld berappen müssen.

Die Freie Wohlfahrtspflege Bayern und ver.di fordern deshalb bis zur bundesgesetzlichen Realisierung der generalisierten Ausbildung die Schulgeldfreiheit in Bayern und die sofortige Einführung einer Umlagenfinanzierung der betrieblichen Ausbildung. Bislang müssen die ausbildenden Einrichtungen die Ausbildungskosten zum großen Teil auf ihre Bewohnerinnen und Bewohner umlegen. Einrichtungen, die nicht ausbilden, können ihre Heimplätze billiger anbieten.

„Wir fordern Bundes- und Landesregierung erneut auf, diese Forderungen schnellstens umzusetzen", bekräftigt Schirmer. „Ohne genügend Nachwuchs in der Altenpflege sind die zukünftigen Anforderungen überhaupt nicht mehr zu bewältigen. Gute Pflege von ausgebildeten Fachkräften bekommen dann nur noch diejenigen, die sich das leisten können."

Quelle: Thomas Nagel (Freie Wohlfahrtspflege Landesarbeitsgemeinschaft Bayern): Absolut an der Kante, www.freie-wohlfahrtspflege-bayern.de vom 26. 2. 2013; Zugriff am 11. 3. 2013

MATERIAL 2

Asylsozialberatung: Freie Wohlfahrtspflege Bayern fordert mehr Unterstützung

Die Freie Wohlfahrtspflege Bayern betreut und berät seit vielen Jahren Asylsuchende in Bayern. Der notwendige Ausbau dieses Angebotes aufgrund der steigenden Zahl Schutz suchender Flüchtlinge wird für die Verbände – trotz der in Aussicht gestellten zusätzlichen Mittel – zunehmend schwieriger. Auch wenn die staatliche Förderung der Asylsozialberatung mittlerweile besser geworden ist, bringen die Verbände für die Wahrnehmung dieser wichtigen Aufgabe noch immer gute 50 Prozent Eigenmittel ein.

Der Freistaat hat für das Jahr 2013 zusätzliche Fördermittel für die Asylsozialberatung in Höhe von 750 000 Euro in Aussicht gestellt. Dies reicht jedoch bei Weitem nicht aus, um das bestehende Betreuungsangebot zu sichern und eine Asylsozialberatung in den neuen Gemeinschaftsunterkünften aufzubauen. Dazu wäre eine Aufstockung der Haushaltsmittel durch den Freistaat von zusätzlich mindestens 2 Mio. Euro erforderlich, selbst wenn die Verbände weiterhin erhebliche Eigenmittel zur Ergänzung aufbringen.
Die Freie Wohlfahrtspflege Bayern fordert, den Menschen, die in Bayern Schutz vor Verfolgung suchen, die notwendige Unterstützung zu gewährleisten. Hierzu gehört sowohl die ausreichende soziale Beratung in den Gemeinschaftsunterkünften als auch die Betreuung von Menschen, die außerhalb der Gemeinschaftsunterkünfte durch Landkreise und Kommunen untergebracht sind.
„Bayern muss seiner Aufgabe als sozialer Rechtsstaat nachkommen und bei der Asylsozialberatung aus der bisherigen freiwilligen Leistung eine Pflichtleistung machen, um damit sicherzustellen, dass Menschen, die Schutz vor Verfolgung suchen, auch in Bayern die notwendige Hilfe und Unterstützung erhalten. Das für unsere Verfassungsordnung zentrale Grundrecht auf Asyl ist ohne durchgreifende Verbesserung der Beratungssituation gefährdet", betont der Vorsitzende der Freien Wohlfahrtspflege Bayern [im Jahr 2012], Dr. Thomas Beyer. Asylpolitik müsse mehr sein, als das Überleben von Flüchtlingen im Land zu sichern. Die Freie Wohlfahrtpflege Bayern begrüßt deshalb das Urteil des Bundesverfassungsgerichts im Hinblick auf einen menschenwürdigeren Umgang mit Asylbewerbern und wehrt sich gegen die Versuche einzelner Politiker, die Asyldebatte zu einer populistischen Stimmungsmache zu missbrauchen.

Quelle: Maria Hell (Freie Wohlfahrtspflege Landesarbeitsgemeinschaft Bayern): Pressemitteilung vom 15. 11. 2012, www.freie-wohlfahrtspflege-bayern.de; Zugriff am 30. 4. 2013

1. Überprüfen Sie die Aktualität der Informationen auf S. 182/183 an einem Freien Wohlfahrtsverband Ihrer Wahl. Recherchieren Sie dazu im Internet!
2. Ermitteln Sie anhand von M 1, welche Forderungen die Freie Wohlfahrtspflege Bayern bezüglich der Altenpflege stellt. Erörtern Sie, ob Freie Wohlfahrtsverbände als Lobbyisten (siehe Kapitel II 3.2) zu bezeichnen sind und inwiefern sie sich gegebenenfalls von anderen Lobbygruppen unterscheiden.
3. Erarbeiten Sie anhand von M 2, welche Aufgabe Freie Wohlfahrtsverbände bei der Integration von Asylbewerbern erfüllen.
4. Diskutieren Sie ausgehend von M 1 und M 2 die gegenwärtige gesellschaftliche Bedeutung der Freien Wohlfahrtspflege.

GLOSSAR

Achtundsechziger-Bewegung (68er-Revolution): Verschiedene, meist linksgerichtete Studenten- und Bürgerrechtsbewegungen in Europa und den USA. Diesen Bewegungen gemeinsam waren u. a. der Protest gegen den Vietnamkrieg (Friedensbewegung), der Kampf gegen Autorität (insbesondere in Bildung und Erziehung) und für die Gleichstellung von Minderheiten sowie der Einsatz für mehr sexuelle Freiheiten (Frauenbewegung, „Sexuelle Revolution"). Der Name bezieht sich auf das Jahr 1968, als sich die Bewegungen teilweise radikalisierten, etwa die Antikriegsdemonstrationen in den USA oder die dortige Bürgerrechtsbewegung infolge der Ermordung Martin Luther Kings am 4. April 1968.

Amnesty International (ai): Die nichtstaatliche Organisation wurde 1961 in London gegründet und setzt sich seither für die → **Menschenrechte** ein. Es existieren Sektionen von ai in Deutschland, Österreich und in der Schweiz. Die Organisation recherchiert fortlaufend und weltweit zur Menschenrechtssituation, betreibt Öffentlichkeitsarbeit und organisiert Brief- und Unterschriftenaktionen, z. B. in Fällen von Folter oder drohender Todesstrafe.

Anarchismus: Eine politische → **Ideologie,** die darauf zielt, jede Herrschaft von Menschen über Menschen und jede gesetzliche Ordnung, besonders den Staat, zu beseitigen. Dem A. liegt die → **utopische Vorstellung** zugrunde, dass ein Zusammenleben frei von jeglicher Autorität und → **Hierarchie** möglich sei.

Arbeiterschutzgesetze: Als solche werden die 1883 eingeführte Krankenversicherung, die 1884 eingeführte Unfallversicherung und die 1889 eingeführte Alters- und Invaliditätsversicherung bezeichnet. Sie stellen die Ursprünge der staatlichen Sozialpolitik in Deutschland dar.

Arbeitgeberverbände: Es gibt in Deutschland gut 1000 Verbände von Unternehmenseigentümerinnen und -eigentümern bzw. -leitungen, die in der Bundesvereinigung der Deutschen Arbeitgeberverbände (BDA) zusammengeschlossen sind. Die BDA vertritt den Standpunkt ihrer Mitglieder in der Sozial- und Gesellschaftspolitik, dient als Plattform für die Koordinierung der Interessenvertretung gegenüber den Ländern, dem Bund und der → **Europäischen Union**. Die Arbeitgeberverbände der jeweiligen Branchen sind Verhandlungspartner der → **Gewerkschaften** bei den Tarifverhandlungen (über u. a. Löhne und Arbeitszeit).

Im weiteren Sinne werden auch die im Bundesverband der Deutschen Industrie e. V. (BDI) zusammengeschlossenen Wirtschaftsfachverbände, in denen rund 80 000 Unternehmen organisiert sind, zu den Arbeitgeberverbänden gezählt. Aufgabe des BDI ist die Wahrnehmung der wirtschaftspolitischen Interessen seiner Mitglieder. Der BDI ist Mitglied der Union der Industrie- und Arbeitgebervereinigungen Europas (UNICE), die die Interessen ihrer Mitglieder gegenüber den Organen der EU vertritt.

Armut: Begriff, der in Industrieländern nur relativ zur Entwicklung des gesellschaftlichen Reichtums zu bestimmen ist. Armut ist nicht nur eine Frage finanzieller Mittel (definiert durch ein Mindesteinkommen), sondern betrifft weitere Dimensionen der Unterversorgung (wie Gesundheit, Bildung, Erwerbsstatus) und auch die Verfügbarkeit von Handlungsspielräumen in Abhängigkeit von gesellschaftlichen Rahmenbedingungen.

Asylbewerber: → **Migranten**, die einen Antrag auf Asyl nach Art. 16a GG gestellt haben, der noch in Bearbeitung ist. Voraussetzung für eine Anerkennung ist der Nachweis, *persönlich* von Verfolgung bedroht zu sein. Sie sind meist in Sammelunterkünften untergebracht und erhalten erst nach einem Jahr eine eingeschränkte Arbeitserlaubnis. Nach Anerkennung eines Asylantrages wird der Antragsteller zu einem Asylberechtigten.

Aufklärung, Europäische: Eine Epoche, die Ende des 17. Jahrhunderts in England ihren Anfang nahm und im 18. Jahrhundert das geistige Leben im gesamten europäisch geprägten Raum bestimmte. Wesentliches Ziel der Aufklärung war es, den Menschen „aus seiner selbst verschuldeten Unmündigkeit" (Immanuel Kant) zu befreien, also vorgegebene und feste (religiöse) Denkmuster zu hinterfragen.

Bundeskanzler: Deutscher Regierungschef. Von einer Mehrheit des Deutschen → **Bundestages** auf Vorschlag des → **Bundespräsidenten** gewählter (Art. 63 GG), die Richtlinien der Politik bestimmender (Art. 65 GG) Chef der Bundesregierung als Zentrum der → **Exekutive** → (**Gewaltenteilung**) auf Bundesebene.

Bundesnachrichtendienst (BND): Der Auslandsnachrichtendienst der Bundesrepublik Deutschland mit Sitz in Pullach bei München und in Berlin. Der BND ist neben dem Bundesamt für Verfassungsschutz (BfV) und dem Militärischen Abschirmdienst (MAD) einer der drei Nachrichtendienste des Bundes. Er besteht seit 1956 und untersteht dem Bundeskanzleramt. Seit 1978 unterliegt er der Kontrolle des Parlamentarischen Kontrollgremiums (PKG), einem Organ des → **Bundestages**. Hauptaufgabe des BND ist das frühzeitige Erkennen von Gefahren, die der Bundesrepublik aus dem Ausland drohen.

Bundespräsident: Deutsches Staatsoberhaupt. Von einer Mehrheit der → **Bundesversammlung** für fünf Jahre gewählt; einmalige Wiederwahl ist zulässig (Art. 54 GG). Die Aufgaben des Bundespräsidenten sind die völkerrechtliche Vertretung Deutschlands und der Abschluss von Verträgen des Bundes mit dem Ausland sowie die Verkündigung und Ausfertigung der Gesetze; der Bundespräsident hat das Recht, Begnadigungen auszusprechen; er hat das Vorschlagsrecht für die Wahl des → **Bundeskanzlers** (Art. 63 GG), ernennt diesen und entlässt ihn auf Ersuchen des Deutschen → **Bundestages**.

Bundesrat: Der Bundesrat (offiziell: Deutscher Bundesrat) ist die zweite Kammer des Parlaments in Deutschland. Durch ihn wirken die Bundesländer bei der Gesetzgebung und Verwaltung des Bundes und in Angelegenheiten der → **Europäischen Union** mit (Art. 50 GG). Ihm gehören 69 Mitglieder an, die nicht direkt von den Wahlberechtigten gewählt, sondern als Vertreter/-innen der Landesregierungen an deren Weisung gebunden sind. Die Anzahl der entsandten Mitglieder des Bundesrates variiert entsprechend dem Bevölkerungsanteil der Bundesländer zwischen drei und sechs Vertretern pro Land. Die Stimmen jedes Landes können nur geschlossen abgegeben werden.

Bundesregierung: Oberstes deutsches Exekutivorgan (→ **Gewaltenteilung**, → **Exekutive**), an dessen Spitze der → **Bundeskanzler** steht, der von den Bundesministern unterstützt wird (Art. 62 GG).

Bundesstaat: Gliederung eines Staates in mehrere gleichberechtigte, in bestimmten politischen Bereichen selbstständige Bundesländer oder Teilstaaten, die an der Willensbildung des Bundes mitwirken. Art. 20 GG bestimmt: „Die Bundesrepublik Deutschland ist ein demokratischer und sozialer Bundesstaat." Dies ist eine Bestandsgarantie des Föderalismus, allerdings keine Bestandsgarantie über die Anzahl und die Größe der Länder, die sich nach Art. 29 GG neu gliedern könnten.

Bundestag: Oberstes Parlament in Deutschland. Seine Mitglieder (Abgeordnete) werden in allgemeiner, unmittelbarer, freier, gleicher und geheimer Wahl (Art. 38 GG) für vier Jahre von den deutschen → **Bürgern** gewählt. Zu den wichtigsten Aufgaben des Bundestages zählen

a) Wahl (und ggf. Abwahl) des → **Bundeskanzlers**,
b) die Kontrolle der Bundesregierung und der ihr unterstellten Verwaltung (Ministerien),
c) die Gesetzgebung des Bundes und die Feststellung des Bundeshaushalts,
d) die Mitwirkung bei der Wahl des → **Bundespräsidenten** sowie
e) der Richter am → **Bundesverfassungsgericht** und
f) die Feststellung des Spannungs- oder Verteidigungsfalles. Eine wichtige Funktion bei der parlamentarischen Arbeit der Abgeordneten kommt den Bundestagsausschüssen zu.

Bundesverfassungsgericht: Das Bundesverfassungsgericht ist eine Art oberster Hüter der Verfassung in Deutschland (Art. 93 GG). Es ist allen anderen Verfassungsorganen (→ **Bundestag**, Bundesregierung, → **Bundesrat**, → **Bundespräsident**) gegenüber selbstständig, unabhängig und diesen gleichgeordnet. Die Kompetenzen des Bundesverfassungsgerichts erstrecken sich u. a. auf

a) Verfassungsstreitigkeiten zwischen obersten Bundesorganen,
b) Streitigkeiten zwischen Bund und Ländern und zwischen den Ländern,
c) Verfassungsbeschwerden von Bürgern und den Gemeinden,
d) die Überprüfung von Rechtsvorschriften,
e) Feststellung der Verfassungswidrigkeit politischer → **Parteien**,
f) die Wahlprüfverfahren.

Bundesversammlung: Die Bundesversammlung besteht aus den Mitgliedern des → **Bundestages** und einer gleichen Anzahl von Mitgliedern, die von den Volksvertretungen der Länder gewählt werden. Die einzige Aufgabe der B. ist es, den → **Bundespräsidenten** zu wählen.

Bürger: Bürger sind die Inhaber der grundlegenden demokratischen Rechte in einer Demokratie. Dazu zählt an erster Stelle das Wahlrecht. In früheren Zeiten waren die Bürgerrechte an ein Leben in einer Stadt, ein hohes Vermögen, die (christliche) Konfession und das männliche Geschlecht gekoppelt (es durften nur Männer wählen). Seit der französischen Revolution 1789 hat sich nach und nach der Gedanke durchgesetzt, dass alle (erwachsenen) Staatsangehörigen die gleichen Rechte und Pflichten als Bürger haben sollen. Die Gesamtheit der Bürger wird auch Volk genannt. Einwohner eines Landes, die dort nicht die Staatsangehörigkeit besitzen, weil sie z. B. eingewandert sind, sind keine Bürger.

Bürgerrechte: Die einem als → **Bürger** eines → **Staates** zustehenden Rechte, insbesondere das Wahlrecht, durch das der Bürger als Souverän u. a. über die Vergabe politischer Ämter entscheidet.

Demokratie/Demokratisierung: Abraham Lincoln prägte die Formel des *government of the people, by the people, for the people.* Vor allem durch das Prinzip der Volkssouveränität lässt sich die Demokratie von anderen Herrschaftsformen unterscheiden. Grundsätzlich kann das Volk seine Herrschaft unmittelbar (direkte Demokratie) oder mittelbar, über gewählte Vertreter (repräsentative Demokratie), ausüben. Die meisten westlichen Demokratien sind repräsentative Demokratien mit unterschiedlich stark ausgeprägten direktdemokratischen Instrumenten. Unter „Demokratisierung" wird hier die Ausdehnung demokratischer Entscheidungsweisen über die Sphäre der Politik hinaus verstanden („Demokratisierung aller Lebensbereiche").

Direkte Demokratie: (Ggs.: repräsentative Demokratie) Direkte Demokratie (auch: plebiszitäre Demokratie) bezeichnet eine Herrschaftsform, bei der die politischen Entscheidungen unmittelbar vom Volk → (**Bürger**) z. B. durch Volksabstimmung getroffen werden. Lediglich die Art ihrer Umsetzung wird der Entscheidung einer Behörde überlassen. Rein auf direkter Demokratie basierende Gesellschaftsmodelle gibt es bisher nur in der Theorie (v. a. sozialistischer Rätesysteme). Das Modell der Schweiz ist dadurch gekennzeichnet, dass neben den direktdemokratischen (Volksinitiative, Referendum) auch repräsentative Elemente (z. B. Parlamente) existieren. Grundgedanke dieser Mischform ist es, das Mehrheitsprinzip (der repräsentativen Demokratie) zugunsten einer wesentlich höheren Beteiligung von Minderheiten am Entscheidungsprozess einzuschränken. Auch in Ländern mit repräsentativer Demokratie sind in verschiedenen Verfassungen und Gesetzen (z. B. dt. Bundesländer und Gemeindeordnungen; US-amerikanischer Bundesstaaten) direktdemokratische Elemente vorgesehen.

Dritte Welt: Der Begriff wird verwendet für wenig oder überhaupt nicht industrialisierte Länder, deren Wohlstand erheblich unter dem der Industrieländer liegt, die sich als Erste Welt bezeichnen. „Zweite Welt" waren die industrialisierten sozialistischen Staaten. Die Länder der „Dritten Welt" erstrecken sich vornehmlich auf die tropischen und subtropischen Gebiete der südlichen Halbkugel, auf die früher koloniale Welt.

Elite: Personenkreis, der regelmäßig Einfluss auf gesamtgesellschaftlich wichtige Entscheidungen nehmen kann.

Establishment, bürgerliches: Ist die Gesellschaftsgruppe, die aufgrund ihrer wirtschaftlichen und sozialen Position die gesamte Gesellschaft prägen kann.

Ethnie: Betrifft die Volkszugehörigkeit. Menschen mit gleichen sprachlichen und kulturellen Eigenschaften oder Merkmalen gehören einer E. an.

Euro: Europäische Währungseinheit, die im Rahmen der Europäischen Wirtschafts- und Währungsunion nach dem Vertrag von Maastricht seit dem 1. 1. 1999 in Europa in Ländern, die die festgelegten Kriterien erfüllen, eingeführt wurde. Die Gemeinschaftswährung gilt in 17 Ländern (Stand: 2013).
Europäische Union (EU): 1993 von den 12 EG-Mitgliedern (Belgien, Dänemark, Deutschland, Frankreich, Griechenland, Großbritannien, Irland, Italien, Luxemburg, Niederlande, Portugal, Spanien) gegründete überstaatliche Organisation. Sie baut auf der Europäischen Gemeinschaft (EG) auf, deren Anfänge bis in das Jahr 1951 zurückreichen.
Seit 2013 zählt die EU 28 Mitgliedstaaten. Die EU bildet den Rahmen für:

- eine gemeinsame Außen- und Sicherheitspolitik (GASP)
- die Zusammenarbeit in der Justiz- und Innenpolitik
- die Europäischen Gemeinschaften (Europäische Wirtschaftsgemeinschaft, Europäische Gemeinschaft für Kohle und Stahl (bis 2002), Europäische Atomgemeinschaft).

Die sechs zentralen Organe der EU sind:

1. der Europäische Ministerrat (Rat der Europäischen Union),
2. das Europäische Parlament,
3. die Kommission der EU,
4. der Europäische Gerichtshof,
5. der Europäische Rechnungshof.
6. der Europäische Rat, d. h. das mindestens zweimal pro Halbjahr stattfindende Treffen der Regierungschefs der EU-Länder.

Euthanasie: Der Begriff existiert bereits seit der Antike (gr.: euthanasia = „guter Tod"). Ursprünglich die Sterbehilfe für unheilbar Kranke mit dem Ziel, diesen ein qualvolles Ende zu ersparen. Zwischen 1938 und 1945 wurden unter diesem Begriff in Deutschland viele Tausend behinderte und kranke Menschen, deren Leben den Nationalsozialisten nichts galt, ermordet.
Exekutive (lat. = ausführen, vollziehen): Vollziehende Gewalt (Regierung).
Existenzminimum: Mindesteinkommen, das für den jeweiligen Lebensunterhalt gerade ausreicht.
Extremismus: Bezeichnet eine politische Einstellung, die eine grundlegende Veränderung der derzeitigen Gesellschaftsordnung anstrebt bzw. die freiheitlich-demokratische Grundordnung beseitigen will. Extremisten vertreten im Allgemeinen fanatische oder fundamentalistische Haltungen, → **Ideologien** oder Ziele, oftmals auch mit Gewalt.
Faschismus: Als F. wurde zuerst die 1922 von Benito Mussolini in Italien zur Macht geführte rechtsgerichtete Bewegung bezeichnet. Seitdem werden ähnliche politische Strömungen und Systeme ebenso bezeichnet, darunter auch der Nationalsozialismus in Deutschland (1933–1945).
Föderalismus: Politische Ordnung, bei der die staatlichen Aufgaben zwischen Gesamtstaat und Einzelstaaten aufgeteilt werden, entweder in Form eines gemeinsamen Bundesstaates (Föderation) oder eines loseren Staatenbundes (Konföderation). In der Bundesrepublik Deutschland als → **Bundesstaat** ist die politische Macht vertikal zwischen dem Bund, den Bundesländern und den Kommunen aufgeteilt. Die Aufgabenverteilung ist im → **Grundgesetz** geregelt.
Fraktion: Organisatorischer Zusammenschluss einer Gruppe von Abgeordneten einer Partei bzw. von Parteien, die nicht miteinander konkurrieren (Fraktionsgemeinschaft), zur gemeinsamen Wahrnehmung parlamentarischer Aufgaben.
Freiheit: Unabhängigkeit von Zwang durch äußere Umstände oder durch Menschen. Die Charakterisierung einer Gesellschaft oder Gruppe als „freiheitlich" bezieht sich nicht nur auf institutionell abgesicherte Freiheitsräume (z. B. → **Grundrechte**), sondern ebenso auf das Werte- und Normsystem.
Freiheitliche Demokratische Grundordnung (FDGO): Politische Ordnung der Bundesrepublik Deutschland, die nach der Definition des Bundesverfassungsgerichts im SRP-Urteil von 1952 „unter Ausschluss jeglicher Gewalt- und Willkürherrschaft eine rechtsstaatliche Herrschaftsordnung auf der Grundlage der Selbstbestimmung des Volkes nach dem Willen der jeweiligen Mehrheit und der Freiheit und Gleichheit darstellt". Die FDGO ist gekennzeichnet durch „die Achtung vor den im Grundgesetz konkretisierten Menschenrechten, [. . .] die Volkssouveränität, die Gewaltenteilung, die Verantwortlichkeit der Regierung, die Gesetzmäßigkeit der Verwaltung, die Unabhängigkeit der Gerichte, das Mehrparteiensystem und die Chancengleichheit für alle politischen Parteien mit dem Recht auf verfassungsmäßige Bildung und Ausübung einer → **Oppositon**."
Fundamentalismus: Im Allgemeinen das kompromisslose Festhalten an politischen oder religiösen Grundsätzen. Der F. bezeichnet unterschiedliche, meist religiös motivierte → **Ideologien** und Strömungen, die den Gedanken des → **Pluralismus** ablehnen und den Dialog verweigern.
G 8 (Gruppe der Acht): Entstanden 1997 aus der Gruppe der sieben führenden Wirtschaftsnationen (G 7: Deutschland, Frankreich, Großbritannien, Italien, Japan, Kanada und USA) nach Umwandlung des Beobachterstatus Russlands in eine Vollmitgliedschaft. An den Gipfeltreffen der G 8 nimmt neben den Staats- und Regierungschefs auch der Präsident der EU-Kommission teil.
Gastarbeiter: Bezeichnung für Arbeitsmigranten, die ab Mitte der 1950er-Jahre in der Bundesrepublik Deutschland angeworben wurden. Ursprünglich sollten sie nach einer gewissen Arbeitszeit wieder in ihr Heimatland zurückkehren, ab 1964 aber war ihnen gestattet, ihre Familien nachzuholen, sodass ein dauerhafter Aufenthalt in Deutschland die Folge war. 1973 wurde aufgrund einer Wirtschaftskrise die gezielte Anwerbung ausländischer Arbeitskräfte gestoppt.
Gesellschaft: Unter Gesellschaft wird eine dauerhafte und strukturierte Vereinigung von Menschen in einem sozialen Raum zum Zweck der Befriedigung und Gewährleistung der Bedürfnisse ihrer Mitglieder verstanden. Die Gesellschaft umfasst nicht nur die Bürger eines Staates, sondern alle dort Lebenden. Dabei sind die wechselseitigen Beziehungen dieser Menschen von entscheidender Bedeutung. Im Unterschied zu zufälligen Zusammentreffen oder Gemeinschaften sind Menschen einer Gesellschaft dauerhaft aufeinander angewiesen, etwa bezogen auf die Arbeitsteilung in der Wirtschaft. Es ist umstritten, ob wir uns aufgrund der Globalisierung auf dem Weg zu einer europäischen Gesellschaft oder sogar einer Weltgesellschaft befinden.
Gesetzesprüfungsrecht (des Bundespräsidenten): Der → **Bundespräsident** kann bei der Unterzeichnung von Gesetzen formal prüfen, ob diese verfassungsgemäß zustande

gekommen sind. Ansonsten ist die Feststellung der Verfassungswidrigkeit Aufgabe des → **Bundesverfassungsgericht** (→ **Normenkontrolle**). Dass der Bundespräsident nur Gesetzgebungsakte vornehmen darf, die verfassungskonform sind, lässt sich aus dem Rechtsstaatsprinzip und der Stellung des Bundespräsidenten als Staatsoberhaupt ableiten. Dem Bundespräsidenten ist es bei einem offenkundigen Verstoß gegen Grundsätze der → **Verfassung** nicht zuzumuten, einem verfassungswidrigem Gesetz sehenden Auges durch seine Unterschrift zur Rechtsgültigkeit zu verhelfen. Allerdings haben die Bundespräsidenten in der Geschichte der Bundesrepublik nur in absoluten Ausnahmefällen von diesem Recht Gebrauch gemacht.

Gewaltenteilung: Grundprinzip in der Organisation (demokratischer) staatlicher Gewalt. Ziel ist es, die Konzentration und den Missbrauch politischer Macht zu verhindern, die Ausübung politischer Herrschaft zu begrenzen und zu mäßigen und damit die bürgerlichen Freiheiten zu sichern. Es wird zwischen der gesetzgebenden Gewalt (→ **Legislative**), der ausführenden Gewalt (→ **Exekutive**) und der rechtsprechenden Gewalt (→ **Judikative**) unterschieden. Diese Funktionen werden unabhängigen Staatsorganen (→ **Bundestag**, Bundesregierung, → **Bundeskanzler**, → **Bundesrat**, → **Bundesverfassungsgericht**) zugewiesen. In der politischen Praxis ergeben sich Abweichungen vom strikten Prinzip der Gewaltenteilung oder sind Abweichungen sogar vorgesehen (z. B. Verordnungen der Exekutive, Gesetzesinitiativen der Regierung). Auch die Prinzipien des → **Förderalismus** werden als Teil der Gewaltenteilung angesehen.

Gewerkschaften: Vereinigungen, in denen sich Arbeitnehmerinnen und Arbeitnehmer zusammenschließen, um gemeinsam ihre Interessen gegenüber den Arbeitgebern zu vertreten. Die relative Schwäche der einzelnen Arbeitnehmer gegenüber ihren Arbeitgebern soll so ausgeglichen werden. Die Hauptziele der Gewerkschaften in Deutschland sind die Durchsetzung von Lohnforderungen, die soziale Absicherung der Arbeitenden sowie die Verbesserung der Arbeitsbedingungen. Auch der Ausbau der Mitbestimmung der Arbeitnehmerinnen und Arbeitnehmer in den Betrieben gehört zu den Zielen gewerkschaftlicher Arbeit. Um diese Ziele zu erreichen, verhandeln die Gewerkschaften mit den Arbeitgebern bzw. den → **Arbeitgeberverbänden**.
Die Arbeitsniederlegung, der Streik, ist das letzte Druckmittel der Gewerkschaften. Die meisten und größten deutschen Gewerkschaften sind im Deutschen Gewerkschaftsbund (DGB) zusammengeschlossen.

Globalisierung: Der Begriff bezeichnet eine Zunahme der Staatsgrenzen überschreitenden sozialen Beziehungen v. a. ab den 1990er-Jahren. Insbesondere werden zu den Merkmalen der Globalisierung eine starke Zunahme internationaler Wirtschafts- und Finanztransaktionen, die Ausdehnung der Kommunikationstechnologien (Internet usw.) sowie eine weltweite Ausdehnung westlicher Kultur verstanden. Ursachen sind neben der technischen Entwicklung vor allem der Abbau von wirtschaftlichen Schranken durch die wichtigsten Industriestaaten. Eine genaue historische Abgrenzung der Globalisierung von der früheren Entwicklung z. B. des Weltmarktes ist umstritten.

Grundgesetz: Vom → **Parlamentarischen Rat** 1948/49 ausgearbeitete Verfassung der Bundesrepublik. Die Bezeichnung Grundgesetz wurde gewählt, um den provisorischen Charakter des westdeutschen Teilstaates zu verdeutlichen. Im Zuge des Beitritts der neuen Länder zum Geltungsbereich des Grundgesetzes (1990) und einer intensiven Verfassungsdiskussion (1991–94) wurde an der Bezeichnung festgehalten, um damit zu signalisieren, dass man im vereinten Deutschland an einer bewährten politischen Grundordnung festhält.

Grundrechte: Verfassungsmäßige, vom jeweiligen → **Staat** garantierte Rechte, die den Bürger vor staatlichen Übergriffen schützen (Abwehr- bzw. Freiheitsrechte) und ihm die Teilnahme an der politischen Willensbildung garantieren (Teilhaberechte).

Hierarchie: Ein System von über- bzw. untergeordneten Elementen, die unterschiedliche Funktionen ausüben.

Ideologie: Eine politische Ansicht oder Weltanschauung. Der Begriff wird aus normativer Perspektive auch als abwertende Bezeichnung für ein starres Weltbild oder für unverrückbare Ansichten verwendet.

Imperialismus: Im Allgemeinen die „Machterweiterungspolitik" eines → **Staates**. Im Speziellen ist die Zeitspanne von 1870 bis 1914 als Imperialismus bekannt, als vor allem die europäischen Mächte, aber auch die USA und Japan versuchten, die nicht industrialisierten Länder insbesondere in Afrika und Asien als Kolonien zu beherrschen.

Individualisierung: Prozess, in dessen Mittelpunkt die wachsende Bedeutung des Individuums steht, das sich gegenüber den sozialen Gruppen und Herkunftsbindungen zunehmend emanzipiert.

Industrialisierung: Die Ausbreitung der Industrie, d. h. der Produktion und Weiterverarbeitung von materiellen Gütern und Waren in Fabriken im Verhältnis zu Handwerk, Dienstleistung und Landwirtschaft. In Europa fand dieser Prozess grundlegend während des 19. Jahrhunderts statt.

Innerparteiliche Demokratie: Die Anwendung demokratischer Grundsätze innerhalb der → **Parteien**, z. B. die regelmäßig stattfindende Wahl der Führungsgremien und die freie innerparteiliche Meinungsäußerung.

Interessengruppen: Zusammenschluss von Personen mit gleicher Interessenlage, um auf → **Parteien**, Abgeordnete und Regierung Einfluss zu nehmen, ohne – wie die Parteien – sich an Wahlen zu beteiligen oder selbst Regierungsgewalt anzustreben. Interessengruppen sind ein wesentliches Merkmal einer pluralistischen Gesellschaftsordnung.

Judikative (lat.: Recht sprechen): Richterliche Gewalt.

Kalter Krieg: Bezeichnung für die feindselige Auseinandersetzung zwischen → **Staaten** unterhalb der Schwelle offener kriegerischer Handlungen. Kalter Krieg bezeichnete auch die besondere Form der Beziehungen zwischen den USA und der UdSSR und ihren Verbündeten zwischen 1946 und 1989. Kennzeichen waren die „psychologische Kriegführung" sowie wirtschaftlicher und militärischer Druck und eine entsprechende Bündnispolitik.

Kapitalismus: Besonders durch Karl Marx und Friedrich Engels geprägter Begriff für das System der Wirtschaft, in dem wir leben. Es zeichnet sich durch Privateigentum an den

Produktionsmitteln und Gewinnstreben aus, wobei Letzteres durch das Wirtschaftssystem selbst erzeugt wird (Marktsteuerung, Konkurrenz). Kapitalismus geht von der Freiheit der einzelnen Wirtschaftssubjekte aus sowie der Annahme, dass deren Austausch auf dem Markt nicht nur ihrem eigenen Gewinn, sondern letztlich dem Wohle aller diene. Karl Marx kritisierte am Kapitalismus demgegenüber besonders die „Ausbeutung der Arbeiterklasse", seine Krisenhaftigkeit sowie seine Neigung zur Verschwendung (durch Konkurse, Krisen usw.) und zur Hervorbringung von → **Armut**.
Versuche, eine Wirtschaft statt über den Markt zentral durch den Staat zu steuern, sind in der jüngeren Geschichte mehrfach gescheitert.

Klasse, soziale: Personen einer Gesellschaft mit vergleichbaren ökonomischen Merkmalen, hauptsächlich den Besitz oder die Verfügung über Produktionsmittel betreffend.

Klassengesellschaft: Existiert, wenn die Gesellschaft in verschiedene soziale Schichten oder → **Klassen** aufgeteilt ist. Nach der Marx'schen Lehre ist die → **kapitalistische** Gesellschaft ebenfalls eine K. mit dem Gegensatz von besitzloser Arbeiterklasse (→ **Proletariat**) und besitzenden Kapitalisten (Bourgeois). Der Klassenbegriff ist zunehmend durch ein flexibleres und verfeinertes Schichtenmodell von unterschiedlichen Lebenslagen ersetzt worden.

Koalition (lat. = das Zusammenwachsen): Bündnis zweier oder mehrerer → **Parteien** in einem Parlament, um gemeinsam die Regierung zu bilden und zu stützen und ein politisches Programm durchzusetzen. Koalitionen sind dann erforderlich, wenn eine einzelne Partei nicht über die absolute Mehrheit der Parlamentssitze verfügt und sich deshalb mit (kleineren) anderen Parteien verbünden muss.

Kommunikationsfunktion (des Bundestages): Der Bundestag kommt der Kommunikationsfunktion in zweifacher Hinsicht nach. Zum einen bildet er eine (öffentliche) Plattform des Meinungs- und Willensbildungsprozesses der demokratisch gewählten Volksvertreter; zum anderen erfolgt dieser Meinungs- und Willensbildungsprozess auch außerhalb des Bundestages: durch die Kommunikation der Abgeordneten mit Wählern, Interessengruppen und Medien.

Kommunismus: Bezeichnet das politische Ziel einer klassenlosen Gesellschaft, herbeigeführt durch einen gewaltsamen Umsturz, die → **proletarische** Revolution.
In der kommunistischen Gesellschaft ist das Privateigentum an Produktionsmitteln aufgehoben, und das erwirtschaftete Sozialprodukt wird gesellschaftlich angeeignet, d. h. allen Menschen gleichermaßen zugänglich gemacht.
Der bedeutendste Denker des K. war Karl Marx.

Konjunktur: Bezeichnung für die Existenz von zyklischen Schwankungen der wirtschaftlichen Aktivität.

Konservatismus (lat.: conservare = bewahren): Politische Anschauung, die sich vornehmlich für die Erhaltung und Entwicklung des Bestehenden ausspricht. Kennzeichen sind in der Regel Verfassungspatriotismus, Achtung der nationalen Existenz, Forderung nach einem ordnenden Staat.

konstruktives Misstrauensvotum: Nach Art. 67 GG kann der → **Bundeskanzler** vom → **Bundestag** nur gestürzt werden, wenn gleichzeitig die Mehrheit des Parlaments einen neuen Kanzler wählt.

Legislative: Gesetzgebende Gewalt; in der parlamentarischen → **Demokratie** das Parlament.

Legitimation: Anerkennung einer politischen Ordnung und ihrer Repräsentanten durch das Volk. Voraussetzung dafür ist die Übereinstimmung der politischen Ordnung mit den in der Gesellschaft allgemein anerkannten Vorstellungen über die Begründung von politischer Herrschaft.
In einer demokratischen Ordnung wird die Legitimation der Herrschaftsausübung auf Zeit vor allem durch demokratische Wahlen geschaffen.

Liberalismus: Politische Anschauung, in deren Mittelpunkt die ungehinderte Entfaltung des Einzelnen und einzelner Gruppen unter Zurückdrängen der Ansprüche des Staates steht.

Macht: Verhältnis der Über- und Unterordnung zwischen Personen, Gruppen, Organisationen oder → **Staaten**, das – im Unterschied zu Herrschaft und Autorität – nicht der Anerkennung der von ihr Betroffenen bedarf. Max Weber definierte Macht als „die Chance, innerhalb einer sozialen Beziehung den eigenen Willen auch gegen Widerstreben durchzusetzen, gleichviel, worauf diese Chance beruht".

Marktwirtschaft: Wirtschaftssystem des Wettbewerbs, in dem die Wirtschaftsprozesse dezentral geplant und über die Preisbildung auf den Märkten gelenkt werden. Gewerbe- und Vertragsfreiheit sowie die freie Wahl des Berufs bzw. des Arbeitsplatzes sind Grundvoraussetzungen der Marktwirtschaft (→ **Kapitalismus**).

Massenmedien: Technische Mittel, durch die Aussagen schnell und über große Entfernungen zu einer großen Zahl von Menschen gebracht werden können. Empfänger und Sender von Nachrichten sind sich dabei nicht persönlich bekannt. Massenmedien sind sehr einflussreich und werden als eine Kontrollinstanz z. B. gegenüber dem → **Staat** angesehen. Zugleich aber sind die durch sie verbreiteten Nachrichten für die Empfängerinnen und Empfänger kaum noch zu überprüfen. Zu den Massenmedien zählt neben Zeitungen, Rundfunk und Fernsehen auch das Internet.

Mediatisierung: Bedeutet im Heiligen Römischen Reich Deutscher Nation das Aufgehen eines reichsunmittelbaren Reichsstandes (einer direkt dem Kaiser unterstellten Herrschaft, z. B. einer Reichsstadt) in einem anderen Reichsstand. Im Zuge der Neuordnung Deutschlands durch Napoléon fanden derartige Prozesse massenhaft statt.

Mehrheit, absolute: ist dann erreicht, wenn eine Person oder eine Partei mehr als die Hälfte aller möglichen Stimmen bekommt. Ein Beispiel: Es gibt 100 mögliche Stimmen. Bei der Wahl entfallen auf A 60, auf B 25 und auf C 15 Stimmen. A hat die absolute Mehrheit.

Mehrheit, qualifizierte: ist dann erreicht, wenn eine Person oder eine Partei entweder mehr als zwei Drittel oder mehr als drei Viertel aller möglichen oder aller abgegebenen Stimmen erzielt.

Mehrheit, relative (auch: einfache): ist dann erreicht, wenn eine Person oder Partei die meisten der bei einer Wahl abgegebenen Stimmen erreicht. Ein Beispiel: Es wurden von 150 möglichen Stimmen 100 Stimmen abgegeben. Auf B entfallen 45, auf A 35, auf C 20 Stimmen. B hat die relative Mehrheit.

Menschenrechte: Rechte, die jedem Menschen zustehen, unabhängig von seiner Herkunft, seinem Geschlecht, seiner Religion und seinem Vermögen. Ihr Inhalt liegt darin, jedem

Menschen eine gesicherte Existenz und Entfaltung zu ermöglichen. Im Gegensatz zu anderen Rechten sollen die Menschenrechte jedem Menschen von Natur aus zukommen, also nicht erst durch die Garantie eines → **Staates** (→ **Bürger**). Deshalb „gelten" sie nicht wie andere Rechte, sondern bezeichnen den Anspruch auf ein menschenwürdiges Leben.
Mesotes-Lehre: Die „Lehre von der Mitte"; der Begriff „Mesotes" stammt aus der griechischen Philosophie und bezieht sich auf eine „vernünftige" Mitte zwischen zwei menschlichen Extremen. Für Aristoteles war dies z. B. der „Mut" als Mitte zwischen „Feigheit" und „Tollkühnheit".
Migration: (lat.: migratio = Wanderung) Mit diesem Ausdruck werden verschiedene Formen der Ein- und Auswanderung zusammengefasst (Asylsuche, Arbeitsmigration, Flucht vor Krieg usw.). Das trägt der Tatsache Rechnung, dass alle diese Formen Gemeinsamkeiten aufweisen: Einen Migrationsgrund, der in fast allen Fällen irgendeine Art von Zwang beinhaltet – und soziale Probleme, die aus der Situation im Aufnahmeland folgen.
Nationalismus: Die auf den Begriff der Nation und den souveränen Nationalstaat als zentrale Werte bezogene Ideologie, wobei – im Gegensatz zum Patriotismus – die Identifikation mit der eigenen Nation oftmals mit einer Abwertung anderer Nationen und Kulturen verbunden ist. Nationalismus und Nationalbewusstsein sind geeignet, soziale Großgruppen zu integrieren und sie durch Identifikation von der andersstaatlichen Umwelt abzugrenzen. Als politische → **Ideologie** gewann der Nationalismus seit der Französischen Revolution durch die Verbindung mit den demokratischen Ideen der Selbstbestimmung und der Volkssouveränität überragende Bedeutung.
Naturrecht: Jeder Mensch hat „von Natur aus" bestimmte Rechte, z. B. das Recht auf Leben und körperliche Unversehrtheit oder das Recht auf persönliche Freiheit. Diese Rechte können von keinem Staat genommen werden.
Normenkontrolle: Eines der wichtigsten Verfahren des → **Bundesverfassungsgerichts,** bei dem das oberste Gericht feststellt, dass ein Gesetz nicht mit der → **Verfassung** vereinbar und daher nichtig ist.
Öffentliche Meinung: Zentrale Kategorie für die Bestimmung der Legitimität politischer Herrschaft. Öffentliche Meinung ist nicht die Summe der individuellen Meinungen. Diese werden nur dann zur öffentlichen Meinung, wenn sie die Einschätzungen bedeutender Akteure, Gruppen oder Institutionen zu politisch bedeutsamen Fragen bestimmen und in den → **Massenmedien** ihren Niederschlag finden.
Opposition: Minderheit im Parlament; ständige Alternative zur Regierung, die entsprechend den konstitutionellen Regeln (Wahlen, konstruktives Misstrauensvotum) Mehrheit werden will und kann.
Parlamentarischer Rat: Der Parlamentarische Rat erarbeitete zwischen September 1948 und Mai 1949 das → **Grundgesetz** der Bundesrepublik Deutschland, das er am 8. Mai 1949 verabschiedete. Grundlage dafür waren die „Frankfurter Dokumente" der Westalliierten (USA, Großbritannien und Frankreich) vom 1. Juli 1948 und ein vom → **Verfassungskonvent auf Herrenchiemsee** (10. bis 23. August 1948) konzipierter Verfassungsentwurf. Der Parlamentarische Rat bestand aus 65 Mitgliedern der westdeutschen Länderparlamente. Vorsitzender war der spätere deutsche → **Bundeskanzler** Konrad Adenauer. Nach der Wahl zum ersten Deutschen → **Bundestag** am 23. Mai 1949 löste sich der Parlamentarische Rat am 14. August 1949 auf.
Partei: Parteien sind auf Dauer angelegte Organisationen politisch gleichgesinnter Menschen. Sie verfolgen bestimmte wirtschaftliche, gesellschaftliche etc. Vorstellungen, die meist in Parteiprogrammen festgeschrieben sind, sowie das Ziel, Regierungsverantwortung zu übernehmen. Politische Parteien existierten bereits in der Antike, die Partei im heutigen Sinne jedoch erst seit der Entwicklung des Parlamentarismus im 18. Jh. und der Französischen Revolution.
In Deutschland ist ihre Stellung im → **Grundgesetz** besonders hervorgehoben.
Partizipation: Beteiligung des Bürgers am Willensbildungs- und Entscheidungsprozess im politischen Prozess, u. a. durch Wahlen, Mitgliedschaft in → **Parteien,** → **Verbänden,** Bürgerinitiativen und Vereinen bzw. Wahrnehmung der in der Verfassung verankerten Artikulations- und Mitwirkungsrechte.
PISA-Studie: Die PISA-Studien sind internationale Schulleistungsuntersuchungen, die seit dem Jahr 2000 in dreijähriger Folge in den meisten Mitgliedstaaten der Organisation für wirtschaftliche Zusammenarbeit und Entwicklung (Organisation for Economic Cooperation and Development; OECD) sowie in weiteren Partnerstaaten durchgeführt werden. Ziel der Studien ist es, die alltagsrelevanten Kenntnisse und Fähigkeiten 15-jähriger Schülerinnen und Schüler zu messen.
Plebiszit: Volksabstimmung über eine Vorlage der Regierung.
Plebiszitäre Demokratie: Eine Form des direktdemokratischen Demokratiemodells, bei der die Volkssouveränität eine unteilbare Größe ist und der Volkswille keiner Interpretation durch repräsentative Organe bedarf. Das Volk selbst regiert unmittelbar und direkt, sei es mithilfe rätedemokratischer Strukturen, mit Volksinitiativen, → **Referenden,** → **Plebisziten,** in jedem Falle durch umfassende → **Partizipation.**
Plenum: Die Gesamtheit der Mitglieder eines Parlaments. Eine Sitzung, an der die Abgeordneten teilnehmen, nennt man auch Plenarsitzung.
Pluralismus: Auffassung, dass es mehrere, in Voraussetzungen und Zielsetzungen verschiedenartige politische und gesellschaftliche Vorstellungen gibt, die in der → **Gesellschaft** gleichzeitig legitim nebeneinander vorhanden sind, wobei allen das gleiche Recht auf Entfaltung ihrer Interessen zukommt.
Proletariat: Die Schicht oder → **soziale Klasse** der Landlosen und Lohnabhängigen, die persönlich aber frei sind. Damit sind zum einen die Besitzlosen im antiken Rom, zum anderen auch die Industriearbeiter während der Industriellen Revolution gemeint. Zur Sicherung ihrer materiellen Existenz mussten diese ihre Arbeitskraft verkaufen. Aus marxistischer Sicht steht in einer → **kapitalistischen** → **Gesellschaft** die Industriearbeiterschaft vor allem im Gegensatz zur besitzenden Klasse.
Rassismus: Bezeichnet eine → **Ideologie,** die Menschen aufgrund körperlicher oder kultureller Eigenarten oder aufgrund ihrer → **ethnischen** → **nationalen** oder religiösen Zugehörigkeit in angeblich naturgegebene Gruppen – sogenannte Rassen – einteilt und diese → **hierarchisiert.**

Rassisten glauben dabei an die Überlegenheit der eigenen „Rasse" bzw. Gruppe und betrachten andere kulturelle oder gesellschaftliche Gruppen als minderwertig.
Realsozialismus: Als Realsozialismus oder real existierender Sozialismus wird ein politisches und ökonomisches System bezeichnet, das in der Sowjetunion (UdSSR) und vielen mit ihr eng verbundenen Staaten des ehemaligen Ostblocks existierte. Neben der Berufung der politischen Führung auf die Lehren von Marx und Engels galten staatlicher Zentralismus und Planwirtschaft als Kennzeichen dieser Länder. Bürgerliche Freiheitsrechte existierten nicht.
Rechtsstaat: Bezeichnung für → **Staaten**, in denen das Handeln der staatlichen Organe gesetztem Recht (i.-d.-R. → **Verfassungen**, in Deutschland dem Grundgesetz) untergeordnet ist. Den einzelnen Bürgerinnen und Bürgern stehen damit bestimmte unverbrüchliche Grundrechte zu, während dem staatlichen Handeln bestimmte Grenzen gesetzt sind. Im Rechtsstaat soll alles staatliche Handeln dem (Verfassungs-) Recht und der Verwirklichung von Gerechtigkeit dienen.
Referendum: Abstimmung über eine Vorlage (z. B. ein Gesetz, das das Parlament beschlossen hat), die auf Antrag der Regierung, des Parlaments oder eines bestimmten Quorums der stimmberechtigten Bevölkerung durchgeführt wird.
Regime: Im Allgemeinen eine abwertende Bezeichnung für eine Herrschaftsform, die nicht demokratisch → **legitimiert** ist und in der ein Einzelner oder eine Gruppe von Menschen Macht über alle anderen ausüben.
Im strengen politikwissenschaftlichen Sinne bezeichnet der Begriff jedes Regierungs- oder Herrschaftssystem auf nationaler und internationaler Ebene.
Repräsentation: Ausübung von Herrschaftsfunktionen durch demokratisch gewählte staatliche Institutionen, die im Namen des Volkes handeln, aber dabei nicht an dessen Auftrag oder Weisung gebunden sind.
Repräsentationsfunktion (des Bundestages): Neben der Kommunikations-, der Gesetzgebungs- sowie der Kontrollfunktion eine zentrale Funktion parlamentarischer Tätigkeit. Sie besagt, dass die Kräfteverhältnisse der Parteien im Bundestag – durch das Verhältniswahlsystem – ungefähr deren Stärken in der Wählerschaft entsprechen. Vergleicht man die Zusammensetzung des Bundestages mit der Zusammensetzung der → **Gesellschaft** anhand anderer Kriterien (z. B. Geschlecht, Alter, Beruf etc.), so ergeben sich jedoch deutliche Abweichungen.
Säkularisation: Im Allgemeinen die ohne kirchliche Genehmigung erfolgte Überführung kirchlicher Besitztümer (meist Vermögen, Land) in weltliche Hände. Meist wird von S. im Zusammenhang mit der Auflösung von Kirchengütern infolge der militärischen Erfolge Napoléons am Ende des Heiligen Römischen Reiches Deutscher Nation gesprochen: Durch die Verschiebung der französischen Ostgrenze mussten deutsche Staaten ihre linksrheinischen Gebiete abgeben. Als Entschädigung dafür wurden ihnen im Reichsdeputationshauptschluss von 1803 kirchliche Reichsstände zugeschlagen. Im Kurfürstentum Bayern fand mit der durch Minister Montgelas schon ab 1802 durchgeführten S. das reiche Ordensleben im Land ein fast vollständiges Ende.
Sklaverei: Der Zustand, in dem Menschen all ihrer persönlichen Freiheiten beraubt sind und als Sache, Ware und Eigentum anderer Menschen behandelt werden.
Solidaritätsprinzip: In der gesetzlichen Sozialversicherung der Grundsatz, dass alle zu versichernden Risiken solidarisch von allen Versicherten (durch nach Einkommen gestaffelte Beiträge) zu tragen sind, die Leistungen jedoch unabhängig von der Beitragshöhe gewährt werden.
Souveränität: Der Begriff Souveränität ist ein Produkt des modernen Staates und seiner Theorie und bezeichnet die höchste, nicht abgeleitete, umfassende und nach innen wie nach außen unbeschränkte Hoheitsgewalt, im Staatsinneren als staatliches Gewalt- und Rechtsetzungsmonopol, nach außen als „Völkerrechtsunmittelbarkeit", d. h. also Hoheit über ein bestimmtes Staatsgebiet (Prinzip der Selbstregierung) und rechtliche Unabhängigkeit nach außen. In der Demokratie ist das Volk der oberste Souverän (Prinzip der Volkssouveränität).
Soziale Marktwirtschaft: Von Alfred Müller Armack, Walter Eucken und Ludwig Erhard konzipiertes wirtschaftspolitisches Leitbild, das ab 1948 in der Bundesrepublik Deutschland verwirklicht worden ist. Es greift die Forderung des Ordoliberalismus nach staatlicher Gewährleistung einer funktionsfähigen Wettbewerbsordnung auf, ergänzt jedoch den Katalog wirtschaftspolitischer Staatsaufgaben unter Betonung sozialpolitischer Ziele mit dem Zweck der Integration aller Bürger.
Sozialismus: Neben dem → **Liberalismus** und dem → **Konservatismus** die dritte große im 19. Jahrhundert entstandene politische Ideologie. Sie bezieht sich auf die Grundwerte Gleichheit, Gerechtigkeit und → **Solidarität** und kritisiert die bestehenden gesellschaftlichen Verhältnisse mit dem Ziel ihrer Weiterentwicklung hin zu einer sozial gerechten Wirtschafts- und Gesellschaftsordnung.
Sozialstaat: Eines der vier Grundprinzipien des politischen Systems der Bundesrepublik Deutschland – neben Demokratie, Rechtsstaat und Bundesstaat. Das Prinzip bedeutet, dass der Staat seine Bürger gegen soziale Risiken abzusichern und soziale Ungleichheit abzumildern hilft.
Staat: Erstmals seit der Renaissance für den obersten Herrschaftsverband verwendeter Begriff, der seit dem 19. Jahrhundert zunehmend Eingang in den Sprachgebrauch fand. Der Begriff umfasst das Staatsvolk, das Staatsgebiet und die Staatsgewalt. Als rechtlich verfasste Gemeinschaft ist der Staat mit dem Gewaltmonopol ausgestattet, um Rechtsfrieden und Sicherheit zu gewährleisten.
Strukturpolitik: Gesamtheit der staatlichen Maßnahmen zur Gestaltung der branchenorientierten und regionalen Zusammensetzung der Wirtschaft und deren Entwicklung.
Strukturwandel: Mit jedem wirtschaftlichen Wachstumsprozess einhergehende Änderung in der Zusammensetzung der Produktionsgegebenheiten, der Aufteilung der Beschäftigten usw. Folgenreiche Änderung der Zusammensetzung des Wirtschaftslebens (in einer Region). Der Niedergang des Bergbaus und der Stahlindustrie im Ruhrgebiet brachte zum Beispiel vielfältige wirtschaftliche, politische und soziale Veränderungen mit sich. Die Politik versucht, den Strukturwandel günstig zu beeinflussen, indem sie u. a. die Ansiedlung neuer Betriebe anstelle wegfallender Arbeitsplätze fördert.
Subsidiaritätsprinzip: Aus der katholischen Soziallehre stammendes gesellschaftliches Gestaltungsprinzip, das die Selbstbestimmung und Selbstverantwortung des Individuums bzw. der jeweils kleineren sozialen Gruppen im Verhältnis zum

Staat sowie den Vorrang von Regelungen auf jeweils unterer Ebene gegenüber Regelungen „von oben" betont.
Tarifvertrag: Vertrag zwischen Parteien mit Tariffähigkeit zur Regelung ihrer Rechte und Pflichten und zur Festsetzung von arbeitsrechtlichen Normen.
Theokratie: Eine religiös begründete Diktatur, die nicht auf → **pluralistischen,** sondern auf → **fundamentalistischen** Vorstellungen basiert. Ziel ist die Einheit von Staat und Glaube. In einem derartigen „Gottesstaat" sind es die religiösen Vorsteher, etwa Priester oder Imame, die die Politik bestimmen oder die → **Verfassung** auslegen.
Totalitarismus: Eine Diktatur, die die sozialen Verhältnisse in ihrem Sinne – in ihrer → **Ideologie** – zu verändern versucht. Dabei hat sie den Anspruch, einen „neuen Menschen" zu erschaffen. Der einzelne Mensch wird nicht als eigenständig angesehen und muss sich einem Kollektiv unterordnen. Personen, die sich in Gegnerschaft zur Ideologie der totalitären Diktatur befinden, werden von den Machthabern unterdrückt bis hin zur Vernichtung. Als totalitär werden vor allem der Nationalsozialismus und der Stalinismus angesehen.
Überhangmandate: Entstehen, wenn eine Partei in den Wahlkreisen eines Bundeslandes mehr Direktmandate gewinnt, als ihr nach dem Zweitstimmenergebnis dort proportional zustehen. Diese Mandate bleiben der Partei erhalten. Beinhaltete dies früher, dass sich die Anzahl der Bundestagsmandate lediglich um diese Überhangsmandate für die Parteien, die sie gewonnen hatten, erhöhte, so werden ab 2013 die Überhangmandate nunmehr durch Ausgleichsmandate neutralisiert, d. h. die Anzahl der Bundestagsmandate wird so lange erhöht, bis sich das Verhältnis der Parteien gemäß der von ihnen gewonnenen Zweitstimmen in der Sitzverteilung widerspiegelt.
Umweltpolitik: Gesamtheit der Maßnahmen, die darauf zielen, die natürliche Umwelt als Lebensgrundlage der Menschen auch für die nachfolgenden Generationen zu erhalten.
Ungleichheit, soziale: Unterschiede in den Lebenschancen, die nicht nur durch Kriterien wie Berufs- und Bildungsstatus beeinflusst werden, sondern auch durch Kriterien wie Geschlecht, Nationalität, Alter, Generation oder Region.
Utopie: Eine denkbare – nur in manchen Fällen erstrebenswerte – Wunschvorstellung, die aber (noch) nicht oder nicht mehr verwirklicht werden kann. Oft synonym gebraucht für als unausführbar betrachtete Pläne und Konzepte oder aber als Vision für eine zukünftige Gesellschaftsordnung.
Verbände: Organisierte Gruppen mit bestimmten sachlichen und/oder ideellen Zielen und Interessen. Sie unterscheiden sich von → **Parteien** dadurch, dass sie kein allgemeines politisches Programm anbieten und keine Beteiligung an Wahlen anstreben. Stattdessen versuchen sie, politische Entscheidungen der → **Legislative** und → **Exekutive** in ihrem Sinne zu beeinflussen.
Verfassung: Legt die politische Grundordnung eines → **Staates** fest und bestimmt Umfang und Grenzen der Staatsgewalt.
Verfassungsbeschwerde: Ein außerordentlicher Rechtsbehelf, mit dem ein Bürger vor dem Verfassungsgericht geltend machen kann, durch die Staatsgewalt in seinen Grundrechten verletzt worden zu sein. In Deutschland gibt es die V. auf Bundesebene als Verfahren vor dem → **Bundesverfassungsgericht** sowie in den meisten Bundesländern als Verfahren vor dem entsprechenden Landesverfassungsgericht. Erstmals wurde die V. 1919 in Bayern eingeführt und dort 1946 in der Bayerischen → **Verfassung** verankert. Sie richtet sich an den Bayerischen Verfassungsgerichtshof mit Sitz in München.
Verfassungskonvent auf Herrenchiemsee: War ein Expertengremium mit der Aufgabe, einen Verfassungsentwurf auszuarbeiten, der dem → **Parlamentarischen Rat** als Grundlage bei der Erarbeitung des → **Grundgesetzes** dienen sollte. Der Konvent tagte vom 10. bis 23. August 1948 im Auftrag der Ministerpräsidenten der Länder im Alten Schloss auf der Insel Herrenchiemsee in Bayern.
Verfassungsstreit: Neben der → **Normenkontrolle** und der → **Verfassungsbeschwerde** eines des wichtigsten Verfahren des → **Bundesverfassungsgerichts.** Dabei entscheidet das Gericht bei Streitigkeiten sowohl zwischen den Verfassungsorganen (Organstreit) als auch zwischen Bund und Ländern (Bund-Länder-Streit).
Vertrauensfrage: Nach Art. 68 Abs. 1 GG kann der → **Bundestag** dem → **Bundeskanzler** (und damit der Bundesregierung) sein Vertrauen aussprechen. Findet ein entsprechender Antrag im Bundestag nicht die Mehrheit, „so kann der → **Bundespräsident** auf Vorschlag des Bundeskanzlers binnen einundzwanzig Tagen den Bundestag auflösen".
Volkspartei: Ein Parteityp, der mit einem breit gefächerten Programm möglichst viele Wähler und Mitglieder aus unterschiedlichen sozialen Schichten ansprechen will.
Volkssouveränität: Bezeichnung für die verfassungsgebende Gewalt *(pouvoir constituant)* und Kurzformel für die demokratische Legitimation des Verfassungsstaates. Als konstituierende Gewalt „erschöpft" sich die Volkssouveränität im Akt der Verfassungsgebung.
Warschauer Pakt: Im Westen gebräuchliche Kurzform für den am 14. 5. 1955 gegründeten militärischen Beistandspakt des Ostblocks, dem die DDR am 28. 1. 1956 offiziell als Mitglied beitrat und der sich im Zuge des Zusammenbruchs der UdSSR am 31. 3. 1991 auflöste.
Weimarer Republik: Als Weimarer Republik wird das demokratische Deutsche Reich zwischen 1919 und 1933 bezeichnet, da die verfassungsgebende Nationalversammlung in Weimar tagte.
Wirtschaftswunder: Der wirtschaftliche Aufschwung in der Bundesrepublik Deutschland nach den schweren Zerstörungen des Zweiten Weltkriegs. Der Aufschwung währte von 1949 ununterbrochen bis 1966. Als Grundlage gelten die Währungsreform von 1948, ein großes Reservoir an gut ausgebildeten Arbeitskräften (später auch die sogenannten → **Gastarbeiter**) sowie niedrige Löhne und Lohnnebenkosten.
Young-Plan: Der Young-Plan sollte die Reparationszahlungen des Deutschen Reichs auf Grundlage des Versailler Vertrages regeln. Er trat 1929 in Kraft, wurde jedoch schon 1932 im Zuge der Weltwirtschaftskrise aufgehoben.

STICHWORTVERZEICHNIS

HISTORISCHES PERSONENVERZEICHNIS

Aristoteles (384 – 322 v. Chr.); war ein Schüler des griechischen Philosophen Platon (427 – 347 v. Chr.) und ist selbst einer der bekanntesten und bedeutendsten Philosophen der Antike. Unter anderem hat er sich mit Wissenschaftstheorie, Logik, Biologie, Physik, Ethik, Metaphysik, Dichtungstheorie und Staatslehre befasst.

Brüning, Heinrich (1885 – 1970); war ein deutscher Politiker der Zentrumspartei und in der Weimarer Republik von 1930 bis 1932 der erste Reichskanzler, der beinahe ausschließlich mit Notverordnungen regierte.

Ebert, Friedrich (1871 – 1925); war Politiker der Sozialdemokratischen Partei Deutschlands, ab 1913 SPD-Vorsitzender und ab 1919 der erste Reichspräsident in der Weimarer Republik.

Eisner, Kurt (1867 – 1919); war ein sozialistischer Schriftsteller und Politiker. Er war in Bayern die zentrale Figur der Novemberrevolution von 1918 und der erste Ministerpräsident des bayerischen Freistaates. Am 21. Februar 1919 ermordete ihn ein völkisch-nationalistisch gesinnter Attentäter in München.

Engels, Friedrich (1820 – 1895); war ein deutscher Politiker, Unternehmer, Philosoph und Historiker. Zusammen mit → **Karl Marx** entwickelte er ab der Mitte der 1840er-Jahre die als Marxismus bezeichnete Gesellschaftstheorie. 1848 veröffentlichten Marx und Engels im Zuge der Revolution in Deutschland das bedeutende „Kommunistische Manifest". Nach Marx' Tod gab Engels den zweiten und den dritten Band von „Das Kapital. Kritik der politischen Ökonomie" heraus und übernahm auch die Bearbeitung und Herausgabe weiterer Werke seines Freundes.

Friedrich I., genannt **Barbarossa** (1122 – 1190); war ein römisch-deutscher König (1152) aus dem Geschlecht der Staufer und ab 1155 Kaiser des Heiligen Römischen Reiches. Seinen Beinamen „Barbarossa" (barba: „Bart"; rossa: „rot/rötlich") erhielt er in Italien wegen seines rötlich schimmernden Bartes. In Deutschland enthob Friedrich nach Streitigkeiten den eigenmächtig handelnden Welfen-Herzog → **Heinrich den Löwen** seiner Lehen Sachsen und Bayern. Er konnte aber den Gegensatz zwischen Staufern und Welfen nicht überwinden. Friedrich ertrank auf dem Dritten Kreuzzug im Jahr 1190 im Fluss Saleph (heute Göksu) in Anatolien.

Heinrich der Löwe (1129 – 1195); aus dem Geschlecht der Welfen, war Herzog von Sachsen und von 1156 bis 1180 Herzog von Bayern. Dort ließ er 1158 München und 1159 Landsberg am Lech gründen. Als weiteres Zeichen seines Machtanspruchs ließ er Braunschweig zu seiner Residenzstadt umbauen. Heinrich war einer der mächtigsten Reichsfürsten des 12. Jahrhunderts und stand wiederholt im Konflikt mit dem staufischen Königshaus, besonders mit seinem Vetter → **Friedrich I. Barbarossa**. Er war verheiratet mit Mathilde von England, der Schwester des späteren englischen Königs Richard Löwenherz (1157 – 1199).

Hindenburg, Paul von (1847 – 1934); im Ersten Weltkrieg war Hindenburg General und ab 1916 Chef des Generalstabs des Feldheeres. 1925 wurde er Reichspräsident. Zwischen März 1930 und Januar 1933 regierten die von ihm eingesetzten Reichskanzler → **Heinrich Brüning**, → **Franz von Papen** und → **Kurt von Schleicher** mithilfe von Notverordnungen. Mit der Unterzeichnung insbesondere der „Verordnung zum Schutz von Volk und Staat" vom 28. Februar 1933 und des sogenannten Ermächtigungsgesetzes vom 24. März 1933 ebnete Hindenburg den Weg zur nationalsozialistischen Diktatur → **Adolf Hitlers**.

Hitler, Adolf (1889 – 1945); im Ersten Weltkrieg war der gebürtige Österreicher Soldat im deutschen Heer. Nach Ende des Krieges war er maßgeblich am Aufbau der Nationalsozialistischen Deutschen Arbeiterpartei (NSDAP) in Bayern beteiligt. Nach einem misslungenen Putsch 1923 wurde die Partei aufgelöst und Hitler zu fünf Jahren Festungshaft verurteilt, aber schon im Dezember 1924 wieder entlassen. Mit der Neugründung der NSDAP 1925 unternahm Hitler den Versuch, die Macht legal zu erringen. Begünstigt durch die Krisen gegen Ende der Weimarer Republik, besonders durch die Wirtschaftskrise 1930, gelang es ihm, zunehmend größere Wahlerfolge für seine Partei zu erringen. Am 30. Januar 1933 ernannte ihn Reichspräsident → **Paul von Hindenburg** als Führer der stärksten Partei zum Reichskanzler. Nach dem Tod Hindenburgs (1934) machte sich Hitler als „Führer und Reichskanzler" zum Staatsoberhaupt und vereinigte damit die Ämter des Partei-, Regierungs- und Staatschefs in einer Person (Führer). Er errichtete ein auf Rassen- und Machtideologie fußendes totalitäres Herrschaftssystem. Während des Dritten Reichs kam es zu einer beispiellosen Verfolgung der europäischen Juden. Der NS-Vernichtungspolitik fielen Millionen von Menschen zum Opfer (Holocaust). Auch politische Gegner wurden verfolgt und in Konzentrationslager verschleppt. Außenpolitisch betrieb Hitler eine aggressive Expansionspolitik. 1939 löste er mit dem Angriff auf Polen den Zweiten Weltkrieg aus. Nachdem das Kriegsgeschehen in den Jahren 1942/43 eine Wende zuungunsten Deutschlands genommen hatte, kam es zu einer Steigerung von Gewaltpolitik und Völkermord. Kurz vor der Eroberung Berlins durch sowjetische Truppen im Frühjahr 1945 nahm sich Hitler am 30. April das Leben.

Honecker, Erich (1912 – 1994); war seit 1929 Mitglied der KPD und nach Kriegsende Jugendsekretär beim Zentralkomitee der KPD. 1946 war er Mitbegründer der Freien Deutschen Jugend (FDJ), einer Jugendorganisation, deren erster Vorsitzender er wurde. Er gewann eine starke Stellung im Partei- und Staatsapparat und löste 1971 → **Walter Ulbricht** als führenden Politiker der DDR ab. Auch unter Honecker wurden freiheitlich denkende DDR-Bürger unter staatlichen

Druck gesetzt. Honecker verweigerte sich konsequent dem Reformkurs (Perestroika) des sowjetischen Staatspräsidenten Michael Gorbatschow. Infolge der Proteste des Jahres 1989 musste Honecker am 18.10.1989 von allen Ämtern zurücktreten und wurde kurz darauf aus der SED ausgeschlossen. Nach einer längeren Odyssee über Moskau und Anklage vor einem deutschen Gericht u. a. wegen des Schießbefehls an der innerdeutschen Grenze reiste der schwerkranke Honecker 1993 nach Chile aus, wo er verstarb.

Karl der Große, engl./frz. **Charlemagne** (747 – 814); König der Franken (seit 768) und Langobarden (seit 774) und Kaiser des Römischen Reiches (seit 800) aus dem Geschlecht der Karolinger. Durch seine Kriegszüge wurde das Frankenreich die bestimmende Macht Westeuropas. Mit der Verschmelzung antiken Erbes, christlicher Religion und germanischer Gedankenwelt hat Karl die historische Entwicklung Europas geprägt. Unter Karls Herrschaft verliert Bayern mit der Auflösung des Stammesherzogtums und der Absetzung Herzog → **Tassilos III.** im Jahr 788 vorerst seine Selbstständigkeit.

Khomeini, Seyyed Ruhollah Musavi (1902 – 1989); iranischer Schiitenführer (Ayatollah) und Politiker. Er rief 1979 die „Islamische Republik Iran" aus, setzte den Islam als allein maßgebende Kraft durch und legte die führende Rolle der schiitischen Geistlichkeit fest, deren Führung er selbst übernahm. Politisch und religiös Andersdenkende ließ er verfolgen. Außenpolitisch vollzog Khomeini einen radikalen Bruch mit den USA und wurde einer der entschiedensten Gegner Israels. Zwischen 1980 und 1988 führte er gegen den weltlich orientierten Machthaber im Irak, Saddam Hussein, einen erbitterten Verteidigungskrieg (Erster Golfkrieg).

Lincoln, Abraham (1809 – 1865); war ein Gegner der Sklaverei und wurde 1861 zum 16. Präsidenten der Vereinigten Staaten von Amerika gewählt. Er führte die Nordstaaten der USA durch den Amerikanischen Bürgerkrieg (1861 – 1865). Weltberühmt geworden ist seine als „Gettysburg Address" bekannte Ansprache anlässlich der Einweihung eines Soldatenfriedhofs. Das auf S. 42 abgedruckte Zitat entstammt dieser Ansprache. In der Nähe von Gettysburg im US-Bundesstaat Pennsylvania hatte vom 1. bis 3. Juli 1863 die entscheidende Schlacht des Bürgerkriegs stattgefunden. Lincoln wurde am 14. April, dem Karfreitag des Jahres 1865, von einem fanatischen Anhänger der Südstaaten in der Hauptstadt Washington angeschossen und erlag am folgenden Tag seinen schweren Kopfverletzungen.

Locke, John (1632 – 1704); war ein einflussreicher englischer Rechtsphilosoph und ein Verfechter der bürgerlichen Freiheiten und des individuellen Grundrechtsschutzes. In seinem 1690 erschienenen Hauptwerk „Two Treatises on Government" (Zwei Abhandlungen über die Regierung) entwickelte er Gedanken zu einer Gewaltenteilung zwischen König und Parlament. Locke argumentierte, dass eine Regierung nur rechtmäßig sei, wenn sie die Zustimmung der Regierten besäße und die von Natur aus gegebenen Rechte auf Leben, auf Freiheit und auf Eigentum beschütze. Für den Fall, dass die Regierung gegen diese ihre vertraglichen Pflichten verstößt, hätten die Untertanen das Recht auf Widerstand gegen die Staatsgewalt, d. h. das Recht zur Rebellion.

Ludwig XIV. (Louis XIV.), genannt **Sonnenkönig** (1638 – 1715); war seit 1643 König von Frankreich. Er gilt als Prototyp des absoluten Monarchen und bis heute als umstrittener Herrscher. Ludwig XIV. festigte seine Macht durch einen zentralistischen Staats- und Verwaltungsaufbau, durch die Eindämmung des – häufig oppositionellen – Adels und durch die Förderung der Wirtschaft. Zum Kennzeichen für Ludwigs herausragende Stellung wurden sein prunkvolles Auftreten und vor allem sein riesiges Schloss in Versailles. Diese Symbole wurden von allen Herrschern Europas nachgeahmt. Der König förderte Künste und Wissenschaften, was eine Blütezeit der französischen Kultur zur Folge hatte. Gleichwohl waren die Lebensbedingungen der ländlichen Bevölkerung, die für den Großteil der immensen Ausgaben des französischen Hofes aufkommen mussten, unter seiner Herrschaft kläglich. Gegenüber den französischen Protestanten (Hugenotten) verfolgte Ludwig XIV. eine Politik der Intoleranz. Auch vertrat er eine aggressive, wenngleich erfolgreiche Außenpolitik, sodass Frankreich im 17. Jahrhundert die Vormachtstellung in Europa gewann und großen kolonialen Besitz in Amerika anhäufte. Die Namen des US-Bundesstaates „Louisiana" und der Hafenstadt New Orleans (Nouvelle Orléans) zeugen noch heute von einer einst französischen Kolonie.

Marx, Karl (1818 – 1883); war ein deutscher Philosoph. Er untersuchte im Zeitalter der Industrialisierung zusammen mit → **Friedrich Engels** die kapitalistische Gesellschaft und gilt als bedeutendster Denker von Sozialismus und Kommunismus. Marx gab an, durch seine historischen Untersuchungen einen fortdauernden Konflikt zwischen besitzenden und nicht besitzenden Klassen innerhalb einer Gesellschaft erkennen zu können; im Industriezeitalter wären dies die Bürger (Bourgeois), d. h. diejenigen, die Produktionsmittel besitzen, und die Arbeiter (Proletarier), die keinen solchen Besitz haben und ihre Arbeitskraft verkaufen müssen. Diesen Klassenkonflikten sprach Marx die treibende Kraft für die Weiterentwicklung der Gesellschaft zu. Als Endstadium sah er dabei die klassenlose Gesellschaft im Kommunismus an. Diese sollte durch die Aufhebung des Privateigentums an Produktionsmitteln (z. B. Boden, Fabriken, Maschinen usw.) erreicht werden.

Maximilian I. Joseph (1756 – 1825); als Maximilian IV. Joseph war er Kurfürst von Bayern (1799 – 1806), als Maximilian I. Joseph der erste bayerische König (1806 – 1825). Er schloss sich → **Napoléon Bonaparte** an, wurde 1806 Mitglied des Rheinbundes und erhielt daraufhin die Königswürde. Im Zuge der Gebietsveränderungen der Napoleonischen Zeit von 1803 bis 1815 wurde Bayern erheblich vergrößert. Im Inneren leitete Maximilian I. Joseph, beraten vom → **Grafen von Montgelas**, wegweisende Reformen ein und gab Bayern 1818 eine frühliberale Verfassung.

Baron de La Brède et de Montesquieu, Charles-Louis de Secondat, genannt **Montesquieu** (1689 – 1755); war ein französischer Schriftsteller und Staatstheoretiker. Im

Jahr 1748 erschien sein bedeutendstes Werk: „De l'esprit des loix" (Vom Geist der Gesetze). Ähnlich wie → **John Locke** versuchte auch Montesquieu sinnvolle Grundlagen für Regierungssysteme zu entwickeln. Montesquieus größte Sorge galt dabei einer Situation, in der eine einzige Person oder eine einzige Institution übermäßig viel Macht anhäufen und missbrauchen konnte. Das zentrale Prinzip zur Verhinderung einer solchen Situation sah Montesquieu in der Verteilung der Staatsfunktionen (Gewalten) auf verschiedene Verfassungsorgane, die die Staatsmacht gemeinsam ausüben sollten: So war die gesetzgeberische Gewalt (Legislative) dem Parlament zugedacht, die vollziehende Gewalt (Exekutive) lag beim König und die Recht sprechende Gewalt (Judikative) bei den Gerichten. Mit diesen Gedanken verhalf Montesquieu der Lehre von der Gewaltenteilung zum Durchbruch. Als politisches Programm verkündet wurde die Gewaltenteilung erstmals in der Unabhängigkeitserklärung der USA im Jahre 1776.

Montgelas, Maximilian Joseph Graf von (1759 – 1838); bedeutender Vertreter des aufgeklärten Rationalismus; von 1799 bis 1817 leitender Minister unter → **Maximilian IV. (I.) Joseph**.

Mussolini, Benito (1883 – 1945); errichtete in Italien zwischen 1922 und 1943 ein faschistisches Regime. Nach der Eroberung Abessiniens 1936 und der Besetzung Albaniens 1939 trat er in den Zweiten Weltkrieg ein, der für Italien zunehmend schlechter verlief. Nach der Besetzung Siziliens 1943 durch die US-Armee wurde er entmachtet, konnte jedoch bis 1945 mit deutscher Unterstützung in Norditalien ein neues faschistisches Regime errichten. Auf der Flucht wurde er 1945 erkannt und erschossen.

Napoléon Bonaparte (1769 – 1821); nach einer erfolgreichen Karriere als französischer Revolutionsgeneral krönte sich Napoléon 1804 zum Kaiser der Franzosen. Durch eine aggressive Außenpolitik gelang es ihm, zeitweise große Teile Kontinentaleuropas zu beherrschen. 1815 wurde er nach zahlreichen militärischen Niederlagen, u. a. bei Leipzig und Waterloo, in die Verbannung geschickt, wo er am 5. Mai 1821 auf der britischen Insel St. Helena starb.

Naumann, Friedrich (1860 – 1919); war ein evangelischer Theologe und liberaler Politiker in der Zeit des Deutschen Kaiserreichs. Nach ihm ist die der FDP nahestehende Friedrich-Naumann-Stiftung benannt.

Otto von Wittelsbach (1120 – 1183); einer der wichtigsten Ratgeber Kaiser → **Friedrichs I. Barbarossa**, der ihm nach der Absetzung → **Heinrichs des Löwen** (1180) das Herzogtum Bayern verlieh, das bis 1918 in der Hand der Wittelsbacher blieb.

Papen, Franz von (1879 – 1969); der Industrielle und frühere Zentrumspolitiker war vom 1. Juni bis zum 17. November 1932 Reichskanzler in der Weimarer Republik. Auch er ebnete → **Adolf Hitler** den Weg zur Macht und wurde am 30. Januar 1933 dessen Vizekanzler (bis Juli 1934). Papen war einer der 24 Männer, die nach dem Ende des Zweiten Weltkriegs im Nürnberger Prozess gegen die Hauptkriegsverbrecher angeklagt waren. Papen wurde am 1. Oktober 1946 vom Internationalen Militärgerichtshof freigesprochen.

Schleicher, Kurt von (1882 – 1934); war Reichswehrgeneral. Er wurde am 2. Dezember 1932 von Reichspräsident → **Paul von Hindenburg** zum Reichskanzler ernannt. Schleicher war nach → **Heinrich Brüning** und → **Franz von Papen** der 3. Präsidialkanzler der Weimarer Republik und wurde während seiner kurzen Regierungszeit von allen politischen Parteien des Reiches angegriffen. U. a. scheiterte auch sein Versuch, die NSDAP zu spalten. So erklärte Schleicher am 28. Januar 1933 den Rücktritt seiner Regierung. Am 30. Juni 1934 wurde Schleicher während des sogenannten „Röhm-Putsches" auf Geheiß → **Adolf Hitlers** ermordet.

Schnitzler, Karl-Eduard von (1918 – 2001); war Journalist und zwischen 1952 und 1989 Chefkommentator des DDR-Fernsehens. Ab 1960 moderierte er die Sendung „Der schwarze Kanal", in der er Ausschnitte aus westlichen Fernsehsendungen einseitig im Sinne der DDR-Führung kommentierte. Sein Gegenspieler in der Bundesrepublik Deutschland war der Journalist Gerhard Löwenthal, der in der Sendung „ZDF-Magazin" Menschenrechtsverletzungen in der DDR ins Visier nahm. Schnitzler erwarb sich durch seine Arbeit den Ruf eines fahnentreuen Kommunisten.

Stalin, Josef (1878 – 1953); war ein sowjetischer Politiker und Diktator. „Stalin" („der Stählerne") war sein „Kampfname". Nach der Russischen Revolution diente er sich im Parteiapparat hoch, seit 1922 war er Generalsekretär des Zentralkomitees der Kommunistischen Partei der Sowjetunion (KPdSU). Aus dieser Position baute er nach dem Tod Lenins seine Alleinherrschaft systematisch aus. Dabei ließ er alle Personen und Personengruppen, die ihm gefährlich werden konnten oder die seiner Politik oder seinen Ansichten im Wege waren, verfolgen. Insgesamt fanden während seiner Herrschaft mehrere Millionen Menschen durch Terror oder Misswirtschaft den Tod. Stalin, der einen bizarren Kult um seine eigene Person betrieb, war der Meinung, der Sozialismus müsse zuerst in einem Land, nämlich der Sowjetunion, aufgebaut werden, um sich hernach in der ganzen Welt verbreiten zu können.

Stresemann, Gustav (1878 – 1929); der Ökonom und Politiker war nach dem Zusammenbruch des Kaiserreichs maßgeblich an der Gründung der Deutschen Volkspartei (DVP) beteiligt, die er als Vorsitzender von 1918 bis 1929 führte. Im August 1923 übernahm der Demokrat Stresemann das Amt des Reichskanzlers, gestützt auf eine Große Koalition. Nach einer gescheiterten Vertrauensfrage endete seine Regierungszeit aber bereits im November des gleichen Jahres. In seiner Funktion als Reichsaußenminister, die er von 1923 bis zu seinem Tod innehatte, stand er für eine Politik der Verständigung mit den Siegermächten des Ersten Weltkriegs, insbesondere mit Frankreich. Stresemann versuchte auf diese Weise, eine friedliche Revision des Versailler Vertrages und eine vorzeitige Räumung des Rheinlandes zu erreichen. Nach der Beendigung des Ruhrkampfes 1923 bildeten die Annahme des Dawes-Plans (1924), der Abschluss der Verträge von Locarno (1925) und der Eintritt Deutschlands in den Völkerbund (1926) Höhepunkte seiner Politik. Er erhielt zusammen mit dem französischen Außenminister Aristide Briand 1926 den Friedensnobelpreis. Die Alliierten verpflichteten sich 1929 gegenüber Stresemann, im Gegenzug zur Annahme des Young-Plans, das Rheinland vorzeitig zu räumen.

Tassilo III. (um 741 – um 796); aus dem bayerischen Geschlecht der Agilolfinger. Er wurde als Kind im Jahr 748 mit Zustimmung des Frankenkönigs Pippin Herzog von Bayern. Durch die Weigerung, den Karolingern Heerfolge zu leisten, und nach der Eroberung des Reichs der Langobarden, der wichtigsten Verbündeten Tassilos, durch → **Karl den Großen**, geriet der Herzog in Gegnerschaft zum Frankenkönig. Als Tassilo schließlich 788 ein Bündnis mit den Awaren anstrebte, wurde ihm der Prozess gemacht und er in ein französisches Kloster verbannt. Im Jahr 794 wurde Tassilo zudem gezwungen, für sich und seine Nachkommen offiziell auf das Herzogtum Bayern zu verzichten. Benannt nach dem bayerischen Herzog Tassilo ist der Tassilokelch, das bedeutendste erhaltene Kupfergefäß aus dem frühen Mittelalter. Der Kelch war anlässlich der Gründung des Benediktinerstifts Kremsmünster (Oberösterreich) im Jahr 777 von Tassilo und seiner Frau Luitpirga gestiftet worden und wird seither dort aufbewahrt.

Ulbricht, Walter (1893 – 1973): war ein deutscher Politiker und Staatsratsvorsitzender der DDR. Walter Ulbricht war gelernter Tischler. Bereits 1908 trat er dem Arbeiterjugendbildungsverein Alt-Leipzig bei, 1912 wurde er Mitglied der SPD. 1919 nahm er an der Gründung der KPD teil und stieg in den Führungszirkel der Partei auf. Nach der Machtübernahme durch die NSDAP führte er die Arbeit der KPD im Untergrund weiter, musste aber bald emigrieren. 1938 erreichte er Moskau. Zum Ende des Zweiten Weltkrieges kehrte Ulbricht nach Deutschland zurück, baute die KPD wieder auf und betrieb deren Zwangsvereinigung mit der SPD zur SED in der Sowjetischen Besatzungszone (SBZ). An der Spitze von Partei und Staat prägte er viele Jahre lang entscheidend die Politik der frühen DDR, die unter seiner Führung totalitäre Elemente aufwies. Dabei erwarb er sich den Ruf eines kompromisslosen Kommunisten und eines treuen Anhängers → **Josef Stalins**.

BILDQUELLENVERZEICHNIS

ADAC, München: 64; **akg-images GmbH,** Berlin: 146 (E. Lessing); **amnesty international,** Bonn: 64; **anderrott Kunstverlag,** Eggenfelden: 77 (M. Neustifter); **Archiv der sozialen Demokratie der Friedrich-Ebert-Stiftung (AdsD),** Bonn: 56 li., 56 re., 57.1, 57.3; **Archiv Grünes Gedächtnis der Heinrich-Böll-Stiftung,** Berlin: 57.2; **argum Fotojournalismus,** München: 154 (C. Lehsten); **Baaske Cartoons,** Müllheim: 9 (Gerhard Mester), 17 (G. Mester), 58 (G. Mester), 61 re. (F. Wössner), 71 (Gerhard Mester), 93 (G. Mester), 170 (M. Szewczuk), 174 (Thomas Plaßmann), 176 (B. Mohr), 177 (Burkhard Mohr); **Bayerische Schlösserverwaltung/www.schloesser.bayern.de,** München: 147 u.; **Bayerische Staatskanzlei,** München: 124 (10); **Bayerisches Staatsministerium für Arbeit und Sozialordnung, Familie und Frauen,** München: 181; **Bergmoser + Höller Verlag AG,** Aachen: 88, 99; **bpk - Bildagentur für Kunst, Kultur und Geschichte,** Berlin: 21 (SBB), 36 o. (© VG bild-Kunst, Bonn 2013), 133 (SMB/Kunstbibliothek/© VG Bild-Kunst, Bonn 2013); **Bundesministerium für Wirtschaft und Technologie (BMWi),** Berlin: 140; **Bundesverband der Deutschen Industrie e.V.,** Berlin: 64; **BÜNDNIS 90/DIE GRÜNEN,** Berlin: 57.10; **CDU-Bundesgeschäftsstelle,** Berlin: 57.7; **Deutscher Bundestag,** Berlin: 40 o. (Illu.: M. Haussmann), 40 u. (Illu.: M. Haussmann), 96 o.li. (F. Ossenbrink), 96 o.re. (E. Schwalbach), 96 u.li. (H.-J. Müller); **DGB Bundesvorstand,** Berlin: 64; **Diakonisches Werk Bayern,** Nürnberg: 185 (© 2001/02/03/Foto: A. Bohnenstengel); **Die Linke, Berlin** 96 u.re.; **DIG PLUS GmbH Berlin,** Berlin: 57.8; **F1online,** Frankfurt/M.: 97 u.re. (JohnÈr); **Faure, Raymond - Harz-Photos,** Goslar: 147 o.; **FDP,** Berlin: 57.9; **fotolia.com,** New York: 16 u. (K. Kokkinis), 19 (z576), 161 (Andreas P); **Freiwillige Feuerwehr Hitzhofen-Oberzell:** 178 li.; **Fritsche, Burkhard,** Köln: 68; **Gesamtdeutsches Institut,** Bonn: 43; **Getty Images,** München: 101 (AFP/Eisele); **Greenpeace,** Hamburg: 64, 67 (Michael Kunkel); **Greser & Lenz,** Aschaffenburg: 95, 111; **Haitzinger, Horst,** München: 88 o.; **Hanns-Seidel-Stiftung, Archiv für Christlich-Soziale-Politik,** München: 57.4, 57.6; **Haus der Geschichte,** Bonn: 25 Mi. (W. Hicks), 25 o. (K. Pielert), 25 u. (Borislav Sajtinac/© VG Bild-Kunst, Bonn 2013), 114 o. (Peter Leger); **Hessisches Landesmuseum Darmstadt,** Darmstadt: 36 u. (W. Kumpf); **Imago,** Berlin: 157 Mi. (Sommer), 180 (imagebroker/Siepmann); **Konrad-Adenauer-Stiftung e.V./Archiv für Christlich-Demokratische Politik,** Sankt Augustin: 56 Mi.; **Koufogiorgos, Kostas,** Stuttgart: 130; **laif,** Köln: 26; **Mohr, Burkhard,** Königswinter: 32; **Niedersächsische Staatskanzlei,** Hannover: 81 u.re. (Laurence Chaperon); **Picture Press,** Hamburg: 108 li. (Stern); **Picture-Alliance,** Frankfurt/M.: 7 re. (akg-images), 8 o. (ZB/J. Büttner), 8 u. (The Washington Post), 11 (akg-images/Herve Champollion), 16 o. (ZB/Peter Endig), 23 u. (ZB/W. Kluge), 28 (Sebastian Widmann), 30 (Elifmedya), 39 (dpa/L. Barth (oben), ullsteinbild/imagebroker/Adrian C. Nitu (60109767), 72 (United Archives/TopFoto), 79 (o.; dpa/S. Kugler (9083346), u.: R. Kosecki (10451465)), 81 u. 2.v.re. (Sven Simon), 86 o., 86 u. (dpa), 87 u. (dpa/M. Hanschke), 100 o. (PA Wire), 103 o. (HELGA LADE/Flac), 103 u. (dpa), 112 (dpa/D. Karmann), 132 o.re. (IMAGNO/Austrian Archives), 134 u. (dpa/U. Deck), 149 re. (akg-images), 152 (Süddeutsche Zeitung Photo/J. Simon), 157 o. (ZB/euroluftbid), 162 (dpa/A. Weigel), 168 (dpa), 183 u. (Guido Meisenheimer); **plainpicture,** Hamburg: 97 u.li. (Gorilla); **Plaßmann, Thomas,** Essen: 122; **Presse- und Informationsamt der Bundesregierung - Bundesbildstelle,** Berlin: 81 (8), 87 o. (L. Wegmann), 107 (7), 107 u.re. (Sebastian Bolesch); **Presse-Foto BIK/Martin Kempner,** Solingen: 35; **ROBIN WOOD,** Bremen: 64; **Rulle, Andreas,** Worms: 54 re.; **SPD-Parteivorstand,** Berlin: 57 .5; **SPIEGEL Verlag,** Hamburg: 128; **Stadtarchiv Landshut,** Landshut: 169 re.; **Stuttmann, Klaus,** Berlin: 33, 53 u., 84, 116, 120, 137; **Sudetendeutsches Archiv e.V.,** München: 169 li.; **terre des hommes Deutschland,** Osnabrück: 64; **Traxler, Hans,** Frankfurt/Main: 172; **ullstein bild,** Berlin: 14 (Reuters), 15 o. (imagebroker/W. Otto), 15 2. v.o. (Wodicka), 22 (Schirner X/W. Albrecht), 37 (Archiv Gerstenberg), 132 o.li., 143 o.li. CARO/S. Preuss / o.re. Simon / u. p-a/dpa/K.-J. Hildenbrand, 149 li. (Archiv Gerstenberg), 157 u. (imagebroker/Siepmann), 178 re. (P.S.I.BONN), 182 (Haeckel); **Verband der Automobilindustrie,** Frankfurt: 64; **Visum,** Hamburg: 165 (T. Langreder); **Westend 61,** München: 15 u. (Clandestini), 97 o.li., 97 o.re.; **Wiemers, Adalbert:** 134 o.; **wikipedia.org:** 81 o. (J. Patrick Fischer); **WWF Deutschland,** Berlin: 64; © **Leibing, Peter,** Hamburg: 23 o.